CHARLES HUET

Le Guide

des produits

Made in emplois

OU COMMENT CONSOMMER CONTRE LE CHÔMAGE ?

EDITIONS DU PUITS FLEURI
77850 HERICY - FRANCE

Remerciements

Je tiens d'abord à remercier toute l'équipe des Editions du Puits Fleuri pour avoir cru dans mon projet et pris le risque de me donner ma chance.

Ils s'associent à moi pour remercier Romain Hazebrouck qui a produit l'ensemble des illustrations de cet ouvrage. En plus d'être un dessinateur de talent, il fut pour moi, un soutien constant, un conseiller avisé, un mec bien, un ami très cher.

Je tiens à remercier tous ceux qui m'ont encouragé et supporté pendant ces longs mois : mes chers colocs de la Maison jaune, les fondateurs comme les actuels, toute la famille Ascovime, ainsi que tous mes amis et soutiens qui se reconnaîtront.

A mes grands-pères aux vies héroïques, Alphonse Huet (1928-2011) et François Bruneau (1911-2013).

Pour ma mère, mon père et mon frère...

« *Heureux celui qui connaît l'origine des choses.* » Virgile

Charles Huet

ISBN 978-2-86739-485-0
ISSN 1955-284X

Présentation & introduction

Je suis un francilien de 29 ans. J'ai quitté au printemps 2011 mon cabinet de conseil et le quartier d'affaires de La Défense pour réaliser chez moi l'enquête sur le made in France que vous tenez dans vos mains.

Le résultat de ce travail est ce **« Guide des produits Made in Emplois ».** Il s'agit d'un guide pratique de consommation qui s'articule autour d'une cinquantaine de classements de produits courants. Les produits sont classés en fonction du nombre d'emplois directs en France qui leur sont affectables.

Ce guide a pour ambition d'apporter au débat sur le « made in France » une approche quantitative et objective concentrée sur le nombre d'emplois en France générés par nos produits courants.

Ce guide a pour ambition de faire partager au plus grand nombre de français la réflexion sur la production et l'emploi en France grâce à un langage simple que j'espère clair et compréhensible de tous. Une information juste sur les produits de grande consommation « made in France » me semble être le meilleur moyen de faire partager et percevoir à tous les français les problématiques de l'industrie et de la production dans notre pays.

Ce guide a pour ambition de fournir à chacun d'entre nous les moyens d'agir avec un outil simple, pratique et directement utilisable une liste la plus complète possible des produits « made in France », une série de classements de produits comparables et substituables et des cartes de France de sites de production.

Ce guide a pour ambition de faire référence et de s'inscrire dans la durée. Si vous l'appréciez et en parlez autour de vous, une réédition annuelle ainsi que des versions mobiles et internet seront possibles.

Largement perfectible, il s'améliorera grâce à vous. Qui que vous soyez, où que vous travailliez, je vous invite à me transmettre toutes informations que vous auriez sur les produits et secteurs étudiés et à m'envoyer vos corrections, compléments et actualisations à cette adresse madeinemplois@gmail.com ou sur le groupe facebook « le guide des produits made in emplois ».

Comment consommer contre le chômage ?

Le seul moyen durable de lutter contre le chômage est de créer une activité marchande et rentable. La richesses est créée par la production et non par la consommation. Les plans de relance par la consommation ne génèrent qu'une demande insolvable de produits importés. La « loi des débouchés » du Français

Jean-Baptiste Say nous rappelle que l'on n'échange jamais un bien ou un service produit par d'autres qu'avec un bien ou un service produit par soi-même. Dans une économie de l'offre, les entrepreneurs ont surtout besoin de liberté, or nous avons individuellement peu de prise sur leur environnement. En revanche aucun Français ne peut complètement se passer de consommer.

Pour l'anecdote statistique, si les Français transféraient moins de 20% de leur consommation actuelle vers des produits made in emplois, nous comblerions l'intégralité de notre déficit commercial. Surtout nous soutiendrions l'activité de milliers d'entreprises répartis sur tous les départements français. Surtout nous enverrions un message aux producteurs de biens qui veulent réussir sur le marché français : prenez en compte ce phénomène de consommation responsable lors des choix de votre indispensable internationalisation. Et puis nous envoyons ce message aux entrepreneurs : vous verrez qu'un certain nombre de produits manquent d'options made in emplois. Faire le choix de la production en France lors de votre lancement vous donnera aussi un avantage concurrentiel.

Ce guide n'est pas consumériste ou mercantiliste. Son but n'est pas de vous faire consommer plus. Mais mieux. En pensant à vous et à tous. Consommer plus local amène mécaniquement à consommer plus écologique. Consommer « made in France » limite nécessairement la pollution liée au transport international des importations. Vous trouverez par exemple dans ce guide un calendrier des fruits et légumes de saison cultivés en France qui vous aidera à moins participer à quelques aberrations agricoles.

Le but de ce guide n'est pas de vous faire consommer des produits mauvais, de vous appauvrir ou de sauver des industries que le progrès ou le marché ont rendu sans objet. Non, son but est d'abord de vous informer de façon complète et peut-être de faire sortir de l'isoloir l'empathie que vous pouvez avoir pour vos concitoyens pour l'emmener plutôt avec vous dans vos courses quotidiennes, au supermarché, là où votre solidarité est à la fois plus efficace (car toujours élue) et plus légitime, (car libre et individuelle). Votre supermarché vous offre un terrain de démocratie directe et continuelle. Le changement passera bien plus par la consommation que par les urnes. Le changement ne sera que le fruit de la somme de nos choix et actions individuelles et quotidiennes. C'est au supermarché que je peux être véritablement solidaire. C'est avec ma carte bancaire que je peux voter contre le chômage de la manière la plus efficace et légitime.

Le but de ce guide n'est pas de vous faire perdre de l'argent à vous et au pays en vous invitant à acheter des produits de moins bon rapport qualité/prix que ceux de la concurrence. Non son but est de vous présenter les nombreux choix « made in emplois » qui s'offrent à vous, pas toujours plus chers, souvent de meilleure qualité. Seule l'offre crée de la richesse. Cette offre made in France est le résultat de l'aventure de centaines d'entreprises françaises et étrangères qui produisent et emploient en France dans un monde ouvert et concurrentiel. Ils auraient, eux aussi, pu rester salariés ou fonctionnaires, mais ces entrepreneurs et ces familles ont choisi de prendre le risque de créer, d'innover et de produire pour notre plus grand bénéfice à tous. Ce tour d'horizon de notre économie réelle distillé au supermarché invitera peut-être le lecteur à les récompenser, les rejoindre voire même les concurrencer sur le terrain du made in France.

Aucun produit n'est 100% made in France. Tous font appel à des matières premières, des composants, des outils venus du monde entier. C'est le fameux exemple du crayon made in world. Tous les crayons du monde sont le fruit de la coopération spontanée, complexe et volontaire de dizaines d'entrepreneurs du monde entier. Toutefois parmi les différentes marques de crayons made in world, l'une d'entre elles emploie plus de salariés en France que les autres. Privilégier individuellement cette marque n'est en rien un frein au marché libre ou à la division internationale du travail.

Cette préférence libre et individuelle relève pour moi de la politesse élémentaire due à mes proches et à ces humains voisins qu'on appelle concitoyens.

Nous sommes le marché. L'économie n'est pas une émanation de l'Etat. L'économie, c'est chacun d'entre nous. Nous produisons, nous consommons, nous épargnons, nous investissons. L'économie est la somme de nos choix, la société est la somme de ce que nous sommes. A nous d'incarner les changements que nous voulons y voir. A nous de décider si nous voulons faire ces choix librement ou si nous préférons laisser les politiciens les faire pour nous, avec notre argent. Chaque jour lorsque nous consommons, faisons nos courses, nos choix, nous orientons la demande et informons l'offre. Nous sommes le marché aussi parce que rien n'interdit à personne (sauf exceptions malheureusement françaises) d'être même un jour l'offre, le producteur de services ou de biens, l'entrepreneur, le créateur en tous genres, le vendeur de produits made in emplois.

Parce que le « made in France » comme hier le « bio » ou « l'équitable » n'a pas besoin de lois pour peser de plus en plus fort dans la société mais bien plutôt de parts de marché dynamiques, mais bien plutôt d'études marketing indiquant une préférence grandissante des consommateurs pour un produit à forte « empreinte emplois en France ». L'optimisme, l'avenir et l'emploi de ce pays ont besoin surtout d'un passage à l'acte à chaque passage à la caisse, besoin d'une évolution même légère mais tangible de nos achats. Le marché c'est nous. Et c'est tant mieux puisque les « conseils d'administration », tant honnis et incompris, ne sont à l'écoute que du marché, donc que de nous, de vous. Ecrivez-leur dans votre chéquier que vos vœux ne sont pas pieux, que les « made in employeurs » sont une clientèle vigilante et de plus en plus importante.

Au cours de cette première décennie numérique du XXIème siècle, les individus-entrepreneurs et individus-consommateurs des pays industrialisés ont développé une créativité réjouissante et imprévisible (car libre) en inventant et pratiquant moult types de productions et de consommations collaboratives. De plus en plus achètent moins mais mieux et local, de plus en plus louent, partagent, recyclent, troquent, co-créent, co-finançent, donnent, s'entraident, librement et sans régulateur central. Les plate-formes d'échanges privés sur internet sont désormais légion à travers le monde. L'usage de l'objet prime, on maximise ses actifs, on mutualise librement et contractuellement, on économise l'inutile, on se sépare du superflu, on vend désormais autant qu'on achète.

Nombreux sont les sites de jeunes entrepreneurs français qui nous rappelent que nous sommes le marché : KissKissBankBank, Pulp in Town, CarrotMob, ZeGive, La Ruche qui dit oui, les AMAP, SEL, etc.

Cette émancipation de consommateurs-citoyens, individus libres et responsables n'a étrangement eu besoin ni de lois, ni de plan stratégique, ni de politiciens, pas plus de taxes que de subventions. Mais juste d'imagination, de passage à l'acte, bref de liberté d'entreprendre et de marché libre. Ce phénomène est malheureusement aussi un signe de l'appauvrissement et de la moindre création de richesse dans les pays occidentaux surendettés. Et les Français sont aussi les premiers à vouloir éviter de payer.

Mais quoiqu'en disent les politiciens dirigistes de tous bords, professionnels de la mise à l'index de boucs émissaires, trop riches, trop étrangers ou trop libres ; quoi qu'en pensent ces marchands irresponsables de promesses électorales (financées non par eux ou par « l'Etat » mais toujours par vous les contribuables ou par l'endettement de nos enfants), la résolution de nos problèmes ne dépend que de chacun, que de moi, que de vous, que de nous. L'Etat omniscient, bienveillant et providentiel est un mythe dangereux. L'action individuelle est une réalité quotidienne pleine d'espoir. Le Made in France n'a pas besoin de Ministère. Il a besoin de création libre et de consommation responsable.

Méthodologie

Le « made in France » : tout le monde en parle mais personne ne s'y retrouve. Et si l'expression « made in France » était trop vague, imprécise et propice aux tromperies pour nous aider honnêtement à lutter contre le chômage et la désindustrialisation ? Et si le passage à l'acte d'achat « made in France » était autant limiter par un manque d'information que par un manque de pouvoir d'achat ? Et si l'on quantifiait aussi notre pouvoir d'emplois ?

L'« empreinte emplois en France » est une méthodologie que je vous propose pour estimer l'impact sur l'emploi en France de nos achats de produits courants. Elle est inédite et exclusive. **L'« empreinte emploi en France » (EEF)** est simple à comprendre. Elle est calculée de la façon suivante :

EEF = Nombre total des salariés vivant directement du produit étudié
/ Quantité du produit étudié vendu en France

Autrement dit :

EEF = Somme des équivalents temps plein CDI et CDD (affectables au produit étudié et salariés de l'entreprise commercialisante)
/ Production annuelle du produit étudié
– Part destinée à l'exportation

L'empreinte emplois en France est un ratio qui aboutit à un chiffre souvent bien inférieur à 1. Rare sont en effet les produits dont la vente en France d'une seule unité suffit à assurer un emploi pendant un an. C'est pour rendre ce chiffre plus parlant que j'ai voulu, pour tous les produits, multiplier ce ratio par 10.000. L'empreinte emplois en France indique l'intensité d'un produit en emplois nationaux, l'impact qu'il aurait sur le recul du chômage en cas de croissance de ses ventes. L'« empreinte emploi en France » ne prend pas en compte les sous-traitants, fournisseurs, intérimaires ou consultants extérieurs pour se concentrer sur l'emploi interne et direct. Ces activités de services para-industriels ou connexes constituent ce que l'on a appelé « l'entreprise externalisée ». Il est décisif de comprendre que chaque emploi industriel interne et direct génère en moyenne plus de 4 emplois indirects et non-industriels.

Prenons par exemple la Yaris, petite voiture citadine fabriquée dans le Nord par le constructeur japonais Toyota. Vous lirez dans le classement, qu'une Yaris est ***Made in 3.200 emplois.*** Cela veut dire que 3.200 salariés vivent directement en France du succès commercial de ce produit. Ce chiffre a été obtenu en additionnant tous les emplois directs de Toyota en France directement affectables au produit Yaris.

Pour obtenir son empreinte emplois en France (***EEF* = 1.070**), il faut diviser ce chiffre (3.200) par le nombre de modèles produits pour le marché français. L'empreinte emplois en France est d'autant meilleure que le produit est exporté. En effet, pour beaucoup de produits manufacturés, notre marché domestique est trop petit pour y justifier un site de production dédié (à la différence de la Chine, de l'Inde ou du Brésil). Les entreprises qui réussissent encore à fabriquer en France sont pour la plupart celles qui réussissent à vendre leurs produits à l'international, à être compétitives à l'export.

Pour ce faire, j'ai eu recours aux données suivantes que j'ai pu trouver dans la presse économique et auprès des entreprises :

1. Effectif total de salariés en France de l'entreprise.

2. Effectif de salariés en France affectables au produit étudié.

3. Liste des sites de production du produit étudié et estimation de la part d'activité que représente sur chaque site le produit étudié.

4. Liste des sites de l'entreprise étudiée employant des salariés affectables au produit étudié et estimation de la part d'activité que représente sur ces sites le produit étudié (site de production, de recherche et développement, de logistique, siège, marketing, support, etc).

5. Production annuelle du produit étudié.

6. Part de cette production destinée au marché français (ou a contrario part de cette production destinée à l'exportation).

Face à la grande difficulté d'obtenir des chiffres récents, comparables et fiables pour la 5ème donnée - la production totale destinée au marché français, autrement dit le dénominateur - j'ai concentré mon classement sur le numérateur : le nombre total de salariés affectables au produit étudié. Le classement s'est donc effectué en fonction du **Made in emplois** (et non en fonction de l'empreinte emplois en France. Grâce à votre aide et vos renseignements, ce sera le cas l'année prochaine).

Ce mode de classement ne change pas fondamentalement la hiérarchie des produits. Il a néanmoins tendance à favoriser les grosses entreprises à la production importante au détriment des petits ou nouveaux acteurs. En outre ce mode de classement récompense moins les entreprises exportatrices que ne le fera prochainement l'empreinte emplois en France.

Comment lire ce guide ?

Chaque chapitre est introduit de quelques données relatives au secteur. Celles-ci n'ont pour but que de vous dépeindre rapidement quelques enjeux, tendances et ordres de grandeur du secteur étudié. J'ai essayé de les agrémenter d'un maximum d'informations insolites et surprenantes, que peut-être vous ignoriez ou qui vous permettront d'épater vos amis.

Les **classements** permettent avant tout de lister les marques qui emploient en France. Ces listes se veulent les plus exhaustives possibles. Je vous invite à vous manifester si une marque qui vous emploie ou dont vous savez la production française n'y figure pas (madeinemplois@gmail.com ou sur le groupe facebook « le guide des produits made in emplois »). Ces classements permettent surtout pour la première fois de hiérarchiser les marques en fonction du nombre de personnes qu'elles font vivre sur notre territoire et ce quel que soit leurs postes, sans discrimination. Un salarié affecté à la production ne vaut pas moins mais pas plus non plus qu'un salarié affecté au marketing ou à la logistique d'un produit. La valeur ajoutée que dégage son travail est certes cruciale pour déterminer sa participation à la création de richesse du pays. Mais que l'on travaille dans un centre de recherche, un bureau d'étude ou à la production, ne change rien à l'affaire : chacun vit en France, et a probablement une famille qu'il doit nourrir.

Les cartes

Vous trouverez en introduction de chaque chapitre une carte de France des usines et sites d'emplois dépendant du succès commercial des produits made in emplois, qui vous aidera à garder en tête ces villes, départements et régions lors de vos achats.

Les sources et outils

Des notes de bas de pages auraient occupé la moitié de chacune des pages de ce guide, alourdissant la lecture, limitant le nombre de produits étudiés, pour n'offrir qu'une apparence académique de fiabilité. Une bibliographie m'aurait contraint à supprimer un ou plusieurs chapitres. Ces sources seront disponibles sur le site madeinemplois.fr. Vous trouverez ci-dessous un aperçu de mes sources, outils et inspirations. A gauche figurent les anciens médias utilisés, à droite les nouveaux médias, en bas les livres qui m'ont inspiré et au milieu les outils internet indispensables, sans lesquels ce guide n'aurait pu voir le jour. La taille des bulles correspond au volume d'utilisation des sources.

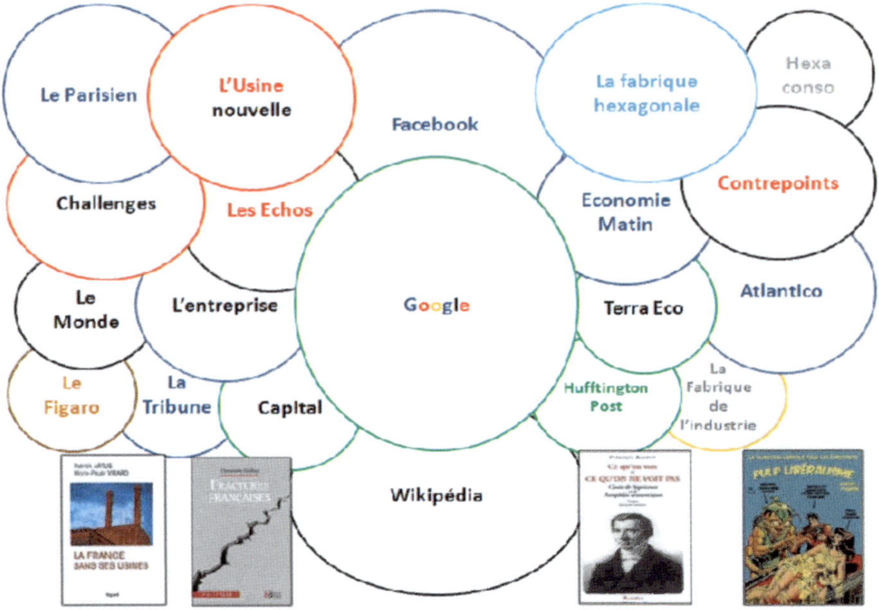

Le Guide des produits made in emplois se concentre sur les produits du panier de la ménagère accessibles à tous. Seuls des produits de grande consommation y ont été étudiés et non les produits de « B to B » destinés aux entreprises et aux professionnels. Seul le succès de cette édition permettra une réédition incluant d'autres produits courrants absents ici comme les jouets, la papeterie, les parfums…

Sommaire

Savoir lire un emballage

La mention « made in France »

Trop facile à détourner…

Le droit communautaire dispose que c'est le lieu de la « dernière transformation ou ouvraison substantielle » réalisée sur le produit qui est déterminante pour pouvoir inscrire « made in France» sur l'emballage. Selon le code des douanes, 45% de la valeur ajoutée du produit doit avoir été acquise en France pour que le producteur puisse revendiquer l'appellation.

L'étiquette « made in » est censée correspondre au pays d'assemblage du produit mais cette règle est très facile à contourner. Par exemple, le simple ajout en France d'une fermeture éclair sur un pantalon confectionné en Asie permet d'y inscrire « made in France » sans se rendre coupable de publicité mensongère. D'autres marques textiles utilisent par exemple du tissu turc, confectionnent en Tunisie et finissent par ajouter en France quelques boutons afin de pouvoir arborer un « made in France ». Dernier exemple enfin, une veste fabriquée avec du tissu chinois et coupée au Maroc peut bénéficier du « made in France » si elle est cousue dans l'Hexagone.

Afin d'éviter d'avoir à faire aux contrôleurs, plusieurs entreprises de textile se réfugieraient derrière le caractère « facultatif et volontaire » de ces dispositions pour simplement ne plus indiquer d'origine sur leurs produits. Prada a été l'une des premières marques à remplacer le « made in » par un « made by » sur les étiquettes.

…et facultative

Alors que le marquage d'origine d'un produit est obligatoire aux Etats-Unis, au Canada, au Brésil, en Chine ou au Japon, il est facultatif en Union Européenne et en France. Il n'existe pas en France d'obligation légale imposant le marquage d'origine des produits. Selon un décret du 21 août 1986, il n'existe que deux exceptions rendant la mention du pays d'origine obligatoire :

- pour les produits alimentaires,
- pour tout produit s'il existe un risque de confusion pouvant induire en erreur l'acheteur sur son origine ou sa provenance (« si une indication manifeste porte à croire que le produit a été fabriqué dans un autre pays que le pays réel de fabrication »).

L'Union Européenne a même étrangement considéré que le marquage de l'origine géographique constituerait une entrave à la libre circulation des biens et des marchandises. On ne voit jamais en quoi une information puisse constituer une barrière. Cette mesure est gratuite pour les contribuables et les consommateurs et n'altère en rien leur libre-choix, qui ne s'en trouverait que plus éclairé.

Dès 2010, le Parlement européen a appelé à la mise en œuvre rapide d'un instrument de marquage de l'origine de certains produits importés des pays tiers. Mais la proposition de règlement est inexplicablement restée bloquée au Conseil depuis deux ans. En janvier 2013 la Commission envisageait de retirer sans justification son projet de règlement relatif au marquage d'origine, dit « made in » sans faire aucune contre-proposition conforme aux règles de l'OMC.

Le « made in » renvoie à l'image de marque des pays et à la perception de leur qualité par le consommateur.

Dans le cas où la production est délocalisée dans les pays de l'Est, certaines marques optent alors pour le « Made in Europe ». Le « Made in Europe » rend en effet équivalentes des productions française et roumaine.

Il est indéniable que ces pays ont fait des efforts en termes de qualité de production et de développement de leur savoir-faire. Il existe des fournisseurs de qualité en Pologne, au Maroc ou en Tunisie. La crédibilité de la marque ne se joue plus alors que sur le contrôle qualité à effectuer sur place.

Ces pays pourraient connaître la même évolution que le « Made in Japan », qui n'inspirait pas confiance aux consommateurs occidentaux des années 60 alors qu'il constitue de nos jours la référence dans les produits électroniques.

La véritable question est en réalité de savoir si le « Made in France » pourra toujours justifier une qualité supérieure au « Made in Poland » ou au « Made in Tunisia ».

Le saviez-vous ?

La mention « made in RPC », qui signifie « Republic Popular of China », a tendance à remplacer sur les emballages la mention « made in China » trop transparente.

Le label « Origine France Garantie »

Ce label certifie que les produits manufacturés qui l'arborent, répondent aux critères suivants :

- Le produit doit prendre ses caractéristiques essentielles dans une usine française.
- 50% de sa valeur unitaire doivent être créées et acquis en France.
- Pour les produits agroalimentaires, la matière première principale doit venir de France.

Ce label a été créé par l'association « ProFrance » présidée par Yves Jégo, député UDI. C'est à l'entreprise Bureau Véritas que ProFrance a confié l'audit de vérification des critères dans les entreprises. Cet audit est facturé plusieurs milliers d'euros aux entreprises et est inaccessible à de nombreuses TPE et PME. Parallèlement les grandes marques connues de tous ne s'en sont pas encore emparées. Deux ans après son lancement, moins de 300 entreprises sont labellisées.

Et si le critère de la Valeur Ajoutée en France ne parlait à personne ? Et si l'empreinte emplois en France y correspondait bien tout en rendant le critère instinctivement compréhensible de tous, plus transparent, tout en permettant d'humaniser la question de la production industrielle en France, et d'élargir la défense de l'emploi industriel aux salariés de la R&D, du marketing, du design, de l'export ?

Et si les labels existants ne nous éclairaient que trop rarement sur les produits les plus courants et connus de tous mais principalement sur des produits de petites entreprises méconnues et pas toujours bien distribuées ? Le Guide des produits made in emplois complète ce label tant sur le fond (empreinte emplois), que sur la forme (guide pratique et exhaustif). Au même titre qu'un guide de voyage complète le système des étoiles hôtelières du Ministère de tourisme.

Le label Entreprise du Patrimoine Vivant (EPV)

Géré par un institut dédié du ministère de l'Economie qui emploie 6 fonctionnaires, EPV édite un guide des plus anciennes entreprises françaises, ainsi que de celles disposant d'un savoir faire, rare ou de haute technicité artisanale. La présence de ce label est un bon signe en terme de localisation de l'emploi.

EPV

Entreprise
du Patrimoine
Vivant

Le code barres

L'European Article Number (EAN) est une norme garantissant que le code barres d'un article sera reconnu dans tous les pays de l'Union Européenne. Le code pays dans la normalisation EAN est composé des 2 ou 3 premiers chiffres. De **30 à 37**, il s'agit du code pays de la France. Mais ce code ne correspond pas au lieu de fabrication du produit, mais au pays dans lequel l'entreprise est membre du système EAN. Le code pays du code barre constitue donc un bon premier indice de provenance, mais ne donne qu'un indice du pays d'emballage du produit. Celui-ci peut avoir été produit et assemblé partout ailleurs.

Mentions non réglementées

Les termes « Tradition française », « Fabrication à la française » ou encore « Fabrication traditionnelle » ne garantissent absolument pas que la fabrication est effectuée en France. Douteux, plus ces termes sont présents, plus il y fort à parier que la fabrication est délocalisée. La même vigilance doit guider le consommateur face aux marques qui ont tendance à ajouter les mots « France » ou « Paris » sur leur emballage.

Si ces entreprises fabriquaient vraiment en France, elles l'indiqueraient clairement. Sans être totalement mensongère, cette communication a pour objectif de suggérer une fabrication en France, indication désormais vendeuse. A vous de refuser d'être pris pour un idiot avec un simple drapeau.

Les produits frais emballés : l'estampille alimentaire

Toute denrée d'origine animale, vendue emballée (comme les viandes, charcuteries, plats cuisinés, produits laitiers, produits frais, etc.) est obligatoirement revêtue **d'une estampille sanitaire, qui permet d'identifier le pays et le département de production.**

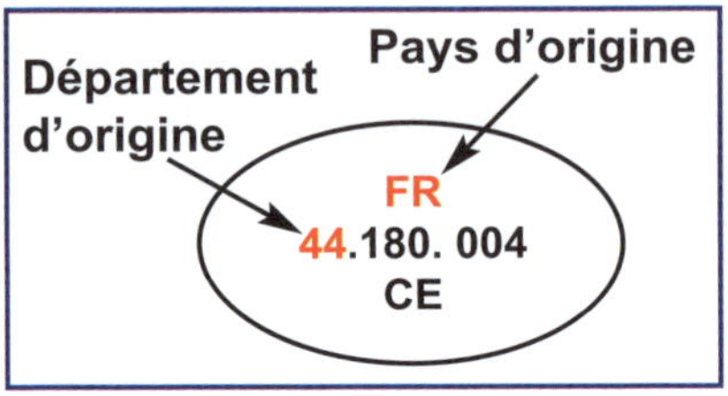

L'estampille alimentaire atteste que la denrée a été produite dans un établissement respectant les normes sanitaires européennes. **Cette estampille contient deux informations qui doivent particulièrement retenir votre attention** (en rouge ci-dessus). Elle indique d'abord, **en haut, le pays d'implantation de cet établissement (FR pour la France, ES pour l'Espagne, etc.). Ensuite, les 2 premiers chiffres indiquent le département de production (78 pour les Yvelines, 13 pour les Bouches-du-Rhône, etc.).** Les 3 chiffres suivants informent de la commune d'implantation de l'établissement. Les 3 derniers fournissent le numéro de l'établissement.

Les viandes

Une boucle d'oreille (en plastique jaune) permet de suivre les bovins à la trace durant toute leur vie dans l'Union Européenne. Chaque bête dispose ainsi d'une sorte de carte d'identité intégrant des données sanitaires afin de permettre une traçabilité complète.

L'étiquetage des viandes bovines permet d'identifier le pays de naissance de la bête ainsi que son pays d'élevage et d'abattage.

Pour les viandes hachées, le lieu d'élaboration doit obligatoirement être précisé.

« Viande Bovine Française » (VBF) : ce logo garantit aux consommateurs que la viande qu'ils achètent contient des viandes issues d'animaux **nés, élevés et abattus en France.**

« Viande Porcine Française » (VPF) : ce logo garantit aux consommateurs que la viande qu'ils achètent contient des viandes issues d'animaux **nés, élevés et abattus en France.**

« V – 100% muscle » : ce logo garantit aux consommateurs une viande hachée fabriquée exclusivement à partir de muscle et de son gras.

Les œufs

Les œufs sont tous tatoués sur leur coquille. Le code producteur doit en effet être imprimé sur leur coquille selon une codification qui nous informe sur l'origine des œufs :

Le premier chiffre permet d'identifier le mode d'élevage
0 : élevage biologique
1 : élevage en plein air
2 : élevage au sol (dans un bâtiment)
3 : élevage en cage

Les deux lettres qui suivent indiquent sur le pays d'origine
FR : les œufs viennent de France
ES : les œufs viennent d'Espagne, etc.

Les 3 lettres et deux chiffres qui terminent le tatouage correspondent au code d'identification du producteur et du bâtiment de ponte.

Par ailleurs, l'apposition sur les emballages des mentions « fermier », « produit de la ferme » ou « produit à la ferme » est encadrée par le Code rural. L'utilisation de cette mention est strictement limitée aux œufs ramassés et triés à la main, provenant de poules élevées, soit en plein air, soit de manière bio, dans des exploitations répondant à des critères précis, dont la fourniture de céréales cultivées à proximité.

Les fruits et légumes

Les vendeurs ont une obligation d'information sincère des clients. Si la mention de l'origine de vos fruits et légumes manque ou semble fausse, il est de votre responsabilité de le faire remarquer au vendeur et de lui demander l'information.

Une affichette placée à proximité des produits est en effet toujours obligatoire pour les fruits et légumes vendus en vrac. Elle doit, en autres, mentionner :
— L'origine, qui doit être écrite en aussi gros caractères que le prix.
— Le nom du fabricant, qui doit pouvoir être identifié.

Les produits de la mer

L'étiquetage des produits de la mer et d'eau douce doit toujours préciser :
— **La zone de capture.**
— La méthode de production (« pêché », « pêché en eaux douces » ou « élevé »).

Le poisson français s'est doté d'un label en septembre 2012 : Pavillon France. Ce nouveau label certifie que le poisson, mais également les coquillages et crustacés qui l'arborent ont été capturés par des navires français.

PAVILLON FRANCE

Les labels garantissant l'origine

AOC : l'appellation d'origine contrôlée (AOC) désigne en France un produit dont toutes les étapes de fabrication (la production, la transformation et l'élaboration) sont réalisées selon un savoir-faire reconnu dans une même zone géographique, qui donne ses caractéristiques au produit. Ce label fait référence a un terroir et protège contre les imitations. Les AOC françaises doivent obligatoirement appartenir à une AOP ou une IGP.

AOP : l'appellation d'origine protégée (AOP) est l'équivalent européen de l'AOC. Elle protège le nom d'un produit du terroir dans tous les pays de l'Union Européenne.

<u>Exemple</u> : aucun producteur ne peut dénommer son produit « Huile d'olive de Corse » si celui-ci n'est pas fabriqué dans une zone géographique précise (ici la Corse) et selon des critères strictement définis.

IGP : l'indication géographique protégée (IGP) désigne un produit dont les caractéristiques sont liées au lieu géographique dans lequel se déroule au moins sa production ou sa transformation et selon des conditions bien déterminées. C'est un signe européen qui protège le nom du produit dans toute l'Union Européenne. S'il fait référence à une origine, il est moins exigent qu'un AOC ou un AOP. L'IGP n'impose pas une zone unique d'élaboration du produit.

Produit Pays : la mention « Produit Pays », parfois complétée de sa traduction créole est réservée aux produits (à l'exception des alcools) dont toutes les opérations (de la production au conditionnement) sont réalisées dans un département d'outre-mer.

Les labels régionaux

Une cinquantaine de régions et départements ont développé au cours de la décennie écoulée des marques et labels locaux visant à promouvoir l'origine des produits. Ils concernent avant tout les produits agroalimentaires mais sont un des meilleurs indices que vous consommez contre le chômage en France. En voici quelques illustrations :

Produit en Bretagne : ce label, créé il y a 20 ans, réunit près de 300 entreprises fabriquant leurs produits dans les cinq départements bretons (Côtes d'Armor, Finistère, Ille-et-Vilaine, Loire-Atlantique et Morbihan), afin de favoriser le développement économique local. L'ensemble des produits labellisés soit au total made in 100.000 emplois bretons.

Saveurs en' Or : lancée en septembre 2004, la marque saveurs en' Or réunit plus de 700 produits agroalimentaires issus d'un site de production ou de transformation basé dans la région Nord-Pas-de-Calais, et utilisant au moins une part de matières premières issues de la région.

Saveurs d'Ile-de-France : l'Ile-de-France, qui compte plus de 11 millions d'habitants, est aussi une grande région rurale, couverte aux trois quarts de terres agricoles et de forêts, qui emploie dans la filière alimentaire plus de 450.000 salariés. La marque régionale comprend 3 déclinaisons : **en vert** pour les produits agricoles cultivés ou produits en Ile-de-France, **en bleu** pour les produits des artisans fabriquant eux-mêmes leurs produits en Ile-de-France et **en rouge et gris** pour les produits des PME de transformation agro-alimentaire qui élaborent leurs produits en Ile-de-France.

Sud de France : Sud de France est le label des produits viticoles et agroalimentaires de la région du Languedoc-Roussillon. Il regroupe environ 1.100 entreprises et 2.800 produits.

Les autres labels et mentions

Label rouge : Label rouge est une marque officielle publique créée en 1960 et propriété du ministère de l'Agriculture. Elle garantit l'origine ainsi qu'un niveau de qualité supérieur. La présence du logo garantit un savoir-faire agricole et une culture gastronomique. Tenus de respecter un strict cahier des charges et subissant plusieurs contrôles annuels, les producteurs labellisés se doivent d'être irréprochables. Sur proposition de l'Institut National de l'Origine et de la Qualité (établissement public du ministère de l'Agriculture), son attribution se fait ni plus ni moins que par arrêté ministériel… Plus de 500 produits en bénéficient et contrairement aux idées reçues, ils ne sont pas toujours beaucoup plus chers que leurs concurrents.

Spécialité traditionnelle garantie : ce label européen protège le mode de fabrication traditionnel d'un produit, et non un terroir. Il protège une recette, quel que soit son lieu de fabrication. Exemple : la bière La Gueuze.

Concours général agricole : depuis 1870, le Concours général agricole (CGA) sélectionne et récompense les meilleurs produits du terroir français à l'occasion du Salon de l'agriculture de Paris. Au terme de présélections régionales et d'une finale nationale, les médailles sont attribuées par des jurys d'experts.

Produit de montagne : la mention « Montagne » est à accordée à certaines productions (lait, produits laitiers, viande porcine, viande bovine, charcuterie, miel, etc.) au vu d'un cahier des charges attestant que toutes les étapes d'élaboration du produit sont bien situées en zone de montagne. Le produit a été fabriqué dans une zone précise située à plus de 700 mètres d'altitude. Ce label est défini par le Ministère de l'Agriculture et s'obtient auprès des préfectures

Agriculture Biologique : ce label certifie que l'aliment a été produit selon des méthodes biologiques, respectueuses de l'environnement et du bien-être animal. Les produits transformés doivent contenir au moins 95% d'ingrédients d'origine agricole issus de l'agriculture biologique pour pouvoir s'en prévaloir. L'agriculture biologique interdit les OGM, exclut l'utilisation des pesticides et engrais chimiques. Les animaux sont élevés selon un élevage extensif et nourris essentiellement à base d'aliments biologiques (90%).

Demeter : cette marque privée allemande garantit une agriculture biologique plus exigeante suivant les principes de la biodynamie. L'agriculture biodynamique garantit une alimentation animale produite à 80% dans la ferme et l'utilisation de semences auto-produites.

Boucle de Moebius : ce logo signifie que **le matériau de l'emballage est valorisable en tant que déchet. Il peut donc être recyclé** ou n'est pas impropre à l'incinération dans une usine dédiée.

Eco-emballage : la présence de ce symbole indique uniquement que le fabricant participe financièrement à un système de gestion des déchets, tel que prévu par la loi. Attention : **sa présence ne garantit pas pour autant que l'emballage sera recyclé.**

Les classements des produits *Made in emplois*

Agroalimentaire

L'agriculteur, dont la place est essentielle dans l'Histoire de France, pâtit d'une incompréhension et d'une indifférence d'une part grandissante de la société civile, de plus en plus urbaine. Ils nous nourrissent mais nous ne les connaissons plus. Chaque jour, leur travail s'éloigne de l'imaginaire collectif. La France reste pourtant le pays le plus rural d'Europe. Chaque jour en France, un agriculteur se suicide.

Consommer des produits made in emplois c'est l'occasion quotidienne pour le jeune urbain que je suis d'être solidaire avec mes compatriotes ruraux, paysans ou ouvriers, plus sédentaires et plus dépendants de la bonne santé de leur bassin agro-alimentaire et industriel, que moi.

Les données essentielles du secteur agro-alimentaire

En France, les industries agroalimentaires emploient 400.000 personnes, soit plus de 13% des emplois de l'industrie manufacturière. La France compte plus de 10.000 entreprises industrielles agroalimentaires réparties sur tout le territoire. Plus de 7.000 d'entre elles comptent moins de 20 salariés. Elles participent au maintien d'un savoir-faire, d'une qualité, d'emplois, d'une vie dans tous nos pays.

L'industrie agro-alimentaire représente aussi 70% des débouchés de l'offre agricole française. Or la France compte encore 770.000 agriculteurs.

Chaque foyer français dépense en moyenne 460 euros par mois en courses alimentaires : rien que le petit déjeuner représente à lui seul, un marché de près de 5 milliards d'euros en France. Or qu'il soit salarié, chômeur ou entrepreneur, chaque individu français est à la fois un client, un consommateur et un citoyen. La part du budget des ménages consacrée à l'alimentation est passée de 30 à 12% aujourd'hui. Nous dépensons aujourd'hui moins pour manger que pour bouger :

14% du budget des ménages sont consacrés au transport. Le budget consacré à l'alimentation sert depuis plusieurs années de variable d'ajustement. Nos habitudes ont aussi beaucoup évolué. Entre 1970 et 2006, notre consommation de vin a reculé de 53%, de pain de 33%, et de viande de 11%... Pendant ce temps-là, notre consommation d'eau minérale augmentait de 335%, de fromage de 32% et de volaille de 42%. Les importations représentent plus du quart de nos dépenses alimentaires (26,8%).

Si les indications portées sur les emballages vous révèlent rarement leurs secrets de fabrication, vous en saurez plus en lisant ce qui va suivre, sur les meilleurs choix à faire pour soutenir les centaines de milliers de familles dont la vie dépend de la bonne santé du secteur agro-alimentaire.

Alors que la balance commerciale totale de la France accuse un déficit de 43 milliards d'euros en 2009, la France restait championne des exportations agricoles et de l'agroalimentaire avec un excédent de 5,4 milliards d'euros en 2009. En 2011, les exportations agricoles françaises ont encore augmenté de 14% pour atteindre un chiffre record de 56 milliards d'euros. L'excédent agroalimentaire atteint 7 milliards d'euros entre janvier et septembre 2012, soit 132 millions d'euros de mieux qu'en 2011. En 2010, l'agroalimentaire a représenté 13% des exportations de biens en France et a généré un excédent commercial de 7,8 milliards d'euros contre 5,2 milliards d'euros en 2009. Mais il continue de perdre des parts de marché face aux autres pays. Les céréales, les produits laitiers et les vins et spiritueux étaient en recul. Les ventes de champagnes et de vins de bordeaux reculent au Royaume-Uni, aux Etats-Unis, en Belgique, au Japon et au Pays-Bas. Les ventes des produits allemands y reculent moitié moins. En revanche, nos exportations agro-alimentaires progressent en Chine et à Hong-Kong. Nos produits laitiers (laits et crème, yaourts, brie et fromages divers) sont à la baisse en Europe (Espagne, Allemagne, Pays-Bas) mais aussi aux Etats-Unis. Encore deuxième exportateurs mondial en 1997 derrière les Etats-Unis, la France est désormais devancée par l'Allemagne et les Pays-Bas. Si les produits du terroir (vins, fromages...) affichaient un excédent commercial de 9,1 milliards d'euros en 2010, le solde des échanges des produits transformés se dégrade dangereusement.

La marque « So French So Good » a pour ambition de faire gagner à l'agroalimentaire hexagonal les parts de marché perdues notamment face à son voisin allemand. La campagne cible en priorité 12 pays cibles concentrant 66% des exportations de nos produits agroalimentaires transformés : Allemagne, Grande-Bretagne, Italie, Belgique, Espagne, Suède, Brésil, Etats-Unis, Japon, Russie, Chine, et Emirats Arabes Unis.

Production

Depuis quelques années, les multinationales de l'agroalimentaire adorent la France pour ses consommateurs mais ne raffolent pas de leurs travailleurs. Le marché français est même bien souvent leur premier marché européen, terre bénie où l'on apprécie les marques, alors qu'en Allemagne ou en Grande-Bretagne les consommateurs privilégient davantage de marques de distributeurs. Pourtant ces groupes acteurs majeurs de la grande consommation en font rarement leur premier site de production.

Le cas d'Unilever est éloquent. Le groupe réalise 5,4% de ses ventes mondiales en France mais n'y emploie que 1,6% de ses salariés. Unilever réalise même en France 20% des 12 milliards d'euros de chiffre d'affaires qu'il réalise en Europe de l'Ouest mais n'y emploie que 10% de ses 29.000 salariés européens. Le même déséquilibre existe chez Procter, Nestlé, Sara Lee ou Kraft. Seul Danone a une politique d'équilibre : la France pèse environ 11% de ses ventes et 11% de ses effectifs.

Beaucoup d'industriels semblent refroidis par le coût du travail, l'instabilité fiscale et l'inflation règlementaire.

Le saviez-vous ?

Récemment, l'Autorité de la concurrence a prononcé plusieurs sanctions à l'encontre de l'industrie agroalimentaire pour des ententes sur les prix. En mars 2012, les principaux producteurs de farine français et allemands ont ainsi été condamnés mi-mars à 242,4 millions d'euros d'amende et mardi les trois principaux fabricants de croquettes pour chiens et chats à 35,3 millions d'euros. L'Autorité de la concurrence a aussi condamné dix organisations de producteurs d'endives à une amende de plusieurs millions d'euros pour s'être entendues sur un prix minimum de vente de ce légume.

Sous-traitance et marque de distributeurs

La question de la sous-traitance des grands groupes agroalimentaires ainsi que la production des marques de distributeurs (MDD) est majeure dans le secteur. Tous les acteurs font abondamment appel à des groupes spécialisés, souvent mal connus et très discrets. Plus d'un tiers des produits de marques de distributeurs sont produits dans les usines des grandes marques nationales.

Les marques de distributeurs (MDD) sont apparues sous leur forme actuelle dès 1975. Excepté Intermarché, les enseignes ne fabriquent généralement pas leurs produits vendus sous MDD. En France, les principaux fournisseurs de produits vendus sous MDD restent des PME, même si certaines grandes entreprises s'y mettent pour amortir leurs charges fixes. Les enseignes se tournent de plus en plus vers des entreprises locales, pour pouvoir ensuite communiquer sur cet approvisionnement régional auprès de leur clientèle (Reflets de France de Carrefour, Nos régions ont du talent de Leclerc, Itinéraire des Saveurs d'Intermarché).

Ce guide ne s'est penché sur les marques de distributeur qu'à titre d'illustration, pour le chapitre consacré aux sodas. A l'avenir et avec de plus amples moyens d'enquête, les marques de distributeur ont vocation à intégrer les classements.

Pour trouver l'usine de conditionnement d'un produit alimentaire, le consommateur aguerri peut toujours se rabattre sur le **code EMB ou la pastille sanitaire**, à condition de savoir convertir le code Insee des communes en code postal. **Le code usine de l'estampille sanitaire** qui figure sur tous les emballages agro-alimentaire indique souvent en effet des lieux de fabrication identiques pour plusieurs marques. Il n'existe pas d'obligation générale de mentionner le fabricant.

Les différences de tarifs entre ces produits pourtant sortis des mêmes usines varient de 15% à 75% entre marques nationales et MDD. On ne peut néanmoins pas affirmer que ce sont exactement les mêmes produits, le cahier des charges étant différent. Les produits MDD bénéficient aussi d'un prix moins élevé en raison de bien moindres investissements publicitaires que les produits de marques nationales. Après dix ans de croissance ininterrompue, passant de 17% à 30% de parts de marché en valeur, les MDD sont en stagnation en France depuis 2009. Au rayon saurisserie et poissons fumés les MDD sont leaders avec 55% des parts de marché.

Le saviez-vous ?

Les marques de distributeurs (MDD) sont apparues sous leur forme actuelle dès 1975, principalement grâce à Euromarché et sa marque « Orange » et à Carrefour avec ses produits « libres » (1976), mais aussi grâce à Casino. Excepté Intermarché, les enseignes ne fabriquent généralement pas leurs produits vendus sous MDD. En France, les principaux fournisseurs de produits vendus sous MDD restent des PME, même si certaines grandes entreprises se mettent à ces produits pour amortir leurs charges fixes. Les enseignes se tournent de plus en plus vers des entreprises locales, pour pouvoir ensuite communiquer sur cet approvisionnement régional auprès de leur clientèle (Reflets de France de Carrefour, Nos régions ont du talent de Leclerc, Itinéraire des Saveurs d'Intermarché...) Et nous les invitons à continuer !

Hallal

Entre 2008 et 2010, le marché du halal a vu ses volumes multiplié par 7, passant de 1.130 tonnes à plus de 7.800 tonnes. Les viandes halal représenteraient un chiffre d'affaires de plus de 68 millions d'euros en 2010.

Les 4 marques leader de ce marché en très forte croissance sont Isla Deìlice (avec plus de 35% de parts de marché, suivi de Fleury Michon (16%), Isla Mondial (10%) et Herta (9%).

Depuis 2011 les marques de distributeurs ont gagné des parts sur ce marché. En 2011, Carrefour Halal a été lancé.

Le saviez-vous ?

Les Européens jetteraient à la poubelle près de 20% de leur consommation alimentaire. C'est d'autant plus dommage que les tupperware comme les emballages Alba sont fabriqués en France.

Fruits & Légumes

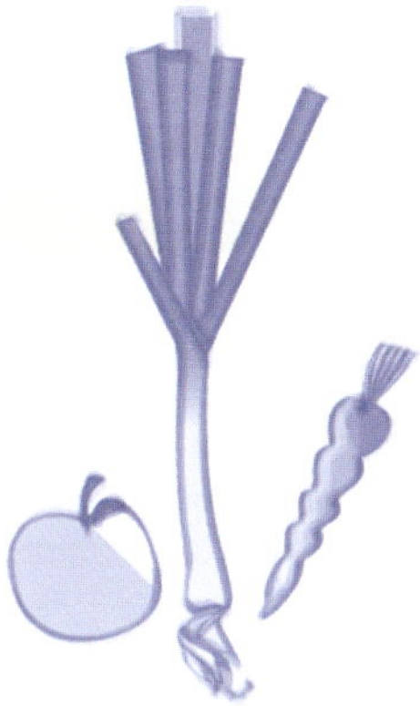

La France est le 1er producteur agricole européen et l'un des principaux exportateurs mondiaux de produits agroalimentaires. Malgré cela, **les consommateurs français choisissent d'acheter plus de 50% de leur consommation de fruits et légumes parmi les produits importés**. Ce chiffre est stable depuis plusieurs années. La France exporte elle aussi beaucoup (pommes, raisin, tomates, etc.), notamment vers l'Europe du nord. L'import-export de fruits et légumes est un des secteurs les plus réglementés, sur le plan sanitaire et commercial. Les exportations de tomates marocaines sont ainsi encore contingentées. Les fruiticulteurs français font face à une concurrence interne à l'Union européenne au moins aussi importante que celle des pays d'Afrique ou d'Amérique du Sud.

Les vendeurs ont une obligation d'information sincère des clients. Si la mention de l'origine de vos fruits et légumes manque ou semble fausse, il est de votre responsabilité de le faire remarquer au vendeur et de lui demander l'information. Une affichette placée à proximité des produits est en effet toujours obligatoire pour les fruits et légumes vendus en vrac. Elle doit, en autres, mentionner :

- La provenance, qui doit se faire « en caractères d'une taille égale à celle de l'indication du prix ».
- Le nom du fabricant, qui doit pouvoir être identifié.

Les circuits courts

7% des fruits et légumes achetés en 2009 l'étaient en vente directe et autres circuits courts. Plus de 16% des exploitations agricoles s'y consacrent, dont la moitié après avoir transformé leurs produits. Le renouveau de cette tendance permet aux agriculteurs de diversifier leur activité tout en recréant un lien avec les consommateurs. Ces ventes à l'exploitation, sur les marchés ou en tournée contribuent au développement d'une consommation responsable et durable, au maintien d'une agriculture en périphérie des villes et des zones touristiques. Dans la région de Versailles, il suffit par exemple de se rendre sur l'exploitation d'**Anne et Pascal Camelot** pour découvrir leurs délicieuses tomates. Le système de **La Ruche qui dit oui** qui transforme les particuliers volontaires en seul intermédiaire entre le producteur et le consommateur est particulièrement astucieux.

Locavore

Se dit des consommateurs qui privilégient des produits fabriqués à proximité de leur domicile. Le phénomène est croissant en France et en Europe. Leur préférence se porte sur des produits made in France, issus de leur région. Le locavore participe autant à la prospérité de son voisinage qu'à la préservation de son environnement.

Née aux Etats-Unis en 2005, cette démarche part d'un désir de protection de l'environnement, de qualité du produit et de mise en valeur des petits producteurs locaux. Les AMAP (Associations pour le Maintien d'une Agriculture Paysanne) montées à cette fin, fleurissent un peu partout en France. Dans la région de Toulon par exemple, vous pouvez vous régaler des excellents **Paniers Davoine** tout en soutenant les paysans locaux et leur agriculture durable. Il en va de même dans la région de Rouen avec les produits **Alternoo**, issus de 30 producteurs bio locaux.

Le phénomène locavore participe aussi du renouveau des plats faits maison. Face à une conjoncture économique défavorable et à l'augmentation des prix des denrées alimentaires, les français sont ainsi de plus en plus nombreux à fabriquer eux-mêmes leur pain, d'où une hausse des ventes du petit électroménager, dont une partie est fabriquée en France.

Bio

En 2008, le chiffre d'affaires du bio s'élevait à 2,6 milliards d'euros, soit 1,7% de la consommation alimentaire française. En 2012, les ventes de produits bio devraient s'élever à 4 milliards d'euros. Ce segment a enregistré une croissance annuelle moyenne de 10% sur les quinze dernières années. En 2012, 64% des Français ont acheté du bio. 43% des Français déclarent même avoir acheté un produit alimentaire bio au moins une fois par mois (contre 37% en 2003). **L'Ile-de-France constitue le premier bassin de consommation des produits bio** avec 30% des volumes consommés en France. Malgré cela la France est un producteur bio insignifiant, en queue de peloton de l'Europe. Extrêmement minoritaires, les exploitations bio ne représentent en 2012 qu'un peu plus de 3% des exploitations et de la surface des terres agricoles (contre 19% en Autriche ou 9% en Italie). Les surfaces dédiées aux productions bio ont toutefois doublé en France en 10 ans. En 2012, le secteur recensait 23.000 exploitations agricoles bio, soit un doublement en 10 ans, représentant 4,6% des fermes françaises. **Les régions PACA et Languedoc-Roussillon arrivent en tête du bio français** avec respectivement 7,7% et 5% de leurs surfaces agricoles dédiées au bio. Les productions qui se sont le plus mis au bio sont les fruits et légumes (17% de la production nationale est désormais bio), les produits laitiers (15%), le vin (10%), les viandes (10%) et le pain (10%).

La demande française reste largement supérieure à l'offre, ce qui explique que **près de 35% des produits bio achetés par les consommateurs français sont importés d'Europe (Italie, Autriche, Allemagne, Pays-Bas) et du Maghreb (Egypte, Maroc, Tunisie).** Si la France est autosuffisante dans certaines filières bio comme la viande et le vin et s'améliore sur le lait, la farine ou l'huile d'olive, elle reste particulièrement déficitaire **dans les céréales et le secteur des fruits et légumes où les importations peuvent atteindre 60% de la consommation bio. Le pire reste les jus de fruit bio dont nous importons 75% de notre consommation.** Le transport nécessaire à ces importations génère d'importantes émissions de dioxyde de carbone. Quel est alors l'intérêt écologique d'acheter des produits bio importés dont l'empreinte carbone est désastreuse ?

Le saviez-vous ?

Selon un rapport de l'American Academy of Pediatrics, aucune corrélation directe n'a été établie qu'un régime alimentaire constitué de produits bio contribue à améliorer la santé ou à réduire le risque de maladie. Les aliments bio contiennent toutefois une teneur plus faible de pesticide ainsi qu'une moindre contamination du bétail avec des bactéries résistantes aux antibiotiques. **Le plus important est que les enfants aient une alimentation riche en fruits, légumes et céréales ainsi qu'en laitages allégés : un tel régime a prouvé ses bienfaits pour la santé, peu importe que ces aliments soient bio ou pas**. L'académie explique craint que les familles aux revenus modestes, en privilégiant le bio plus coûteux, ne réduisent les quantités de nourriture essentielle que consomment leurs enfants.

Huile d'olive

Rare et chère, l'huile d'olive française est un des produits comptant le plus d'étiquetages frauduleux. En 2006, seulement 56% des échantillons analysés étaient « conformes » à la réglementation. Dans l'Union Européenne, la mention d'une provenance est obligatoire pour les huiles d'olive vierges et vierges extra depuis 2002. Les mentions de provenance autorisées sont limitées à la mention du pays d'origine, ou d'une aire géographique reconnue (AOC, AOP, DOP, IGP). Il est interdit de porter dans l'étiquetage une mention du département ou de la région s'il ne s'agit pas d'une aire d'appellation. L'origine de l'huile d'olive est définie par le lieu de récolte des olives et le lieu de transformation.

Ce symbole de la cuisine méditerranéenne ne compte que 8 AOC ou AOP (huile d'olive de Provence, de Nyons, d'Aix-en-Provence, de Haute-Provence, de la vallée des Baux-de-Provence, de Nice, de Corse, et de Nîmes). De nombreux producteurs jouent sur la confusion en ajoutant sur les étiquettes des paysages évoquant le Sud ou des origines telles que « huile de Provence-Côte d'azur ». Aussi faute d'AOC, l'indication d'un millésime, d'un verger ou d'un moulin sont des signes de qualité.

Banane

La filière Banane de Guadeloupe & Martinique est le premier employeur privé des deux îles avec 10.000 emplois générés par la filière, dont 90% en CDI. En Martinique, 1 actif sur 20 travaille pour la filière, soit 63% des salariés agricoles de Martinique et 36% en Guadeloupe. Fortement concurrencés par les bananes sud-américaines et africaines, les bananes antillaises font vivre 750 exploitations guadeloupéennes et martiniquaises.

En dix ans, la filière Banane de Guadeloupe & Martinique a vu sa production augmenter de 30% avec le même coût de production. Sur les deux îles, 8.500 hectares sont consacrés à la banane. Chaque semaine, 27 millions de bananes sont envoyées en Europe continentale. Premier produit d'exportation des Antilles, 260.000 tonnes de bananes partent chaque année vers l'Union Européenne pour une valeur de 150 millions d'euros. 75% de la production est commercialisée en France et le reste dans l'Union Européenne.

En diminuant de plus de 72% son utilisation de pesticides en 15 ans, la banane antillaise peut désormais se targuer d'être la banane conventionnelle la plus proche du bio, quand par exemple la banane du Costa Rica, produite dans un contexte climatique comparable, utilise dix fois plus d'intrants.

La banane est un produit de notre terroir, faisant vivre nos régions. Comme on le chantonne après avoir visionné la très réussie campagne publicitaire de 2010 : respectons-la ! Les bananes françaises sont repérables à leur logo en forme de timbre orange et ensoleillé.

Le saviez-vous ?

Très convoitée, la banane est le 2ème fruit exotique le plus exporté à travers le monde après le café. Elle est le 4ème produit alimentaire le plus consommé pour les besoins locaux. Elle a commencé à faire l'objet d'échanges commerciaux internationaux dès la fin du XIXème siècle et son marché constitue toujours aujourd'hui un enjeu énorme.

Les fruits (presque) *exclusivement importés*

Ananas

Appelé *nana nana* (parfum des parfums) par les amérindiens, l'ananas provient quasi exclusivement d'importations. La Côte d'Ivoire est le principal pays fournisseur du marché français. Nous en importons aussi de l'île Maurice et du Kenya. La seule production française est localisée à la Réunion. L'ananas Victoria de La Réunion bénéficie d'un Label rouge depuis 2006.

Afin de préserve mieux préserver ses qualités gustatives, l'avion est privilégié au bateau pour le transport de l'ananas, bien qu'il pollue plus et renchérisse le prix de vente. L'ananas « avion » est en effet cueilli mûr à point et commercialisé rapidement après sa récolte.

Agrumes

Si certains agrumes sont parfois cultivés dans le sud méditerranéen de la France, l'essentiel de la production d'**orange** vient de fort loin. Les oranges des étales françaises viennent essentiellement d'Espagne, du Maroc, d'Israël, de Tunisie, voire d'Italie. Mais l'Espagne ne représentait en 2004 qu'à peine 5% de la production mondiale d'oranges alors que les États-Unis en représentaient 19% et le Brésil 29%.

Les **citrons** français sont eux importés d'Espagne et d'Argentine. Si le citron est cultivé en France depuis le milieu du XVIIème siècle, notre production de citrons niçois ou de Menton est très marginale même si elle est de très bonne qualité.

La production française de **pamplemousses** est, elle aussi, marginale. Elle se concentre sur 200 hectares en Corse. La France en importe donc chaque année 100.000 tonnes essentiellement de Floride, d'Israël, d'Argentine et d'Afrique du Sud.

Avocats

Les avocats consommés en France proviennent eux aussi quasi exclusivement d'importations. Il existe bien une toute petite production en Corse mais les fournisseurs des amateurs français de guacamole sont en hiver l'Espagne, Israël, le Chili et le Mexique et en été le Pérou et l'Afrique du Sud.

Le saviez-vous ?

Cultivé depuis plus de 7.000 ans en Amérique Centrale, les missionnaires espagnols en interdirent la consommation pendant le Carême, jugeant la saveur et la texture de l'avocat trop proche de la viande. Etonnant, non ?

Calendrier des saisons des fruits et légumes français

A chaque fruit et chaque légume sa saison. Soyez donc attentif à l'origine géographique, et si possible au mode de culture, des produits proposés sur les étals des marchés et des grands magasins. Pour aider votre assiette à respecter la planète et à faire vivre les producteurs français, il est très important de respecter le cycle naturel et de consommer de préférence des fruits et légumes locaux et de saison. Une exploitation agricole disparaîtrait toutes les 20 minutes en France.

En matière de lutte contre la pollution, des fruits et légumes cultivés en France valent souvent mieux que des produits bio importés par avion. Les transports lointains par avion, bateau ou camion génèrent un grand nombre de nuisances environnementales : pollution (il faudrait 5 litres de gasoil pour chaque kilo de fraises vendus en France en hiver), mais aussi embouteillages. Sur les routes d'Europe, un camion sur trois transporte de la nourriture. Consommer des fruits et légumes de saison, c'est donc consommer local, c'est aussi favoriser des aliments qui ont moins besoin d'être traités en produits phytosanitaires afin de résister au voyage.

Sur les deux pages suivantes, nous vous invitons à découvrir un calendrier où vous pourrez découvrir les périodes de récolte des différents fruits et légumes cultivés et produits en France. →

Sont matérialisés en orange les mois où sont disponibles les productions françaises de chacun d'eux.

Agro-alimentaire

	Janvier	Février	Mars	Avril	Mai	Juin	Juillet	Août	Sept.	Oct.	Nov.	Déc.
LEGUMES												
Ail	■	■	■	■	■	■	■	■	■	■	■	■
Artichaut				■	■	■	■	■	■			
Asperge				■	■	■						
Aubergine						■	■	■	■			
Betterave					■	■	■	■	■	■		
Blette		■	■	■	■	■	■	■	■	■	■	
Brocoli					■	■	■	■	■	■	■	
Carotte	■	■	■	■	■				■	■	■	■
Céleri	■	■	■	■	■							
Champ. Paris	■	■	■	■	■	■	■	■	■	■	■	■
Chou blanc	■	■	■							■	■	■
Chou-fleur	■	■	■	■	■					■	■	■
Chou Bruxelles	■	■								■	■	■
Chou frisé	■	■	■	■	■	■	■	■	■	■	■	■
Concombre				■	■	■	■	■	■			
Cornichon							■	■	■	■		
Courge	■	■	■						■	■	■	■
Courgette					■	■	■	■	■	■		
Echalote	■	■	■	■	■	■	■	■	■	■	■	■
Endive	■	■	■	■	■					■	■	■
Epinard		■	■	■	■	■						
Fenouil								■	■	■	■	■
Frisée		■	■	■	■	■	■	■	■	■	■	
Haricot vert						■	■	■	■	■		
Laitue	■	■	■	■	■	■	■	■	■	■	■	■
Lentille	■	■	■	■	■	■	■	■	■	■	■	■
Mâche	■	■	■							■	■	■
Maïs								■	■	■		
Navet	■	■	■	■	■				■	■	■	■
Oignon	■	■	■	■					■	■	■	■
Petit pois				■	■	■	■					
Poireau	■	■	■	■					■	■	■	■
Poivron						■	■	■	■	■		
Pomme de terre	■	■	■	■	■	■	■	■	■	■	■	■
Potiron									■	■	■	■
Radis			■	■	■	■	■	■				
Roquette						■	■	■	■	■		

	Janvier	Février	Mars	Avril	Mai	Juin	Juillet	Août	Sept.	Oct.	Nov.	Déc.
Salsifi	■	■	■							■	■	■
scarolle	■	■	■	■	■	■	■	■	■	■	■	■
Tomate			■	■	■	■	■	■	■	■	■	
Topinambour	■	■	■							■	■	■
FRUITS												
Abricot						■	■	■				
Amende						■						
Ananas	■	■	■	■								■
Banane	■	■	■	■	■	■	■	■	■	■	■	■
Brugnon						■	■	■	■			
Cassis							■	■	■			
Cerise					■	■	■					
Châtaigne									■	■	■	
Clémentine	■	■									■	■
Coing										■	■	■
Figue						■	■	■	■	■	■	
Fraise					■	■	■	■	■			
Framboise						■	■	■				
Groseille						■	■	■	■			
Kiwi	■	■	■	■	■							■
Mandarine	■	■										■
Melon						■	■	■	■			
Mirabelle								■	■			
Mûre							■	■	■	■		
Myrtille							■	■	■			
Nectarine						■	■	■	■			
Noix	■	■	■	■	■	■	■	■	■	■	■	■
Orange	■	■	■									■
Pamplemousse											■	■
Pastèque							■	■	■			
Pêche						■	■	■	■			
Poire	■	■	■				■	■	■	■	■	■
Pomme	■	■	■	■	■	■	■	■	■	■	■	■
Quetsche								■	■	■		
Prune							■	■	■	■		
Raisin								■	■	■		
Rhubarbe					■	■	■	■	■	■		

Agro-alimentaire

Classement des poulets *Made in Emplois*

La France est le premier producteur européen de volailles et le 5ème mondial, avec près de deux millions de tonnes. L'aviculture est un secteur économique important qui **emploie près de 50.000 salariés et 15.000 éleveurs dans toute la France.**

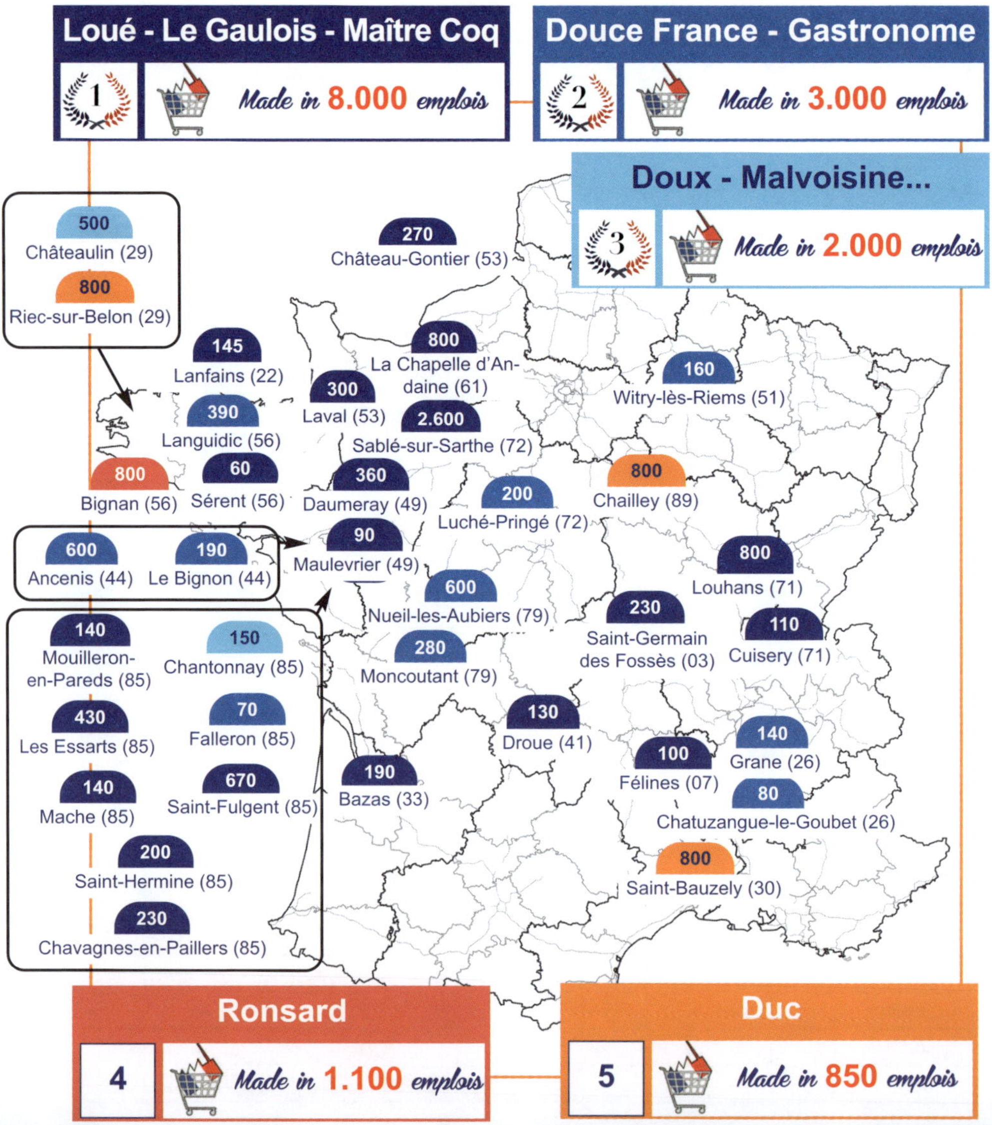

La viande de bœuf sous vide
Made in Emplois

La France est le 1er producteur européen de viande bovine. Nous elevons une quinzaine de races à viandes (limousine, charolaise, gasconne, etc).

La consommation moyenne de veaux est de 2 kg par an et par habitant.

Bigard - Charral

1 — *Made in* **15.000** *emplois*

Jean Rozé

2 — *Made in* **3.400** *emplois*

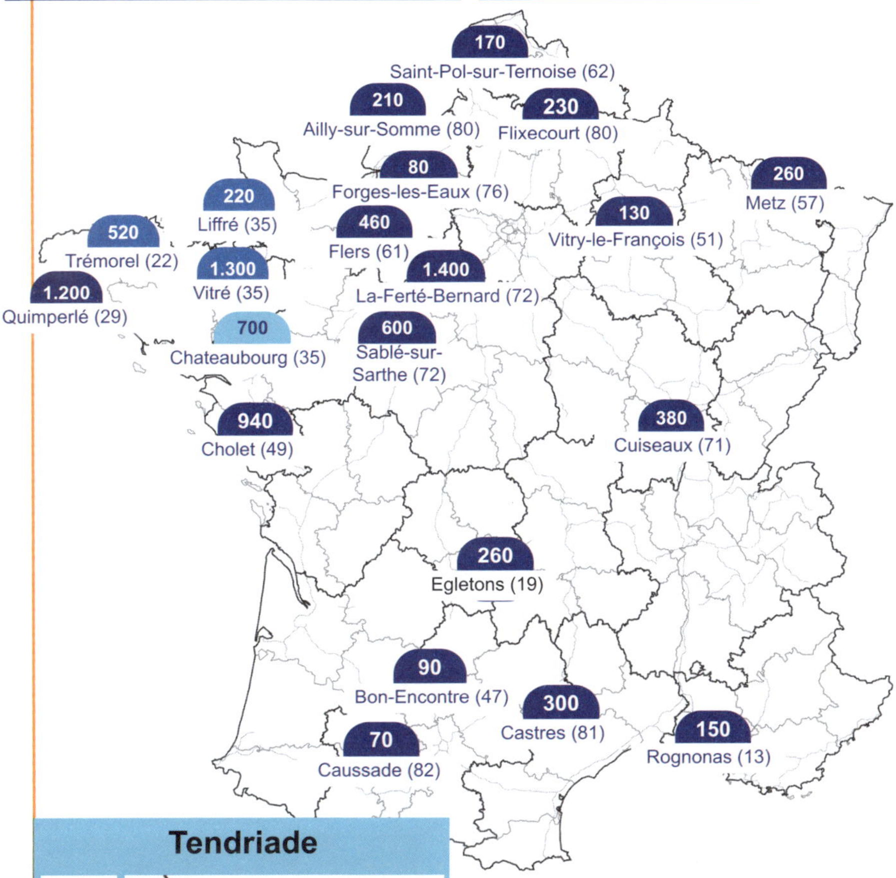

Tendriade

3 — *Made in* **700** *emplois*

Agro-alimentaire

Classement du jambon *Made in Emplois*

La France est le quatrième producteur européen de viande porcine.

Tradilège - Férail - Chantegrill Saint-Azay - Eco+
1 — *Made in* **2.500** *emplois*

Louis Gad - Mister Pig Le porc des enclos
2 — *Made in* **1.750** *emplois*

Jean Floch
3 — *Made in* **1.600** *emplois*

Aoste - Cora - Cochonou Justin Bridou - César Moroni
4 — *Made in* **1.400** *emplois*

Jean Caby
5 — *Made in* **1.120** *emplois*

Madrange - Paul Prédault Leader Price
6 — *Made in* **1.000** *emplois*

Herta
7 — *Made in* **1.000** *emplois*

Fleury Michon
8 — *Made in* **600** *emplois*

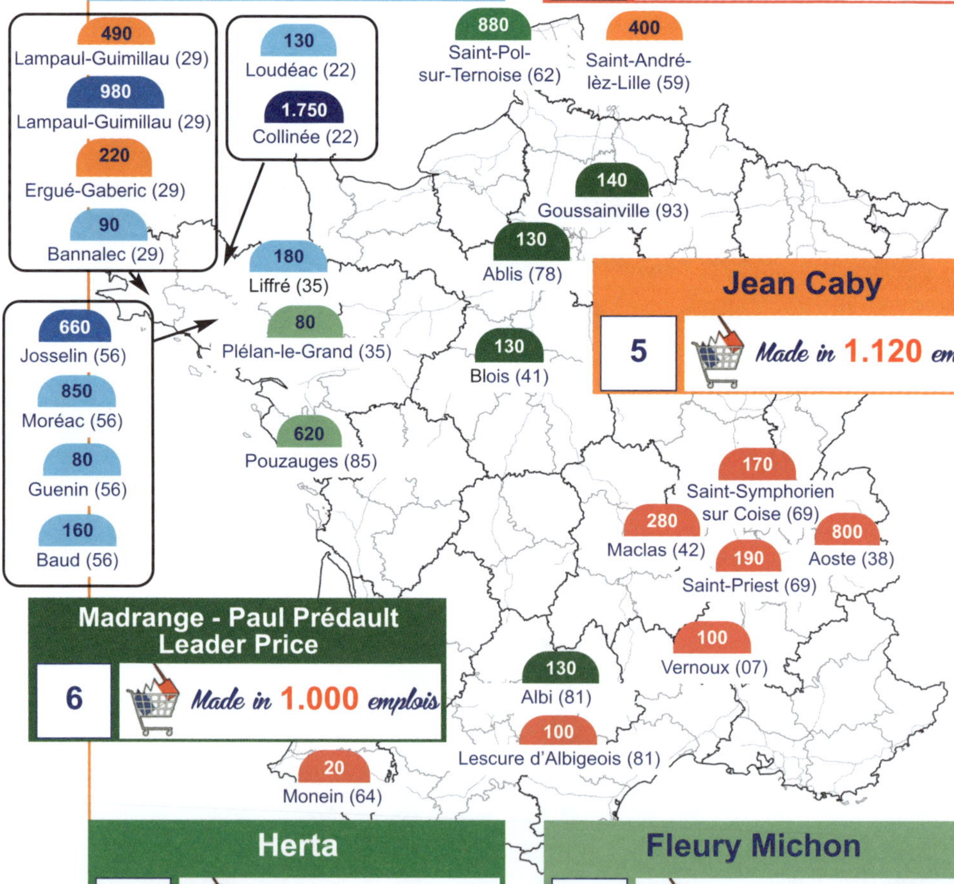

Classement du foie gras *Made in Emplois*

Le foie gras est un des symboles de l'art de vivre à la française et un produit d'exportation important, qui emploie plus de 30.000 salariés en France. Premier producteur (avec environ 20.000 tonnes par an) et premier consommateur mondial de foie gras, la France réalisait dans ce secteur un chiffre d'affaires de 1,9 milliards d'euros en 2011 (+4,8%). Les Landes, le Gers, la Vendée et l'Alsace sont les principales zones de production en France. Le canard à foie gras du Sud-Ouest bénéficie d'une IGP depuis 2000.

Delpeyrat Comtesse du Barry - Excel

1

Made in **1.000** *emplois*

Labeyrie - Delpierre

2

Made in **500** *emplois*

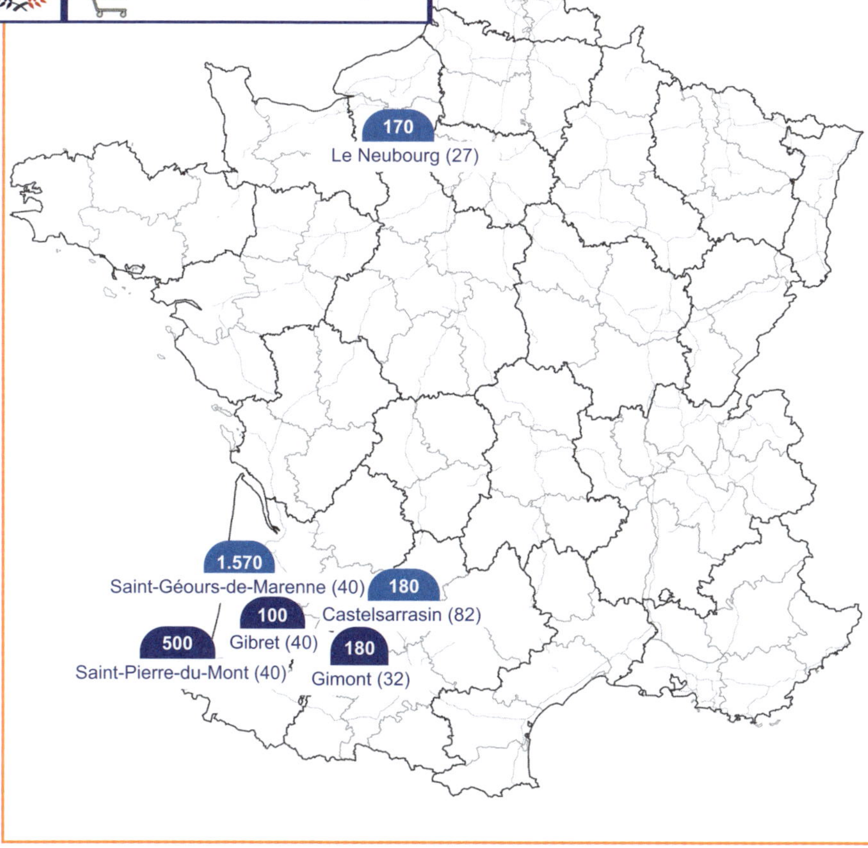

Agro-alimentaire

Classement des plats préparés *Made in Emplois*

Sodebo - PastaBox
1 — *Made in* **2.000** *emplois*

Marie
2 — *Made in* **1.400** *emplois*

William Saurin - Garbit
La Belle Chaurienne - PetitJean
3 — *Made in* **900** *emplois*

Fleury Michon
4 — *Made in* **800** *emplois*

La Toque Angevine
5 — *Made in* **480** *emplois*

Traditions d'Asie - Agis
6 — *Made in* **380** *emplois*

Delpeyrat
7 — *Made in* **370** *emplois*

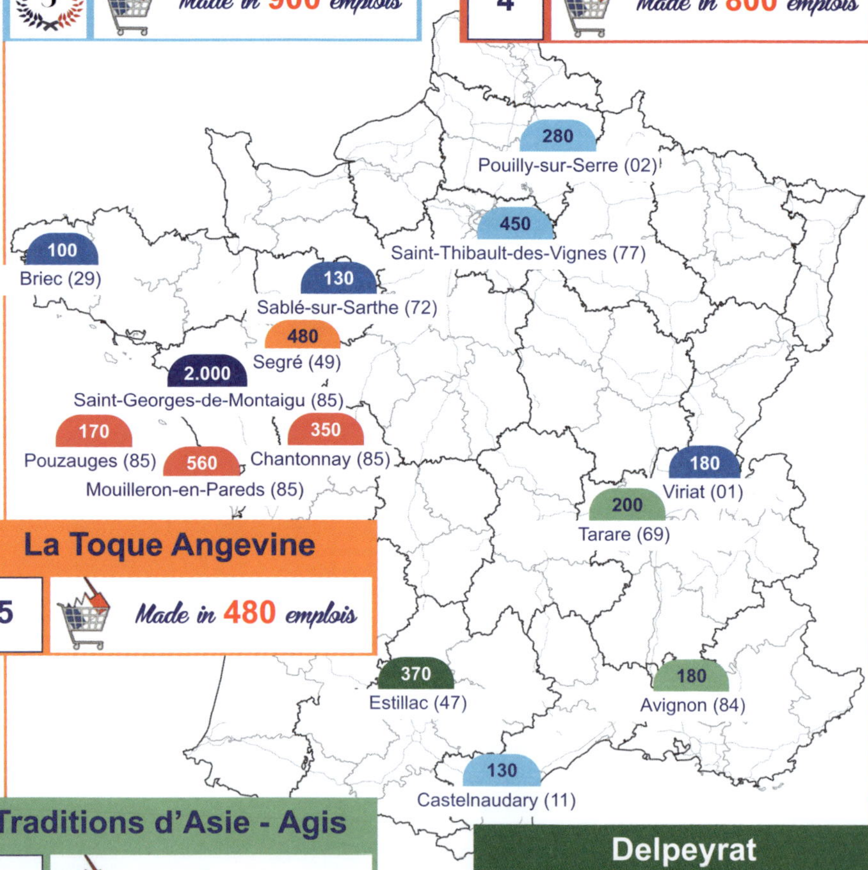

Classement des fromages *Made in Emplois*

Groupe Bel :

La Vache qui rit - Apéricube - Boursin
Babybel - Kiri - Cousteron - Cantadou

1

Made in **3.500** *emplois*

Groupe Lactalis :

Roquefort Société - Président - Lanquetot
Lepetit - Chaussée aux Moines - Galbani
Rondelé - Salakis

2

Made in **1.250** *emplois*

Groupe Bongrain :

Caprice des Dieux - Bresse Bleu - Elle & Vire
Le vieux pané - Chamois d'or - Fol Epi
Boursault - Géramont - Le montagnard
Chaumes - Chavrou - Rambol - Saint Moret
Cour de Lion - Tartare - Ptit Louis
Saint Agur - Saint Albray

3

Made in **4.000** *emplois*

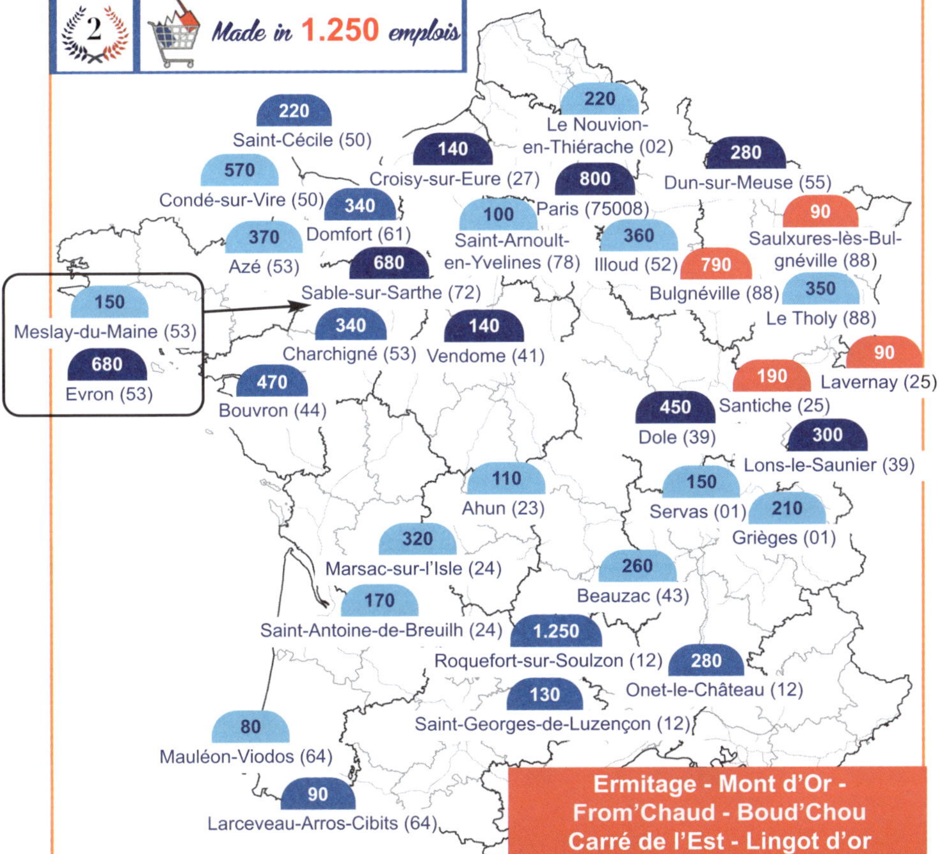

Ermitage - Mont d'Or - From'Chaud - Boud'Chou - Carré de l'Est - Lingot d'or

4

Made in **1.200** *emplois*

Classement du chocolat *Made in Emplois*

La France produit chaque année 3 millions de tonnes de chocolat. La consommation moyenne est de 7 kg par an et par habitant. Ce qui fait de nous le deuxième consommateur au monde, derrière les suisses et leurs 10 kg de consommation annuelle. 4 millions de tonnes de cacao sont produites chaque année. 70% de la production mondiale est effectuée en Afrique (Côte d'Ivoire, Ghana, Nigéria, Cameroun), 16% en Amérique du Sud (Brésil, Equateur) et 14% en Asie-Océanie (Indonésie).

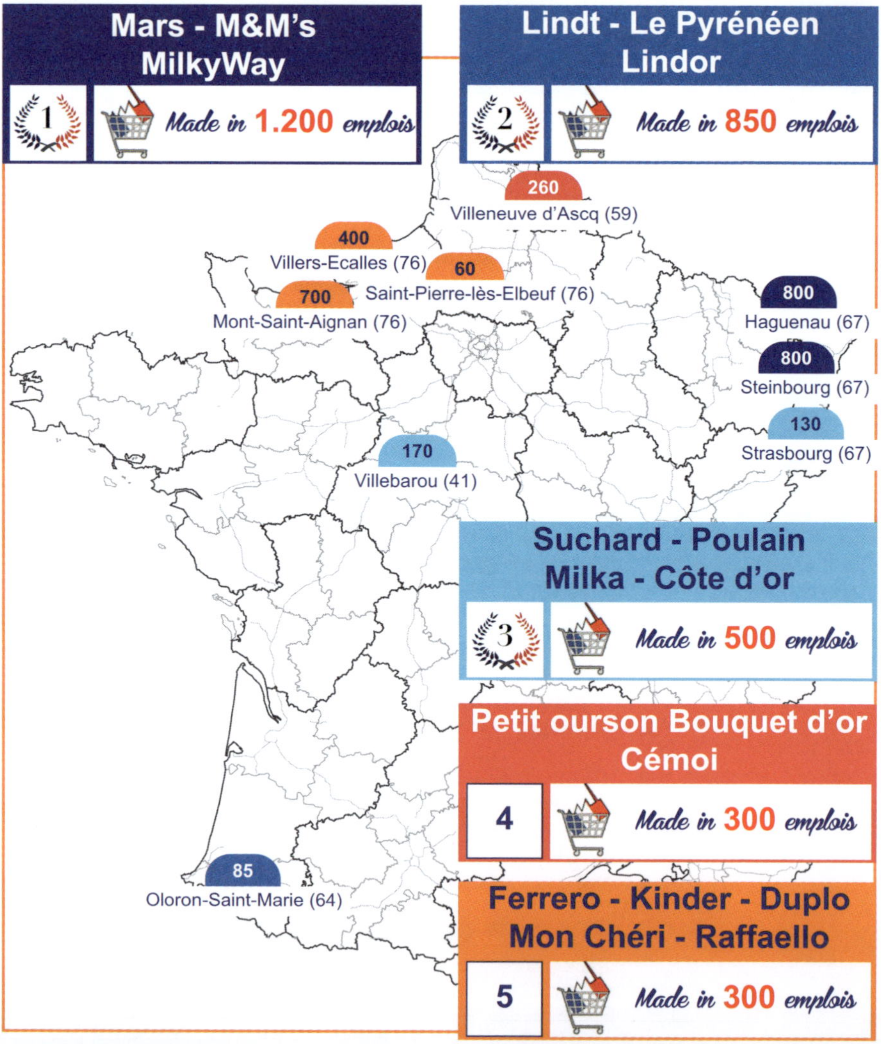

Classement du café *Made in Emplois*

Vous pouvez faire vivre des familles françaises que vous achetiez du café moulu, du café soluble ou même des dosettes. En effet **des capsules produites en France et moins chères que les Nespresso existent.**

Chaque jour en France, environ 2,1 millions de tasses de café sont consommées.

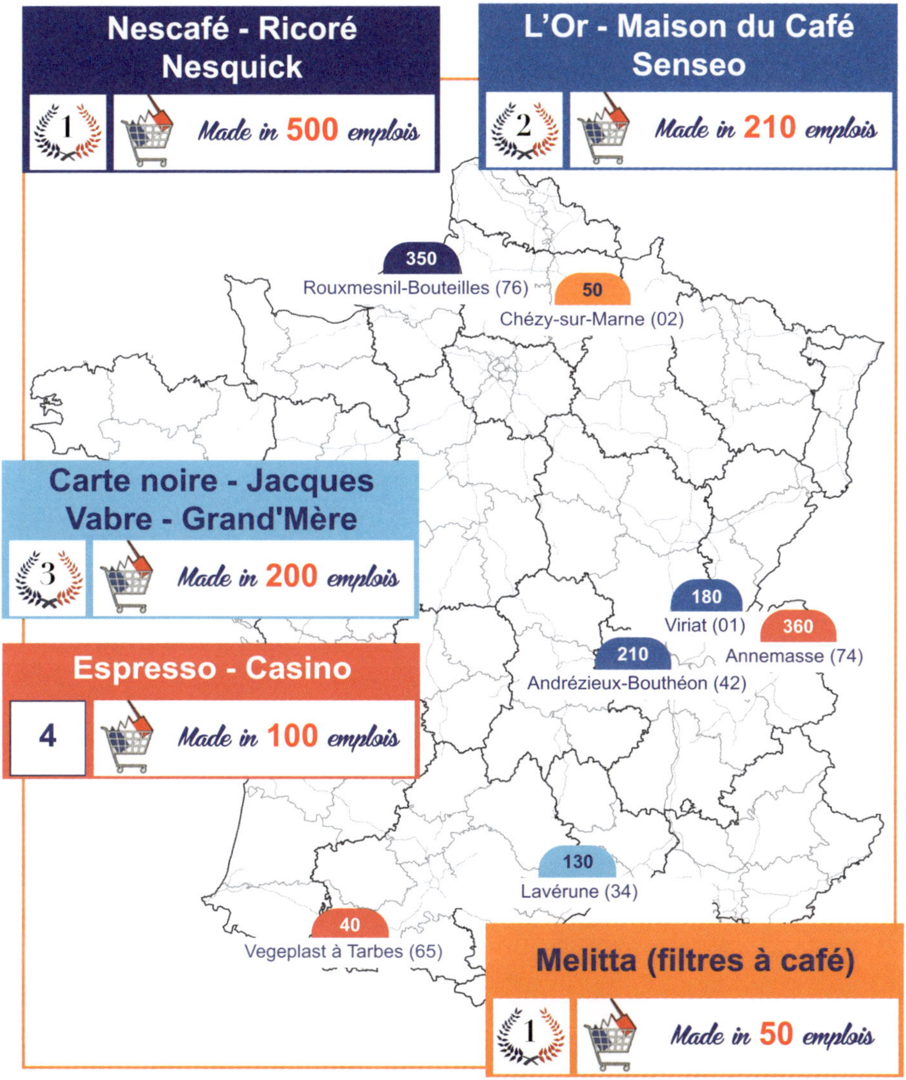

Agro-alimentaire

Classement des bières *Made in Emplois*

En France, la consommation de bière est en recul de 30% depuis 30 ans. Elle ne représente plus que 16% de notre consommation d'alcool. Il existe pourtant plus de 400 entreprises productrices de bière en France. **Le secteur de la brasserie représente encore plus de 3.500 emplois directs et environ 60.000 emplois indirects sur l'ensemble de la filière française.**

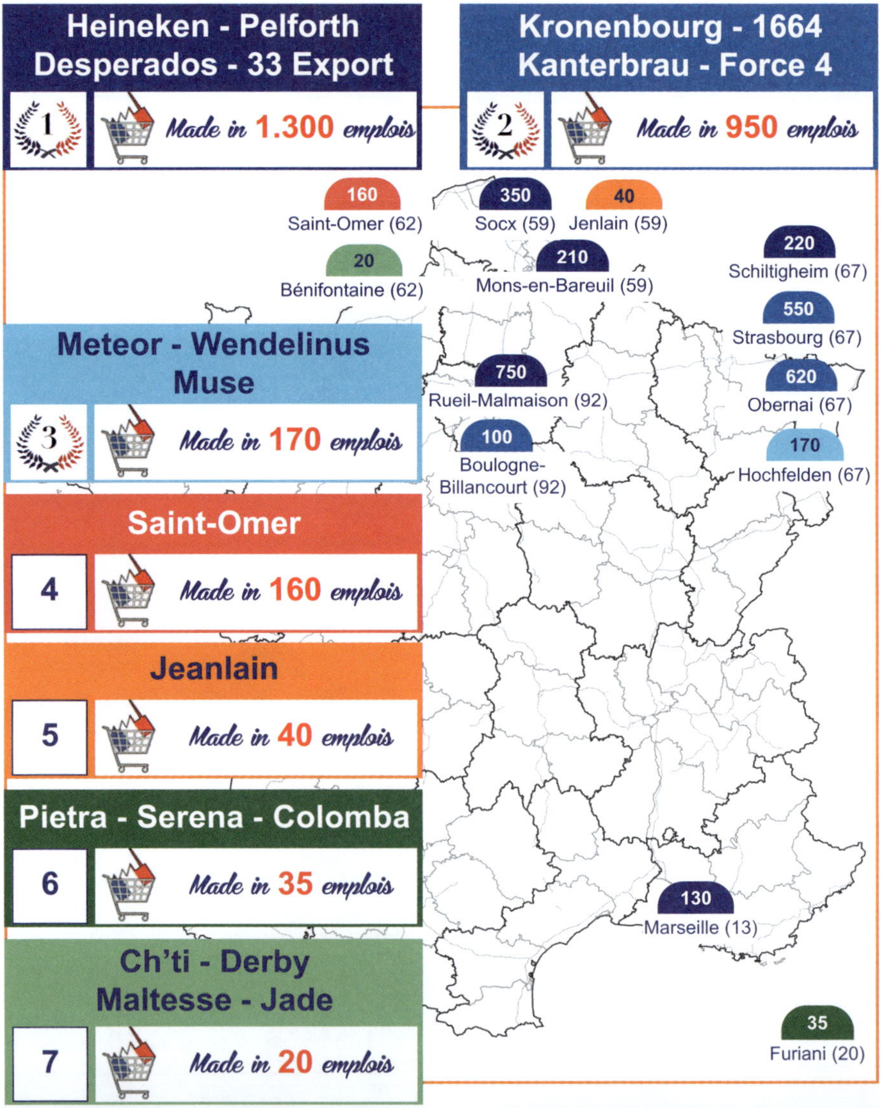

Classement des jus de fruits et sirops *Made in Emplois*

En 2010, les français ont consommé 1,65 milliard de litres de jus de fruits. La moitié était des jus d'orange. Une part importante des jus d'orange sont « à base de concentré » (par opposition aux « 100% pur jus »). Or lorsque l'on achète un jus « à base de concentré », il y a fort à parier que l'ingrédient de base provienne du Brésil.

Tropicana - Alvalle

1 — *Made in* **400** *emplois*

Teisseire

2 — *Made in* **270** *emplois*

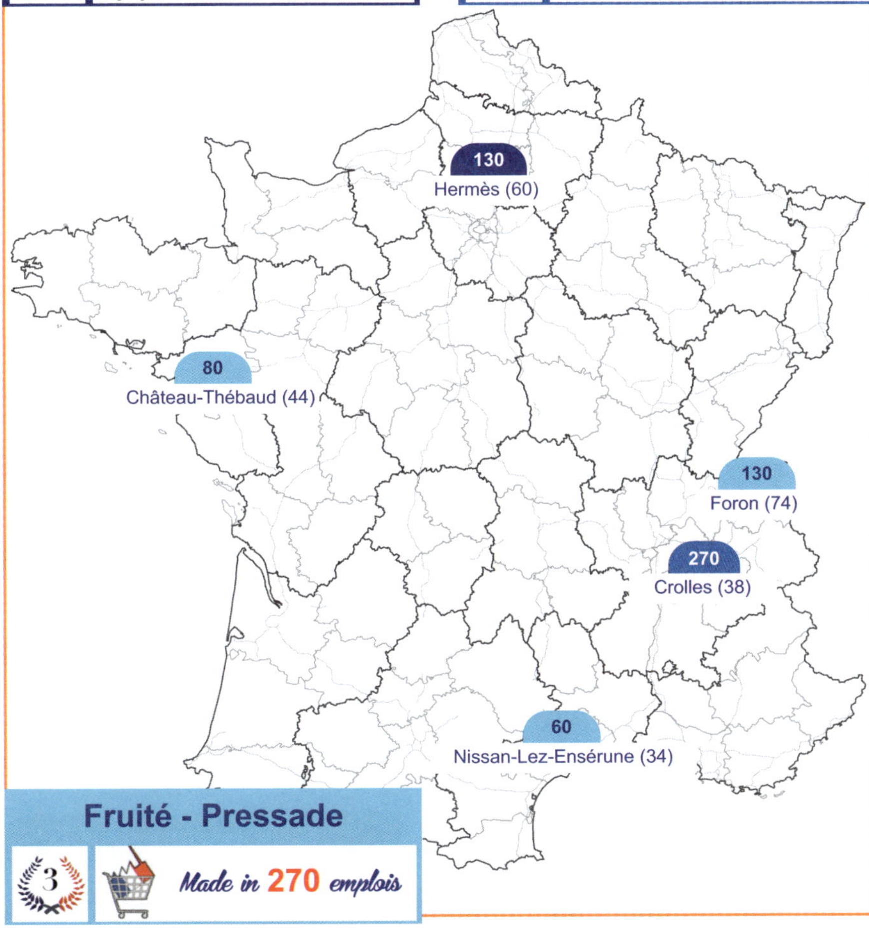

Fruité - Pressade

3 — *Made in* **270** *emplois*

Agro-alimentaire

Classement des sodas *Made in Emplois*

Le saviez-vous ?

Coca-Cola est tout simplement la marque que nous achetons le plus en France. 95% de ses produits sont fabriqués en France. Enjoy capitalism ! Always.

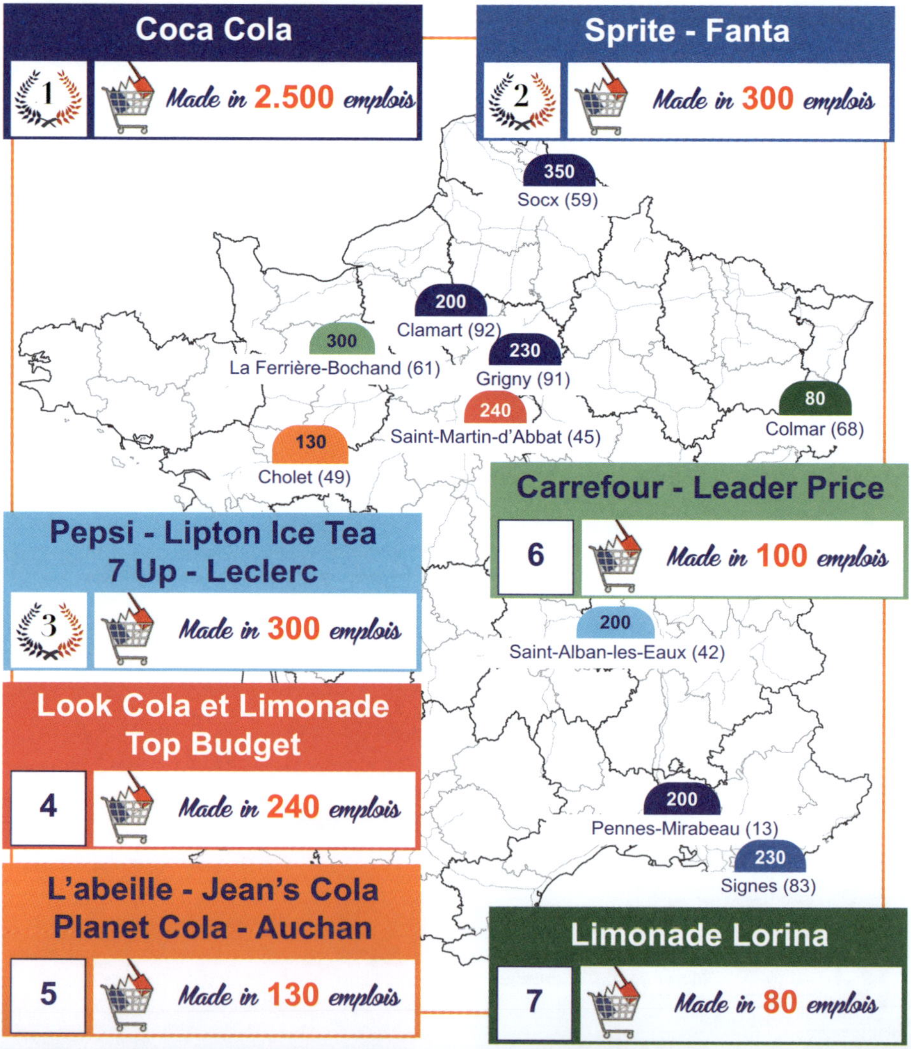

Classement des biscuits *Made in Emplois*

Le marché des biscuits secs pèse 1,7 milliard d'euros. Très concurrentiel, il est dominé par les marques de distributeurs.

Groupe LU :

Petit Beurre - Prince - Pim's - Paille d'or Granola - Barquette - Crackers - Belin Pépito - Mikado - Figolu - Tuc - Vandame Cracotte - Petit écolier - Petit Déjeuner Heudebert - Pelletier - Grany - Taillefine Les Trois Chatons - Oursons - Captain'Choc Miniroulés - Coqueline - Belvita - Hello Edition Spéciale - Véritable Petit Beurre Petit Beurre Extra - Galettes Saint-Sauveur Beurré nantais - Petite lu au lait Sablé des Flandres - Petit Déjeuner

1 — *Made in* **3.000** *emplois*

BN - Delacre

2 — *Made in* **700** *emplois*

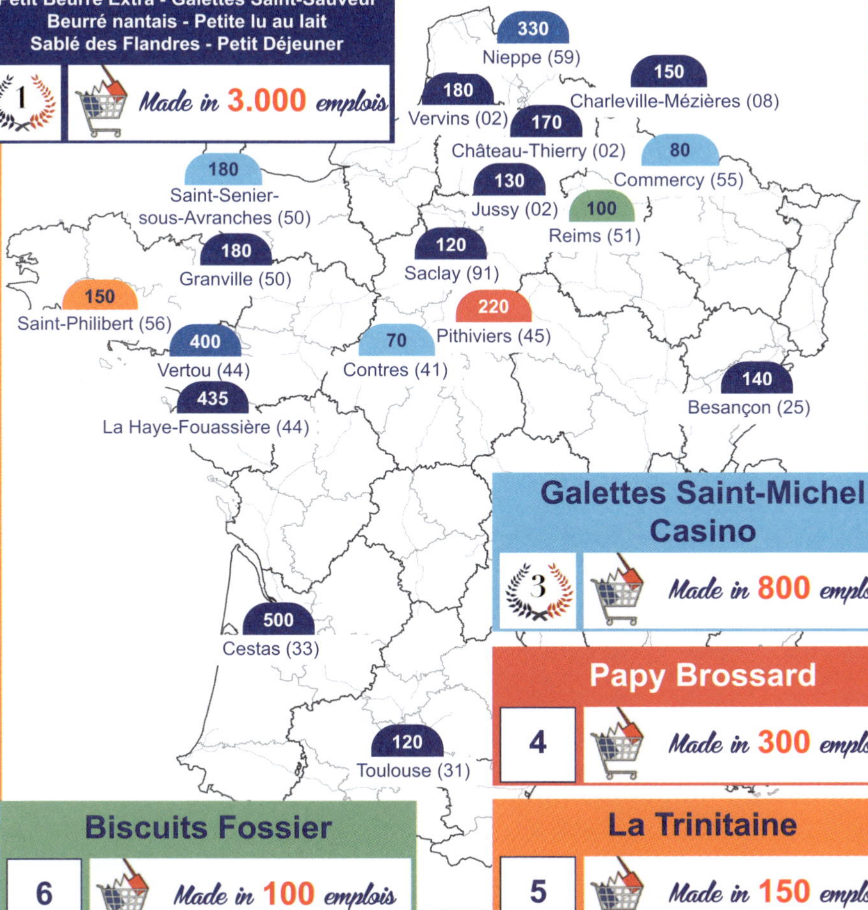

Galettes Saint-Michel Casino

3 — *Made in* **800** *emplois*

Papy Brossard

4 — *Made in* **300** *emplois*

La Trinitaine

5 — *Made in* **150** *emplois*

Biscuits Fossier

6 — *Made in* **100** *emplois*

Agro-alimentaire

Classement des glaces & pâtes à tartiner *Made in Emplois*

Certaines variétés de glaces Häagen Dazs atteignent plus de 80% de valeur ajoutée en France. Les oeufs, la crème et le lait proviennent de 350 fermes du Nord-Pas de Calais. Les emballages sont également fabriqués en France. Häagen Dazs a obtenu en 2012 le label « Origine France garantie ».

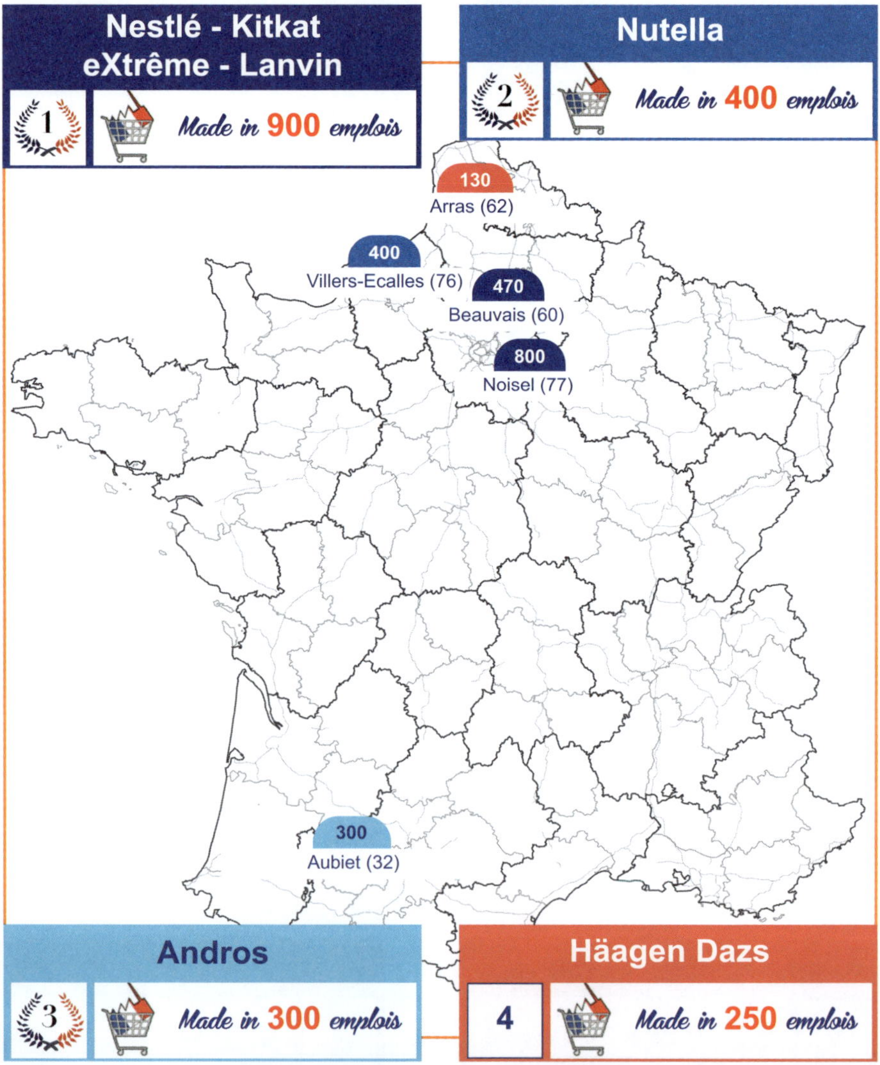

Classement des bonbons & Chewing-gum *Made in Emplois*

La France est le pays qui consomme le plus de chewing-gum par habitant (1 par jour et par habitant en moyenne) après les Etats-Unis. En 2011, 155 millions de chewing-gum ont été vendus dans la grande distribution en France, soit un marché de 425 millions d'euros. Le marché du chewing-gum est toutefois en recul constant depuis 2007 (- 6% par an en moyenne). Les tablettes Hollywood Chewing Gum restent le second produit le plus vendu en France après les sodas Coca-Cola.

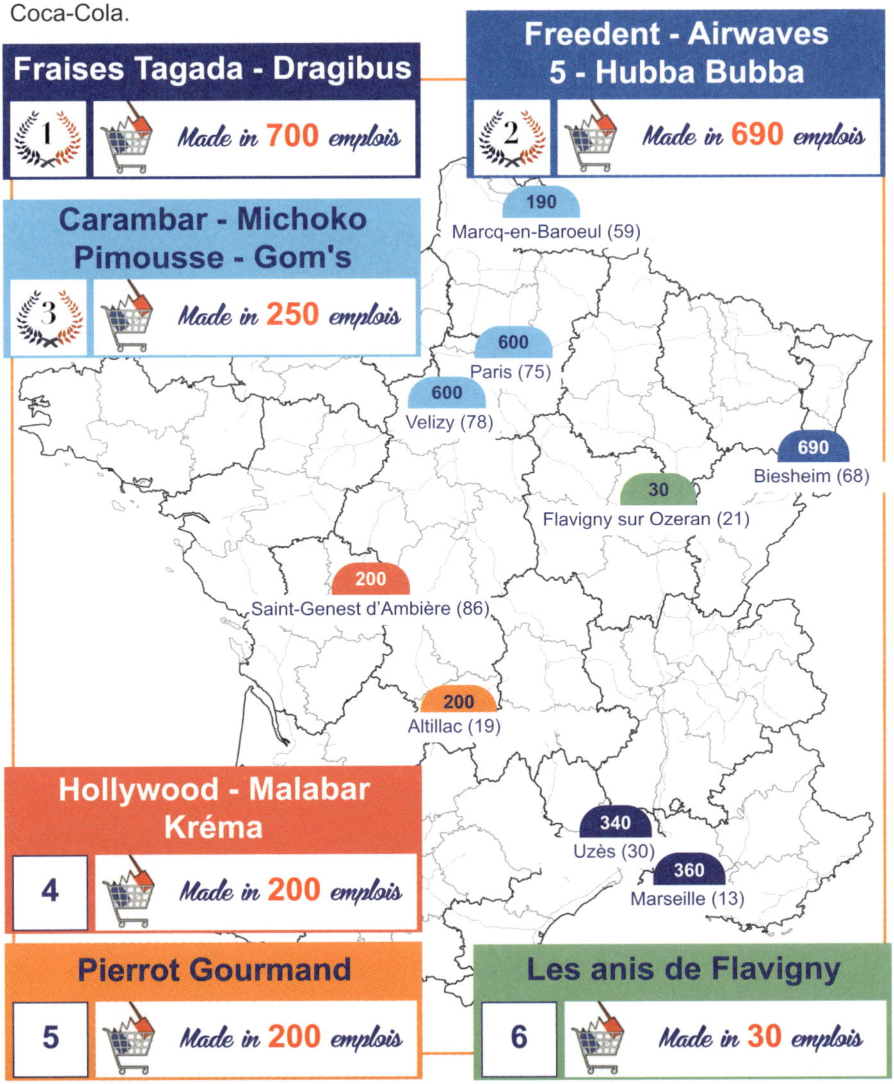

Hygiène & Beauté

Où sont-ils fabriqués en France ?

Les familles qui vivent et dépendent de votre consommation de produits d'hygiène et beauté habitent ici et là :

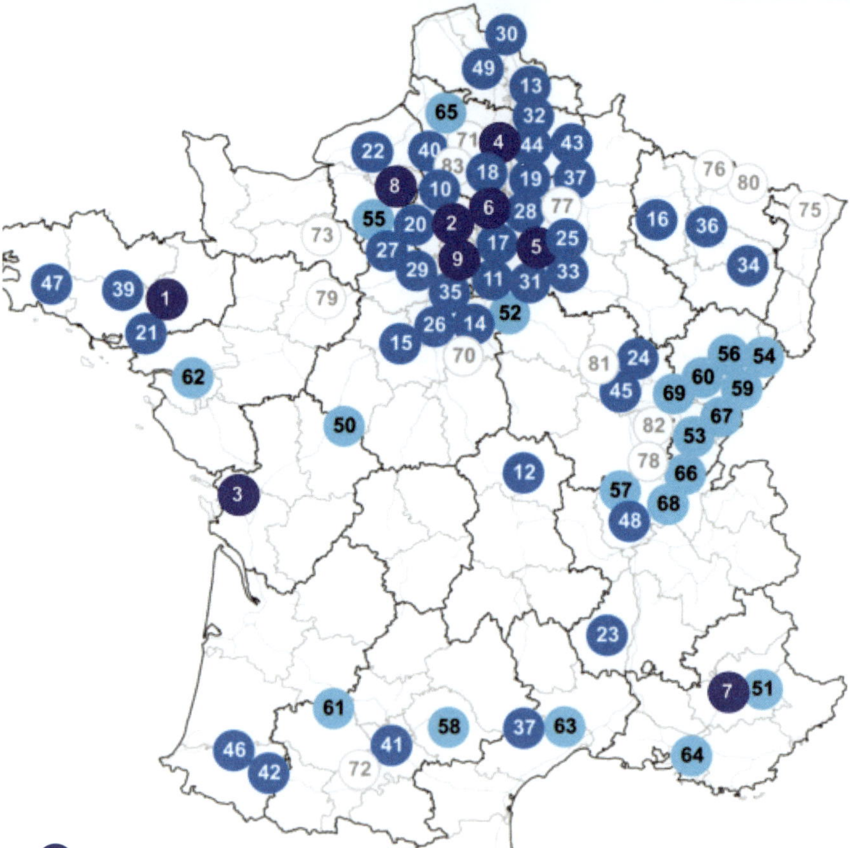

- **Site de plus de 500 salariés.**
- **Site de 100 à 500 salariés.**
- **Site de moins de 100 salariés.**
- **Simple indication géographique.**

Les numéros renvoient aux différentes entreprises citées dans les classements des produits d'hygiène et beauté qui suivent.

Hygiène & salle de bain

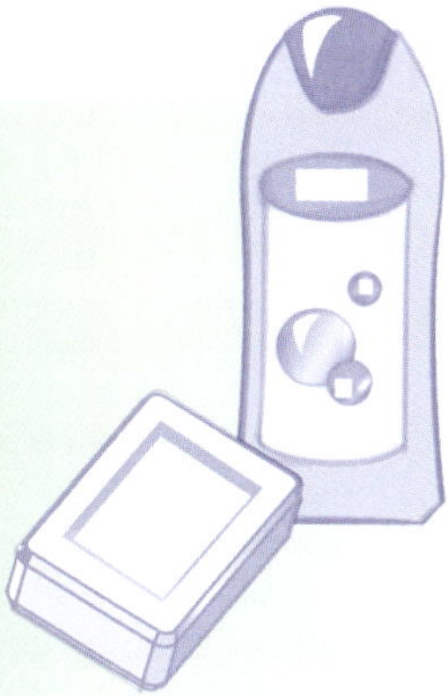

1 Yves Rocher - Stanhome
Dr. Pierre Ricaud
Daniel Jouvance - Kiotis

2 L'Oréal - Elsève - Garnier
Lancome - Biotherm
Cadum - Narta - Ushuaia...

3 Pierre Fabre - Oral Care - Avène
Klorane - Galenic - Ducray - A-Derma

Si les savonniers marseillais ont inventé le procédé de fabrication au Moyen-âge, l'appellation « **savon de Marseille** » n'est pas protégée. Les plus gros fabricants sont aujourd'hui basés en Chine, en Malaisie, en Turquie ou en Italie. Et les huiles végétales utilisées pour la fabrication du savon, notamment l'huile de palme, proviennent souvent d'Asie.

Les produits d'hygiène et de salle de bain *Made in Emplois*

Yves Rocher - Stanhome - Dr. Pierre Ricaud Daniel Jouvance - Kiotis

1 | *Made in* 7.000 *emplois* | Retrouvez cette entreprise sur la carte 1 21 39

1 siège, 1 site de production de 9,5 millions de produits et 1 centre logistique international gérant 300 millions de produits par an à La Gacilly (56) avec 760 salariés. Les champs biologiques appartenant au groupe couvrent 44 hectares de la commune de La Gacilly.

1 site de production de soins du visage et de maquillage à Rieux (56) avec 370 salariés.

1 site de production de produits cosmétiques à Ploërmel (56) avec 200 salariés.

1 site à Issy-les-Moulineaux (92).

A la fois botaniste, récoltant, fabricant et distributeur, le groupe familial **Yves Rocher emploie environ 15.000 salariés dans le monde, dont 7.000 en France, la majorité dans le Morbihan.** La marque Yves Rocher compte 1.600 boutiques dans le monde dont 550 en France. Le groupe Yves Rocher a racheté le fabricant turc de maquillage Flormar et réalise plus de 2 milliards d'euros de chiffre d'affaires par an.

Le groupe est encore détenu à 96% par la famille du fondateur. Décédé en décembre 2009, Yves Rocher était né et avait grandi dans le village morbihannais de La Gacilly. A la mort de son père, à l'âge de 14 ans, et alors qu'il travaillait avec sa mère dans la petite boutique familiale de textiles, une vieille guérisseuse lui confiera la recette d'une pommade. Yves Rocher l'améliore et décide de la fabriquer artisanalement dans le grenier familial et de la vendre directement aux utilisateurs par l'intermédiaire de petites annonces dans Ici Paris.

L'Oréal - Elsève - Garnier - Lancôme - Biotherm Cadum - Narta - Ushuaia - Dop - Mennen La Roche Posay - Gemey Maybelline - YSL

2

Made in 6.500 emplois

1 siège L'Oréal à Paris (75008).

31 **1 siège Gemey Maybelline à Paris (75001) avec 280 salariés.**

4 **1 site de R&D dédié aux parfums et au maquillage à Lassigny (60) avec 670 salariés.** 6 millions d'euros y ont été investis en 2010.

6 **1 site de R&D dédié aux cheveux à Saint-Ouen (93) avec 600 salariés.** Inauguré au printemps 2012, le site est le plus grand centre de recherche de L'Oréal dans le monde. 100 millions d'euros y ont été investis.

57 **1 site de R&D à Lyon (69) avec 60 salariés.** Ce centre de recherche a bénéficié d'un investissement de 7 millions d'euros en 2000 et de 9 millions d'euros en 2010.

12 **1 site de production de 250 millions de shampoings, laits, lotions, crèmes et maquillage à Creuzier-le-Vieux (03) avec 450 salariés.**

13 **1 site de R&D et de production de 160 millions de produits de soins de maquillage de luxe par an à Caudry (59) avec 450 salariés.**

28 **1 site de production de 185 millions de produits de soins du visage, du corps et des cheveux à Aulnay-Sous-Bois (93) avec 300 salariés.**

32 **2 sites de production de produits coiffants à Gauchy (02) avec 270 salariés.**

26 **1 centre logistique et 1 site de production de maquillage Gemey Maybelline à Ormes (45) avec 320 salariés.**

35 **1 site de production de 280 millions de shampoings et gels douche Elsève (81%), Dop (11%) et Ushuaia (8%) par an à Rambouillet (78) avec 230 salariés.** 1,7 million d'euros y ont été investis en 2012 dans la mise en service de 17 robots. L'usine assure la production de ses produits pour toute l'Europe.

46 **1 site de production de chimie fine à Mourenx (64) avec 140 salariés.** Une partie des effectifs du site du Tillay y a été transférée en 2003.

50 **1 site de production de produits de soins du visage, du corps et des cheveux à La Roche-Posay (86) avec 100 salariés.**

44 **1 centre logistique de 180 millions de produits de luxe par an à Roye (80) avec 150 salariés.** 20 millions d'euros y ont été investis. Le site a été inauguré en septembre 2010. Cette plate-forme verra passer entre 80 et 100 camions par jour. 10% des produits sont destinés au marché français et environ 60% au marché européen.

L'Oréal emploie 6.500 salariés en France. Le groupe français leader mondial des cosmétiques fabrique et vend en France 350 millions de produits par an. Le groupe dispose de 4 usines en France qui exportent vers l'Europe.

Le groupe consacre chaque année 3% de son chiffre d'affaires à la R&D (665 millions d'euros en 2010). En France L'Oréal possède 11 centres de recherches et a déposé 613 brevets en 2011. Le groupe dispose aussi de centres de R&D en Chine, en Inde, au Brésil, au Japon et aux États-Unis.

L'Oréal a réalisé un chiffre d'affaires de 20,3 milliards d'euros en 2011, en progression de 10,9%.Le groupe emploie 68.900 personnes dans 66 pays. En 2011, L'oréal a fabriqué 5,8 milliards de produits dans ses 41 usines dans le monde. Ses 27 marques sont vendues dans 130 pays. Les 3 plus gros marchés du groupe sont les Etats-Unis, la France et la Chine.

Pierre Fabre - Oral Care - Avène - Klorane Galenic - Ducray - A-Derma

3

Made in 3.000 emplois

1 siège à Paris (75).

1 siège à Boulogne-Billacourt (92).

58 **1 site de production de 130 millions de produits dermo-cosmétiques à Cambounet-sur-le-Sor (81) avec 600 salariés.** 70 millions d'euros y ont été investis depuis 2010 dans l'agrandissement du site. 150 embauches supplémentaires sont prévues de 2013 à 2016.

37 **1 site de production de 60 millions de sprays et produits Avène par an à Avène (34), avec 225 salariés.** 16 millions d'euros y seront investis en 2013 dans l'agrandissement et l'augmentation de la production.

1 site de R&D dermo-cosmétique à Vigoulet-Auzil (31).

41 **1 site de logistique de produits cosmétiques à Muret (31) avec 180 salariés.**

52 **1 site de production de dentifrice et de sirops à Château-Renard (45) avec 90 salariés.**

14 **1 site de production de 160 millions de médicaments par an à Gien (45) avec 450 salariés.**

42 **1 site de production de 230 millions de médicaments par an à Idron (64) avec 170 salariés.**

1 site de R&D et de production de médicaments à Toulouse (31).

1 centre de recherche médicale à Castres (81).

1 centre de recherche médicale à Saint-Julien-en-Genevois (74).

Le groupe pharmaceutique tarnais Pierre Fabre emploie 10.000 salariés dans le monde, dont plus de 4.000 en France, principalement dans la région de Castres. L'entreprise réalisait 1,8 milliard d'euros de chiffre d'affaires en 2009, dont 60% à l'export.

Gilette - Pantene - Head&Shoulders - Herbal Essences

4

Made in 1.400 emplois

2 **1 siège à Asnières sur Seine (92) avec 700 salariés.**

15 **1 site de production de shampoings et d'après-shampoing** (Pantene, head&shoulders, Herbal Essences **à Blois (41) avec 440 salariés.** L'usine est l'un des plus importants centres de production de shampoing et après-shampoing Procter & Gamble dans le monde et le principal fournisseur des marchés européens). **Sa production est destinée pour plus de 95% à l'exportation.**

76 **1 site de production de 100 millions de produits capillaires (50% grand public, 50% professionnel) et de rasoirs à Sarreguemines (57) avec 210 salariés.** Le site fabrique et conditionne des produits capillaires (soins, permanentes, produits coiffants, colorations) à destination des professionnels de la coiffure et de la grande distribution ainsi que des soins du visage pour hommes (marque Gillette). Ces produits **sont essentiellement destinés à l'exportation vers le monde entier.**

1 centre logistique et 1 site de production de lessives et d'adoucissants à Amiens (80) avec 930 salariés.

1 centre logistique à St Quentin-Fallavier.

1 site administratif à Sens.

Procter & Gamble est présent en France depuis 1954 et y **emploie environ 2.700 salariés.** Procter & Gamble est une multinationale américaine fondée en 1837. Son siège est basé à Cincinnati en Ohio. En 2010, la société employait environ 127.000 personnes dans le monde pour un chiffre d'affaires de près de 80 milliards de dollars.

Roc - Neutrogena - Biafine - Le Petit Marseillais Clean & Clear - Penaten - Bébé

5

Made in 1.300 emplois

Retrouvez cette entreprise sur la carte
9 38 8

1 siège à Issy-les-Moulineaux (92) avec 500 salariés.

1 site de production à Sézanne (51) avec 220 salariés.

1 site de R&D et 1 site de production de 250 millions de produits cosmétiques et pharmaceutiques par an à Val-de-Reuil (27) avec environ 550 salariés.

Entreprise américaine fondée par deux frères en 1886, Johnson & Johnson est aujourd'hui l'un des plus grands fabricants mondiaux de produits pharmaceutiques et cosmétiques.

Il reste rare de trouver un flacon « Le Petit Marseillais » fabriqué en France. Ils viennent généralement d'Italie, de Grèce et du reste de l'Europe.

L'Occitane en Provence

6

Made in 1.000 emplois

Retrouvez cette entreprise sur la carte

7 51 23

1 siège, 1 site de R&D et 1 site de production de 100 millions de produits cosmétiques et parfums à Manosque (04) avec 600 salariés. 33 millions d'euros y ont investis pour agrandir le site. Près de 130 personnes y ont été recrutées depuis fin 2011.

1 site de R&D et 1 centre logistique à Manosque (04) avec environ 100 salariés.

1 site de production de 60 millions de produits de soins et de savons à Lagorce (07) avec 360 salariés. 12 millions d'euros y ont été investis depuis 2010.

Porté par la demande asiatique, le fabricant de produits cosmétiques L'Occitane investit 54 millions d'euros de 2011 à 2013 pour doubler la capacité de production de ses deux usines.

L'occitane, en pleine croissance, réalise environ 800 millions d'euros de chiffre d'affaires.

Lotus - Moltonel - Demak'up - Okay

7

Made in 1.000 emplois

Retrouvez cette entreprise sur la carte

70 22

1 siège à Bois-Colombes (92).

1 site de production de papier toilette, mouchoirs, essuie-tout et cotons démaquillants à Gien (45) avec 450 salariés.

1 site de production de papier toilette, mouchoirs, essuie-tout et cotons démaquillants pour les marques de distributeurs à Saint-Etienne-du-Rouvray (76) avec 370 salariés.

1 centre européen de R&D à Kunheim (68).

1 site de R&D dédié au coton à Hondouville (27).

Ces marques font partie du groupe Georgia-Pacific, entreprise américaine fondée en 1927 et qui emploie plus de 40.000 personnes dans le monde. Le siège mondial est à Atlanta, en Géorgie, aux Etats-Unis. Son siège européen est basé à Bruxelles (Belgique). Le groupe emploie environ 5.000 personnes en Europe, dont **1.800 en France.**

Veet - Biactol - Clearasil - E45 - Lutsine

8

Made in
620
emplois

Retrouvez cette entreprise sur la carte
29 27

1 siège à Massy (91) avec environ 300 salariés.

1 site de production de 200 millions de produits dermo-cosmétiques (70%) d'entretiens et désodorisants par an à Chartres (28) avec 320 salariés. 20 millions d'euros y ont été investis de 2007 à 2012 dans la construction de trois nouvelles lignes de production. Le site est le 5ème plus gros du groupe. Reckitt Benckiser a choisi l'usine de Chartres pour produire les lignes de soins dermo-cosmétiques acquises lors du rachat de Boots Healthcare International en 2006. La production de ces produits jusqu'alors sous-traitée en Grande-Bretagne, a été transférée à Chartres en 2008. Le groupe a réorienté son usine française vers les produits de soins à la personne pour en faire son centre mondial d'excellence. Au coeur du pôle de compétitivité de la Cosmetic Valley, l'entreprise bénéficie d'un réseau d'une centaine de PME spécialisées dans la cosmétique et la parfumerie pour développer ses innovations. La marque Veet représente 40% de la production de l'usine.

Reckitt Benckiser est le groupe anglo-allemand leader mondial des produits d'entretien ménager.

Le groupe réalisait 707 millions d'euros de chiffre d'affaires en 2008. Reckitt Benckiser **emploie 620 salariés en France**. Dans le monde, Reckitt Benckiser vend plus de 15 millions de produits chaque jour, dispose de sites de production dans 60 pays et emploie environ 23.000 personnes dans le monde.

Clarins - Kibio - Thierry Mugler

9

Made in 500 emplois

Retrouvez cette entreprise sur la carte 10 75

1 siège à Neuilly-sur-Seine (92) qui déménage en 2014 à Paris.

1 site de production de produits cosmétiques à Pontoise (95) avec 480 salariés.

1 site de production de parfums à Strasbourg (67) avec 200 salariés.

Le groupe cosmétique français fondé en 1954 est un leader européen des soins de beauté.

La marque Kibio, rachetée en 2010, devait cesser son activité en février 2013. Une vingtaine de salariés devraient être licenciés.

Signal - Prodent - Zendium - Dove - Axe - Sunsilk

10

Made in 500 emplois

Retrouvez cette entreprise sur la carte 18

1 siège à Rueil-Malmaison (92).

1 site de production de 400 millions de tubes de dentifrices et de shampoings à Le Meux (60) avec 400 salariés. 6 millions d'euros y ont été investis pour augmenter la production de 25%. 35 postes ont été créés en 2011 et 2012. 45 millions d'euros sont investis sur trois ans.

En 2012, le groupe Unilever a fermé son usine de dentifrice d'Amersfoort aux Pays-Bas, et transféré les volumes de production de dentifrice en France. Un des trop rares exemples de délocalisation en France. Le site de Compiègne est plus compétitif en raison de sa taille et de ses possibilités d'économies d'échelle. L'usine picarde est la principale usine de produits dentaires en Europe et produit désormais les dentifrices Prodent et Zendium à destination des Pays-Bas et du Danemark.

En 2011, Unilever employait 170.000 personnes dans le monde, dont 2.800 en France pour un chiffre d'affaires mondial de 46,5 milliards d'euros, dont 2,5 milliards en France.

Floressance - Natessance - Biovie - So'bio

11

Made in
350
emplois

Retrouvez cette entreprise sur la carte
3

1 siège et 1 site de production de produits cosmétiques et alimentaires bio à Périgny (17) avec environ 700 salariés. Léa Nature y a investi 4 millions d'euros dans l'outil de production en 2010 et 2011.

Léa Nature dispose de 7 autres sites en France de production de compléments alimentaires bio. 90% des matières premières utilisées par le groupe sont bio.

Lille Healthcare

12

Made in
300
emplois

Retrouvez cette entreprise sur la carte
30

1 siège et 1 site de production de 400 millions de serviettes hygiéniques par an à Wasquehal (59) avec 300 salariés. Les produits contre l'incontinence sont exportés vers toute l'Europe.

Le saviez-vous ?

Plus de 3 millions de personnes en France sont concernées par l'incontinence et les fuites urinaires. Contrairement aux préjugés, il ne s'agit pas d'une pathologie du 4ème âge.

Clean'skin - Lunéea - Septigel

13

Made in
270
emplois

Retrouvez cette entreprise sur la carte
33

1 siège et 1 site de production de 18.000 tonnes de produits de désinfection et de 11 millions de lingettes par an à Croissy-Beaubourg (77) avec 270 salariés.

Smile - Grazie

14 — Made in 240 emplois — Retrouvez cette entreprise sur la carte 34

1 site de production de papier toilette, essuie-tout, rouleaux de papier, serviettes et mouchoirs à Laval-sur-Vologne (88) avec 240 salariés. Le groupe italien Lucart réalise un chiffre d'affaires d'environ 450 millions d'euros et emploie environ 1.400 personnes dans le monde.

Kleenex - Cottonelle - Wypall

15 — Made in 230 emplois — Retrouvez cette entreprise sur la carte 36

1 site de production de 70.000 tonnes de mouchoirs, papier toilette, essuie-tout à Villey-Saint-Etienne (54) avec 230 salariés. Fondée en 1872, Kimberly-Clark est une entreprise américaine de produits d'hygiène personnelle. Son siège est basé à Irving, au Texas, aux Etats-Unis. Le groupe emploie environ 63.000 personnes dans le monde.

Bourjois

16 — Made in 200 emplois — Retrouvez cette entreprise sur la carte 40

1 centre de R&D et 1 site de production de gels douches, parfums et maquillage au Meux (60) avec 200 salariés. Ce site produit aussi le célèbre parfum Chanel n°5.

1 site de R&D à Pantin (93).

Le site de production historique de Pantin, où les produits Bourjois étaient fabriqués depuis 1891 a été fermé par Chanel en 2009, pour être transformé en laboratoire. Bourjois, en difficulté, avait déjà supprimé 134 emplois en 2003 parmi sa force de vente en maquillage.

La société Bourjois est née en 1863 sur les Grands Boulevards Parisiens.

Bic

17

Made in 170 emplois

Retrouvez cette entreprise sur la carte 43

1 siège et 1 site de production de rasoirs à Longueil-Sainte-Marie (60) avec 170 salariés.

Bic a réalisé 1,8 milliard d'euros de chiffre d'affaires en 2011 dont 18% avec ses rasoirs.

La dernière campagne de Bic « *Est-ce un exploit d'utiliser des produits fabriqués en France ?* » et « *Est-ce un exploit de fabriquer dans nos régions ?* », rappelle que le maintien d'une production en France à prix compétitifs reste possible quand elle s'accompagne d'une amélioration constante de l'outil de production et qu'elle est soutenue par un personnel hautement qualifié.

ID - Tena - Hartmann - Abena - Suprima - Solaise

18

Made in 160 emplois

Retrouvez cette entreprise sur la carte 63 49

1 siège à Saint-Aunès (34) avec 40 salariés.

1 site de production de serviettes, couches et produits liés aux fuites et incontinences à Monchy-le-Preux (62) avec 120 salariés.

Mcbride

19

Made in 130 emplois

Retrouvez cette entreprise sur la carte 47

1 siège à Paris (75).

1 site de production de 70 millions de déodorants, laques, mousses à raser à Rosporden (29) avec 130 salariés.

1 site de production à Douai (59).

1 site de production à Etain (55).

Le groupe européen McBride est spécialisé dans les produits cosmétiques, d'hygiène personnelle et d'entretien ménager. L'essentiel de sa production est vendu sous des marques de distributeurs. Le groupe McBride emploie environ 4.500 personnes dans 7 pays. Son chiffre d'affaires est d'environ 800 millions d'euros par an.

La Cigale - Superclair

20

Made in 42 emplois

Retrouvez cette entreprise sur la carte 62

1 siège et 1 site de production de 7.000 tonnes de savon liquide et solide par an à Rezé (44) avec 42 salariés.

70% de la production est destinée aux marques de distributeurs (Carrefour, Auchan, Leclerc, Système U, Casino, Cora et Leader price). La Savonnerie de l'Atlantique (SDA) a obtenu le label « Origine France Garantie » pour ses savons bios et conventionnels. En 2012, son chiffre d'affaires était d'environ 10 millions d'euros.

Compagnie du savon de Marseille - Néo Desi - Econet

21

Made in 40 emplois

Retrouvez cette entreprise sur la carte 64

1 siège et 1 site de production de 3.000 tonnes de savon et 8.000 tonnes de lessives à Marseille (13). L'entreprise CDSM **emploie 40 salariés en France** et réalise 6 millions d'euros de chiffre d'affaires, dont **50% à l'export.** L'entreprise a obtenu le label « Origine France Garantie ».

Bioseptyl - Pierre Fabre

22

Made in 26 emplois

Retrouvez cette entreprise sur la carte 65

1 siège et 1 site de production de 10 à 12 millions de brosses à dents, brosses à cheveux et pinceaux de maquillage à Beauvais (60) avec 26

salariés. La dernière usine produisant des brosses à dents en France employait encore 130 salariés en 2011. Très endettée, l'entreprise est placée en redressement judiciaire en octobre 2011. En 2012, le tribunal de commerce a accepté un plan de reprise pour le **dernier fabricant de brosses à dents de France**. 26 des 71 salariés du site sont conservés. Sa part de marché n'a cessé de diminuer face à la préférence des consommateurs pour des brosses à dents fabriquée en Chine. Dans les années 1930, la brosserie beauvaisienne fondée en 1846, était la première usine de brosses à dents d'Europe. Elle exporte toujours 180.000 brosses à dents par an vers la Chine.

---

73 Biologie Recherche

1 siège et 1 site de production de la lotion P59 à Suresnes (92). L'entreprise a obtenu le label « Origine France Garantie ».

Le Petit Olivier

1 siège et 1 site de production de crème douche à Flers (61). La phocéenne de cosmétique, entreprise fondée en 1996, fabrique la plupart de ses produits en France. L'entreprise a obtenu le label « Origine France Garantie ».

Parmi les autres fabricants français de produits made in emplois qui agrémentent votre salle de bain, on peut aussi citer Zehnder qui emploie à Vaux-Andigny (02) pour la fabrication de ses radiateurs sèches-serviettes, Alibert qui emploie à Moirans (38) pour son mobilier de salle de bain, Arvix qui emploie à Arles (13) et Cours-La-Ville (69) pour ses tapis et rideaux de douche, ou bien encore les balances Tefal ou Withings, les épilateurs Calor et les rasoirs Ladyshave.

Lunettes

1. Essilor - Varilux
2. Anateo - Evolis
3. Krys - Vision Plus - Lynx

Le saviez-vous ?

En 2012, la presbytie (difficulté pour voir de près) concerne 30% de la population. Cette proportion devrait monter à 40% en 2020.

Les lunettes *Made in Emplois*

Essilor - Varilux

1 — *Made in* 3.400 *emplois*

1 siège à Charenton-le-Pont (94).

17 **1 site de R&D à Saint-Maur-des-Fossés (94) avec 400 salariés.** L'entreprise investit environ 150 millions d'euros par an en recherche et développement sur ses 3 sites dédiés en France, aux Etats-Unis et en Asie.

11 **1 centre de distribution à Créteil (94) avec 450 salariés.** Toute la R&D et l'ingénierie française du groupe y seront regroupées en 2013. 30 millions d'euros y sont investis.

16 **2 sites de production de verres et d'appareils d'optique à Ligny-en-Barrois (55) avec 420 salariés.**

24 **1 site de production de verres à Dijon (21) avec 320 salariés.**

19 **1 site de production de 4 millions de verres par an à Château-Thierry (02) avec 390 salariés.**

48 **1 site de R&D et 1 site de production de 5.000 verres par jour à Vaulx-en-Velin (69) avec 120 salariés.**

79 **1 site de production de verres à Allonnes (72).**

Essilor est le leader mondial des verres correcteurs. Le groupe français emploie 48.000 personnes dans 58 pays, dispose de 19 usines dans le monde, qui fabriquent 240 millions de verres chaque année.

L'entreprise, qui emploie **3.400 salariés en France**, a obtenu le label « Origine France Garantie ». Au cours du 1er semestre 2012, Essilor a vu son résultat net augmenté de 16% et son cours de bourse de 29%. En 2012, un quart des salariés sont actionnaires de l'entreprise. Ils détiennent ensemble 8,3% du capital et environ 15% des droits de vote.

Anateo - Evolis

2

Made in
1.200
emplois

Retrouvez cette entreprise sur la carte
25 5

1 site de production de 10 millions de verres à Sézanne (51) avec 320 salariés. La robotisation du site s'accélère.

1 site de production de verres de prescription à Provins (77), avec 600 salariés. Ce site, créé en 1846, est le premier centre de production de verres en France.

L'entreprise BBGR, filiale d'Essilor, a obtenu le label « Origine France Garantie » sur ses lunettes et **emploie en France environ 1.200 salariés** répartis entre siège, sites de production et agences commerciales. L'entreprise réalise **la moitié de son chiffre d'affaires à l'export.**

Krys - Vision Plus - Lynx

3

Made in
450
emplois

Retrouvez cette entreprise sur la carte
20

1 siège à Nanterre (92).

1 plate-forme logistique et 1 site de production de 1,5 millions de verres par an à Bazainville (78) avec 380 salariés. Krys, qui poursuit sa relocalisation sur ce site d'une partie de sa production basée jusqu'ici en Thaïlande, créant ainsi 30 emplois, a finalement reçu en juin 2012 l'autorisation de la mairie pour agrandir ses locaux. 8 conseillers municipaux sur 15 avaient, en mai 2012, voté contre la révision du plan d'occupation des sols. Depuis novembre 2011, une première augmentation de la production, avait déjà permis l'embauche de 28 salariés. Grâce à cette usine, Krys est le seul opticien à surfacer en France les verres distribués sous sa marque. Créée pour permettre à la coopérative d'opticiens de s'affranchir peu à peu des grands groupes verriers internationaux, l'usine yvelinoise a vu ses effectifs tripler fin 2011 pour faire face aux conséquences des inondations en Asie du Sud Est. L'activité du partenaire thaïlandais, alors n°2 mondial, étant bloquée, l'occasion fut saisie de transférer toute la production de verres en France. En cinq ans, Krys a investi 10 millions d'euros pour accroître sa capacité de production. La production en France ne reviendrait pas plus chère grâce à l'économie réalisée sur les coûts de transports et les coûts intermédiaires. Cela a permis de plus d'élargir la gamme de produits et de traitements.

Krys a obtenu le label « Origine France Garantie » pour ses verres de lunettes Orus, Actéo, Audace, Inéo.Prodige, Prodir, Proxéo, Kalysté, Absolu, Priméco.

Avec ses quatre enseignes (Krys, Lynx, Vision plus et Luns) et ses 1.350 magasins, le groupe coopératif Krys est leader sur le marché français des lunettes et réalisait un chiffre d'affaires de 905 millions d'euros en 2010 et **emploie 450 salariés en France.**

Atol

4

Made in 240 emplois

Retrouvez cette entreprise sur la carte 45

1 siège à Antony (92).

1 centre de R&D, 1 centre de logistique et 1 site de montage à Beaune (21) avec 140 salariés. 3 millions d'euros ont été investis dans l'agrandissement du site en 2012. L'automatisation d'une grande partie de l'assemblage a permis d'importants gains de productivité. Une paire de lunettes sort désormais de Beaune à 6 euros, contre 5 dollars en Chine. Elle consacre, en outre, chaque année entre 1,5 et 2 millions d'euros dans le développement de nouveaux produits.

Atol sous-traite à plusieurs entreprises basées dans le Jura et l'Ain la production de 200.000 montures et branches de lunettes par an. Un quart des montures du groupe sont fabriquées en France. L'enseigne collabore avec une vingtaine de lunetiers jurassiens et co-investit chez eux dans des équipements industriels. Ces sous-traitants ont modernisé leur matériel, augmenté la flexibilité des horaires et amélioré leur productivité.

Atol, entreprise coopérative fondée en 1970, emploie 240 salariés (et environ 3.000 personnes chez ses sous-traitants et dans ses points de vente en France) et réalisait 375 millions d'euros de chiffre d'affaires en 2011. Atol a obtenu le nouveau label « Origine France Garantie » sur ses lunettes. Elle a pour égérie Adriana Karembeu, Antoine et M.Pokora. Ce dernier dispose d'une collection à son nom de lunettes de soleil fabriquées en France.

Après avoir produit une collection de montures de lunettes en Chine, les opticiens Atol ont relocalisé en France une partie de leur production en 2005. Toutes les lunettes de marques Atol sont produites en France, mais elles représentent encore moins de 20% des montures vendues dans ses points de vente. Le nombre de points de vente est passé de 200 à 350, seuil critique à partir duquel le volume de commandes devenait suffisant pour rentabiliser une fabrication en France.

Optique 2000 - Mode in France - Dilem

1 siège à Clamart (92).

Le Groupement d'Achats Des Opticiens Lunetiers a été créé en 1962, par un groupe d'opticiens de l'ouest de la France. Aujourd'hui, le Groupe est leader de la distribution optique en France et emploie 620 personnes. **Atol sous-traite à plusieurs entreprises basées dans le Jura et l'Ain la production de 200.000 montures et branches de lunettes par an.** L'entreprise a obtenu le label « Origine France Garantie » pour sa collection de lunettes « Mode in France ». La marque Dilem, fabriquée par Oxibis est en partie produite dans des usines du Jura.

En 2012, le fabricant de lunettes Optic 2000 a rompu sa collaboration avec Johnny Hallyday. Alors qu'Optic 2000 prône le Made in France, l'image de Johnny Hallyday, qui partage sa vie entre la Suisse et les Etats-Unis, ne correspondrait plus aux valeurs de la marque. En cette période de crise, la marque préfère désormais mettre en scène des anonymes, plutôt qu'une star bling-bling.

Julbo

5

Made in
80
emplois

Retrouvez cette entreprise sur la carte
53

1 site de production à Longchaumois (39) avec 80 salariés. L'entreprise familiale fondée en 1888, réalise la moitié de la production dans ses usines Julbo détenues en propre. L'entreprise emploie 95 salariés dans le monde et **exporte la moitié de sa production** vers 55 pays (en particulier Suisse, Allemagne, Etats-Unis). L'entreprise possède une usine en Roumanie.

Fabricant de lunettes, de masques et de casques pour le ski et la montagne mais aussi de lunettes de soleil et d'étuis.

Karavan

6	Made in 60 emplois	Retrouvez cette entreprise sur la carte 55

1 site de production à Evreux (27) avec 60 salariés. Karavan conçoit des montures de lunettes depuis 1966. L'entreprise a obtenu le label « Entreprise du Patrimoine Vivant » ainsi que le label « Origine France Garantie ». **20% de la production part à l'export** (Allemagne, Russie, Etats-Unis, Australie).

La société réalise également des collections de lunettes en tant que sous-traitant pour Yves-Saint Laurent, Sonia Rykiel et Daniel Hechter.

Vuarnet

7	Made in 30 emplois	Retrouvez cette entreprise sur la carte 77

1 site de production Comitec des verres à Meaux (77).

Le site de production des montures plastiques à Arbent (01) a fermé en 2011. La production des montures avait été délocalisée en Chine et à l'île Maurice. Le site Renor n'était plus qu'une étape pour la finition de la lunette et son marquage « Made in France ».

L'entreprise francilienne Vuarnet a été reprise par le groupe lunetier français Alain Mikli. Vuarnet, qui emploie environ **50 salariés en France,** a vu son chiffre d'affaires s'écrouler à moins de 10 millions d'euros en 2009, contre 28 millions en 1990. Vuarnet vendait 190.000 lunettes dans 30 pays en 2009. L'activité lunettes représente près de 60% de son chiffre d'affaires.

Parasite

8	Made in 20 emplois	Retrouvez cette entreprise sur la carte 68

1 siège à Saint-Vulbas (01) avec 20 salariés. Les lunettes de ski et d'alpinisme sont fabriquées dans le Jura et dans l'Ain et utilisent des verres Essilor. Créée en 2002, l'entreprise Parasite conçoit, fabrique et commercialise des lunettes optiques et solaires au design innovant. L'entreprise exporte vers plus de 20 pays.

Roussilhe

78 **1 site de production de montures de lunettes à Oyonnax (01).** L'entreprise a obtenu le label « Origine France Garantie » pour ses marques Bonnie, Roussilhe, Vertigo.

See Up - See Home

1 siège à Paris (75003) avec les 3 fondateurs.

66 **1 site de production des montures en plastique et d'assemblage de 25.000 lunettes par an dans un ESAT à Oyonnax (01) avec 25 salariés.**

3 jeunes entrepreneurs ont lancé en 2010 ces lunettes de vue en libre-service. Les verres viennent du Rhône. **40% de la production est vendue à l'export** (Europe, Asie, Amérique du Nord et du sud).

MILF

MILF Sunglasses (pour « Made in la France ») est une marque de **lunettes de soleil** née en 2009 et intégralement fabriquée en France. **Les sous-traitants sont basés à Oyonnax, Annecy et Gap.** Grâce à des recherches sur la charnière, les branches peuvent endurer plus de 400.000 ouvertures, soit une durée de vie record de plus de 30 ans.

Demetz

1 siège à Villiers sur Marne (94). Demetz Optique est une marque française de lunettes et de masques pour le sport fondée en 1950.

Waiting for the Sun

1 siège à Paris (75). Marque branchée de **lunettes de soleil** réalisées à la main en bois de thé et en bambou.

Montres

1 **Michel Herbelin**

2 **Festina**

3 **Pequignet**

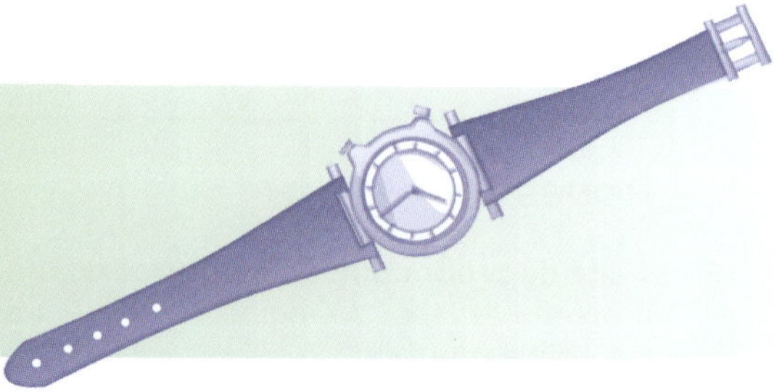

Bien que prise en étau entre le bas de gamme asiatique et le luxe suisse, l'horlogerie française fait toujours vivre de nombreuses familles en Franche-Comté. **L'horlogerie franc-comtoise concentre les 3/4 du secteur en France et emploie environ 2.000 salariés.** De très grandes marques (Swatch, Festina, Audemars Piguet et Breitling) ont installé dans la région de Besançon leurs services après-vente.

Le marché mondial de la montre mécanique pèse environ 20 milliards d'euros. En 2011, la production française de montres a vu son activité croître de 13% en volume et de 25% en valeur, pour atteindre 290 millions d'euros. L'horlogerie « made in France », en grande difficulté dans les années 1970 et 80, est bel et bien en train de renaître, en misant sur l'export vers l'Asie.

La chambre française de l'horlogerie a déposé en décembre 2011 une marque collective, baptisée **« French Times in Paris ».** Ce label regroupe 5 entreprises et une dizaine de marques autour de la fabrication française de qualité. L'ouverture d'un bureau de représentation à Shanghai et d'un magasin à Hong-Kong était attendue fin 2012.

Le saviez-vous ?

Beaucoup de français travaillent aussi de l'autre côté de la frontière. En effet, **chaque jour, 6.500 français partent travailler en Suisse** chez Swatch, Tag Heuer ou Jeager-LeCoutre. Les jeunes diplômés et salariés qualifiés français sont attirés vers la Suisse voisine, ses salaires de 20 à 40% supérieurs et sa devise forte. Cette fuite des talents français assèche le marché de l'emploi régional. Par exemple, le lycée horloger de Morteau, l'un des plus réputés de France, voit chaque année ses futures promotions « réservées » par les horlogers suisses. Toutefois, les professionnels notent que certains acheteurs reviennent un peu du « Swiss Made » puisque les montres sont assemblées en majeure partie par de la main d'œuvre formée en France et qui réside en France.

L'industrie horlogère suisse pèse moins de 1% du marché mondial de l'horlogerie mais représente 40% de sa valeur. En 2011, elle employait 53.000 salariés, vendait 36 millions de montres (+ 15% par rapport à 2010) et exportait pour 16 milliards d'euros (+ 45,7% par rapport à 2009).

Pour les fabrications très haut de gamme, la marche en avant est relancée, mais cela ne suffit pas à reconstituer une filière. Le marché du moyen de gamme sera très difficile à relocaliser car la région manque de cadraniers et de fabricants de composants. Afin de pérenniser son renouveau, l'horlogerie franc-comtoise doit renforcer sa filière en s'appuyant sur son maigre tissu de fabricants de composants. Les sous-traitants français sont en petit nombre mais ont retrouvé un bon niveau de commandes : **Cheval Frères fait travailler 450 salariés près de Besançon** dans le traitement de surface, les remontoirs et les finitions. **FM Industries travaille à Vercel** sur les boîtes et bracelets métalliques mais ce n'est pas son activité principale. **La Pratique fait travailler 40 salariés à Morteau** dans la fabrication d'aiguilles. L'entreprise, qui a failli disparaître, réalise 2 millions d'euros de chiffre d'affaires. **Créatech a investi 1,8 million d'euros à Besançon** pour exploiter un parc de 4 centres d'usinage dédiés à l'industrialisation de pièces d'habillage à l'attention du secteur horloger, mais également du médical.

Les montres *Made in Emplois*

Michel Herbelin

1

Made in 80 emplois

Retrouvez cette entreprise sur la carte 54

1 siège et 1 site d'assemblage de montres de luxe à Charquemont (25) avec 80 salariés.

La maison Michel Herbelin a vu son chiffre d'affaires progresser de 20% en 2011 pour atteindre 15 millions d'euros. Le rapatriement en France de leurs montres automatiques actuellement fabriquées en Suisse est même à l'étude. L'entreprise familiale de montres de luxe françaises née en 1947 a été élue meilleure marque de montres de l'année 2012 en Allemagne. Bien des composants sont importés : mouvement à quartz, verre saphir, cadran et aiguilles sont souvent suisses.

Festina

2

Made in 60 emplois

Retrouvez cette entreprise sur la carte 56

1 site de SAV, commercial et logistique à Besançon (25) avec 60 salariés. 20 horlogers y réparent 400 montres par jour, 28 commerciaux y vendent environ un million de montres par an et 12 salariés gèrent la plate-forme nationale de distribution.

Pequignet

3 | Made in 50 emplois | Retrouvez cette entreprise sur la carte 59

1 site de production de montres automatiques à Morteau (25) avec 50 salariés. L'entreprise a investi plusieurs millions d'euros en R&D ces dernières années. Pequignet a ainsi conçu un mouvement de montre contenant 9 brevets mondiaux. L'entreprise dispose d'une filiale commerciale au Japon.

L. Leroy

4 | Made in 50 emplois | Retrouvez cette entreprise sur la carte 67

1 siège social à Besançon (25). L. Leroy s'y est réimplanté en fin 2010.

L'entreprise **emploie 50 salariés en France** et réalisait 3 millions d'euros de chiffre d'affaires en 2010. L'entreprise dispose de 3 sites de production (dont 2 en Suisse) et produit 250 pièces par an. Afin d'accompagner son développement, l'entreprise **envisage de recruter 40 horlogers sur Besançon d'ici 2016.** Cette maison d'excellence, horloger attitré de Napoléon, la reine Victoria, Chopin, Proust et Roosevelt, a conçu en 1900 la montre la plus compliquée au monde : la Leroy 01, chef-d'oeuvre technologique exposé au musée du Temps à Besançon.

Breitling

5 | Made in 50 emplois | Retrouvez cette entreprise sur la carte 60

1 site de réparation de 1.200 montres par mois à Besançon (25) avec 50 salariés. L'entreprise installée depuis 1995 dans la pépinière d'entreprises de Palente déménage fin 2012 sur la technopole microtechnique et scientifique (temis). La prestigieuse marque suisse y a investi 2,6 millions d'euros et y forme également ses horlogers-revendeurs pour la France et le Bénélux.

Lip - Rica Lewis - Longboard - Looney Tunes

6 | Made in 45 emplois | Retrouvez cette entreprise sur la carte 61

1 site de production de 600.000 montres par an à Lectoure (32) avec 45 salariés. En grande difficulté à la fin des années 70, la célèbre maison horlogère fondée en 1867, est reprise en 2002 par le groupe MGH. Lipp fait revenir le « made in France » dans le moyen de gamme. Si Lip est son fleuron, MGH distribue également sous licence des montres grand public siglées Rica Lewis, Longboard ou Looney Tunes. MGH réalisait 7 millions d'euros de chiffre d'affaires en 2009 et exportait vers 40 pays. En 2012, Lip a assemblé, à partir de mouvements suisses, une série limitée, reproduction de la « Général de Gaulle », modèle emblématique de la marque.

M. Benjamin - Damoiselle D

7 | Made in 20 emplois | Retrouvez cette entreprise sur la carte 69

1 site de production de 500 montres par an à Besançon (25) avec 20 salariés. Sous-traitant en horlogerie et joaillerie, l'entreprise Atelier Muller réalisait un chiffre d'affaires de 3 millions d'euros en 2010. Elle a relancé en 2011 ces deux marques.

B.R.M

8 | Made in 10 emplois | Retrouvez cette entreprise sur la carte 70

1 site de production de 3.000 montres de sport par an à Magny-en-Vexin (95) avec 10 salariés. Bernard Richards Manufacture conçoit et fabrique en Ile-de-France des montres haut de gamme personnalisables.

Yonger & Bresson

1 site de production de 100.000 montres à Morteau (25). Le groupe Ambre a relancé cet atelier pour sa marque, Yonger & Bresson désormais estampillée

« Fabrication française ». Les montres Yonger & Bresson sont fabriquées à partir du mouvement maison « Ambre ».

Wysiwatch

1 site de conception et de production de montres personnalisables à Besançon (25).

Les montres *concurrentes et importées*

Les montres des maisons de luxe françaises Cartier, Louis Vuitton, Dior, Chanel, Hermès, Chaumet ou Breguet sont pour la plupart fabriquées en Suisse, comme les Swatch.

Préservatifs

1. Intimy
2. Star Préservatif
3. Callvin

Les français auraient en moyenne entre 100 et 120 rapports sexuels par an. L'âge moyen du premier rapport sexuel serait de 17,6 ans pour les femmes, et de 17,2 ans pour les hommes. Le nombre moyen de partenaires sexuels serait de 4,4 pour les femmes et de 11,6 pour les hommes.

En 2010, 93 millions de préservatifs ont été vendus en France. Le marché français progresse de près de 5% par an depuis une dizaine d'années. Le secteur des préservatifs connait une forte saisonnalité : Plus de 40 % des ventes s'effectue durant les 3 mois d'été.

En France, 150.000 personnes sont infectées du sida et plus de 6.000 nouvelles personnes sont infectées chaque année. Si les décès dus au sida reculent, 101 personnes en sont mortes en France en 2011.

Le marché français des préservatifs est dominé par Durex, société anglaise du groupe Reckitt. Leader mondial, Durex déteint 45% de part de marché en France.

La société australienne Manix arrive deuxième avec 24% de part de marché. Intimy, la marque française des Laboratoires Juva est 3ème en France avec 11% du marché.

Le latex est un produit naturel issu de l'hévéa. Or les hévéas sont principalement cultivés en Asie du Sud-Est. Le premier producteur de cet arbre est la Thaïlande. C'est pourquoi les usines de préservatifs se trouvent principalement en Asie. Le coût de fabrication d'un préservatif dépasse à peine 5 centimes. Un préservatif a une durée de vie de 4 ans après sa sortie d'usine. La date de péremption est obligatoirement écrite. Si la date est effacée, ne l'utilisez pas et prenez-en un autre.

Le Japon serait le plus gros consommateur de préservatifs au monde et est un des premiers pays exportateurs de préservatifs. Les femmes sont devenues les principales acheteuses de préservatifs dans le monde.

Les préservatifs *Made in Emplois*

Intimy

1

Made in 35 emplois

Retrouvez cette entreprise sur la carte 80 81

1 siège à Paris (75).

1 site de production des produits de parapharmacie Intimy, Juvamine, Mercurochrome et Marie Rose **à Forbach (57) avec 75 salariés.**

1 centre logistique à Gevrey-Chambertin (21) avec 40 salariés.

Intimy est une marque née en 1988. Elle appartient au laboratoire français Juva Santé, filiale du groupe Viva Santé (Mercurochrome, Juvamine, Marie Rose, Urgo).

Juva Santé emploie 350 salariés en France et a réalisé 114 millions d'euros de chiffre d'affaires en 2011, **dont 10% dans l'hygiène sexuelle**. Le laboratoire axe son développement sur les gels lubrifiants, dont le nombre de prescriptions a beaucoup augmenté ces dernières années.

La marque Intimy est en train de se développer à l'international et en particulier vers les pays émergents. En 2012, la marque avait pour objectif de s'attaquer au marché vietnamien du préservatif.

En 2005, Intimy est la première marque à vendre un sex toy en grande surface (son vibromasseur Dolphin).

Star Préservatif

1 siège à Saint Pourcin-sur-Sioule (03). Les préservatifs Star sont vendus exclusivement en pharmacie. Le groupe français Demapharm a mis au point un distributeur automatique de préservatifs à 20 centimes d'euro.

Callvin

1 siège à Ivry-sur-Seine (94). Créée en 2005, la société Callvin s'est spécialisée dans les préservatifs personnalisables. Une collection de 6 capotes issues de la série « Bref. » a été lancée en décembre 2012.

Les préservatifs *concurrents et importés*

Les préservatifs concurrents importés sont Durex, Manix, Billy Boy, Fromms, Safedom, Hansaplast, Protex.

Billy boy et Fromms sont fabriqués en Allemagne. Safedom est fabriqué en Chine. En 2011, ce fabricant chinois a vendu environ 200 millions de préservatifs dans le monde. Il est arrivé en 2012 sur le marché français. Durex dispose de 17 usines de production de capotes et emploie environ 5.000 personnes à travers le monde. Leader dans 40 pays, dont la France, Durex vend plus de 4 milliards de préservatifs par an.

Cuisine

S'il est bien un symbole de la culture, du patrimoine et du savoir-faire français, c'est en cuisine qu'on le trouve. Or pour s'équiper, le cuistot-consommateur peut désormais arbitrer entre des produits fabriqués en France et des produits entièrement importés. Rassurez-vous, les fabricants français de vaisselle, casseroles et autres équipements de la cuisine sont encore nombreux, de qualité et certains sont très dynamiques ! En plus d'employer plusieurs milliers de salariés en France, ces fabricants perpétuent le savoir-faire national. D'autres vont même jusqu'à rapatrier des productions jadis délocalisées. Ils n'attendent plus que votre choix de consommateur se porte sur eux.

La porcelaine

Très vendue auprès des professionnels, la vaisselle en porcelaine disparaît peu à peu des tables familiales. Le service de table n'est plus la vedette des listes de mariage. Les ventes en France ont tendance à se concentrer sur une niche haut de gamme.

La porcelaine de Limoges connaît une crise profonde, longue et qui a déjà frappé plusieurs entreprises. La région craint de revivre la crise de la chaussure des années 70. La ville était alors la capitale du secteur. Seul JM. Weston subsiste aujourd'hui.

Environ 1.500 salariés au savoir-faire rare (porcelainiers, émailleurs, orfèvres, sertisseurs, coloristes) travaillent encore dans la douzaine de manufactures que compte la région de Limoges. Les effectifs ont diminué de moitié depuis 1990.

Le secteur des Arts de la table est confronté à un double problème, structurel et conjoncturel. Depuis les années 1950, la plupart des sociétés n'ont modernisé ni leur outil de production, ni leurs méthodes, ce qui les place en situation fragile. La seule entreprise qui se porte bien est Doralaine. Elle a automatisé sa production et changé sa politique commerciale pour fournir en vaisselle les professionnels et institutionnels.

Industrie de main-d'œuvre, la porcelaine doit aussi compter avec la concurrence accrue de l'Asie et des pays de l'Est. La levée des quotas à l'export des pays asiatiques de 2005 a bon dos, puisque c'est aussi grâce à l'ouverture des frontières que leurs exportations représentent aujourd'hui entre 40 et 70% du chiffre d'affaires des porcelainiers de Limoges. Ils seraient bien mal placés pour demander des barrières douanières. Si vu de France, Limoges semble pour certains être une ville vieillissante, elle est à l'étranger symbole d'excellence. Sa porcelaine est réputée dans le monde entier. Les Américains absorbent eux seuls un tiers des exportations des porcelainiers français.

Evidemment, des porcelainiers attentistes et pas suffisamment à l'écoute du marché et des consommateurs ne peuvent pas lutter face à cette nouvelle concurrence. Les causes de leurs difficultés sont multiples : baisse de la consommation, manque d'anticipation, d'investissement et d'innovation, coûts de production trop élevés, impact des 35 heures, montée de la concurrence chinoise, crises successives (11 septembre, Irak, bulle immobilière américaine, crise des dettes publiques européennes). Majoritairement exportée aux Etats-Unis, la porcelaine aurait aussi été pénalisée par un euro trop fort. Mais les entreprises du secteur pâtissent aussi de manque en matière de réseau de distribution. La vaisselle se vendait principalement dans les grands magasins ou dans les commerces de proximité. Or le nombre de ces boutiques a régressé au profit de centres commerciaux. En perte de vitesse commerciale, le secteur pâtit aussi d'un manque d'innovation dans l'offre de machines pour son outil industriel.

Les investissements en équipements dans le secteur (presses ou fours) sont trop lourds pour une PME isolée. Pour réduire les coûts, certains sous-traitent déjà dans les pays de l'Est, d'autres seraient tentés de délocaliser. Quelques marques connues se regroupent.

Pour la porcelaine aussi, la compétitivité de la France peut être améliorée : le coût de la main-d'œuvre représente en effet 60% du prix d'une assiette, la France peine à résister à la concurrence des salariés de République tchèque, de Pologne ou de Tunisie. Sans réforme majeure (pour ne pas dire révolution libérale) du financement de la santé, de la retraite ou du chômage des salariés français, le recours à la sous-traitance étrangère restera la solution pour rester compétitif.

Face à cela, les porcelainiers sont dans l'obligation d'innover, de s'adapter au marché et de regarder l'avenir plutôt que de se lamenter vainement sur le passé. Les marchés émergents offrent de belles perspectives. La porcelaine de luxe séduit en Russie, en Europe de l'Est, en Asie du Sud-Est. Limoges représente aussi dans ces pays le luxe à la française, et l'acquisition d'un beau service de table, y est aussi perçu comme un signe de réussite. Avec l'augmentation des ventes à l'étranger, les porcelainiers devraient se rappeler que c'est bien une mention « Limoges, fabriqué en France » qui fait vendre avant qu'ils ne songent à s'implanter hors du Limousin.

L'absence d'un label ou d'une AOC protégeant la porcelaine fabriquée et décorée à Limoges est à ce titre tout à fait dommageable pour les entreprises et les consommateurs. Un produit manufacturé ne peut en effet être protégé par une AOC. Dissimuler l'origine géographique des pièces et se contenter d'y apposer le nom d'une marque implantée à Limoges devient alors une tentation, qui nécessite la vigilance de chacun.

Enfin les entreprises dynamiques ne manquent pas d'imagination pour créer de nouveaux produits: des bijoux aux éléments d'architecture en passant par les

Où sont-ils fabriqués en France ?

Les familles qui vivent et dépendent
de votre consommation d'éléments de cuisine habitent ici et là :

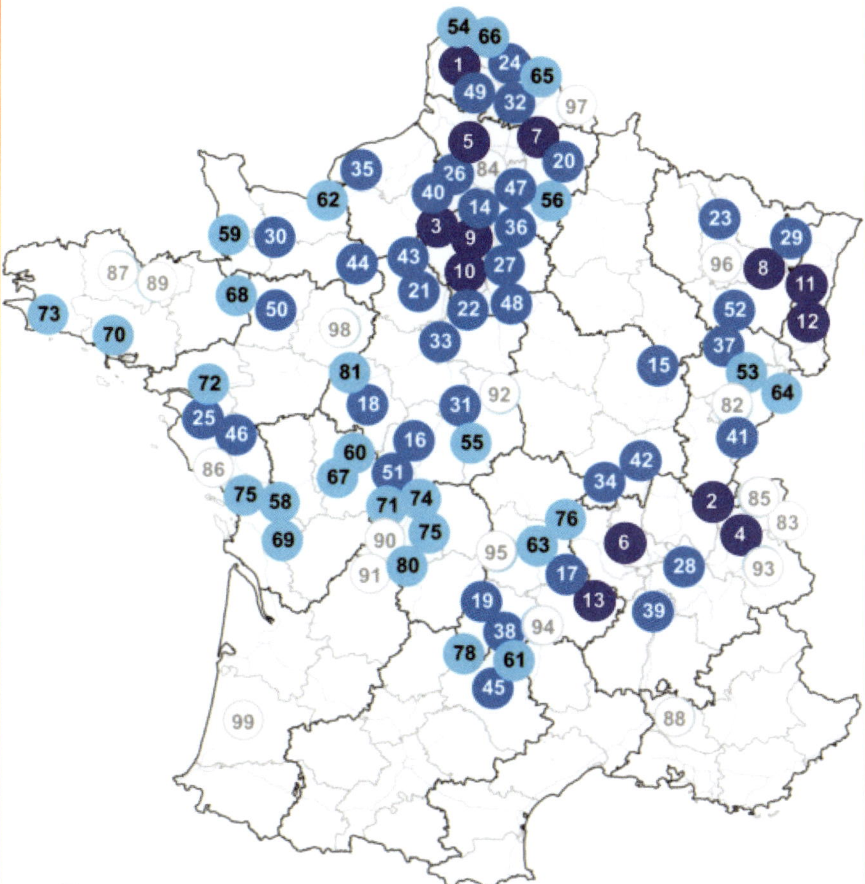

Site de plus de 500 salariés.

Site de 100 à 500 salariés.

Site de moins de 100 salariés.

Simple indication géographique.

Les numéros renvoient aux différentes entreprises citées dans les classements des produits d'hygiène et beauté qui suivent.

composants aéronautiques ou les carreaux de blindage, la porcelaine se prête à d'importantes diversifications. Longtemps réticents à cette évolution, les porcelainiers de Limoges ont pris du retard sur leurs concurrents du Berry.

Ustensiles de cuisine

1 Tupperware

2 PSP Peugeot

3 Guillouard

Les ustensiles de cuisine *Made in Emplois*

Tupperware

1 — Made in 350 emplois — Retrouvez cette entreprise sur la carte 18

1 site de production de 50 millions d'articles de conservation par an à Joué les Tours (37) avec 350 salariés. L'entreprise américaine emploie 7.000 personnes dans le monde et réalise un chiffre d'affaires annuel d'environ 1 milliard de dollars. Son siège est basé à Orlando en Floride. Les produits Tupperware sont fabriqués dans 14 usines, dont 4 situées en Europe (en France, en Belgique, au Portugal et en Grèce).

PSP Peugeot

2 — Made in 160 emplois — Retrouvez cette entreprise sur la carte 41

1 site de production de 3 millions de moulins à Quingey (25), avec 160 salariés. PSP Peugeot est un fabricant de moulins pour le sel, les épices, le poivre et le café, des tire-bouchons et des carafes à vin. Le groupe PSP Peugeot est une entreprise autonome de PSA, dont la famille Peugeot détient cependant 15%. Marque haut de gamme, PSP Peugeot réalise **65% de son chiffre d'affaires à l'export**.

Guillouard

3

Made in 55 emplois

Retrouvez cette entreprise sur la carte 72

1 site de production de 1 million d'ustensiles de cuisine par an à Nantes (44) avec 55 salariés. Guillouard fabrique des ustensiles en tous genres (presse-purée, râpes à fromages, brocs, seaux, bassines, poubelles, lampes) en métal galvanisé ou en plastique. En 2009, l'entreprise réalisait 6 millions d'euros de chiffre d'affaires, **dont 30% à l'export.**

Gobel

4

Made in 40 emplois

Retrouvez cette entreprise sur la carte 81

1 site de production de 3 millions d'ustensiles de cuisine par an à Joué-lès-Tours (37) avec 40 salariés. Gobel, fondée en 1887, est la référence en matière d'ustensiles et moules à pâtisserie haut de gamme. L'entreprise fabrique tous ses produits en France (moules et ustensiles en inox, en cuivre et en fer blanc). La société **exporte ses produits dans 38 pays.** Elle réalisait 5 millions d'euros de chiffre d'affaires en 2010. Appréciée de ses clients pour sa rapidité de livraison, ses conseils personnalisés et produits sur-mesure conçus à leurs demandes, Gobel a toujours investi dans la modernisation de son outil de production.

Platex

5

Made in 40 emplois

Retrouvez cette entreprise sur la carte 82

1 site de production de 1 million de plateaux par an (8.000 par jour) à Pontarlier (25) avec 40 salariés.

1 site commercial à Paris (75). Platex, fondée en 1950, est le premier fabricant français de plateaux. Elle **exporte 21% de sa production** (principalement vers les Etats-Unis et l'Australie).

Bron-Coucke

6

Made in 25 emplois

Retrouvez cette entreprise sur la carte 83

1 siège et 1 site de production d'ustensiles de cuisine à Orcier (74), avec 25 salariés. L'entreprise fabrique une large gamme d'ustensiles et d'appareils pour la cuisine (presse-agrumes, coupe-légumes, centrifugeuses, hachoirs, batteurs, moulins électriques, fondue).

Marlux

7

Made in 20 emplois

Retrouvez cette entreprise sur la carte 84

1 site de production d'ustensiles de cuisine à Montreuil (93) avec 12 salariés au « Mozinor » (contraction de « Montreuil Zone industrielle Nord ») **et 8 commerciaux.** Marlux est une entreprise familiale fabricant depuis 1875 de moulins, manuels et électriques, pour le sel, le poivre, la muscade. L'entreprise ne distribue ses produits que dans les grands magasins. **50% du chiffre d'affaires est réalisé à l'export,** principalement vers l'Australie, la Russie, et l'Europe.

Stilic Force

1 siège et 1 boutique à Montrouge (92). Stilic Force fabrique des ustensiles design dont le tire-bouchon Le Général, l'accroche sacs Bagboy, la Main « à tout faire », le distributeur de couches CouchePilote, la table FL. **Tous les objets design Stilic Force sont fabriqués en France et 70% des fournisseurs sont en Ile-de-France.** Le fabricant de ventouses (éléments essentiels des créations maison) se trouve par exemple à Issy-les-Moulineaux (92).

Tellier

1 site de production d'ustensiles de cuisine à Argenteuil (95). Tellier est un fabricant d'ustensiles de cuisine (tire-bouchons, épluche-légumes, presse-agrumes, bouteilles isothermes, coupe-frites, cafetières, râpes). Le groupe Louis Tellier, fondé en 1947, réalisait 12 millions d'euros de chiffre d'affaires en 2010. En 2009, Tellier **exportait 40% de son chiffre d'affaires vers plus de 100 pays dans le monde.** En 1960, Tellier lançait un coupe-frites révolutionnaire. Cette innovation fera le tour du monde et participera au succès international de la « frite à la française » (les french fries).

Reine Mère

1 siège à Toulouse (31). Reine Mère est un éditeur toulousain d'objets pour la maison et d'accessoires « design et écologique » (ustensiles en bois : dessous de plat, plateaux, couverts à salade, planches à découper), de la vaisselle en porcelaine de Limoges et du Lot, des corbeilles à fruits, tasses à café et bols à thé, arbres à bijoux, étuis à lunettes et à iPhone, des boîtes à bijoux avec miroir, des coussins, des appliques, des marque-pages, des tables basses. Reine Mère fait **réaliser toutes ses créations en France : les articles en bois sont ainsi issus de forêts de l'Aube et du Jura, les porcelaines sont fabriquées à Limoges et dans le Lot, les cahiers et les étuis en laine en Haute-Garonne, les appliques en Bretagne.**

Parmi les autres petits producteurs français d'ustensiles de cuisine made in emplois, on doit citer Combrichon à Trevoux (01), Cake en Stock à Lomme (59), Tourlonias à Vertolaye (63), ou Novo en Rhône-Alpes

---

Mobiliers de cuisine

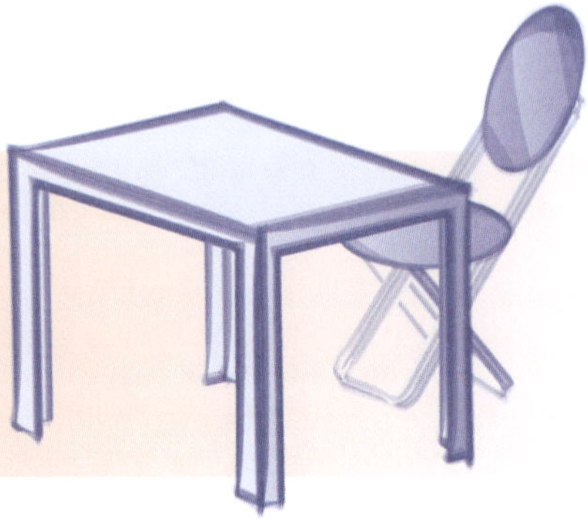

1. Schmidt - Cuisinella
2. Mobalpa - Pérène - SOcoo'c Delpha
3. Menuiserie du Centre

Le saviez-vous ?

Seuls 45% des ménages français sont dotés de cuisines intégrées, soit un net sous-équipement par rapport aux pays limitrophes (Allemagne, Belgique, Espagne ou Italie, où ce taux monte à 95% en moyenne).

Le saviez-vous ?

L'Aveyron est l'un des départements français dont la santé économique dépend le plus de nos choix de cuisine. Des entreprises de découpe aux cuisinistes, le secteur bois et meubles emploie 3.700 salariés en Aveyron, au sein de 830 entreprises. L'Aveyron est l'un des principaux bassins français du bois et de l'ameublement. Le département héberge une activité industrielle traditionnelle et un important tissu artisanal qualifié. Le secteur y génère plus de 500 millions d'euros de chiffre d'affaires, dont plus de 50% en charpentes et menuiserie.

Les mobiliers de cuisine *Made in Emplois*

Schmidt - Cuisinella

1

Made in 1 200 *emplois*

Retrouvez cette entreprise sur la carte 11 12

1 siège et 1 site de production à Liepvre (68) qui emploient 550 salariés.

2 usines à Selestat (67) emploient 650 salariés.

La plus ancienne des deux a bénéficié en 2011 d'un investissement de 20 millions d'euros visant à augmenter de 25% la production de 20.000 pièces par jour. Pour augmenter ses capacités de production, l'entreprise a ouvert une nouvelle usine en 2009. Cette U2 découpe, assemble et expédie 330 cuisines par jour.

1 usine à Türkismühle en Allemagne, emploie 150 salariés.

L'entreprise emploie plus de 1.200 salariés dans ses usines françaises. L'entreprise a réalisé une cinquantaine d'embauches en 2010, et près de 80 en 2011. L'entreprise a triplé son chiffre d'affaires depuis 1995 pour atteindre 367 millions d'euros en 2011, dont **20% à l'export**. Le leader français des cuisines, la Société alsacienne de meubles (SALM), dispose de plus de 580 points de vente, fabrique et vend plus de **200.000 cuisines par an** sous ses deux marques, Cuisinella (2ème marque de cuisine en chiffre d'affaires) et Schmidt (moyen de gamme). Ses cuisines et salles de bains sont **fabriquées dans ses 3 usines alsaciennes, qui assurent 75% de la production**. La Salm produit aussi des meubles et cuisines en kit pour la grande distribution avec sa filiale EMK. La SALM a aussi acheté un fabricant de tables et de chaises dont la production se situe à Chatenois (67). Le groupe, détenu et dirigé par la famille des fondateurs, est le 6ème fabricant européen de cuisine mais le premier exportateur.

Mobalpa - Pérène - SOcoo'c - Delpha

2

Made in 980 emplois

Retrouvez cette entreprise sur la carte 4

1 siège, 1 showroom et 1 site de production de meubles Fournier à Thônes (74) avec 980 salariés. Fondée par Eugène Fournier en 1907, le groupe industriel fabrique, dans les Alpes, cuisines et salles de bains. En 1949, le groupe lance la marque Mobalpa (contraction de « Mobilier des Alpes »), se développe à l'export dès 1979 et fait aujourd'hui plus de 200 millions d'euros de chiffre d'affaires. Le groupe a aussi créé à Poisy (74) la société fabrication de meubles de rangement 2MR.

Menuiseries du Centre

3

Made in 320 emplois

Retrouvez cette entreprise sur la carte 19

1 siège et 1 centre de production de meubles, de placards de cuisine et de salle de bain à Ydes (15) avec 320 salariés. L'entreprise fait partie du groupe français d'équipement Saint-Gobain.

Arthur Bonnet

4

Made in 250 emplois

Retrouvez cette entreprise sur la carte 25

1 siège et 1 site de production de plans de travail stratifiés et de meubles de cuisines à Saint-Philbert-de-Bouaine (85) avec 250 salariés. L'entreprise vendéenne Cuisine Design Industrie, fondée en 1927, a obtenu le label « Origine France Garantie ».

Cuisines Teisseire

5

Made in 170 emplois

Retrouvez cette entreprise sur la carte 45 78

1 siège, 1 boutique et 1 site de fabrication de cuisines et de salles de bains Valaubrac à Bozouls (12) avec 130 salariés (ex-Espalux).

1 site de fabrication de cuisines et de salles de bains, Amarilis à Entraygues-sur-Truyère (12) avec 40 salariés (ex-Combettes).

Sur les deux sites, la capacité de production s'élève à 80 cuisines par jour et à 16.000 meubles par mois. Cuisines Teisseire **emploie 170 salariés**. Les cuisines Teisseire bénéficient du label « Fabriqué en Aveyron » où la marque est très enracinée. Positionnée sur le moyen/haut de gamme, Teisseire propose des produits entièrement made in France. La garantie est de 10 ans pour les meubles et 20 ans pour la quincaillerie. Le bois utilisé pour la fabrication provient de forêts françaises 100% éco-gérées.

Le groupe Cauval Industries, premier fabricant de meubles français, connu notamment pour ses marques de matelas Dunlopillo ou Treca, l'a relancée début 2010. Le groupe Cauval a réuni ses 4 marques de cuisines Espalux, Combettes, Mondial Kit et Cuisines Teisseire sous une seule dénomination : les Cuisines Teisseire.

Pyram

6

Made in 170 emplois

Retrouvez cette entreprise sur la carte 38

1 siège, 1 showroom, 1 bureau de R&D et 1 site de production de cuisines et salles de bains à Vic-sur-Cère (15) avec **170 salariés.** La société Prieur, implantée au cœur des volcans d'Auvergne, a réalisé en 2010 un chiffre d'affaires de 18 millions d'euros.

You

7	Made in 130 emplois	Retrouvez cette entreprise sur la carte 46

1 site de production de 200 cuisines par semaine aux Herbiers (85) avec 130 salariés. You est un fabricant vendéen de cuisines et de salles de bains (ainsi que de tables et de chaises) créé en 1948 par la famille You (nom de famille très répandu en Vendée). En 1990, You devient leader du buffet de cuisine en France. L'entreprise commence alors à produire des cuisines, d'abord en kit, puis montées et suit une stratégie de personnalisation de ses cuisines et salles de bains. Aujourd'hui You est le 1er fabricant français de cuisines pour les revendeurs indépendants de la profession : cuisinistes, généralistes-meubles et magasins d'équipement du foyer.

Morel - Jean-Louis Morel

8	Made in 100 emplois	Retrouvez cette entreprise sur la carte 85 68

1 site de production à Allinges (74).

1 site de production à Saint-Etienne-en-Coglès (35) avec 60 salariés.

En 1961, le fabricant savoyard de cuisines intégrées se lance dans la fabrication de buffets et éléments de cuisine. Il compte 5 dépôts en France (Paris, Lyon, Bordeaux, Toulouse et Avignon). L'entreprise Morel a repris les cuisines Jean-Louis Morel en mars 2012 (même nom, mais aucun lien de parenté) en conservant 61 salariés sur 93. Très présent dans l'est de la France, Morel souhaite mieux mailler le territoire et se développer à l'Ouest.

Teissa

9	Made in 90 emplois	Retrouvez cette entreprise sur la carte 58

1 site de production à Surgères (17) avec 90 salariés. Toutes les cuisines Teissa sont conçues et fabriquées en Charente-Maritime. Sur place, les designers imaginent des modèles « french touch » garantis 10 ans. Teissa utilise pour ses portes de cuisines du bois provenant d'arbres cultivés par des sylviculteurs locaux, adhérents au label PECF (Programme Européen des Forêts Certifiées).

Villéger - Comtesse

10	Made in 60 emplois	Retrouvez cette entreprise sur la carte 69

1 site de production de cuisines à Villeneuve-la-comtesse (17) avec 60 salariés. Cuisines Villéger garantit des cuisines 100% made in France. L'entreprise réalise un chiffre d'affaires de 5,6 millions d'euros et distribue ses produits sous deux marques positionnées moyen / haut de gamme : Cuisines Villéger et Cuisines Comtesse. Villéger ainsi que le Comptoir de la Cuisine ont été rachetés par un industriel chinois en juin 2012. Celui-ci souhaite donner les moyens à l'entreprise de se renforcer sur le territoire national afin d'aborder l'export sur des bases solides.

Moderna

11	Made in 35 emplois	Retrouvez cette entreprise sur la carte 86

1 site de production de cuisinettes et d'éviers en inox à Chasnais (85) avec 35 salariés. Racheté en 2002 par deux anciens cadres de Brandt, le cuisiniste vendéen Moderna a réduit ses effectifs de 45 à 35 salariés. Ils y ont investi 1,6 million d'euros. Avec cet outil industriel de grande capacité, ils veulent coller davantage aux tendances du marché et visent les marchés des studios, bâtiments modulaires, camping-cars, bateaux, mobile homes. En 2009, la société réalisait un chiffre d'affaires de 15 millions d'euros.

Malegol

12	Made in 30 emplois	Retrouvez cette entreprise sur la carte 87

1 atelier de production de 80 cuisines par an à Ploulec'h (22) avec 20 salariés dont 13 menuisiers.

3 magasins à Lannion (22), à Rennes (35) et à Vannes (56).

Ce fabricant breton de cuisines haut de gamme né en 1963 travaille de moins en moins avec des bois exotiques pour privilégier les chênes, châtaigniers et érables français.

Il existe d'autres fabricants français de mobilier de cuisine made in emplois : Bleu lavande à Lyon (69), Cap Cuisines à Marseille (13), Moretti à Verdun (55), Philippe Krebs à FrohMuhl (57) ou encore Strasser à Strasbourg (67).

Poubelles & Sacs poubelle

1. **Rossignol**
2. **Sundis**

Cuisine

La production de déchets en France n'a cessé de croître. **Un français produit en moyenne 316 kg de déchets par an. La taille moyenne des poubelles est en conséquence passée de 12 à 40 litres en quinze ans.**

Les poubelles de cuisine n'ont cessé de monter en gamme depuis que les designers s'en sont emparés dans les années 80. Les poubelles mobiles doivent désormais s'adapter à l'indispensable tri sélectif domestique en y associant l'esthétique et les contraintes de volume.

Recyclage

Deux tiers des français pratiqueraient systématiquement le tri sélectif. C'est le geste écologique le plus répandu dans la société, devant les économies d'eau ou d'électricité. Ce sont les personnes âgées et celles vivant en milieu rural qui le pratiquent avec le plus de discernement. 67% des emballages ont été recyclés en 2011 contre 59% en 2005. En 2011, 3 millions de tonnes d'emballages ont été recyclés (transformés par exemple en papier cadeau ou en revêtement pour le sol), ce qui équivaut à plus de 2 millions de tonnes de CO^2 non rejetés (soit les émissions de plus d'un million de voitures pendant un an). Mais en France seulement 20% des 3,3 millions de tonnes de plastique sont recyclés (contre 66% en Allemagne), plaçant la France au 21ème rang européen.

Le saviez-vous ?

Le terme « poubelle » provient du nom de son inventeur, le préfet de la Seine Eugène Poubelle. Ce nom de famille a lui-même pour origine l'expression pou bel (« peu beau »). Le préfet Poubelle signa en effet en 1884 un arrêté préfectoral relatif à l'enlèvement des ordures ménagères, pour lutter contre l'entassement des déchets dans les rues de la région parisienne.

Le saviez-vous ?

La bedoucette est l'équivalent toulousain de la poubelle. Inventé par Albert Bedouce, éphémère maire de Toulouse en 1906. Il eu l'idée de solidariser le couvercle grâce à deux montants articulés qui permettaient de soulever le couvercle et de le faire basculer sur le côté, sans qu'il puisse être séparé du réceptacle.

Les poubelles *Made in Emplois*

Rossignol

1

Made in 120 emplois

Empreinte Emplois en France
4,6
pour 10.000 produits vendus en France

50 **1 site de production de 1,2 million de poubelles et accessoires de salles de bains par an** pour le grand public comme les professionnels **à Montsûrs (53) avec 120 salariés.**

PME mayennaise fondée en 1896, l'entreprise a retrouvé le chemin des bénéfices (2 millions d'euros en 2009) après quelques déboires. Rossignol se développe **à l'export** depuis 2000, et y réalise aujourd'hui **13% de son chiffre d'affaires** en particulier vers l'Italie, l'Allemagne et la Pologne.

Ses clients professionnels (collectivités et entreprises) représentent 75% de son chiffre d'affaires (soit 19,5 millions d'euros). Les fameux cercles en métal (verts à Paris) auxquels sont accrochés des sacs plastiques transparents sont ainsi fabriqués par Rossignol, comme nombre de grands bacs en plastique et à roulettes. Mais les particuliers restent un important débouché pour Rossignol.

Sundis

2

Made in 70 emplois

Retrouvez cette entreprise sur la carte
65

1 site de production d'articles de rangement en plastique à Sars-et-Rosières (59) avec 70 salariés. Plus de 8 millions d'euros y ont été investis pour sa construction en 2001, qui permit de relocaliser la fabrication, jusque là confiée à des sous-traitants belges. Sundis a d'abord conservé un volume de sous-traitance de l'ordre de 50%. Mais la capacité de production est en progression constante depuis sa création. Sundis a rejoint le pôle de plasturgie implanté dans le Valenciennois.

PME dynamique spécialisée dans la distribution et la production d'articles en plastique innovants pour l'équipement de la maison (poubelles, paniers à linge, boîtes, casiers). Son objectif est d'être le numéro 2 français du secteur. La société, qui vend exclusivement ses produits en grande surface (Castorama, Leroy Merlin), a connu une croissance rapide. Sundis **exporte plus de 20% de sa production**.

Zuny

L'entreprise mise sur le design, l'innovation et la qualité. Les poubelles Zuny sont garanties 10 ans. **Les poubelles Zuny, design et garanties 10 ans, seraient-elles aussi fabriquées en France.**

Les poubelles *concurrentes et importées*

- **Vipp**

La fameuse poubelle à pédale Vipp est toujours **produite artisanalement au Danemark**, où un ouvrier assemble les 42 pièces d'inox et de métal à la main, au rythme de 6 poubelles par heure. Elle est l'une des pièces majeures du design scandinave au point d'être exposée au Danish Design Center. « Vipp » signifie en danois « basculer », mouvement que fait le couvercle lorsque l'on actionne la pédale.

- **Wesco**

L'entreprise familiale Westerman & Co (Wesco) a été fondée en 1867 à Sauerland **en Allemagne**. Spécialisée dans l'utilisation du métal, la société crée ses premières poubelles à pédales après la guerre. Aujourd'hui, la gamme de produits Wesco comprend plus de 50 modèles de poubelles qui revendiquent fièrement leur qualité **« made in Germany ».**

- **Brabantia**

L'entreprise fondée en 1919 dans la ville hollandaise d'Aalst. Les poubelles aujourd'hui sont **fabriquées dans ses usines des Pays-Bas, de Belgique, de Grande-Bretagne, de Lettonie et de Chine.**

- **Curver**

Fondée en 1949 aux Pays-Bas, ce spécialiste des poubelles en plastique produit ses articles dans son **usine basée à Brunssum aux Pays-Bas.**

- **Seletti**

Le fabricant italien fut un des pionniers de la **production en Asie**.

Les sacs poubelle *Made in Emplois*

Le saviez-vous ?

La norme NF garantit que les sacs poubelle sont suffisamment résistants pour la collecte, sont faits d'un plastique compostable, biodégradable et utilisant des encres non nocives pour la santé ou l'environnement.

Alfapac

1

Made in 700 emplois

1 site de production de sacs à déchets et autres emballages (sacs à congélation, films plastiques, rouleaux aluminium) en Normandie.

1 site de production de sacs à déchets et autres emballages (sacs à congélation, films plastiques, rouleaux aluminium) dans le Nord.

1 site de production de sacs à déchets et autres emballages (sacs à congélation, films plastiques, rouleaux aluminium) en Lorraine.

1 site de production de sacs à déchets et autres emballages (sacs à congélation, films plastiques, rouleaux aluminium) en Haute-Loire.

Groupe familial créé en 1976, Sphere emploie 1.300 salariés dont **700 en France. L'entreprise possède 13 sites industriels en Europe dont 6 en France. L'entreprise aurait relocalisé en France 3 usines achetées en République Tchèque, en Allemagne de l'Est et en Italie du Sud.**

70% de la production du groupe sortent des usines françaises. Cette production est destinée au marché français mais aussi **exportée vers l'Europe, l'Afrique et l'Amérique**. En 2011, Sphere a réalisé un chiffre d'affaires de 356 millions d'euros.

Le groupe Sphere est propriétaire de 200 brevets. Il produit entre autres un sac biodégradable, fabriqué à base de pommes de terre françaises.

L'entreprise a obtenu le label « Origine France Garantie » pour sa marque Alfapac. Le PDG s'est payé, en janvier 2013, une campagne de publicité dans la presse où il imite Arnaud Montebourg, vêtu d'une marinière sur fond bleu-blanc-rouge. Il vante la nécessité d'innover pour rester en France et « *de faire connaître au public ceux qui fabriquent les produits qu'il consomme, où ils sont fabriqués et par qui* ».

Barbier et Cie

2

Made in **200** emplois

Retrouvez cette entreprise sur la carte
13 17

1 site de production de sacs à déchets à Sainte Sigolène (43) avec 530 salariés.

1 site de production de sacs à déchets à Monistrol-sur-Loire (43) avec 360 salariés. 20 millions d'euros y ont été investis en 2011 pour agrandir le site.

La production de sacs plastiques (4,5 milliards de sacs) représente 25% de la production totale du groupe. Le Groupe Barbier est le 1er producteur français de film en polyéthylène et le 8ème au niveau européen. Il réalise un chiffre d'affaires de 214 millions d'euros dont environ **25% à l'exportation**. Chaque année, 6 à 10% de ce chiffre d'affaires est investi dans l'outil de production. L'entreprise a obtenu le label « Origine France Garantie ».

Jet'Sac

3

Made in **35** emplois

Retrouvez cette entreprise sur la carte
49

1 site de production de 600 millions de sacs à déchets, sacs congélation, rouleau aluminium et film étirable par an à Auchel (62), avec 130 salariés.

27% de sa production sont destinés au grand public. Le reste est destiné aux entreprises. L'entreprise créée en 1968 a obtenu le label « Origine France Garantie ». Elle est devenue en 2004 le plus gros producteur français de sacs biodégradables.

L'arbre Vert

4

Made in **10** emplois

Retrouvez cette entreprise sur la carte
88

1 siège à Cavaillon (84) avec 30 salariés.

1 site de R&D et 1 site de production de 3 millions de lessives par an, de 4,5 millions de liquides vaisselles par an et divers produits d'entretien et d'hygiène près de Poitiers avec 70 salariés. L'usine en liquidation a été reprise en 2011 par L'Arbre Vert qui conserve tous les emplois.

L'Arbre Vert privilégie les fournisseurs locaux : 80% d'entre eux sont en France, les 20% restants en Europe.

La marque L'arbre vert a lancé en 2003 le premier liquide vaisselle Ecolabel d'Europe. Elle propose aussi des sacs poubelle, nettoyants ménagers, des tablettes de lave-vaisselle, de la lessive, des gels douches, savons et shampoings. Novamex fut même la 1ère entreprise européenne à obtenir en 2008 la certification Ecolabel Européen pour la catégorie savons et shampooings.

La marque L'arbre vert connaît une forte croissance Elle est désormais leader des produits d'entretien écologiques sur le marché français. 11% des foyers français auraient déjà acheté au moins un de leurs produits.

L'entreprise exporte depuis 2006 vers Portugal, Suisse, Belgique, Grèce, Hongrie, Maroc, Slovénie.

Handy bag

5

Made in **10** *emplois*

Retrouvez cette entreprise sur la carte **57**

1 siège, 1 centre logistique et 1 site de production de 200 millions de filtres à café, sachets d'aluminium, de sacs poubelle et de sacs d'aspirateurs Handy bag à Chézy-sur-Marne (02) avec environ 100 salariés.

Produits ménagers

1. **Fébrèze - Mr. Propre - Ariel - Dash Bonux - Vizir - Gama**
2. **Scoth-Brite - Post-it**
3. **Spontex - Mapa**

Le marché des éponges s'est légèrement ralenti en 2010, avec une baisse des ventes de 1,7%.

Un quasi duopole français se partage le marché des éponges en France. Spontex est leader avec 47% de parts de marché. Scotch-Brite (groupe 3M) est deuxième avec 21% du marché. Ces deux acteurs produisent en France. Les marques de distributeurs, qui captent elles 31% du marché, font bien souvent fabriquer leurs éponges à l'étranger. Mais elles ont le mérite de répercuter cette délocalisation sur les prix de ventes. Le faible prix permet aux consommateurs d'économiser de l'argent qu'ils pourront dépenser ultérieurement sur d'autres produits made in plus d'emplois.

Le saviez-vous ?

Spontex, la marque au hérisson libidineux, est la contraction des mots « sponges » (« éponge » en anglais) et du mot « textile ».

Le saviez-vous ?

190.000 accidents domestiques liés à l'utilisation de produits d'entretien avaient été recensés en 2006.

Le saviez-vous ?

En décembre 2011, l'Autorité de la concurrence a sanctionné les géants mondiaux de la lessive (Skip, Ariel, Axion, Le Chat…) qui s'étaient entendus sur les prix en France.

Entre 1997 et 2004, à l'occasion de rendez-vous secrets en banlieue ouest de Paris, les directeurs commerciaux des filiales françaises des quatre géants mondiaux de la lessive (l'Allemand Henkel, producteur de Le Chat, Super Croix et X-Tra, l'Anglo-néerlandais Unilever, producteur de Skip, Omo et Persil, l'Américain Procter & Gamble, producteur de Ariel, M. Propre, Vizir, Dash, Gama et Bonux et l'américain Colgate-Palmolive) se mettaient d'accord sur les prix de chacune de leurs références ainsi que sur les promotions qu'ils proposaient aux distributeurs français.

Pendant ces 6 ans le consommateur a payé sa lessive plus cher qu'il n'aurait dû le faire, si la concurrence avait été libre et non faussée. Heureusement un salarié d'Unilever participe à l'alerte en 2008. L'amende totale pour les 4 groupes s'élève à 361,3 millions d'euros. La 3ème plus forte sanction infligée en France.

Les produits ménagers *Made in Emplois*

Fébrèze - Mr. Propre - Ariel - Dash Bonux - Vizir - Gama

1

Made in **1.300** emplois

Retrouvez cette entreprise sur la carte

9 5

1 siège à Asnières-sur-Seine (92) avec 700 salariés.

1 centre logistique et 1 site de production de 380.000 tonnes de lessives liquides par an, de 225.000 tonnes d'adoucissants par an, de 105.000 tonnes de nettoyants ménagers par an, de 20.000 tonnes de poudre lave-vaisselle à Amiens (80) avec 930 salariés. Mise en service en 1964, c'est l'une des plus importantes usines au monde de fabrication de produits d'entretien du linge (Ariel, Dash, Bonux, Vizir, Gama) et de la maison (Mr Propre, Fébrèze). Sa production est destinée pour **plus de 85% à l'exportation vers le reste de l'Europe.**

1 site de production de shampoings et d'après-shampoings à Blois (41) avec 440 salariés.

1 site de production capillaires professionnels et de rasage à Sarreguemines (57) avec 210 salariés.

1 centre logistique à Saint-Quentin-Fallavier (38).

1 site administratif à Sens (89).

Procter & Gamble est présent en France depuis 1954 et y **emploie environ 2.700 salariés.** Procter & Gamble est une multinationale américaine fondée en 1837. Son siège est basé à Cincinnati en Ohio. En 2010, la société employait environ 127.000 personnes dans le monde pour un chiffre d'affaires de près de 80 milliards de dollars.

Scoth-Brite - Post-it

2

Made in **700** emplois

Retrouvez cette entreprise sur la carte

3 14 32 40

1 siège français à Cergy (95) avec environ 1.500 salariés.

1 site de production et 1 centre de R&D à Beauchamp (95) emploie 480 salariés (contre un millier il y a vingt ans). L'usine fabrique les rubans adhésifs et bâtons de colle Scotch, notes Post-it et éponges Scotch-Brite. Ce site de 40 hectares, qui est le plus grand site industriel européen du groupe, a besoin d'activités pour couvrir ses frais fixes. En 2009, 60 postes y ont été supprimés dans la fabrication de Post-it promotionnels. La fabrication de ces produits est désormais confiée à un sous-traitant allemand. La demande sur ce marché de niche est en baisse significative et la pression sur les prix y est importante. Les Post-it destinés au grand public et à la filière bureau sont toujours produits sur le site. Depuis 1983, aucun nouveau produit majeur n'y ayant été lancé à la différence des autres usines européennes, le site semble menacé.

1 site de production à Tilloy-lez-Cambrai (59) avec 220 salariés. 55 millions euros y seront investis et 40 emplois devraient y être créés de 2011 à 2015.

1 centre de distribution logistique à Saint-Ouen-l'Aumône (95) avec 170 salariés.

Le groupe 3M est présent en France depuis 60 ans, et y emploie plus de 2.500 personnes.

Grâce à sa culture de l'innovation collaborative, 3M invente des produits simplifiant la vie quotidienne : rubans adhésifs et bâtons de colle Scotch, notes Post-it et éponges Scotch-Brite. **La plupart de ces produits sont fabriqués sur les sites de production de Beauchamp (95) et de Tilloy (59)**, Présent dans plus de 65 pays et employant environ 84.000 salariés dans le monde, le groupe réalise un chiffre d'affaires de 30 milliards de dollars.

Spontex - Mapa

3

Made in 350 *emplois*

Retrouvez cette entreprise sur la carte 26 64

1 site de production d'éponges à Beauvais (60) en Picardie, avec 250 salariés. Toutes les éponges Spontex y sont produites. Le site travaille à réduire les nuisances olfactives qu'elle cause.

1 site de production d'éponges à Saint-Hippolyte (25) emploie 75 salariés. Les conflits sociaux concernant les salaires y sont réguliers.

1 site de production d'environ 20.000 gants anti-coupures par jour à Roubaix (59).

Le site de production Mapa à Liancourt (60) a fermé en 2008. La production de gants a en partie été délocalisée en Malaisie. La production de l'usine s'était effondrée, passant de 15 millions de paires de gants en caoutchouc par an en 2000, à 5,8 millions en 2004 et à 3,5 millions en 2007. Elle employait encore 300 salariés en 2004. Mais depuis le plan social de 2004, les 60 salariés de l'usine savaient leurs postes condamnés.

L'entreprise Spontex, née à Beauvais en 1932, a été vendue par Total au géant américain de la grande consommation Jarden-Corporation pour 335 millions d'euros. Spontex est une entreprise française qui fabrique la plupart de ses produits (éponges, gants de cuisine, biberons) en France. En 1997, Spontex s'était rapproché de Mapa, le fabricant de gants. En 2007, **Spontex-Mapa générait un chiffre d'affaires de 500 millions d'euros, répartis dans 85 pays différents.** Le groupe commercialise dans 80 pays les gants Mapa, les éponges Spontex, les tétines et biberons Nuk et Tigex (Lillo, Fiona et First Essentials), les préservatifs Billy Boy et Fromms ou encore des pneus de vélos. **L'entité employait 4.000 personnes, dont 700 en France sur 3 sites de production : Saint-Hippolyte (25), Roubaix (59), et Beauvais (60).**

Eléphant - Vileda

4

Made in 350 emplois

Retrouvez cette entreprise sur la carte 36 47 77

1 siège La Brosse & Dupont à Roissy-en-France (95).

1 site de production de balais, pelles, balayettes, brosses et seaux à Villepinte (93) avec 200 salariés.

1 site de production de balais, pelles, balayettes, brosses et seaux à Béthisy-Saint-Pierre (60) avec 40 salariés.

1 site logistique et 1 site de production de 7 millions de brosses de toilettes, et d'articles de cosmétiques et de parapharmacie à Hermès (60) avec 130 salariés.

1 centre logistique et 1 site de production de brosses de toilettes à Longueil-Saint-Marie (60) avec 50 salariés.

L'entreprise LBD (La Brosse et Dupont) a obtenu le label « Origine France Garantie » pour ses seaux avec ou sans essoreur.

Saint-Marc - Harpic - Calgonite

5

Made in 240 emplois

Retrouvez cette entreprise sur la carte 22 21

1 siège à Massy (91) avec environ 300 salariés.

1 site de production de 200 millions de produits dermo-cosmétiques (70%) d'entretien et désodorisants par an à Chartres (28) avec 320 salariés. 20 millions d'euros y ont été investis de 2007 à 2012 dans la construction de trois nouvelles lignes de production. Le site est le 5ème plus gros du groupe.

Reckitt Benckiser est le groupe anglo-allemand, leader mondial des produits d'entretien ménager.

Le groupe réalisait 707 millions d'euros de chiffre d'affaires en 2008. Reckitt Benckiser **emploie 620 salariés en France**. Dans le monde, Reckitt Benckiser vend plus de 15 millions de produits chaque jour, dispose de sites de production dans 60 pays et emploie environ 23.000 personnes dans le monde.

Le Chat - X-Tra

6

Made in 200 emplois

Retrouvez cette entreprise sur la carte 10 48

1 siège à Boulogne-Billancourt (92) avec 700 salariés.

1 site de production de 55.000 tonnes de lessive, adoucissant, liquide vaisselle et produits d'entretien par an à Saint-Pierre-lès-Nemours (77) avec 130 salariés. 3 millions d'euros y ont été investis en 2010.

Le groupe Henkel, fondé en 1876, est une entreprise allemande de produits ménagers, de cosmétiques et de technologies adhésives et colles. Le groupe emploie environ 47.000 personnes dans le monde. Henkel réalisait un chiffre d'affaires de 15,6 milliards d'euros en 2011. Basé à Düsseldorf, Henkel est implanté en France depuis 1967. Depuis 1970, Henkel France a multiplié son chiffre d'affaires par 40.

L'arbre Vert

7	Made in 100 emplois	Retrouvez cette entreprise sur la carte 88 67

1 siège à Cavaillon (84) avec 30 salariés.

1 site de R&D et 1 site de production de 3 millions de lessives par an, de 4,5 millions de liquides vaisselles par an et divers produits d'entretien et d'hygiène à Saint-Benoit (86) avec 70 salariés. L'usine en liquidation a été reprise en 2011 par L'Arbre Vert qui y conserva tous les emplois. 2 millions d'euros y ont été investis en 2010 et 2011.

L'Arbre Vert privilégie les fournisseurs locaux : 80% d'entre eux sont en France, les 20% restants en Europe. La marque L'arbre vert a lancé en 2003 le premier liquide vaisselle Ecolabel d'Europe. Elle propose aussi des nettoyants ménagers, des tablettes de lave-vaisselle, de la lessive, des gels douches, savons et shampoings. Novamex fut même la 1ère entreprise européenne à obtenir en 2008 la certification Ecolabel Européen pour la catégorie savons et shampooings. La marque L'arbre vert connaît une forte croissance Elle est désormais leader des produits d'entretien écologiques sur le marché français. 11% des foyers français auraient déjà acheté au moins un de leurs produits. L'entreprise exporte depuis 2006 vers Portugal, Suisse, Belgique, Grèce, Hongrie, Maroc, Slovénie. L'Arbre Vert a réalisé en 2012 un chiffre d'affaires de 25,9 millions d'euros. La lessive représente 53% de ses ventes.

Jacques Briochin

8	Made in 30 emplois	Retrouvez cette entreprise sur la carte 89

1 site de production de produits d'entretien anciens et artisanaux à Hillion (22) avec environ 30 salariés. La marque bretonne est née en 1919.

Wip N' Pro

1 site de production de produits d'essuyage à Boulogne-sur-Mer (62).

Mcbride - MDD

1 siège à Paris.

1 site de production de lessive et produits de lave-vaisselle à Moyaux (14) avec 90 salariés.

1 site de production à Douai.

1 site de production à Etain.

Le groupe européen McBride est spécialisé dans les produits cosmétiques, d'hygiène personnelle et d'entretien ménager. L'essentiel de sa production est vendu sous des marques de distributeurs. Le groupe McBride emploie environ 4.500 personnes dans 7 pays. Son chiffre d'affaires est d'environ 800 millions d'euros par an.

Casserolles & Poêles

1. **Tefal**
2. **Mafter - Bourgeat**
3. **Sitram**

« La gastronomie est une trilogie : un bon chef, de bons ingrédients, de bons ustensiles. » : De Buyer, fabricant français de casseroles.

Le marché des poêles et casseroles est très dynamique depuis 2008. De 2009 à 2010, il a progressé 11% en valeur et de 13% en volume. Le marché des poêles et casseroles est nettement scindé entre Tefal qui fabrique en France et détient 47,5% de part de marché et les marques de distributeurs qui se fournissent plus souvent à l'étranger et captent 26% du marché. On trouve par ailleurs une multitude de petites marques françaises, plus haut de gamme et distribués chez les spécialistes.

Le saviez-vous ?

L'invention de la poêle remonte au XVIème siècle et a permis de nouvelles recettes, dont l'indispensable œuf au plat. Le mot « casserole » vient de l'ancien français « casse » désignant une grande cuillère.

Le segment des poêles a connu un bouleversement avec l'arrivée du revêtement céramique, lequel est très difficile à mettre au point mais est très demandé des consommateurs. Mais Tefal ne semble toujours pas vouloir explorer la céramique dont il considère les performances antiadhésives inférieures à celles de son revêtement PTFE.

Les casseroles et poêles *Made in Emplois*

Tefal

1

Made in 1.000 emplois

Retrouvez cette entreprise sur la carte 2 42

1 siège, 1 site de R&D et 1 site de production de 44 millions d'articles par an (poêles, casseroles, plats à four, raclettes, planchas et pèse-personnes) à Rumilly (74) avec 1.850 salariés. 18 millions d'euros y ont été investis dans l'outil productif en 2011 et 2012. Ce site est le siège mondial des activités culinaires du groupe Seb et abrite les équipes de R&D et du marketing stratégique.

1 site de production de 44 millions d'articles culinaires par an à Tournus (71) avec 150 salariés.

Le site de Dampierre dans le Jura a en revanche été fermé en 2007 et des articles à revêtement en céramique sont déjà fabriqués en Chine par Supor, filiale du groupe Seb.

Le groupe SEB a enregistré en 2011 une hausse de ses ventes de 8,6%, à 3,965 milliards d'euros. Tefal est le premier fabricant mondial d'articles de cuisine antiadhésifs et l'un des leaders dans le domaine des appareils électriques de cuisine et des pèse-personnes. La société emploie aujourd'hui 2.000 personnes en France. Téfal invente la pierrade électrique en 1990. Tefal, leader made in France des poêles, casseroles, moules et ustensiles à revêtement antiadhésif **exporte vers 120 pays** et est le premier fabricant mondial d'articles de cuisine antiadhésifs. Jackie Kennedy, prise en photo à New-York par un magazine américain en 1961 utilisant une Tefal à participer à populariser la marque. Très innovante, elle possède plus de 150 brevets mondiaux. Première en son genre, la gamme de poêles et casseroles Natura en fonte d'aluminium est par exemple 100% en aluminium recyclé. Tefal a également développé une gamme Masterchef en inox.

Mafter - Bourgeat

2

Made in **300** emplois

Retrouvez cette entreprise sur la carte 28 44

1 siège aux Lilas (93).

1 site de production de casseroles, plats de présentation et de logistique aux Abrets (38) avec 230 salariés.

1 site de production de moules, plats de cuisson et de petites séries spécifiques et de logistique et 1 magasin à Longny-aux-perches (61), avec 135 salariés. 10 millions d'euros y ont été investis dans une nouvelle base logistique et 2 millions d'euros, dans l'extension de son unité de production d'articles en plastique.

1 plate-forme logistique à Sevran (93).

Le fabricant de batteries et ustensiles de cuisine **emploie 550 personnes en France** et réalise **35% de son chiffre d'affaires à l'export aux Etats-Unis, en Asie et en Europe.** Né de la fusion début 2002 des deux sociétés, Matfer et Bourgeat, l'entreprise, dirigée par la famille Mora depuis 1921, s'adresse essentiellement aux professionnels, mais vend également aux particuliers. Exportateur de longue date, le groupe se développe sur les marchés émergents (Russie, Inde, Chine) grâce au réseau Eurochef, spécialisé dans la fourniture d'équipements de cuisine pour les hôtels haut de gamme. Plébiscité par les chefs du monde entier pour la qualité de ses produits, la profondeur de ses gammes et la qualité de son service, Mafter est la référence internationale dans l'univers de la pâtisserie, de la boulangerie et de la restauration.

En 2011, le groupe Matfer-Bourgeat a racheté la société Vauconsant, à Dombasle-sur-Meurthe (54).

Sitram

3

Made in **110** emplois

Retrouvez cette entreprise sur la carte 51

1 siège social et 1 site de production d'un million d'articles culinaires par an à Saint-Benoît du Sault (36) avec 110 salariés. Ce site fut choisi en 1963 pour sa situation géographique stratégique et la qualité de sa main d'œuvre (région du textile et de la porcelaine).

1 site de production de 20.000 ustensiles de cuisson de moyenne gamme en inox par jour à Shanghai en Chine. Ce site produit depuis 2007 des articles théoriquement destinés aux marchés chinois et asiatiques.

Ce fabricant d'ustensiles (casseroles, cocottes, poêles, autocuiseurs) fut lancé par un ancien salarié de la sous-traitance automobile, qui s'inspira de la forme d'un enjoliver auquel il ajouta une poignée pour créer sa première poêle. Toujours à l'avant-garde des technologies, Sitram fut le premier à lancer un autocuiseur à baïonnette. Sitram s'adresse aux particuliers comme aux professionnels. La marque est depuis 30 ans le leader du matériel professionnel en Europe. Sitram fournit les plus grandes chaînes hôtelières du monde (groupe Accor, hôtels Hilton, Sheraton, Hyatt). Sitram dispose d'une filiale commerciale aux Etats-Unis depuis 1985. La marque collabore en Chine avec de nombreux Chefs, dont ceux de l'Association des disciples d'Escoffier.

De Buyer

4

Made in 110 emplois

Retrouvez cette entreprise sur la carte 52

1 siège et 1 site de production de casseroles, poêles, de cocottes au Val d'Ajol (88) avec 110 salariés.

L'entreprise familiale vosgienne, née en 1830 est un leader de la fabrication d'ustensiles en cuivre, en inox et en acier. Elle imagine et fabrique plus de 2.000 ustensiles pour les professionnels et les particuliers. De Buyer dépose des dizaines de brevets chaque année et **exporte vers 95 pays et y réalise plus de 40% de son chiffre d'affaires**. Elle est labellisée « Entreprise du Patrimoine Vivant ». De Buyer travaille en partenariat avec de nombreuses écoles de formation (Institut Paul Bocuse, Ecole Nationale de la Pâtisserie, Ecole de Cuisine Alain Ducasse, l'école Ferrandi et bien d'autres).

Cristel

5

Made in 100 emplois

Retrouvez cette entreprise sur la carte 53

1 siège et 1 site de production de casseroles, poêles, plats, autocuiseurs haut de gamme à Fesches-le-Châtel (25) avec 100 salariés. L'entreprise y a investi 4 millions d'euros en mars 2012. Cet investissement s'ajoute aux 20 millions d'euros déjà investis en 25 ans pour réhabiliter l'ancienne usine Japy, qui mit au point en 1830 la première casserole emboutie. Seul le verre des couvercles, confié à un sous-traitant français, n'y est pas réalisé.

Cristel a obtenu le label « Origine France Garantie ». Le fabricant franc-comtois d'équipement culinaire est devenu le leader mondial des articles haut de gamme, en misant sur la durabilité de ses produits. Cristel fut l'inventeur de la casserole à poignée amovible. Cristel réalisait 12,2 millions d'euros de chiffre d'affaires en 2009. **30% de ses produits sont vendus à l'export.** Le Japon représente plus de 10% de son activité et l'entreprise dispose d'une filiale commerciale aux USA.

Mauviel

6	Made in 90 emplois	Retrouvez cette entreprise sur la carte 59

1 siège, 1 centre logistique et 2 sites de production de 40.000 articles culinaires (plats, poêles, cocottes, casseroles, moules) **par mois à Villedieu-les-Poêles (50) avec 90 salariés.**

Mauviel est l'un des plus anciens fabricants français d'ustensiles de cuisines en cuivre, en aluminium et en inox. Créée en 1830 à Villedieu-les-Poêles, la capitale du cuivre, cette PME, a réalisé un chiffre d'affaires de 13 millions d'euros en 2011 (+20% en un an) dont **60% à l'export vers 45 pays**. Mauviel s'adresse aux professionnels comme au **grand public, qui représente 80% de sa production**. En 2004, Mauviel crée une filiale commerciale aux **Etats-Unis, pays qui assure aujourd'hui 30% de ses ventes**. Mauviel s'attaque désormais à l'Asie. A l'étranger la mention « Made in Normandy-France » est présente sur tous les ustensiles. La référence à cette région connue à l'étranger, tout particulièrement des Américains, accentue l'aspect authentique de la marque. Pour séduire le grand public, la société mise sur l'image qualitative de ses produits, à la fois traditionnels et design et sur une forte identité française. Outre « Mauviel », la date « 1830 » figure sur les produits ainsi que la signature « Design et héritage ».

L'entreprise longtemps artisanal, a industrialisé son outil de production et se développe pour fournir un catalogue de plus en plus large. 7 générations de dirigeants ont façonné l'histoire de Mauviel.

Mastrad

7

Made in 30 *emplois*

1 siège et 1 site de R&D à Paris (75012) avec 30 salariés.

Fondée 1994, Mastrad est une société française très innovante spécialisée dans la conception d'accessoires culinaires et d'art de table en silicone coloré. En 2005, Mastrad réalisait un chiffre d'affaires de 10,9 millions. En 2005, Mastrad avait déjà déposé 4 brevets et 108 dessins et modèles. **Entreprise sans usine, Mastrad sous-traite la totalité de sa production auprès d'une douzaine de fournisseurs, dont 3 seulement sont en France (Guy Degrenne en Normandie, Emile Henry en Saône-et-Loire et le plasturgiste francilien Pille Grasset).** <u>Les 82% restants de la production viennent de Chine</u>. La stratégie de Mastrad repose sur une politique **d'exportation soutenue (64% du chiffre d'affaires** en 2005), une **fabrication sous-traitée** et un développement constant de nouveaux produits. Mastrad dispose d'une équipe d'une dizaine de salariés conscrée à la R&D.

Parmi les autres fabricants français de casseroles et poêles made in emplois, il faut citer TB Groupe à Celles-sur-Durolle (63) ou Baumalu à Baldenheim (67).

Les casserolles et poêles *concurrentes et importées*

Les casseroles & poêles concurrentes importées s'appellent Bialetti, Berghoff ou encore Fissler, lequel revendique fièrement être « fabriqué en Allemagne », ce qui est le cas pour 90% de ses produits.

Cocottes

1 Le Creuset
2 SEB
3 Emile Henry

Dans le secteur de la céramique, il y avait 288 entreprises en France en 1950. Aujourd'hui, elles sont une vingtaine. Plusieurs faïenceries ont été placées ces dernières années en liquidation judiciaire, comme celle de Varages, fondée il y a plus de 300 ans dans le Var, ou encore Longchamp, créée en 1832 près de Dijon.

Le saviez-vous ?

22 millions de cocottes minutes ont été vendues en France depuis son invention dans les années 50.

Le saviez-vous ?

SEB signifie : Société d'Emboutissage de Bourgogne

Les cocottes *Made in Emplois*

Le Creuset

1

Made in 700 emplois

Retrouvez cette entreprise sur la carte 7

1 siège et 1 site de production de cocottes en fonte à Fresnoy-le-Grand (02) avec 700 salariés. Le Creuset, qui y est présent depuis 1925, y a construit fin 2011 une nouvelle émaillerie et une fonderie pour un investissement de 80 millions d'euros sur 4 ans. L'objectif étant de doubler les capacités de production du site. **En 2014, l'effectif devrait atteindre 800 personnes.**

Mondialement reconnu pour ses cocottes, Le Creuset est le leader mondial des articles culinaires en fonte émaillée mais fabrique aussi en céramique, en inox et même en silicone. Le Creuset possède aussi la marque américaine de tire-bouchons Screwpull depuis 1991. Son chiffre d'affaires s'élevait à 250 millions d'euros en 2011. Le Creuset investit pour mieux répondre aux besoins en matière de séries et de couleurs, en continuant à offrir le même niveau de qualité. Le Creuset a assis son développement sur son savoir-faire technique (dans lequel il investit chaque année) et sur un vigoureux déploiement à l'international. A la tête de 23 filiales de commercialisation, Le Creuset réalise aujourd'hui **92% de son chiffre d'affaires à l'export** avec une forte présence aux Etats-Unis. Les cocottes Le Creuset sont associées partout dans le monde à l'image du style français et de sa cuisine. En 1980, une campagne publicitaire américaine proclamait : « Tout bon cuisinier doit connaître un peu de français : Le Creuset ». Passé près de la faillite dans les années 1980, Le Creuset avait été racheté en 1988 par Paul van Zuydam, un industriel britannique, qui est toujours l'unique actionnaire de l'entreprise. Il avait pris des décisions énergiques reposant sur l'écoute des clients et des marchés (la mythique cocotte est par exemple désormais déclinée en plus de 20 couleurs), le développement à l'international et le repositionnement de la « gamelle en fonte » vers le haut de gamme et les arts de la table. Parallèlement, Le Creuset s'est diversifié dans des produits dérivés hors fonte pour l'univers de la cuisine et de la table. Ces produits représentent désormais 35% de l'activité du groupe.

SEB

2

Made in 500 emplois

Retrouvez cette entreprise sur la carte 6 15

1 siège à Ecully (69) avec 900 salariés.

1 site de R&D et 1 site de production d'un million de cocottes-minutes par an à Selongey (21) avec 400 salariés. 5 millions d'euros y ont été investis en 2012 dans la modernisation de la production.

La cocotte-minute Easy-Clipso est le leader du marché français. **50% de la production d'autocuiseurs du site sont exportés vers 150 pays**. Le Japon en absorbe à lui seul 25%, le Moyen-Orient et la Turquie 15%.

Les autocuiseurs Seb, plus connus sous le fameux nom de « cocottes-minutes », figurent parmi les produits-phares « made in France » du leader mondial du petit électroménager et sont fabriqués dans son berceau bourguignon de Selongey depuis 60 ans. Le groupe a ouvert le site au public. La visite gratuite dure une heure et des ateliers culinaires y sont proposés. Les visiteurs y dépensent en moyenne 50 euros au magasin d'usine. Consciente que les visiteurs jouent un rôle d'ambassadeurs, l'entreprise a pour objectif d'y accueillir 20.000 visiteurs par an contre 5.000 aujourd'hui.

Emile Henry

3 | Made in 200 emplois | Retrouvez cette entreprise sur la carte 34

1 siège et 1 site de production de moules, cocottes, tajines, assiettes, cruches à Marcigny (71) avec 200 salariés. En 2009, 4 millions d'euros ont été investis dans la mécanisation du site.

Depuis 1850 ans, Emile Henry fabrique intégralement en Bourgogne toutes ses poteries culinaires. Garanties 10 ans, elles allient solidité, technique et esthétique. C'est grâce à son argile, riche en propriétés réfractaires, que la Bourgogne est restée une terre féconde pour les potiers.

Réalisant 25 millions d'euros de chiffre d'affaires, l'entreprise **exporte 50% de sa production vers plus de 50 pays** (Etats-Unis, Japon, Royaume-Uni, Italie, Allemagne, Danemark, etc) et est présente chez Bloomingdale comme aux Galeries Lafayette.

Revol

4 | Made in 170 emplois | Retrouvez cette entreprise sur la carte 39

1 siège et 1 site de production de 4 millions d'articles de cuisine par an à Saint-Uze (26) avec 170 salariés. 8 tonnes de matière y sont consommées quotidiennement pour produire 1 ustensile toutes les 2 secondes.

Fabricant de plats, assiettes, moules et cocottes en porcelaine, fondé en 1789. **Revol exporte vers plus de 70 pays et vend aussi beaucoup aux professionnels** des restaurants gastronomiques. Elle a toujours été détenue et dirigée par la famille Revol, devenue Passot par mariage. L'ensemble des modèles et des moules sont créés et produits sur place. C'est en faisant preuve d'une créativité constante que l'entreprise a pu tenir son rang face à une concurrence croissante.

Staub - Fontignac

5	Made in 150 emplois	Retrouvez cette entreprise sur la carte 24

1 siège et 1 site de production de cocottes et d'appareils de chauffage à Mervile (59) avec 280 salariés.

Fondée en Alsace en 1974, Staub fabrique la majorité de ses produits en fonte émaillée en France (cocottes, plats, moules, terrines, dessous de plat, théières). Certains plats en céramique sont asiatiques, comme certaines mini-cocottes.

Tenant à son savoir-faire interne, l'entreprise a investi plusieurs millions d'euros depuis 2008 dans la vieille fonderie franco-belge. L'entreprise fait partie depuis 2008 du **groupe allemand Zwilling,** spécialiste de coutellerie et d'ustensiles de cuisine haut de gamme, aux plus importantes capacités d'investissement. Afin de mieux faire connaître les métiers de la fonderie, l'usine organise des journées portes ouvertes.

Godin

6	Made in 100 emplois	Retrouvez cette entreprise sur la carte 20

1 siège et 1 site de production de fonderie, tôlerie, émaillerie et de cocotes, barbecues et appareils de cuisson à Guise (02) avec 320 salariés. Fondée en 1840, l'entreprise ne fait pas que du chauffage mais aussi des articles en céramique.

Appolia - Esprit de cuisine - BCI

7	Made in 60 emplois	Retrouvez cette entreprise sur la carte 70

1 siège et 1 site de production de plats, cocottes, moules à gâteaux, tajines, barbecues, assiettes à Languidic (56) avec 60 salariés.

Le groupe BCI (Bretagne Céramique Industrie) est un fabricant morbihannais cinquantenaire de cocottes et de céramiques culinaires. Produisant initialement de la poterie de jardinage, cette institution bretonne s'est tournée vers l'univers de la cuisine. Elle a survécu à une crise majeure en 2006. Depuis son chiffre d'affaires connaît une croissance durable (+10% en 2010 après un tassement en 2009). En 2011, la marque de cocottes Appolia représentait 30% d'un chiffre d'affaires s'élevant à 4,5 millions d'euros. L'**export qui représente 25% de ses ventes**, est devenu l'axe majeur de développement de l'entreprise, principalement en direction du Japon (5% du chiffre d'affaires) et des Etats-Unis. L'entreprise a obtenu le label « Origine France Garantie ».

Parmi les autres fabricants français de cocotes made in emplois, on peut citer des marques présentées dans d'autres chapitres, comme Invicta, Magimix, De Buyer, Mauviel, Sitram ou TB Groupe.

Les cocottes *concurrentes et importées*

Les cocottes concurrentes importées s'appellent **Beka ou Lacor.**

Vaisselle & Art de la table

1. Luminarc - Pyrex - Arcoroc
   Cristal d'Arques
   Chef & Sommelier
2. Cristal Baccarat
3. Christofle

Le saviez-vous ?

Ce n'est plus son âge que l'on lit désormais au fond du verre Duralex mais un tampon « Made in France ».

Le saviez-vous ?

En 2005, les douanes françaises ont saisi un chargement de couverts marqués Barenthal France (vieille entreprise lorraine d'orfèvrerie) en provenance de Chine.

Le saviez-vous ?

La période des fêtes de fin d'année représente 40% du chiffre d'affaires des entreprises de vaisselle en porcelaine. Les pères et mères Noël limousins comptent sur vous !

Les vaisselles *Made in Emplois*

Luminarc - Pyrex - Arcoroc - Cristal d'Arques Chef & Sommelier

1

Made in **9.000** emplois

Retrouvez cette entreprise sur la carte 1 54 16

1 site de production de 6 millions de vaisselle et 1 million de verres par jour à Arques (62), avec 5.700 salariés. 80% de la production est exportée vers 160 pays. 53 millions d'euros y ont été investis en machines en 2011.

1 site de production d'emballage à Arques (62), avec 100 salariés.

1 site de production de vaisselle à Châteauroux (36) avec 400 salariés.

Arc International emploie 15.000 salariés dans le monde dont environ **9.000 en France**. Le groupe fabrique de nouveau en France la vaisselle d'entrée de gamme, Luminarc, vendue en grande distribution. L'entreprise, qui ne produisait plus ce type d'articles en France, a décidé de relocaliser cette gamme en raison des attentes des consommateurs. Preuve de votre pouvoir !

Le groupe Arc International (marques Luminarc, Arcoroc, Cristal d'Arques Paris, Pyrex et Chef&Sommelier) réalisait 1,1 milliard d'euros de chiffre d'affaires en 2011, pour un résultat net de 18,4 millions d'euros. Le groupe français dispose également de sites de production en Russie (fabrication de verres de tables avec 1.200 salariés), en Espagne, aux Etats-Unis, en Chine et aux Emirats Arables Unis.

Cristal Baccarat

2

Made in 850 emplois

Retrouvez cette entreprise sur la carte 43 8

1 siège à Paris (75) avec 150 salariés.

1 site de production de Baccarat (54) avec 700 salariés. Plus de 8 millions d'euros y seront investis dans l'outil de production de 2012 à 2014.

Baccarat incarne un sommet du luxe à la française. L'entreprise est née en 1764, lorsque le Roi Louis XV autorise l'évêque de Metz, à fonder une verrerie dans le village de Baccarat, en Lorraine. Le célèbre service Harcourt, toujours en production, naît en 1841. En 2003, la Maison Baccarat déménage et s'installe à Paris, place des Etats-Unis dans un hôtel particulier redessiné par Philippe Starck. Le groupe Taittinger a vendu Baccarat en 2007 au fonds d'investissement américain Starwood Capital.

Baccarat a vu son chiffre d'affaires progresser de 8% en 2012. L'entreprise **exporte 68% de sa production** (33% vers l'Asie, 19% vers l'Europe et 13% vers les Etats-Unis). La Chine présente de fortes perspectives de croissance pour Baccarat, qui est en train d'y implanter une dizaine de boutiques.

Christofle

3

Made in 440 emplois

Retrouvez cette entreprise sur la carte 27 35

1 siège et 1 site de production de couverts en argent à Paris (75008) avec environ 240 salariés.

1 site de production de couverts en argent à Yainville (76) avec 200 salariés.

Cristal Lalique

4

Made in 400 emplois

Retrouvez cette entreprise sur la carte 29

1 centre logistique et 1 site de production de 450.000 pièces de cristal par an à Wiggen-sur-Moder (67) avec 230 salariés. De 2010 à 2012, près de 10 millions d'euros y ont été investis en équipement et réorganisation du site.

L'entreprise Lalique, fondée en 1905, **emploie près de 400 personnes en France.**

Deshoulières - Apilco

5

Made in 300 emplois

Retrouvez cette entreprise sur la carte 60 55 90

1 siège et 1 site de production de produits culinaires et de vaisselles à Chauvigny (86) avec 90 salariés.

1 site de production d'art de la table en porcelaine à Foëcy (18) avec 100 salariés.

1 site de production d'assiettes et plats à Le Dorat (87).

Le Groupe Deshoulières **emploie environ 300 salariés** en France et dispose de 3 centres de production tous situés en France. L'actionnaire majoritaire **russe** (Imperial Porcelain) s'est séparé du dernier héritier de la famille et a licencié la moitié des salariés. Il n'est pas exclu qu'à court terme, l'entreprise ferme un ou plusieurs sites. Fondé en 1826, le porcelainier français distribue ses collections sous deux marques principales, Deshoulières et Apilco. Le groupe commercialise aussi en France la porcelaine de son associé russe : la Manufacture Impériale de Saint-Petersbourg. Deshoulières a obtenu le label « Origine France Garantie ».

Cristal Saint-Louis

6

Made in 290 emplois

Retrouvez cette entreprise sur la carte 23

1 siège et 1 site de production de 230.000 pièces d'art de la table en cristal à Saint-Louis-lès-Bitche (57) avec 290 salariés. Plus de 10 millions d'euros y ont été investis dans l'outil de production en 2010 et 2011.

Fondée en 1586, la plus vieille cristallerie d'Europe, aujourd'hui filiale du groupe Hermès, a enregistré en 2011 une progression de 25% de son chiffre d'affaires. Saint-Louis exporte majoritairement vers l'Europe. L'Asie représente16% de son chiffre d'affaires, les Etats-Unis 9%.

Bernardaud

7

Made in 240 emplois

Retrouvez cette entreprise sur la carte 91

1 siège et 1 site de production à Limoges (87).

1 site de production à Oradour-sur-Glane (87).

1 site de production à Aixe-sur-Vienne (87).

Le groupe emploie 240 salariés en France. Bernardaud, fondée en 1863, est l'un des fleurons de la porcelaine de Limoges et la plus importante manufacture. Le fabricant de vaisselle (ainsi que de bijoux et luminaires), « française à 90% », réalisait 23 millions de chiffres d'affaires en 2009 contre 44 en 2004, passant de 400 à 240 salariés. Pour ne rien arranger, deux incendies ont éclaté dans la manufacture en octobre 2011 et février 2012. Bernardaud reste le premier fabricant et premier exportateur français de porcelaine de table. Environ 10% des porcelaines vendues sous la marque Bernardaud sont fabriqués hors du Limousin (Malaisie, République Tchéque, Pakistan) et l'entreprise n'exclut pas d'implanter des usines à l'étranger.

L'entreprise mise depuis longtemps sur **l'export, qui représente 70% de ses ventes.** Pionnier aux Etats-Unis avec l'ouverture d'une boutique à New York dans les années 80, Bernardaud ouvre en 2003 un nouveau magasin à Chicago.

Bernardaud se diversifie pour maintenir l'emploi en France. Sa ligne de bijoux lancée il y a moins de 10 ans représente déjà plus de 5% de son chiffre d'affaires.

Guy Degrenne

8	Made in 230 emplois	Retrouvez cette entreprise sur la carte 30

1 siège, 1 centre logistique et 1 site de production de couverts et de couteaux à Vire (14), avec 230 salariés. 3 millions d'euros y ont été investis en 2010 et 2011 dans la modernisation de l'outil de production.

2 usines bien plus grosses en Hongrie (porcelaine) et en Thailande.

L'entreprise d'art de la table et d'articles culinaires fondée par Guy Degrenne en 1948 fabrique vaisselle et couverts en porcelaine et verres. Depuis 1987, après son rachat par la holding Table de France, elle a diversifié son offre et propose aussi désormais de la porcelaine et des instruments culinaires. Mais en 2003 et 2004, les plans de licenciement se multiplient dans les usines françaises du groupe comme dans celles de Hongrie et de Thaïlande. L'année 2005 marque l'ouverture d'un magasin « amiral » au Village Royal, carré d'or parisien des arts de la table. Depuis 2009, l'entreprise dispose de plus de 600 points de ventes en France. En 2010, Guy Degrenne fut la marque d'arts de la table choisie pour représenter l'art de vivre français à l'Exposition Universelle de Shanghaï.

Pillivuyt

9	Made in 220 emplois	Retrouvez cette entreprise sur la carte 31

1 siège et 1 site de production de 6 millions de pièces en porcelaine par an pour l'hôtellerie (majoritairement) et pour les particuliers **à Mehun-sur-Yèvre (18) avec 220 salariés.**

Pillivuyt est un fabricant berrichon d'articles de cuisine en porcelaine depuis 1818. Le groupe indépendant est détenu à 35% par des salariés, par deux clients distributeurs à l'étranger, par un capital risqueur et par un descendant de la famille Pillivuyt. Son chiffre d'affaires a stagné à 16 millions d'euros en 2011. Pillivuyt souffre moins des ventes (plutôt bien orientées dans le secteur de la vaisselle) que d'un manque de trésorerie causé par les difficultés de ses clients professionnels à honorer leurs dettes à échéance. L'entreprise est exposée à la conjoncture internationale. En effet, elle réalise à **l'export 54% de son chiffre d'affaires**. Touchée par la crise dès 2008, en raison de son exposition au marché américain et de dissensions entre actionnaires, Pillivuyt avait accumulé 6 millions d'euros de dettes. L'entreprise a été placée en redressement judiciaire par le tribunal de commerce de Bourges le 2 novembre 2011 en raison d'un passif de 3 millions d'euros. Plusieurs investisseurs ont alors manifesté de l'intérêt pour ce fleuron des arts de la table. Le plan de continuation des actionnaires du porcelainier Pillivuyt a été validé en avril 2012 par le tribunal de commerce de Bourges (18), qui a préféré la solution la moins coûteuse en emplois. Les actionnaires veulent réinvestir près de 2 millions d'euros, dont 900.000 euros dédiés à la rénovation de l'outil industriel. Cette société n'a jamais délocalisé sa production. Les nouveaux actionnaires espèrent renforcer la productivité et développer encore plus l'export.

Duralex

10

Made in 210 emplois

Retrouvez cette entreprise sur la carte 33

1 siège et 1 site de production de 45 tonnes de verres et de vaisselle par an à Chapelle-Saint-Mesmin (45) avec 210 salariés. Plus de 3 millions d'euros y ont été investis en 2011.

Duralex produit des verres (Gigogne, Picardie et autres Provence) et de la vaisselle (assiette, saladiers, ramequins). En 2009, Duralex réalisait 33 millions d'euros de chiffre d'affaires, 2,7 millions d'euros de résultat net et une croissance rapide, sur un marché pourtant déjà en recul. Après avoir dû fermer un site en 2008, Duralex a depuis investi dans une nouvelle ligne de production. Duralex a bien failli disparaître en 2005, lors du dépôt de bilan de l'entreprise et a dû fermer l'un de ses deux sites de production. Rachetée en 2008, la société rééquilibre son activité vers la France et revient dans les supermarchés et la restauration collective, deux créneaux qu'elle avait délaissés. De grande qualité, durablement solide et bon marché, les verres Duralex sont réputés dans le monde entier. L'objectif actuel de Duralex est de toucher une clientèle plus internationale et plus jeune.

La Rochère

11

Made in 190 emplois

Retrouvez cette entreprise sur la carte 37

1 site de production à Passavant La Rochère (70) avec 190 salariés. La plus ancienne verrerie de France est toujours en activité et produit des articles d'art de la table (verres, carafes, coupes) et de décoration (bougeoirs, vases, lampes en verre multicolore).

La verrerie a été reconnue « Entreprise du Patrimoine Vivant » et est ouverte au public pour des visites gratuites. 85.000 personnes ont été accueillies en 2009. L'usine La Rochère est le premier site touristique de Haute Saône et le 3ème de Franche Comté (après la Citadelle de Besançon, les Salines d'Arc et Senans). La Rochère fut fondée en 1475 par Simon de Thysac, gentilhomme verrier.

Raynaud & Ercuis - Haviland

12 | Made in 150 emplois | Retrouvez cette entreprise sur la carte 56

1 siège social à Paris (75).

1 site de production à Ercuis (60) avec 100 salariés.

1 site de production de porcelaine blanche à Saint-Brice-sur-Vienne (87).

1 site de décoration de porcelaine à Saint-Léonard-de-Noblat (87) avec 30 salariés.

Le groupe Ercuis, fabricant de porcelaine de Limoges (plats, couverts, bijoux et objets de déçoration) a repris en mai 2003 son concurrent porcelainier Haviland. La prestigieuse entreprise de porcelaine de Limoges et de verres en cristal Haviland, fondée en 1842, avait 12 millions d'euros de dette pour 112 millions de francs de chiffre d'affaires. Le tribunal de commerce de Limoges a placé en redressement judiciaire le porcelainier Haviland en 2004. Le groupe Ercuis associé au porcelainier Bernardaud reprend alors Haviland et conserve 29 des 47 salariés. Société emblématique de la porcelaine de Limoges, l'entreprise, fondée en 1842 par l'américain Théodore Haviland, réalisait 15,9 millions d'euros de chiffre d'affaires en 2003. Le groupe Ercuis contrôle déjà les porcelaines Raynaud et Jammet-Seignolles.

Doralaine

13 | Made in 55 emplois | Retrouvez cette entreprise sur la carte 71

1 site de production de 1 million d'articles en porcelaine par mois à Dorat (Haute-Vienne), avec 55 salariés. Largement automatisée, l'usine a été la première en France à s'équiper (en 1983) d'une presse pour pâte atomisée.

Aujourd'hui, elle en possède 7. L'usine est l'une des plus modernes d'Europe dans sa spécialité : la fabrication de pièces plates (soucoupes, assiettes et plats) en porcelaine blanche. L'entreprise, qui avait connu une première extension en 1989, délivre à tous ses nouveaux salariés une formation maison. Grâce à ces technologies, les assiettes sorties d'usine sont à un prix sensiblement équivalent à celui de leurs concurrentes asiatiques. C'est pourquoi **il n'est pas question d'envisager la délocalisation** des ateliers. Fondée en 1972 par 3 porcelainiers, Doralaine les fournit en porcelaine blanche (prête à peindre et à décorer) et réalise 40 millions d'euros de chiffre d'affaires.

Faïencerie HB Henriot

14

Made in 50 emplois

Retrouvez cette entreprise sur la carte 73

1 siège et 1 site de production à Quimper (29) avec 50 salariés. De la fabrication des différentes pièces à leur décoration, tout est réalisé à Quimper. L'entreprise est l'une des dernières références de céramique entièrement fabriquée en France. La faïencerie HB Henriot perpétue ainsi le savoir-faire breton en la matière : le fameux bol prénom à oreillettes, et ses décors typiquement bretons peints à la main.

Royal Limoges

15

Made in 50 emplois

Retrouvez cette entreprise sur la carte 74

1 site de production à Dorat (87) avec 50 salariés. Manufacture fondée en 1798, Royal Limoges est la plus ancienne fabrique de porcelaine de Limoges. Sa vaisselle en porcelaine est « garantie fabriquée et décorée » à Limoges. Ses décors sont imaginés par des cabinets de style ou par les décorateurs de ses propres clients et sont tous exclusifs. Ces clients professionnels sont l'hôtellerie (Crillon, George V, Ritz) et **l'entreprise exporte un tiers de sa production**. Placée en redressement judiciaire en février 2009, le porcelainier Royal Limoges a vu son plan de continuation accepté en avril 2009. L'entreprise poursuit son activité après avoir procédé à 15 licenciements, majoritairement en production, sur un effectif de 65 salariés. L'entreprise souffrait d'une importante baisse de ses commandes sur le marché américain.

Médard de Noblat

16 — Made in 50 emplois — Retrouvez cette entreprise sur la carte **79**

1 site de production à Sauviat-sur-Vige (87) avec 40 salariés.

1 musée-boutique à Boisseuil (87) avec 10 salariés. Il a nécessité un investissement de 1,8 million d'euros. Dans cet espace, à la fois culturel et commercial, sont exposées les plus belles pièces de la collection Médard, fabriquées du XIXème siècle à nos jours (assiettes conçues pour le Shah d'Iran ou le roi du Maroc, le Pape Jean XXIII, le Général de Gaulle ou l'hôtel Georges V à Paris).

Le groupe néerlandais Amefa, spécialisé dans les arts de la table, a racheté la manufacture de porcelaine de Limoges fondée en 1836.

Le groupe Amefa, qui compte sept filiales, emploie plus de 300 personnes en Europe et en Asie et distribue ses produits dans plus de 50 pays.

Artoria

17 — Made in 40 emplois — Retrouvez cette entreprise sur la carte **80**

1 siège et 1 site de production à Limoges (87) avec 40 salariés. Le fabricant de vaisselle et d'objets de décoration a confié à des designers français et étrangers le soin d'imaginer ses collections. L'entreprise a connu un redressement judiciaire en mai 2004.

Poterie Renault

18 — Made in 20 emplois — Retrouvez cette entreprise sur la carte **92**

1 site de production à Argent-sur-Sauldre (18) avec 20 salariés. La Manufacture de poterie culinaire (plats et moules à gâteaux) est établie près d'Orléans depuis 1847.

Geneviève Lethu

19

Made in 15 emplois

1 siège à Périgny (17), avec environ 50 salariés.

Désormais, la quasi-totalité de la coutellerie (fabriquée à Thiers), du linge de maison (dans les Vosges) et des moules à pâtisserie (dans le Sud) vient de France. L'entreprise se fournit pour le reste au Portugal et en Europe de l'Est.

La société, qui faisait fabriquer 40% de ses collections en Asie il y a cinq ans, a ramené cette part à 8%. **Désormais, le linge de table n'est plus fabriqué en Ide mais dans les Vosges. Aujourd'hui, environ 55% de ce qui est vendu par la marque ont fabriqués en France**. Le choix de la relocalisation en France de sa production est opéré depuis 2004. Le groupe qui réalise un chiffre d'affaires d'environ 35 millions d'euros en 2012 (contre 42 millions en 2008), dispose d'une **centaine de magasins en France** et d'une trentaine dans le reste du monde. Depuis 2008, Geneviève Lethu connaît une érosion de ses ventes en partie due à un recul de **l'export où il réalise 20% de son activité (Etats-Unis, Japon, Australie)**. Le made in France est capital à l'exportation. Aux Etats-Unis et en Australie, il existe une obligation d'indication de l'origine de la fabrication. Or les articles d'art de vivre à la française indiqués « made in China », ne se vendaient plus. Pour compenser des coûts de production 5 à 6 fois moins chers en Asie, Geneviève Lethu a dû réduire ses marges et augmenter ses volumes de ventes. L'étiquette Made in France fait désormais partie intégrante de la stratégie de la marque.

La Verrerie de Biot

20

Made in 13 emplois

1 site de production à Biot (06) avec 13 salariés. L'entreprise, fondée en 1956, labellisée « Entreprise du Patrimoine Vivant », produit des verres et des carafes. C'est le tourisme industriel qui a sauvé la magnifique manufacture d'art de la table. Plus de 75% du chiffre d'affaires se fait pendant les vacances scolaires estivales et de fin d'année. 70% des clients sont étrangers.

Elchinger - Couturier de la terre

21

Made in 12 emplois

1 site de production à Soufflenheim (67) avec 12 salariés. La production de l'entreprise familiale fondée en 1834 s'oriente vers les arts de la table haut de gamme et la décoration de la maison

Virebent

22

Made in 9 emplois

1 site de production à Puy-l'Evêque (46) avec 9 salariés. Fabricant de vaisselle et d'ustensiles en porcelaine depuis 1924, Virebent a doublé son chiffre d'affaires depuis 1999. La manufacture, qui compta jusqu'à 120 ouvriers, se diversifie (poignées de porte, plaques de propreté, bouchons de bouteille de bière et de limonade). En 1967, avec la généralisation du plastique, Virebent se lance dans les arts de la table et la décoration. Certains de leurs modèles font partie des collections permanentes du Musée des arts décoratifs de Paris. L'atelier est ouvert aux visites du public.

Il existe d'autres petits producteurs français de vaisselle made in emplois : la Faïencerie Bourg-Joly Malicorne, la Poterie de la vallée noire à Verneuil sur Igneraie (36), Jars Céramistes à Anneyron (26), ou encore Terre d'Hautaniboul dans le Tarn.

Couteaux

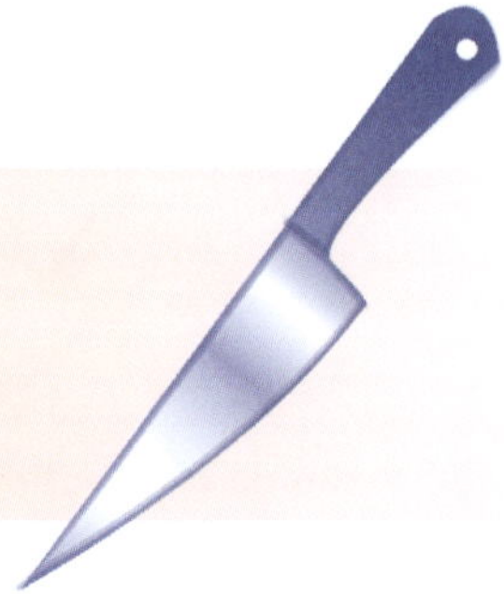

1. Opinel
2. La Forge Laguiole
3. Couzon

Laguiole, commune aveyronnaise de 1.200 habitants, est mondialement connue pour ses couteaux fermants à manche légèrement recourbé et siglé d'une abeille, dont elle héberge la fabrication depuis le XIXème siècle. **Mais la marque Laguiole et son logo de l'abeille n'ayant jamais été déposés à l'INPI (Institut national de la propriété industrielle), n'importe quel fabricant de couteaux dans le monde peut les apposer sur ses produits**. La présence de ces éléments sur l'emballage d'un couteau ne garantie en rien qu'il a été produit à proximité de Laguiole ou de Thiers. Cette marque est l'un des plus flagrants faux amis du « made in France ». La grande majorité des Laguiole vendus aujourd'hui en France viennent en effet de Chine, de Taiwan, du Pakistan, du Portugal ou d'Espagne. La proportion de Laguiole véritablement made in France n'excèderait pas 5% des ventes du couteau en France. Reprenant la forme, l'abeille et le nom, les « faux » Laguiole sont de qualité et de prix bien moindre.

Bataille juridique

En 1993, Gilbert Szajner, un petit malin du Val-de-Marne, dépose la marque Laguiole pour désigner non seulement des couteaux, mais aussi du textile, des briquets et autres barbecues. Contre redevance, il accorde depuis des licences à des entreprises françaises et étrangères qui peuvent ainsi commercialiser sous le nom Laguiole divers produits, d'importation essentiellement asiatique.

Depuis lors, la commune de Laguiole et Gilbert Szajner se livrent une bataille juridique surréaliste. En 1997, le TGI de Paris donne raison à la commune et condamne M. Szajner pour contrefaçon. Mais en 1999, la Cour d'Appel infirme cette décision, arguant que le couteau Laguiole étant aussi largement produit à Thiers, le terme Laguiole était devenu « générique » pour désigner un couteau de forme particulière. En février 2009, la commune de Laguiole crée un nouveau logo et le dépose à l'INPI. Gilbert Szajner bloque alors la procédure, sous prétexte qu'il est l'unique détenteur des droits. En mai 2010, la commune aveyronnaise saisit le TGI de Paris pour « parasitisme et pratiques commerciales trompeuses » et afin de retrouver l'usage de son nom et obtenir 5 millions d'euros en réparation du préjudice. Le maire de Laguiole a en outre déposé plainte auprès de la DGCCRF (Direction générale de la concurrence, de la consommation et de la répression des fraudes) au sujet des produits estampillés Laguiole mais importés de Taïwan ou de Chine et qui nuisent à l'image de la commune.

En résumé

Aujourd'hui, seul le label privé « Laguiole Origine Garantie » garantit que le produit est manufacturé près de Laguiole. Celui-ci appartient au groupe La Coutellerie de Laguiole Honoré Durand. Mais ce label exclut les fabricants de Thiers, qui ont pourtant participé à la notoriété du couteau Laguiole depuis ses origines et continuent à participer à son développement.

La lame d'un Laguiole artisanal doit porter le logo du fabricant. Pour vous garantir son origine, le mot « France » doit apparaître sur le talon de la lame. Une lame ne portant que l'inscription « Laguiole » laisse à penser qu'il s'agit d'un couteau d'importation.

La Fédération française de coutellerie a, par ailleurs, lancé le label « Esprit de Thiers » pour les articles fabriqués localement respectant leur charte de qualité.

Le saviez-vous ?

Le modèle le plus proche du couteau Laguiole actuel naît en 1829. Jusqu'en 1930, les forgerons de Laguiole connaissent leur période faste. Mais la demande commence à augmenter, et les artisans locaux, qui souhaitent conserver une fabrication artisanale et manuelle, ne suffisent plus à y répondre. La production se développe alors à Thiers (berceau de la coutellerie française employant encore aujourd'hui plus de 1.200 emplois dans le secteur) dont les entreprises sont mieux outillées. La production artisanale de Laguiole sera bien vite totalement supplantée par la production industrielle de Thiers, allant jusqu'à quasiment disparaître. Depuis les années 90-2000, la production de couteaux a repris à Laguiole. De nouveaux fabricants sont donc installés à Laguiole, et fabriquent des couteaux de grande qualité.

Les couteaux *Made in Emplois*

Opinel

1

Made in 90 emplois

Retrouvez cette entreprise sur la carte
93

1 siège social à Chambéry (73). L'entreprise y est installée depuis 1973 et est toujours dirigée par la famille Opinel.

1 site de production de toute la coutellerie (3,5 millions de couteaux par an) à Cognin (73).

Opinel emploie **90 salariés** et a réalisé 13 millions d'euros de chiffre d'affaires en 2011. En 2013, Opinel n'aura plus qu'un seul site de production, celui de Cognin rejoindra le siège social à Chambéry.

Avec son produit phare, l'Opinel numéro 8, l'entreprise réalise 30% de son chiffre d'affaires. Opinel **exporte 45% de sa production**.

En mars 2012, Opinel a lancé le numéro 8 Outdoor, son nouveau couteau résistant pour sportifs. 60.000 exemplaires ont été vendus en trois mois. La production a dû être relancée. Pour le manche et les parties plastifiées, Opinel s'est rapproché d'un prestataire français de la Plastics Vallée, autour d'Oyonnax (01). Un musée de l'Opinel existe à Saint-Jean-de-Maurienne (73), où l'on apprend que le fameux couteau de poche fut inventé en 1890 par Joseph Opinel, alors âgé de 18 ans, qui croyait tellement dans son projet qu'il dû désobéir à son père pour le fabriquer et le vendre. A ce jour, plus de 200 millions de lames ont été vendues à travers le monde. En revanche, à côté de ses 40 références de couteaux, Opinel a développé toute une gamme de services de table qui eux ne sont pas fabriqués en France.

La Forge de Laguiole

2

Made in 90 emplois

Retrouvez cette entreprise sur la carte 61

1 site de production de couteaux à Laguiole (12), avec 90 salariés. La manufacture Forge de Laguiole voit le jour en 1987, suite au projet de passionnés souhaitant relancer la production de Laguiole sur le plateau de l'Aubrac. **Tout est fabriqué en France : le couteau bien sûr mais aussi le sac plastique et la boîte.** L'entreprise a connu une forte croissance. Le design de cette manufacture est confié à Philippe Starck. Leur couteau est exposé au MOMA (Musée d'Art Moderne de New-York) dans la collection permanente Design.

Couzon

3

Made in 75 emplois

Retrouvez cette entreprise sur la carte 63

2 sites de la production de petites séries, de logistique, de design et de marketing à Thiers et Courpière (63) avec 75 salariés. L'entreprise Couzon, grand nom de la coutellerie française fondée en 1947 conçoit et produit des articles ménagers en inox. En 1996, Couzon comptait plus de 700 employés et vendait partout dans le monde. En 2003 la société délocalisait sa production en Asie et fermait le site de Chabreloc. En 2005 l'entreprise déposait le bilan avant d'être rachetée par le groupe néerlandais Amefa, numéro 2 des couverts de table en Europe (50 millions d'euros de chiffre d'affaires) Ce rachat a permis d'étendre le potentiel commercial de la marque et de maintenir en poste 75 des 231 salariés. Seule la production des petites séries a été conservée en France. L'arrêt de la production à Thiers a pénalisé un peu plus le marché de la sous-traitance locale.

TB Groupe - Evercut

4

Made in
50
emplois

Retrouvez cette entreprise sur la carte
76

2 sites de production de 150.000 couteaux et ustensiles de cuisine par jour à Celles-sur-Durolle (63) avec 50 salariés. 70% de la production de la PME (tous ses couteaux de cuisine) y sont réalisés. Les 30% restants sont constitués des couverts et ustensiles qui sont fabriqués en Asie.

La société TB (Tarrerias-Bonjean) est le leader français de la coutellerie avec 20 millions d'euros de chiffre d'affaires en 2010. Elle fabrique aussi des couverts et des casseroles. La société intègre toute la production (de la conception à la finalisation). Ses couteaux sont destinés à la grande distribution comme aux magasins spécialisés ainsi **qu'à l'export**. La société investit 5% de son chiffre d'affaires dans la R&D. 5 années de recherche et 2 brevets ont été nécessaires à la conception du couteau Evercut, tout simplement qualifié de « meilleur lame du monde ». Vendu 150 euros, le couteau Evercut est garanti à vie.

Laguiole-en-Aubrac

5

Made in
35
emplois

Retrouvez cette entreprise sur la carte
94

1 siège commercial et 1 site de production de 5.000 couteaux par mois à Montézic (12) avec 35 salariés. L'entreprise réalise un chiffre d'affaires de 2,5 millions d'euros, dont **70% à l'export**. La moitié part pour l'Europe, l'autre pour les Etats-Unis et le Japon. Les couteaux Laguiole-en-Aubrac sont vendus entre 100 et 1.000 euros.

Arbalète Genès David

6

Made in 30 emplois

Retrouvez cette entreprise sur la carte 95

1 site de production à Saint-Remy-sur-Durolle (63), avec 30 salariés. Arbalète est le leader français du laguiole artisanal fait main. Ses couteaux sont produits dans la région de Thiers, et l'entreprise en garantit une origine 100% française.

Geneviève Lethu

7

Made in 15 emplois

1 siège à Périgny (17), avec environ 50 salariés. Désormais, la quasi-totalité de la coutellerie (fabriquée à Thiers), du linge de maison (dans les Vosges) et des moules à pâtisserie (dans le Sud) est fabriquée en France. L'entreprise se fournit pour le reste au Portugal et en Europe de l'Est.

La société, qui faisait fabriquer 40% de ses collections en Asie il y a cinq ans, a ramené cette part à 8%. Le choix de cette relocalisation de sa production est opéré depuis 2004. Le groupe qui réalise un chiffre d'affaires d'environ 35 millions d'euros en 2012 (contre 42 millions en 2008), dispose d'une **centaine de magasins en France** et d'une trentaine dans le reste du monde. Depuis 2008, Geneviève Lethu connaît une érosion de ses ventes en partie due à un recul de **l'export où il réalise 20% de son activité (Etats-Unis, Japon, Australie)**. Le made in France est capital à l'exportation. Aux Etats-Unis et en Australie, il existe une obligation d'indication de l'origine de la fabrication. Or les articles d'art de vivre à la française indiqués « made in China », ne se vendaient plus. Pour compenser des coûts de production 5 à 6 fois moins chers en Asie, Geneviève Lethu a dû réduire ses marges et augmenter ses volumes de ventes. L'étiquette Made in France fait désormais partie intégrante de la stratégie de la marque.

Fontenille Pataud - Gilles

1 atelier de production à Thiers (63). Coutellerie de poche haut de gamme dont un Laguiole. En 1997 elle crée et dépose la marque Gilles. Elle est labellisée « Entreprise du patrimoine vivant ». L'entreprise **exporte 50% de sa production** vers l'Union Européenne, la Suisse et les Etats-Unis.

Ceccaldi

1 atelier de production à Porticcio (20) en Corse. L'artisan coutelier d'art fabrique des couteaux en famille depuis 1978. Il dispose de 4 boutiques en Corse : à Corte, à Bonifacio, à Sartène et à Porticcio, principale boutique-atelier de l'entreprise. Ceccaldi dispose aussi d'une boutique dans le 6e arrondissement de Paris, où les modèles sont faits main.

Coutellerie Nontronnaise

1 atelier de production à Nontron (24). L'entreprise fabrique couteaux et articles de table depuis 1653. Chaque couteau est monté par une seule personne. Ces couteaux sont commercialisés sous les marques Olivier Gagnière, Eric Raffy, Stefania Di Petrillo, Catherine et Bruno Lefebvre, Christian Ghio. L'atelier labellisé « Entreprise du patrimoine vivant » est ouvert au public.

Laguiole Actiforge

1 atelier de fabrication des couteaux à Thiers (63). Fabricant familial de tire-bouchons, couteaux et couverts. L'assemblage et la finition sont réalisés à la main. Tous les couteaux vendus par Actiforge sont élaborés à partir de pièces fabriquées à Thiers.

Parmi les autres petits fabricants français de couteaux made in emplois, on peut aussi citer : Layole, Rousselon Sabatier, Forge de Laguiole, K Sabatier, Laforet, Alain Lonak, Aunain, Claude Dozorme, L'Auvernhat Les couteliers basques, Le périgord, Bastide ou encore Chazeau Honoré.

Linge de table

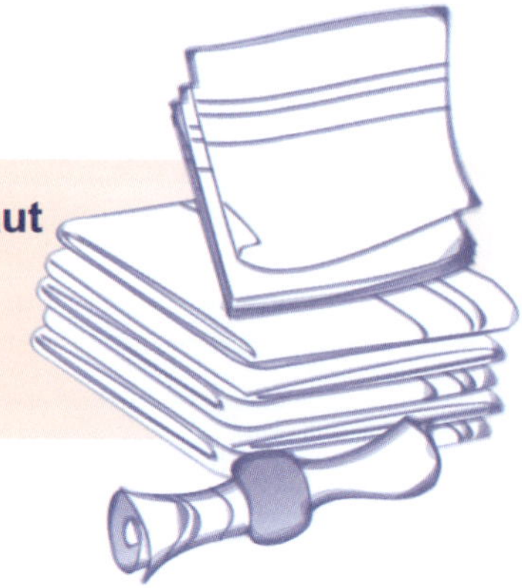

1. Tissage Gérardmer Garnier Thiébaut
2. Alexandre Turpault - Coucke
3. Nap

Seuls quelques fabricants de linge de maison ont maintenu une activité industrielle en France, privilégiant généralement une production haut de gamme.

Pour le linge de maison aussi, l'industrie textile française est dans son ensemble victime de la préférence des consommateurs pour des produits bon marché importés.

Les linges de table *Made in Emplois*

Tissage Gérardmer Garnier Thiébaut

1 — Made in 190 emplois — Retrouvez cette entreprise sur la carte 96

1 siège à Gérardmer (88).

1 site de production de linge de maison à Grange-sur-Vologne (88).

1 site de production de linge de maison à Boulogne-Billancourt (92).

L'entreprise emploie 190 salariés en France. Depuis 1839, l'entreprise Garnier Thiebaut fabrique son linge de maison **entièrement en France** (nappes, sets de tables, serviettes, torchons, tabliers, linge de lit). Leur linge est autant destiné aux particuliers qu'aux professionnels de l'hôtellerie. L'entreprise maitrise toutes les étapes de production et est labélisée « Entreprise du Patrimoine Vivant » ainsi que «Vosges, terre textile». Elle réalise **à l'export 40%** de ses 30 millions d'euros de chiffre d'affaires. L'entreprise est même leader en Allemagne. Elle dispose de 9 boutiques en France. L'entreprise compte parmi ses clients la Présidence de la République, Matignon, Le Royal Monceau à Paris, le Four Seasons de Beverly Hills ou bien encore le Ritz Carlton de New York.

Alexandre Turpault - Coucke

2

Made in
190
emplois

Retrouvez cette entreprise sur la carte
97

1 site de production à Nieppe (59).

1 site à Paris (75).

Le groupe **emploie 190 salariés** en France et distribue ses produits en France et **à l'export vers plus de 40 pays**. Le groupe fabrique du linge de maison vendu sous différentes marques : Alexandre Turpault (linge de lit, de bain et de table), Coucke (linge d'office), Elvé et Essix (linge de lit et de bain). Vanderschooten fabrique également sous licences Catimini, Designers Guild, Manuel Canovas, Souleiado et Zofia Rostad.

Nap

3

Made in
150
emplois

Retrouvez cette entreprise sur la carte
98

1 site de production de serviettes de tables à Tuffé (72).

1 site à Domazan (30).

L'entreprise CGMP, née en 1954, est leader des arts de la table éphémères et a obtenu le label « Origine France Garantie » pour ses serviettes ouatées. L'entreprise, qui réalise 33 millions d'euros de chiffre d'affaires et **emploie 150 salariés,** a investi 11 millions d'euros ces 5 dernières années. Les émissions de CO^2 de l'usine ont été divisées par deux de 2005 à 2009.

Charvet Editions

4

Made in
70
emplois

Retrouvez cette entreprise sur la carte
66

1 site de production de linge de maison à Armentières (59) avec 70 salariés. L'entreprise est implantée à Armentières depuis plus d'un siècle. La ville, connue depuis le moyen-âge comme la «cité de la toile», produisait les plus belles toiles de draps en fil de coton et de lin. Charvet a choisi de travailler le lin en raison des qualités écologique, recyclable et biodégradable, cultivée en France et en Europe de cette matière. L'entreprise dispose de sa propre équipe de création.

Artiga

5	Made in 35 emplois	Retrouvez cette entreprise sur la carte 99

1 site de production de linge de maison à Magescq (40).

1 site de production de linge de maison Oloron-Sainte-Marie (64).

Artiga emploie 35 salariés en France. Créateur et tisseur de linge basque, Artiga propose des collections de linge de maison, linge de table et accessoires de décoration. Les célèbres rayures des toiles basques sont déclinées en de nombreuses couleurs. Artiga a obtenu en 2012 le label « Origine France Garantie » pour ses articles de bagagerie.

Geneviève Lethu

6	Made in 15 emplois

1 siège à Périgny (17), avec environ 50 salariés. La société faisait fabriquer 40% de ses collections en Asie il y a cinq ans, a ramené cette part à moins de 10%. **Désormais, le linge de table est fabriqué dans les Vosges, et non plus en Inde comme auparavant. Aujourd'hui, environ 55% de ce qui est vendu par la marque est fabriqué en France**. Le choix de la relocalisation de sa production est opéré depuis 2004. Le groupe qui réalise un chiffre d'affaires d'environ 35 millions d'euros en 2012 (contre 42 millions en 2008), dispose d'une **centaine de magasins en France** et d'une trentaine dans le reste du monde. Depuis 2008, Geneviève Lethu connaît une érosion de ses ventes en partie due à un recul de **l'export où il réalise 20% de son activité (Etats-Unis, Japon, Australie)**. Le made in France est capital à l'exportation. Aux Etats-Unis et en Australie, il existe une obligation d'indication de l'origine de la fabrication. Or les articles d'art de vivre à la française indiqués « made in China », ne se vendaient plus. Pour compenser des coûts de production 5 à 6 fois moins chers en Asie, Geneviève Lethu a dû réduire ses marges et augmenter ses volumes de ventes. L'étiquette Made in France fait désormais partie intégrante de la stratégie de la marque.

Gagnant

7

Made in 15 emplois

1 site de production de linge de table à La-Salle-et-Chapelle-Aubry (49) avec 15 salariés. Dernière entreprise textile du choletais, les Etablissements Gagnant tissent, confectionnent et distribuent du linge de table de qualité à des prix abordables (torchons, sets de table, tabliers).

Tissages Cathares

1 site de production de linge de table à Montségur (09). Fabricant de linge de table (nappes anti-taches, sets, serviettes, torchons, tabliers, gants ainsi que des sacs à pain et des corbeilles à fruits). Le cuir vient de Mazamet.

Quel bio t'a piqué

1 atelier de fabrication en Ile-de-France. Le linge de table bio et francilien de la marque née en 2008 sont tous confectionnés dans un atelier d'insertion professionnelle d'Ile-de-France, à partir de **coton bio certifié Eco-cert,** cultivé en Inde, filé en Allemagne **et tissé en France.** Les tabliers, serviettes, sets de table et nappes « Quel bio t'a piqué » sont simples et colorés.

Sac à sac

1 atelier de fabrication en Ile-de-France. L'entreprise fabrique en région parisienne toute une gamme de sacs pour la maison (sacs à pain, sacs à pomme de terre...). En 1994, Evelyne Berthelin crée le « sac à sac » pour stocker les sacs en plastique. L'idée de réutiliser et non plus de jeter.

Parmi les autres fabricants français de linge de table et de maison made in emplois, on peut citer aussi, Blanc des Vosges, Le Jacquard français, Calitex, Couleur Chanvre, Fra-Joséphine, Amarelle, Décorégions, D. Porthault, Arianedeco, Beauvillé, Tendre câlin, Tissage Moutet, Nydel, Olivier Desforges, Bochard, Marquise de Laborde, Noël, Pierre Frey, ou encore Tradilinge.

Electroménager

Bonne nouvelle : une large partie des produits électroménagers que vous utilisez tous les jours sont encore fabriqués en France !

Seuls quelques produits paraissent avoir totalement déserté le pays (les réfrigérateurs et les lave-linge à hublot notamment). Mais il existe toujours de l'électroménager fièrement fabriqué ici, faisant vivre des centaines de familles de plusieurs régions.

Certains produits sont indispensables, beaucoup sont des produits de confort. En vous équipant en électroménager vous libérez d'abord votre foyer de taches ingrates et chronophages, mais au moment de l'achat, n'hésitez pas à avoir aussi une pensée pour ces pères et mères dont l'avenir professionnel dépend de votre choix de produit.

Même en période de crise, les consommateurs continuent d'acheter des machines à laver et des réfrigérateurs qui sont des produits essentiels, utilisés quotidiennement. En revanche l'achat des sèche-linge ou lave-vaisselle semble lui plus facile de différer.

Aujourd'hui, chaque foyer français possède en moyenne 12 appareils de petit électroménager, pour un total de 308 millions d'appareils en fonctionnement dans l'Hexagone. Le poids économique du libre choix des consommateurs est donc loin d'être négligeable.

En lisant ce qui va suivre vous allez désormais savoir comment nous équiper tous contre le chômage. A vous désormais de décider si participer à la lutte contre le chômage est pour vous indispensable ou juste un confort.

Les données essentielles du secteur électroménager

Le marché de l'équipement électroménager de la maison (produits blancs et bruns)* est un marché extrêmement concurrentiel. Les fabricants doivent faire face à un marché en déflation constante qui rogne chaque année leurs marges. Le marché français de l'équipement de la maison est resté stable en valeur à 20 milliards d'euros depuis 1995 alors que les volumes vendus y ont été multipliés par 7. Cette baisse des prix au bénéfice des consommateurs s'explique par l'évolution rapide de la technologie et par une forte concurrence internationale.

En 2005, les grille-pain et les bouilloires électriques premier prix étaient à 19,90 euros. Du jour au lendemain, le marché français a vu arriver, principalement de Chine, des produits à 4,90 euros. Un phénomène brutal qui a poussé la quasi-totalité des fabricants d'électroménager à délocaliser toute leur production en Asie du Sud-Est. Dans le petit électroménager, le surcoût de revient entre une production française et une production chinoise excède 20%, même si cet écart a tendance à se réduire.

Les acteurs majeurs du secteur sont américains (Whirlpool), européens (Electrolux, FagorBrandt, Bosch-Siemens, Indesit, Teka), turcs (Beko) coréens (LG, Samsung, Daewoo) ou chinois (Haier). Whirlpool (entreprise américaine possédant aussi la marque Laden) est leader en France depuis 1998, en croissance annuel de 2 à 3% jusqu'en 2008. Son chiffre d'affaires 2010 était de 457 millions d'euros et reste stable alors que le marché est en baisse.

Le marché européen de l'électroménager est très fragmenté en raison de spécificités d'usage électroménager propres à chaque pays. Pour diverses raisons historiques et culturelles, les espagnols préfèrent par exemple les réfrigérateurs tout en hauteur quant les français préfèrent des machines à laver étroites.

En 2009 et 2010, le marché français de l'électroménager était en baisse principalement en raison de la décision des ménages de reporter le remplacement de certains de leurs appareils. 13,4 millions d'appareils de gros électroménager ont été vendus en 2009 (- 2,2% par rapport à 2008).

Le marché du petit-électroménager est en revanche bien plus dynamique, en croissance en France de 5% par an en moyenne depuis 2004, pour un poids total de 1,3 milliard d'euros en 2009. En 2010, le marché a progressé de près de 7% en valeur, et encore de 3% en 2011. Il s'est ainsi vendu plus de 40 millions d'appareils de petit électroménager en 2011. Des PME françaises de petit électroménager y rencontrent un certain succès malgré des chiffres d'affaires dépassant rarement les 50 millions d'euros.

Lexique

Le blanc : Produit électroménager destiné en priorité à la cuisine ou à la salle de bains (table de cuisson, four, réfrigérateur, lave-linge, lave-vaisselle…). « Blanc » non parce que ces produits s'accordent parfaitement à une robe de mariée… Non « blanc » tout simplement parce que l'habillage de ces produits utilise traditionnellement cette couleur. Voilà. Le même terme est utilisé pour désigner le linge de maison.

Le brun : Produit électroménager de loisir (téléviseur, magnétoscope, hi-fi, radio...). « Brun » tout simplement parce que leur habillage fut en bois. Désormais le noir domine.

Où sont-ils fabriqués en France ?

Les familles qui vivent et dépendent
de votre consommation d'électroménager habitent ici et là :

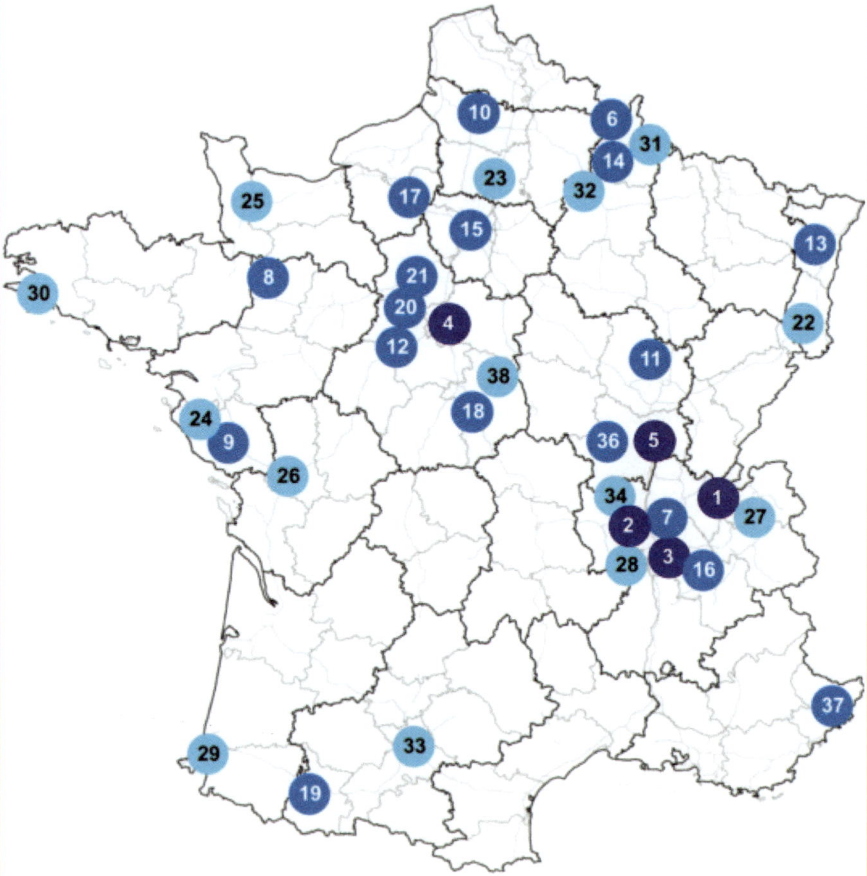

Site de plus de 500 salariés.

Site de 100 à 500 salariés.

Site de moins de 100 salariés.

Les numéros renvoient aux différentes entreprises citées dans les classements des produits électroménagers qui suivent.

Les Classements

Fers à repasser

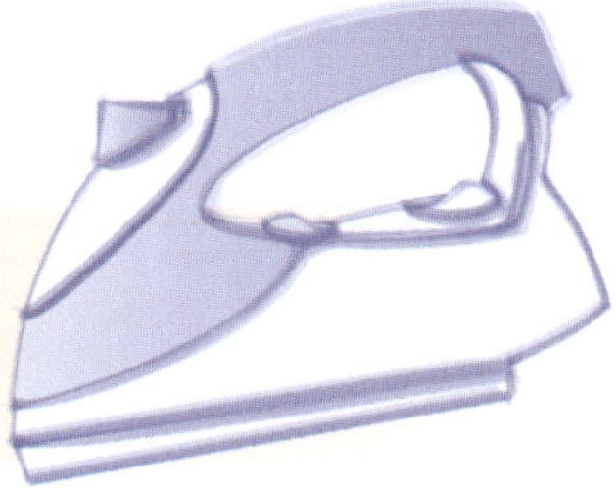

1 Calor, Moulinex, Rowenta, Seb

2 Domena - Astoria

Près de 90% des foyers français sont équipés d'un fer à repasser : 60% des foyers possèdent un fer à repasser classique (soit 17 millions d'appareils) et 30% une centrale vapeur (soit 8 millions d'appareils). 1,3 million de centrales vapeurs et 1,9 million de fers à repasser ont été vendus en France en 2011. La part des centrales vapeurs ne cesse d'augmenter depuis 2004.

En 2011 plus de 3 millions d'appareils ont été vendus. Le marché est en croissance de 2.6% en volume mais stable en valeur. Ces produits génèrent un chiffre d'affaires total de 240 millions d'euros. Pensez donc au pouvoir d'emploi que représenterait une réorientation de votre pouvoir d'achat ne serait-ce que de 10 ou 20% des ventes vers des produits *made in emplois*... Et bien ça ne dépend que de vous !

Le saviez-vous ?

Le fer à repasser est même un objet de collection pour certains. Les collectionneurs de fers à repasser et d'objets en rapport avec le repassage sont appelés « pressophiles » ou « sidérophiles ».

En France, il existerait même un musée du lavage et du repassage, à Verneuil-en-Bourbonnais, dans l'Allier et un autre consacré aux fers à repasser à Longwy en Meurthe-et-Moselle, où s'exposent plus de 3000 appareils. Les premières casseroles en métal remplies de charbon de bois auraient ainsi été utilisées pour lisser les tissus en Chine un siècle avant Jésus Christ.

Les fers à repasser *Made in Emplois*

Calor - Moulinex - Rowenta

1

Made in **1 100** emplois

Empreinte Emplois en France **0,7** pour 10.000 produits vendus en France

2 **1 siège à Ecully (69) avec 900 salariés.**

3 **1 site de production de 7 millions de fers produits par an** (5 millions de fers à repasser et 2 millions de générateurs de vapeur 2001) **à Pont-Evèque**

(38) avec 720 salariés. L'usine qui est une référence mondiale de la production d'équipement d'entretien du linge, génère un chiffre d'affaires de 270 millions d'euros par an et exporte 75% de sa production.

16 **1 site de production de pièces plastiques pour appareils électroménager à Saint-Jean de Bournay (38) avec 220 salariés.**

25 **1 site de production de cartes électroniques pour produits électroménagers à Saint-Lô (50) avec 90 salariés.**

Calor a conforté en 2011, sa place de leader dans les fers à repasser en France, avec 49% de part de marché.

Avec SEB, le made in France possède un leader mondial dans les produits de grande consommation. Le groupe emploie plus de 18.000 personnes dans le monde dont près de 6.300 en France. Le groupe Rhône-alpin fabrique entre autres les fers à repasser et centrales vapeur Calor, Moulinex, Rowenta qui représentent ensemble (avec une cinquantaine de références) 2/3 des parts du marché français. Certes la qualité, l'innovation et l'emploi local ont un coup : le générateur de vapeur Calor est vendu entre 120 et 200 euros, contre 40 euros pour un simple fer. Mais preuve du succès de cette stratégie, les ventes de ces super machines à repasser fabriquées dans l'Isère augmentent de 10 à 15% par an. SEB semble avoir enclenché le cercle vertueux : l'innovation incite les consommateurs à mettre le prix pour le confort et la durabilité, ce qui participe au maintien des 6.000 emplois du groupe SEB dans l'Hexagone. SEB e externalisé une part de sa logistique chez FM Logistic à Orléans. E n 2012, SEB a vu ses ventes globales augmenter de 2,4%, à 4,06 milliards d'euros. Les ventes de SEB ont reculé en France de 2,4% mais ont fortement progressé en Amérique et en Asie. Le marché français ne représente plus que 17% du chiffre d'affaires du groupe.

Domena - Astoria

2

Made in 100 emplois

Empreinte Emplois en France
2,7
pour 10.000 produits vendus en France

22 **1 siège et 1 site de production de 1.500 fers à repasser par jour à Altkirch (68) avec 100 salariés**. L'usine CSI d'Altkrich a arrêté de fabriquer les fers à repasser Singer.

La première centrale vapeur commercialisée par Domena, le modèle FG 2000, a été vendu à plus de 100 000 exemplaires.

Fondée en 1990, l'entreprise Domena réussit à produire encore en France, en délocalisant une part de sa production de fers à repasser et de continuer à exister face à la forte concurrence des grands groupes internationaux de l'électroménager. Ce paradoxe apparent est souvent le secret du maintien d'un emploi qualifié dans l'Hexagone. CSI est une entreprise française qui possède les marques Domena, Astoria, Siméo, Trëma, Riviera&Bar mais ne fabrique en Alsace que les centrales vapeurs et de fers à repasser haut de gamme des deux premières marques (Domena et Astoria). La qualité de la fabrication alsacienne leur permet de proposer une **garantie de dix ans** contre l'entartrage. L'entreprise alsacienne est malheureusement dans une situation critique depuis 2009. L'entreprise a connu un redressement judiciaire en 2009-2010. 53 salariés ont été licenciés à l'occasion d'un plan social. L'entreprise a connu 18 mois de redressement judiciaire en 2010-2011. La crise était à l'origine de ses difficultés. Elle a entraîné l'effondrement de ses marchés clés britannique et japonais, faisant reculer de 25% son chiffre d'affaires. Depuis sa réduction de personnel, le chiffre d'affaires annuel s'est stabilisé au niveau d'avant dépôt de bilan. L'entreprise est redevenue bénéficiaire, avec un résultat qui s'améliore régulièrement.

Les fers à repasser *concurrents et importés*

Les fers à repasser concurrents importés s'appellent Philips, Bosch, Severin, Proline ou Selectine.

- **Philips**

Si les fers à repasser Philips captent plus de 20% des parts de marché en France, aucun acheteur français n'est employé à les produire. **Les 3.800 salariés du siège de Suresnes et des 12 sites français de Philips travaillent principalement dans la production de luminaire.** Grâce à son modèle sans réglage, baptisé PerfectCare, lancé en septembre 2011, Philips a fait grimper sa part de marché sur le segment haut de gamme des générateurs de 5% à 30%.

- **Hoover - Candy**

La gamme « Iron Speed » a été entièrement **conçue en Italie** dans le centre de R&D du groupe à Brugherio, entre Monza et Milan. **La fabrication est réalisée en Chine** par un partenaire. Le modèle IronSpeed, a vu ses ventes augmenter de 40% en 2011.

- **Singer - Siméo - Trëma - Riviera&Bar**

Les produits des autres marques du groupe CSI/Electroprem (Siméo, Trëma, Riviera&Bar) sont fabriqués hors de France.

Lave-linge

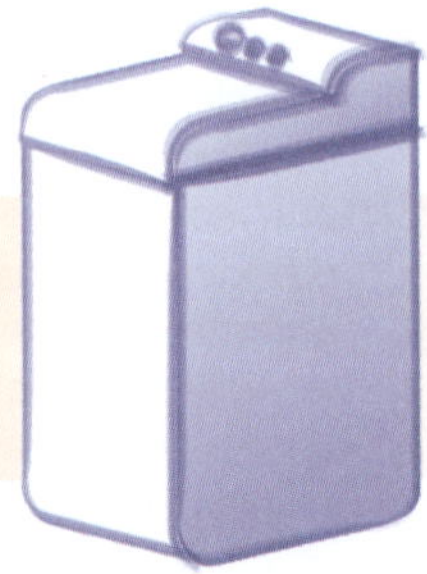

1 Electrolux - AEG - ArthurMartin - Faure

2 Thomson - Vedette - Sauter - Fagor De Dietrich

Chaque jour en France, près de 20 millions de lessives sont lancées. En 2009, plus de 95% des foyers français étaient équipés en lave-linge.

Mais les consommateurs ont porté, ces dernières années, leur choix sur des produits plus vertueux en matière de rapport qualité/prix que d'emplois en France. Longtemps, les consommateurs français ont préféré les lave-linge étroits à chargement par le haut. Une invention française, fabriquée par millions chaque année, mais qui n'arriva pas à convaincre nos voisins, préférant les modèles à hublot. Elle est aujourd'hui aussi délaissée par les Français, attirés par les prix mais aussi la qualité des lave-linge à hublot importés.

En 2011 et 2012, les fermetures de deux des trois derniers sites français de fabrication de lave-linge ont été annoncées coup sur coup.

Le saviez-vous ?

Les machines qui s'ouvrent par le dessus sont une spécificité française. Ils sont toujours les plus utilisés en France (53,2% en 2009). Il s'agit d'un premier bon indice d'une fabrication française. Les lave-linges à ouverture frontale, qui représentent 35,8% des ventes en France en 2009, sont tous fabriqués hors de nos frontières.

Les lave-linge *Made in Emplois*

Electrolux - Faure - AEG - ArthurMartin

1 | Made in 500 emplois | Retrouvez cette entreprise sur la carte 23 6

1 siège à Senlis (60) avec 100 salariés.

1 bureau d'étude et 1 site de production de 390.000 lave-linge à chargement par le dessus à Revin (08) avec 470 salariés. Fin octobre 2012, la direction a annoncé vouloir céder ou fermer l'usine d'ici deux ans. Les ventes du groupe chutent en effet en Europe. Le bénéfice net du groupe ne progressant au 3ème trimestre 2012 (+19% à 115 millions d'euros) qu'en raison des bons résultats dans les pays émergents. De 800 000 unités produites en 2008, la production était passée à 390.000 en 2011. Le site avait déjà supprimé mi-2009 11 des 28 postes du bureau d'étude du site. Un plan de départs de 71 personnes avait déjà été lancé en 2010. La probabilité de voir leur fabrication partir en Pologne était de plus en plus forte.

Après six mois de délocalisation dans la ville polonaise d'Olawa, le lave-linge Faure d'entrée de gamme « Top » (à chargement par le dessus) avait pourtant fait son retour sur le site ardennais, qui produit également des machines sous les marques Electrolux (cœur de gamme) et AEG (premium).

1 site de production de lave-linge et sèche-linge professionnels (Laundry Systems) à Rosières-près-Troyes (10).

Brandt - Thomson - Vedette - Sauter Fagor - De Dietrich

2

Made in 450 emplois

Retrouvez cette entreprise sur la carte 7 9

1 siège à Rueil-Malmaison (92).

1 site STIL de production de 175.000 lave-linge à Lyon (69007) avec 440 salariés. Le groupe Fagor a annoncé en avril 2011 la fermeture du site de production de Lyon, qui fabrique des lave-linge. En 2009, le site comptait encore 690 salariés. Un marché du lave-linge en déclin, associé à des marges de plus en plus étroites, aurait précipité sa fin. Fagor-Brandt reste actionnaire à 10% de la nouvelle entité et a financé 9 millions d'euros de formation pour permettre aux salariés de l'usine d'acquérir les nouvelles compétences requises. Jusqu'en 2015, le site vendu par Fagor-Brandt va progressivement se reconvertir à la fabrication d'un petit véhicule utilitaire électrique, le Citélec et de systèmes de filtration. Ces deux nouvelles activités occupent d'ores et déjà 70 salariés du site.

1 bureau d'étude et 1 site de production de 42 000 lave-linge, 150.000 sèche-linge et lave-vaisselle à La Roche-sur-Yon (85) avec 370 salariés. Une ligne de production de lave-vaisselle y a été arrêtée en 2011 au profit des usines espagnoles en sous-capacités.

La production de sèche-linge a l'inconvénient d'être saisonnière et plus sujette au pouvoir d'achat. L'usine de La Roche-sur-Yon dispose aussi d'une importante activité de production de pièces (cuves, châssis, montant, panneaux).

1 plate-forme logistique à Meung-sur-loire (45).

1 plate-forme logistique à St-Quentin-Fallavier (38).

Tout cela ne concerne que les lave-linge à chargement par le dessus (usage très français). Les lave-linge à chargement frontal ne sont pas fabriqués en France. Le groupe Fagor-Brandt fabrique à Wroclaw, en Pologne ces lave-linge. 80% sont importés en France.

Bien que passé sous le pavillon espagnol de Fagor, Brandt a toujours une forte identité française, notamment pour ce qui est des sites de production, même si l'emploi y recule. En 2003, Brandt comptait plus de 4.000 salariés. Il en compte aujourd'hui moins de 2.500. Mais Brandt ne cesse d'enregistrer des pertes de plusieurs millions d'euros depuis plusieurs années. Son chiffre d'affaires chute, tombant de 845 millions d'euros en 2008 à 775 millions en 2010. De son côté la maison Fagor, cinquième groupe européen d'électroménager subit le décrochage du marché espagnol de l'électroménager qui a plongé de plus de 45% depuis la crise de 2008. Le groupe a gelé tous ses investissements et retardé le lancement de nouveaux appareils innovants, qui auraient pu redresser les ventes. Le groupe Fagor a cependant réduit ses pertes nettes en 2010, à 9,8 millions d'euros (contre 19,9 millions d'euros en 2009), pour un chiffre d'affaires de 1,4 milliard d'euros.

Les lave-linge *concurrents et importés*

● **Siemens - Bosch**
Brandt a fabriqué les lave-linge à chargement par le dessus de Siemens et Bosch, dans son usine lyonnaise avant de délocaliser cette production **en Pologne**. La production de lave-linge frontaux se répartie entre les sites de **Cartuaj (Espagne), Lodz (Pologne) et Wuxi (Chine).**

● **Whirlpool - Laden - Bauknecht**
La production de lave-linge a quitté Amiens pour Poprad **en Slovaquie** en 2002.

● **Scholtès - Indesit - Ariston**
Bien que revendiquant son héritage tricolore, Morleni ne produit plus rien en France. Le dernier site a été fermé en 2006 et transféré **en Pologne**. Morleni est une entreprise italienne qui possède les marques Indesit, Scholtes. L'empire familial s'est engagé dans une sévère restructuration de ses activités, avec fermetures d'usines et de sa plate-forme logistique en Lorraine.

● **LG**
Créée en 1991, la filiale française LG Electronics France emploie 250 personnes. La marque, lancée officiellement en 2005, est présente sur les marchés français des téléphones mobiles, de l'image et du son (téléviseurs, lecteurs, chaînes hi-fi), du matériel informatique (moniteurs, graveurs), de

l'électroménager (lave-linge, réfrigérateurs, micro-ondes, aspirateurs) et de la climatisation. LG était le cinquième fabricant mondial d'électroménager en 2003. Il est désormais le troisième. Depuis 2009, LG est le premier fabricant français dans le lavage (lave-linge, lave-vaisselle), le deuxième dans les réfrigérateurs.

- **Candy - Hoover - Rosières**

Les machines à laver « top » de Candy pour l'Europe sont actuellement fabriquées à Bergara, **en Espagne** (Pays Basque). Le groupe possède aussi une usine en Russie et en Turquie.

- **Daewoo**

Après avoir reçu de nombreuses aides de l'Etat français interventionniste depuis 1986 (46 millions d'euros), l'entreprise quitte la Lorraine en licenciant tout son personnel. En 1998, le groupe Daewoo décide d'un vaste plan de restructuration devant conduire à la fermeture de 32 de ses 47 usines dans le monde. Au fil d'une succession de plans sociaux, **les 3 usines lorraines, employant 1.200 salariés, en font partie : les usines de Villers-la-Montagne, de Fameck et de Mont-Saint-Martin ont été fermées.**

- **Miele**

L'entreprise de Gutersloh emploie 17.000 personnes dans le monde. 90% de leur production est réalisée **en Allemagne**, alors que la plupart des grands concurrents ont délocalisé leur production dans les pays émergents.

- **Beko - Grundig**

Présente en France depuis 1993 l'entreprise turque est très offensive. Elle a vendu en France plus de 575.000 appareils électroménagers en 2009, soit deux fois plus qu'en 2005. Elle possède 10 usines, dont 1 usine en Russie et 1 usine en Chine, 10 marques dont Beko, Blomberg et Grundig. Elle investit chaque année plus de 100 millions d'euros dans l'outil productif et la R&D (plus de 190 brevets déposés par an).

- **Samsung**

Samsung Electronics France emploie 300 personnes. La société détient en France la première place en volume du marché des micro-ondes et des écrans plats. Depuis 2010 Samsung est leader des ventes de téléphones portables en France.

- **Haier**

Dans l'électroménager en Europe, Haier ne possède que 3% de parts de marché. Haier a ouvert en juillet 2011 un centre de R&D à Nuremberg en Allemagne. En 2011 Haier emploie 70.000 salariés et possède 29 usines dans le monde dont 13 en Chine. En Europe, son usine d'Italie (Campodoro) est allouée à l'assemblage de réfrigérateurs. 50% des pièces qui y sont utilisées sont importées d'Asie. Haier a des usines dans cinq pays africains : Tunisie, Nigéria, Egypte, Algérie et Afrique-du-Sud. Aux Etats-Unis, ses usines sont situées à Camden, en Caroline du Sud, sur le boulevard Haier. Haier produit toute la gamme des équipements nécessaires à la maison, chauffe-eau, lave-vaisselle, gazinières, fours à micro-ondes jusqu'aux cuisines intégrées. Dans l'électroménager, Haier occupe en 2011 la troisième place mondiale du marché des produits blancs avec 7,8% de parts de marché, derrière l'américain Whirlpool et le suédois Electrolux.

- **Teka**

Le Groupe Teka emploie 5.600 personnes dans le monde. Teka est l'un des leaders mondiaux dans la fabrication d'éviers de cuisine. La Division Cuisine de Teka compte 14 usines en Europe (5 en Espagne, 1 en Belgique, au Portugal, en Allemagne, en Italie), 2 en Amérique, 3 en Asie.

Sèche-linge

1. **Whirlpool - Laden - Bauknecht**
2. **Brandt - Thomson - Vedette - Sauter Fagor - De Dietrich**
3. **Amphora**

600 000 sèche-linge ont été vendus en 2009 en France, soit un fort recul de 9,1% par rapport à 2008.

Le saviez-vous ?

L'ensemble des sèche-linge à tambour de France consommerait chaque année l'équivalent de la production électrique d'une centrale nucléaire.

Les sèche-linge *Made in Emplois*

Whirlpool - Laden - Bauknecht

1 — *Made in* 370 *emplois* — Empreinte Emplois en France **28,7** pour 10.000 produits vendus en France

15 **1 siège à Suresnes (92) avec 230 salariés.**

10 **1 site de production de 430.000 sèche-linge par an à Amiens (80) avec 340 salariés**. L'usine fabriquait 700.000 unités en 2008 mais plus que 430.000 en 2011. En 6 ans, l'usine a connu trois plans sociaux qui ont donné lieu à

des suppressions de postes : de 850 salariés en 2002, le site ne compte plus aujourd'hui que 350 personnes. Mais **70% de la production est exportée** vers toute l'Europe. Le groupe américain Wirlpool devrait y investir plus de 30 millions d'euros entre 2012 et 2015, pour renforcer ses moyens commerciaux, marketing et industriel. C'est l'un des plus gros plans d'investissement jamais réalisé en Europe. Et cela au moment même où le groupe supprime 5.000 postes dans le monde et réduit ses capacités de production de 6 millions d'unités en fermant notamment deux usines, en Allemagne et dans l'Arkansas. 3 millions d'euros ont été investis en 2012 sur le site picard pour internaliser la fabrication de certaines pièces, notamment des panneaux arrière de sèche-linge, auparavant sous-traités en Italie. L'usine d'Amiens avait déjà bénéficié, en 2010, d'un vaste plan de réorganisation ayant nécessité quatre années de recherche et développement et un investissement de 20 millions d'euros. Bien que les effectifs y soient en recul de 30% depuis 2007, Whirlpool, leader mondial de l'électroménager y a fortement investi pour en faire sa nouvelle plate-forme mondiale de sèche-linge. L'usine d'Amiens produira pour le monde entier. Après plusieurs années de recherche et de développement en collaboration avec l'Allemagne, l'usine d'Amiens a été entièrement repensée et réorganisée pour permettre une plus grande compétitivité et une meilleure productivité. L'usine est devenue le pôle d'excellence du groupe pour les sèche-linge. De nouveaux projets innovants à forte valeur ajoutée y sont développés (Classe A sans pompe à chaleur, Zéphyr, Green genération, etc.).

Le groupe emploie 570 salariés en France : 230 personnes sur la filière commerciale (pour 9 types de produits) et 340 dans l'usine d'Amiens. Le groupe Whirlpool, avec ses deux marques Whirlpool et Laden, occupe la première place sur le marché des sèche-linge en France avec une part de marché en valeur de 27%. La France est le 4ème marché mondial pour Whirlpool et le premier en Europe, avec un chiffre d'affaires d'environ 450 millions d'euros. Whirlpool est la première marque d'électroménager en France depuis 15 ans. En 2011, le groupe Whirlpool a réalisé un chiffre d'affaires de 18,7 milliards de dollars (+2% par rapport à 2010) en vendant 53,7 millions d'appareils.

Brandt - Thomson - Vedette - Sauter Fagor - De Dietrich

2

Made in
120
emplois

Retrouvez cette entreprise sur la carte
9

1 siège à Rueil-Malmaison (92).

1 bureau d'étude et 1 site de production de 42.000 lave-linge, 150.000 sèche-linge et de lave-vaisselle à La Roche-sur-Yon (85) avec 370 salariés. Une ligne de production de lave-vaisselle y a été arrêtée en 2011 au profit des usines espagnoles en sous-capacités. La production de séche-linge et de lave-linge devait y être renforcée de 22.000 unités en 2012. Les effectifs sont en baisse de 25% depuis 2008. La production de sèche-linge a l'inconvénient d'être saisonnière et plus dépendant de conjoncture et aux évolutions du pouvoir d'achat.

1 plate-forme logistique à Meung-sur-loire (45).

1 plate-forme logistique à St-Quentin-Fallavier (38).

Amphora

3

Made in 15 emplois

Retrouvez cette entreprise sur la carte 32

L'entreprise implantée à Reims commercialise un ventilateur sèche-linge, fabriqué en France. Amphora **emploie 15 salariés** pour un chiffre d'affaires de prés de 3 millions d'euros. Le produit a le même usage que les sèche-linge classiques mais se présente très différemment : il s'agit d'un ventilateur à placer sous l'étendoir à linge. Sa consommation électrique, 50 Watts, est extrêmement faible par rapport à un sèche-linge à tambour dont la consommation moyenne est de 3.000 Watts. Cet appareil sèche uniquement par ventilation, sans chauffer la laine et les textiles délicats et n'use pas le linge, contrairement à un sèche-linge à tambour. L'appareil est garanti 3 ans et coûte 50 euros.

Les sèche-linge *concurrents et importés*

- **Candy - Hoover**

La nouvelle usine de Candy Group, a officiellement ouvert à Eskişehir, **en Turquie**, en novembre 2009. Elle produit les sèche-linge des marques Candy et Hoover pour le marché international. L'investissement total est de 13 millions d'euros et la capacité de production est estimée à 600.000 sèche-linge par an.

Lave-vaisselle

**Brandt - Thomson - Vedette - Sauter
Fagor - De Dietrich**

En lisant ce qui va suivre, vous pourrez désormais user d'une nouvelle bonne excuse de mauvaise foi pour esquiver la corvée de vidage de votre lave-vaisselle : « *je refuse de participer à l'augmentation du chômage en France* »… De rien.

Le saviez-vous ?

Lors d'un cycle de lavage, l'appareil consomme entre 15 et 30 litres d'eau suivant les modèles. Si l'on prend en compte uniquement la consommation lors d'un cycle de lavage, un lave-vaisselle plein utilise moins d'eau qu'un lavage de vaisselle à la main.

L'utilisation de simple gros sel de cuisine donnerait les mêmes résultats que le sel régénérant, sans dégradation des appareils. Le seul point à respecter semble être d'utiliser du gros sel (la taille des morceaux de sel est le facteur important). De la même façon, le liquide de rinçage pourrait être remplacé par du vinaigre d'alcool blanc.

Les lave-vaisselle *Made in Emplois*

Brandt - Thomson - Vedette - Sauter
Fagor - De Dietrich

Made in 120 emplois

Retrouvez cette entreprise sur la carte 9

1 siège à Rueil-Malmaison (92).

1 bureau d'étude et 1 site de production de lave-vaisselle ainsi que des lave-linge et des sèche-linge et à La Roche-sur-Yon (85) avec 370 salariés. Les effectifs sont en baisse de 25% depuis 2008. Le site, qui compte 370 salariés, devrait perdre près de 60 salariés d'ici à 2015 par le jeu de départs non remplacés. Désormais, il ne reste plus qu'une ligne de lave-vaisselle sur le site français contre trois il y a trois ans. En effet une partie de la production de lave-vaisselle y a été arrêtée en 2011 au profit des usines espagnoles du groupe en sous-capacités. Le groupe dit vouloir combler la sous-charge du site espagnol de Garagarza qui a connu 60 jours non travaillés en 2011. En outre il est programmé en 2013, de transférer une autre part de la production de lave-vaisselle vers l'usine Fagor de Wroclaw, en Pologne. Le lave-vaisselle permettant de lisser la charge très saisonnière des lave-linge et sèche-linge.

1 plate-forme logistique à Meung-sur-loire (45).

1 plate-forme logistique à St-Quentin-Fallavier (38).

A 500 euros, votre lave-vaisselle made in emplois n'est pas vendu sensiblement plus cher qu'un autre.

Les lave-vaisselle *concurrents et importés*

● LG
Créée en 1991, **la filiale française LG Electronics France emploie 250 personnes**. LG était le cinquième fabricant mondial d'électroménager en 2003. Il est désormais le troisième. Depuis 2009, LG est leader du lavage en France (lave-linge, lave-vaisselle) et deuxième dans les réfrigérateurs.

● Electrolux - AEG - ArthurMartin - Faure
Electrolux, le numéro 1 mondial de l'électroménager, a fermé l'usine AEG de Nuremberg (Allemagne) à la fin de l'année 2007, en raison de coûts d'exploitation trop élevés. Confronté à une baisse de ses bénéfices, le géant suédois a **délocalisé la production de Nuremberg en Pologne et en Italie**. L'usine produit des lave-linge, des sèche-linge et des lave-vaisselle. Sa fermeture concerne 1.750 salariés allemands. Son coût est estimé à 245 millions d'euros. Une autre usine de petit électroménager du groupe, Torsvik en Suède et ses 190 employés, pourrait connaître le même sort. M. Edholm a expliqué que la raison est « *la même qu'à Nuremberg : le manque de compétitivité* ». En avril dernier, le groupe avait annoncé qu'il risquait de fermer ses usines de Fuenmayor en Espagne et de Parabiago en Italie. Au total, Electrolux prévoit de délocaliser la moitié de sa production européenne et nord-américaine, vus l'Europe orientale et l'Asie où les coûts de main d'oeuvre sont moins chers. Depuis trois ans, le groupe a fermé 15 usines.

● Siemens - Bosch
Bosch-Siemens a ouvert en 2002 une usine **à Lodz en Pologne**, destinée à la fabrication de lave-vaisselle pour un investissement de 10,5 millions d'euros. Le groupe possède aussi **2 usines en Espagne qui produisent des lave-vaisselle à Montanana et Estella.** Pour conquérir l'Amérique, Bosch-Siemens a misé sur la niche du très haut de gamme. Le groupe a investi plus

de 20 millions d'euros en 2000 dans **une usine ultramoderne de lave-vaisselle en Caroline du Nord**.

- **Whirlpool - Laden - Bauknecht**

Le lave-vaisselle Green Generation de Whirlpool ne consomme que 6 litres d'eau par cycle, ce qui constitue le record mondial d'économie d'eau. **Développé à Schorndorf (Allemagne), mais fabriqué en Pologne**, le Green Generation dispose d'une nouvelle pompe de lavage et surtout d'un réservoir de 3 litres d'eau, qui permet de réutiliser, après filtration, la dernière eau de rinçage pour le cycle de lavage suivant. Le site de **Wroclaw (Pologne**) comprend deux usines (lave-vaisselle et réfrigération), un centre de R&D et de prototypage, ainsi qu'une usine de traitement des eaux usées.

- **Scholtès - Indesit - Ariston**

Bien que revendiquant son héritage tricolore, **Morleni ne produit plus rien en France**. Le dernier site a été fermé en 2006 et transféré en Pologne. Morleni est une entreprise italienne qui possède les marques Indesit, Scholtes. L'empire familial s'est engagé dans une sévère restructuration de ses activités, avec **fermetures d'usines et de sa plate-forme logistique en Lorraine.**

- **Haier**

Le premier centre de **R&D** européen de Haier a ouvert à Nuremberg **en Allemagne** en juillet 2011 avec une dizaine de personnes et sera **centré sur les lave-vaisselle**, point faible du groupe. Dans l'électroménager, Haier occupe en 2011 la troisième place mondiale du marché des produits blancs avec 7,8% de parts de marché, derrière l'américain Whirlpool et le suédois Electrolux. En 2011 Haier employait 70.000 salariés et possède 29 usines dans le monde dont 13 en Chine.

- **Candy - Hoover - Rosières**

Le groupe possède des **usines en Espagne, en Russie et en Turquie.**

- **Daewoo**

Après avoir reçu 46 millions d'euros d'aides et subventions de l'Etat français depuis 1986, l'entreprise quitte la Lorraine en licenciant tout son personnel. En 1998, le groupe Daewoo décide d'un vaste plan de restructuration devant conduire à la fermeture de 32 de ses 47 usines dans le monde. Au fil d'une succession de plans sociaux, **les 3 usines lorraines, employant 1.200 salariés, en font partie : les usines de Villers-la-Montagne, de Fameck et de Mont-Saint-Martin ont été fermées.**

- **Miele**

L'entreprise de Gutersloh emploie 17 000 personnes dans le monde. 90% de leur production est réalisée **en Allemagne**, alors que la plupart des grands concurrents ont délocalisé leur production dans les pays émergents.

- **Beko**

Présente en France depuis 1993, l'entreprise turque est très offensive. Elle a vendu en France plus de 575.000 appareils électroménagers en 2009, soit deux fois plus qu'en 2005. Elle possède 10 usines, dont 1 usine en Russie et 1 usine en Chine, 10 marques dont Beko, Blomberg et Grundig. Elle investit chaque année plus de 100 millions d'euros dans l'outil productif et la R&D (plus de 190 brevets déposés par an).

● **Samsung**

Samsung Electronics France emploie 300 personnes. Le chiffre d'affaires en 2007 était de 3 milliards de dollars. La société détient en France la première place en volume du marché des micro-ondes et des écrans plats. Depuis 2010 Samsung est leader des ventes de téléphones portables en France.

● **Teka**

Le Groupe Teka emploie 5600 personnes dans le monde. Teka est l'un des leaders mondiaux dans la fabrication d'éviers de cuisine. La Division Cuisine de Teka compte 14 usines en Europe (5 en Espagne, 1 en Belgique, au Portugal, en Allemagne, en Italie), 2 en Amérique, 3 en Asie.

Aspirateurs

Rowenta - Moulinex

Secteur de forte innovation, l'entretien des sols est un marché dynamique. En 2011, pas moins de 4,6 millions d'appareils ont été vendus. Il y a aujourd'hui 21,2 millions d'aspirateurs en fonctionnement en France. L'appareil est présent dans 75% des foyers français.

Le saviez-vous ?

L'essentiel des achats d'aspirateurs est constitué d'achat de remplacement. Seuls 12% des achats d'aspirateurs sont des premières acquisitions. L'achat cadeau représente 16% des ventes.

Si les ventes de modèles traineaux sont relativement stables, les segments des aspirateurs balais et des robots sont en forte croissance : environ 315.000 aspirateurs balais vendus en croissance de plus de 30% en volume. Les ventes d'aspirateurs robots s'élèvent à 140.000 unités pour un prix moyen de 300 euros : c'est un des segments les plus dynamiques du petit électroménager.

Les aspirateurs *Made in Emplois*

Rowenta - Moulinex

1

Made in 250 emplois

Retrouvez cette entreprise sur la carte

2 17

1 siège à Ecully (69) avec 900 salariés.

1 site de production de 470.000 appareils de petit électroménager, très principalement des aspirateurs Vernon (27) avec 200 salariés.

1 site de production de cartes électroniques pour produits électroménagers **à Saint Lô (10) avec 90 salariés.**

Avec le groupe Seb, le made in France possède un leader mondial dans les produits de grande consommation. Le groupe emploie plus de 18.000 personnes dans le monde dont près de 6.300 en France.

Les prix vont de 55 euros pour un Moulinex à 300 euros pour le Rowenta Silence Force.

Les aspirateurs *concurrents et importés*

Dyson

Initialement, tous les aspirateurs et machines à laver Dyson étaient fabriqués en Angleterre à Malmesbury. En 2003 toute **la production a été transférée en Malaisie**. Il ne reste plus que le centre de R&D à Malmesbury qui emploie 700 chercheurs. 80% des produits sont vendus à l'export.

Electrolux - Zanussi - Tornado

Le géant suédois de l'électroménager transfert progressivement l'activité de production d'aspirateurs de son **usine de Västervik en Suède** et vers son **usine de Jászberény, en Hongrie.**

Hoover

La production des aspirateurs Hoover est effectuée **à North Canton, dans l'Ohio et à Cambuslang (Ecosse)**. En 1993, Hoover a délocalisé sa production d'aspirateurs de son usine de Dijon à Cambuslang, en Ecosse, supprimant 600 emplois ici pour en créer 400 là-bas. Contrairement à ses concurrents comme Electrolux qui a annoncé que les deux tiers de ses usines se situeraient dans les pays à bas coût d'ici à 2008, Maytag conserve encore la majorité de son outil industriel aux Etats-Unis. Il y fabrique tous ses appareils de lavage, ses lave-vaisselle et ses tables de cuisson et fours. Seuls les réfrigérateurs ont vu une partie de leur production transférée au Mexique. Les aspirateurs, quant à eux, ont migré depuis longtemps en Amérique centrale et seulement 50% des volumes sont aujourd'hui assemblés sur le sol américain.

Miele

Miele **fabrique ses aspirateurs en Chine**. Miele dispose par ailleurs de 8 usines en Allemagne et d'une usine pour appareils de soin du linge en République Tchèque.

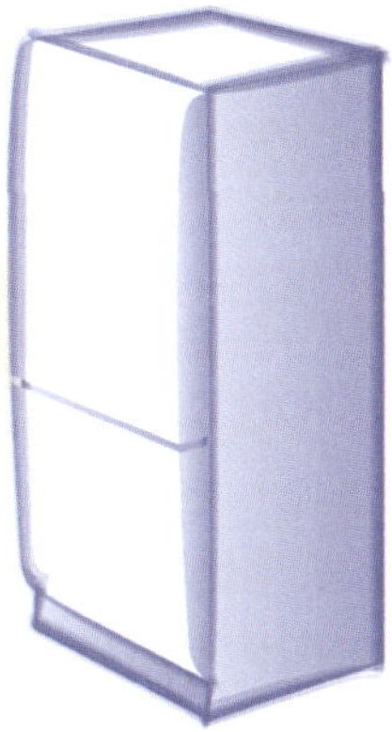

Réfrigérateurs

Freecool

Plus de 95% des ménages français possèdent un réfrigérateur. Près de 2,3 millions d'unités ont encore été vendus en France en 2010.

Pourtant il n'existe plus de réfrigérateurs grand public fabriqués en France. Le dernier « Frigo » made in France est un groupe de rock de Quimper, qui chante en anglais…

LG, Lieber et Electrolux sont les marques leaders du marché. Toutefois la petite entreprise toulousaine Freecold propose des réfrigérateurs et congélateurs fabriqués en France, mais ceux-ci ne sont pas très conventionnels et présentent quelques contraintes : ils utilisent l'énergie solaire grâce à un panneau photovoltaïque et l'ouverture ne se fait que par le dessus.

Le réfrigérateur fait partie de notre quotidien à tous, c'est un élément indispensable dans un foyer. La France, pays de la gastronomie et des produits agro-alimentaires a une histoire légitime à raconter à l'export. Le « frigo » est aussi un des appareils ménagers les plus gourmands en énergie, souvent une source de bactérie ou encore un objet usuel et pas forcément esthétique. Alors avis aux entrepreneurs, designers, ingénieurs, commerciaux et investisseurs, il existe un important vivier de consommateurs attachés aux produits fabriqués en France à satisfaire !

Les réfrigérateurs *Made in Emplois*

Freecold

1

Made in 4 emplois

Retrouvez cette entreprise sur la carte 33

1 siège et 1 atelier de production de réfrigérateurs à Toulouse avec 4 salariés.

L'entreprise 2Idea propose des réfrigérateurs et congélateurs Freecold fabriqués en France, mais ils ne sont pas conventionnels et présentent quelques contraintes : Ils utilisent l'énergie solaire grâce à un panneau photovoltaïque et l'ouverture ne se fait que par le dessus. Les réfrigérateurs et congélateurs Freecold se raccordent directement au module photovoltaïque placé à l'extérieur, sur un toit ou une terrasse. Un système breveté permet de conserver le froid de trois à cinq jours en l'absence de soleil.

Les réfrigérateurs *concurrents et importés*

● **Brandt - Thomson - Vedette - Sauter - Fagor - De Dietrich**
Les appareils de froid (réfrigérateurs et congélateurs) sont **produits en Italie à Verolanuova**, le groupe Fagor-Brandt ne disposant pas de cette activité industrielle en France. En 2012, Fagor-Brandt cherchait à stopper aussi cette production de froid sur son site italien.

● **LG**
Créée en 1991, **la filiale française LG Electronics France emploie 250 personnes**. LG était le cinquième fabricant mondial d'électroménager en 2003. Il est désormais le troisième. Depuis 2009, LG est le n°2 du marché français des réfrigérateurs.

● **Haier**
En Europe, **l'usine italienne d'Haier (Campodoro) est allouée à l'assemblage de réfrigérateurs**. 50% des pièces qui y sont utilisées sont importées d'Asie.

● **Libehrr**
Leurs appareils de réfrigération sont **fabriqués en Allemange à Ochsenhausen, en Autriche à Lienz et en Bulgarie à Marica.** Le groupe emploie par ailleurs 2.500 salariés en France pour ses acticités B to B (pelles sur chenilles à Colmar et équipements aéronautique à Toulouse).

Friteuses

1. Seb - Moulinex
2. Roller Grill
3. Lagrange

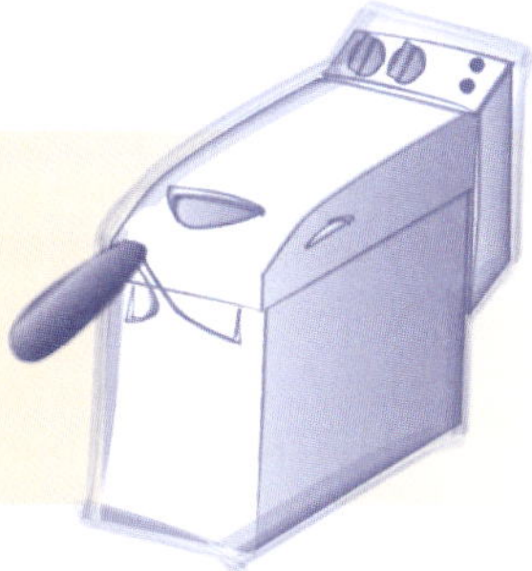

10 millions de friteuses équipent en France 36% des foyers. 30% d'entre elles sont achetées pour offrir en tant que cadeaux.

Le saviez-vous ?

Les frites sont appelées « french fries » aux Etats-Unis.

Les friteuses *Made in Emplois*

Seb - Moulinex

1

Made in 450 emplois

Retrouvez cette entreprise sur la carte

2 11

1 siège à Ecully (69) avec 900 salariés.

1 centre de R&D et 1 site de production de 1 million d'Actifry, friteuse, cuiseur et autocuiseur à Is-sur-Tille (21) avec 300 salariés. L'usine produit Actifry, la friteuse presque sans huile d'invention française. De 2010 à 2012, Seb y a embauché et investi plus de 11 millions d'euros sur ce site. Il y a trois ans, l'usine d'Is-sur-Tille (21) souffrait de la baisse du marché de la friteuse. Les ventes d'Actifry, qui a nécessité 6 ans de R&D, lui permettent de tourner à plein. L'usine est un exemple de reconversion réussie. Seb y a fabriqué pendant plus de quarante ans des friteuses électriques, longtemps plébiscitées par les mères de famille. Mais, outre une concurrence accrue sur les prix, ces produits ont connu une vraie désaffection, devenant ringards et surtout ruineux pour la santé, vu la quantité d'huile nécessaire à leur fonctionnement. Alors, entre 2003 et 2006, la production a dégringolé, de 1,8 million à 600.000 unités par an. Au point de menacer le site. Seule une innovation pouvait sauver l'usine. Actifry l'a fait. SEB a pu inventer Actifry, notre friteuse presque sans huile, parce que leur centre de recherche était près de l'usine et que cela a permis les échanges entre les entités. SEB a ainsi fait la preuve que tirer le marché vers le haut c'est possible et que c'est l'innovation et la connaissance du marché qui permettent de renforcer les sites existants. Quand les sites européens peuvent vendre à un prix raisonnable, ils sont compétitifs.

Seb est leader européen des friteuses avec 25% de part de marché. Moulinex capte lui 20% des parts de marché en Europe.

1 site de production de pièces plastiques pour appareils électroménager à Saint-Jean de Bournay (38) avec 220 salariés.

1 site de production de cartes électroniques pour produits électroménagers à Saint Lô (50) avec 90 salariés.

Roller Grill

2

Made in 25 emplois

Retrouvez cette entreprise sur la carte 21

2 sites de production de fours, planchas, friteuses, gaufriers, grills, crêpières, barbecues à Bonneval (28) avec 135 salariés.

Roller-Grill est un fabricant pour les professionnels disposant d'une gamme de friteuses destinée au grand public. Les lignes de produits, baptisées « Ménager » et « Gourmet », sont de qualité professionnelle et **intégralement fabriquées dans l'Eure-et-Loir.**

Lagrange

3

Made in 10 emplois

Retrouvez cette entreprise sur la carte 28

1 site de production de gaufrières, pierrades, barbecue, appareils à fondu, yaourtières, machines à pain à Vourles (69) avec 50 salariés.

Tous leurs produits ne sont donc pas fabriqués en France. Lagrange **n'assemble en France que 40% de** ce que la marque vend.

Les friteuses
concurrentes et importées

Les friteuses concurrentes importées s'appellent Philips, Bosch, Siemens, Morphy Richards.

- **Philips**

Philips a lui aussi lancé sa friteuse sans huile : Airfryer. **Les 3.800 salariés du siège de Suresnes et des 12 sites français de Philips travaillent principalement dans la production de luminaire.** Le groupe dispose de 7 laboratoires de recherche dans le monde, dont 4 en Europe, qui emploient au total 20.000 personnes. Même si Eindhoven représente toujours l'essentiel de sa force de recherche (80% des 1.500 chercheurs du groupe), le groupe dispose de centres aux Etats-Unis, en Chine et en Inde.

- **Delonghi - Braun - Kenwood**

La plupart des produits DeLonghi sont désormais **fabriqués en Chine**, tandis que la conception et l'ingénierie restent en Italie.

- **Morphy Richards**

La marque dispose d'un site de production à Mexborough, **en Grande-Bretagne**.

Bouilloires

1 Quick & Hot - SEB

2 Brandt

Le parc de bouilloire est en augmentation constante en France. Il s'élève à 13 millions d'appareils en 2011 et équipe 47% des foyers français.

Les bouilloires *Made in Emplois*

Electro-ménager

Quick&Hot - SEB

1

Made in 250 emplois

Retrouvez cette entreprise sur la carte 2 8

1 siège à Ecully (69) avec 900 salariés.

1 site de production de bouilloire Quick and hot, de robots multifonctions et de mixeurs à Mayenne (53) avec 400 salariés.

1 site de production de cartes électroniques pour produits électroménagers à Saint Lô (10) avec 90 salariés.

La bouilloire Quick and Hot est fabriquée en France à Mayenne. Les autres bouilloires SEB et autres appareils basiques ont été généralement délocalisées. La bouilloire Quick and Hot s'exporte très bien en Eurpoe de l'Est. Cette bouilloire SEB prouve que l'innovation peut toucher tous les produits même les plus basiques. Alors que la quasi-totalité des bouilloires sont fabriquées en Asie, SEB a réussi à réinventer l'eau chaude avec cette bouilloire Quick and Hot, qui chauffe l'eau quasi instantanément. Seb est leader européen des bouilloires avec 15% de parts de marché. 260.000 bouilloires Quick and Hot ont été vendues entre son lancement en octobre 2006 et avril 2008 : alors qu'une machine classique réchauffe l'eau en une minute trente, celle-ci ne met que trois secondes. Cela n'a l'air de rien mais, pour nos voisins britanniques, grands buveurs de thé, à la fin de la journée c'est au moins un quart d'heure de gagné par jour. Du coup, chez eux, cette bouilloire turbo est au top des ventes d'un rayon pourtant bien fourni.

Brandt

2

Made in
10
emplois

Retrouvez cette entreprise sur la carte
?

1 siège à Rueil-Malmaison (92) avec une dizaine de desi-gners dédié à la ligne de petit-électroménager. Mais la fabrication est totalement sous-traitée en Chine.

Malmené sur son marché historique du gros électroménager, Brandt se déploie sur les petits équipements pour la cuisine. Un secteur plus rémunérateur, qui continue à progresser malgré la crise. Pour se différencier d'une concurrence dominée par le géant SEB et ses multiples marques, Fagor-Brandt met en avant un produit « designed in France ».

A l'occasion du soixantième anniversaire du Prix de la Combativité sur le Tour de France, Brandt a lancé une bouilloire sérigraphiée « Tour de France 2012 » en édition limitée. Un objet collector et caritatif puisque l'intégralité du produit de la vente sera reversée à l'association Mécénat Chirurgie Cardiaque.

Les bouilloires *concurrentes et importées*

Les bouilloires concurrentes importées s'appellent Morphy, Bosch, Delonghi, Braun, Kenwood

Barbecues - Planchas Pierrades

1. Téfal
2. ENO - Force 10 - Plancha Mania
3. La Marquier

Le saviez-vous ?

Le gril est un instrument très ancien puisqu'il s'agit de l'instrument du martyre de Laurent en 258. De cet usage comme instrument de torture est restée l'expression « être sur le gril ».

Le saviez-vous ?

La pierrade et Pierrade sont des marques déposées, propriété de la société CDI-Bauduret.

Le saviez-vous ?

Inventée par les espagnols au XIXème siècle à l'occasion de grandes fêtes religieuses, la plancha connaît un grand succès ces dernières années, en raison en autres de ses capacités de cuisson pour un grand nombre de convives et de la grande variété des plats qui peuvent y être cuisinés.

Les barbecues, planchas et pierrades *Made in Emplois*

Tefal

1 — Made in 300 emplois — Retrouvez cette entreprise sur la carte 1 36

1 siège Tefal et 1 site de production de 44 millions d'articles par an (poêles, casseroles, plats à four, raclette, plancha et pèse-personnes) à Rumilly (74) avec 1.850 salariés. 18 millions d'euros y ont été investis dans l'outil productif en 2012.

Certains produits sont fabriqués en Chine par Supor, filiale du groupe SEB.

1 site de production d'articles culinaires à Tournus (71) avec 150 salariés.

Le groupe SEB a enregistré en 2011 une hausse de ses ventes de 8,6%, à 3,965 milliards d'euros.

Tefal est le premier fabricant mondial d'articles de cuisine antiadhésifs et l'un des leaders dans le domaine des appareils électriques de cuisine et des pèse-personnes. La société emploie aujourd'hui 2000 personnes en France. Téfal a inventé la pierrade électrique en 1990.

ENO - Force 10 - Plancha Mania

2 | Made in 50 emplois | Retrouvez cette entreprise sur la carte 26

1 siège et 1 site de production de 20.000 planchas et appareils de cuisson à Niort (79), avec 90 salariés.

ENO conçoit et fabrique en France des appareils de cuisson et de chauffage depuis 1909.

ENO a obtenu le label « Origine France Garantie » pour ses planchas, constituées à 70% de matières premières provenant de France. Les plaques en fonte pour les planchas sont produites chez De Dietrich Thermique. En 2010, ENO, leader mondial des appareils pour bateaux de plaisance réalisait un chiffre d'affaires de 12 millions d'euros.

Le Marquier

3 | Made in 50 emplois | Retrouvez cette entreprise sur la carte 29

1 site de production de barbecues à Saint Martin de Seignanx (40), avec 50 salariés. L'entreprise familiale, née en 1975, a vu ses barbecues labellisés « Origine France Garantie ».

Invicta

4 | Made in 30 emplois | Retrouvez cette entreprise sur la carte 31 14

1 siège social et 1 plate-forme logistique à Donchery (08) avec 40 salariés. 6 millions d'euros y ont été investis en 2009.

1 site de R&D et 1 site de fonderie et d'émaillerie à Vivier-au-Court (08) avec 240 salariés.

L'entreprise **emploie au total 280 salariés dans les Ardennes françaises et produit 170.000 appareils de chauffage au bois par an.** Invicta a réalisé 70 millions d'euros de chiffre d'affaires en 2009 dont **45% à l'export**. Les produits Invicta destinés au grand public sont distribués dans les grandes enseignes de bricolage, mais aussi dans les **28 magasins** français de la marque. **Invicta possède aussi une filiale à Gérone (Espagne).** L'entreprise spécialisée dans le chauffage au bois est aussi un important fabricant de poêles, cocottes, plats, casseroles, poêles et moules en fonte.

Invicta fut fondée en 1924 par le grand-père de Jean-Pierre Dupire, l'actuel PDG au look de chanteur de reggae, en poste, lui, depuis 1967.

Invicta dénote par sa stratégie publicitaire mettant en avant l'allure atypique de Jean-Pierre Dupire qui incarne à lui seul la marque Invicta, en jouant de l'autodérision avec des slogans du type « Des poêles plein la tête ». Cette stratégie médiatique offensive a porté ses fruits en assurant une forte notoriété à la marque. Invicta sponsorise depuis plusieurs années des clubs de foot, de basket et de rugby.

Krampouz

5

Made in 25 emplois

Retrouvez cette entreprise sur la carte 30

1 siège et 1 site de production de planchas, crêpières et gaufrières à Pluguffan (29) avec 45 salariés. 2 millions d'euros ont été investis dans l'agrandissement de l'usine.

L'entreprise fondée en 1949 a vu ses ventes augmenter de 12% en 2011 et réalise un tiers de son chiffre d'affaires à l'export.

Comme beaucoup, Krampouz n'a pas attendu les politiciens pour faire la promotion du « made in France ». Sur tous les produits qui sortent de l'usine de Pluguffan de s'affiche la mention « Fabriqué en France ». L'entreprise bretonne conquiert de nouveaux marchés, de nouveaux pays, des secteurs en France où elle était peu présente (magasins de jardinage, de bricolage, grande distribution). Krampouz ne cesse de proposer de nouveaux produits. Et pas seulement pour le grand public. Sur le **marché professionnel (60% de son activité)**, le dynamisme mondial de la petite restauration leur profite.

Roller Grill

6

Made in 25 emplois

Retrouvez cette entreprise sur la carte 21

2 sites de production de fours, planchas, friteuses, gaufriers, grills, crêpières, barbecues à Bonneval (28) avec 135 salariés. Roller-Grill est un fabricant pour les professionnels disposant d'une gamme de fours destinée au grand public. Les lignes de produits, baptisées « Ménager » et « Gourmet », sont de qualité professionnelle et **intégralement fabriquées dans l'Eure-et-Loir.**

Lagrange

7

Made in 10 emplois

Retrouvez cette entreprise sur la carte 28

1 site de production de gaufrières, pierrades, barbecue, appareils à fondu, yaourtières, machines à pain à Vourles (69) avec 50 salariés. Tous leurs produits ne sont donc pas fabriqués en France. Lagrange **n'assemble en France que 40% de** ce que la marque vend.

Verycook

8

Made in 2 emplois

Retrouvez cette entreprise sur la carte 34

1 siège à Ecully (69) avec 2 salariés.

La start-up a fait le **choix du made in France en externalisant la fabrication de ses produits à 5 entreprises rhones-alpines**. Son partenaire logistique gère l'assemblage. Lancée par un entrepreneur de 23 ans au printemps 2011 au sein de l'incubateur de l'EM Lyon, sa communication est moderne et son esprit jeune et clair. Alexandre Carre avait déjà monté un site de e-commerce dédiée à la plancha auparavant. Verycook a recruté 2 personnes en septembre 2012 (dont 1 stagiaire). Grâce à la qualité des matériaux utilisés (inox principalement), Verycook vous garantie durant 5 ans votre plancha et propose 9 coloris sobres et beaux. Verycook commence tout juste à **exporter vers la Suisse et la Belgique.**

Les barbecues, planchas et pierrades *concurrents et importés*

- **Weber**

Weber-Stephen Products est un fabricant américain de barbecues. Le siège et l'usine de la société familiale sont basés près de **Chicago, aux Etats-Unis.**

Fours & fours à micro-onde

1. Brandt - Thomson - Vedette - Sauter Fagor - De Dietrich - ENO
2. Seb - Rowenta
3. Gaggenau

Le saviez-vous ?

Le four à micro-ondes permet un chauffage rapide des aliments, par agitation des molécules d'eau qu'ils contiennent sous l'effet d'un rayonnement micro-onde. L'aliment ainsi obtenu est desséché, souvent ramolli, mais ne peut pas être considéré comme cuit dans le véritable sens du terme.

Les fours *Made in Emplois*

Brandt - Thomson - Vedette - Sauter Fagor - De Dietrich - ENO

1

Made in 400 emplois

Retrouvez cette entreprise sur la carte 24 4 12

1 siège à Rueil-Malmaison (92).

1 site de production de 90.000 micro-ondes à Aizenay (85) avec 100 salariés.

ENO sous-traite à Fagor-Brandt la fabrication d'un millier de fours à micro-ondes encastrables par an.

Les micro-ondes Thomson sont aussi fabriqués à Aizenay. Fagor y emploie en outre environ 100 intérimaires. L'usine employait 230 salariés et craint aujourd'hui une fermeture. Le site fait face à une baisse régulière de charge de travail. En juin 2004, la fin d'un contrat avec Electrolux lui a fait perdre la production de 100.000 pièces, puis, en mars 2005, s'est confirmé l'arrêt des activités pour Miele, soit 70.000 pièces. Or l'usine avait une production de 340.000 pièces par an jusqu'en 2004.

1 site de production de fours, cuisinières et tables à induction à Saint Jean de Ruelle (45) avec 620 salariés.

1 site de production de tables de cuisson hottes et fours vapeur à Saint-Ouen (41) avec 260 salariés.

1 plate-forme logistique à Meung-sur-loire (45).

1 plate-forme logistique à St-Quentin-Fallavier (38).

Fin 2011, le groupe Fagor-Brandt employait encore 2.000 salariés en France contre plus de 3.700 en 2004.

Gaggenau

2

Made in 180 emplois

Retrouvez cette entreprise sur la carte 13

1 siège et 1 site de production de 90.000 fours vapeurs encastrables par an, 16.000 tables gaz par an, 22.000 tables électriques et des fours micro-ondes à Lipsheim (67) avec 260 salariés.

Bourgeois

3

Made in 70 emplois

Retrouvez cette entreprise sur la carte 27

1 siège et 1 site de production de fours à Faverges (74) avec 70 salariés.

En 2012, l'entreprise a investit 250.000 euros dans son outil de production. Un millier de fours destinés aux professionnels sortent chaque année de l'usine de Faverges. L'objectif de Bourgeois sur le marché grand public est d'en produire 300 d'ici 2014.

Bourgeois **exporte plus de 50% de sa production.** Société coopérative détenu à 70% par ses salariés, Bourgeois a obtenu le label « Origine France Garantie » pour ses fours haut de gamme. Bourgeois fabrique des équipements de cuisine professionnelle. Pour mettre au point son premier four destiné au grand public, Bourgeois a investi 120.000 euros en R&D et en marketing. Bourgeois a réalisé en 2011 un chiffre d'affaires de 8 millions d'euros.

Rosières

4	Made in 50 emplois	Retrouvez cette entreprise sur la carte 38

1 siège et 1 site de production de fours, cuisinières, plaques de cuisson et appareils de chauffage à Lunery (18) avec 190 salariés.

Roller Grill - Kenwood

5	Made in 20 emplois	Retrouvez cette entreprise sur la carte 21

2 sites de production de fours, planchas, friteuses, gaufriers, grills, crêpières, barbecues à Bonneval (28) avec 135 salariés. Kenwood fait fabriquer ses fours par Roller-Grill en Eure-et-Loir.

Les fours made in emplois comptent parmi eux des fabricants de pianos, fourneaux et accessoires hauts de gamme comme Delaubrac, La Cornue ou encore Lacanche...

Les fours à micro-onde *concurrents et importés*

Les fours concurrents importés s'appellent Delonghi, Braun, Philips, Samsung, Severin.

Cafetières & Machines à expresso

1. **Malongo Ek'ho**
2. **Seb - Moulinex - Krups**

Il n'existe plus de cafetières fabriquées en France. En revanche quelques machines à expresso emploient des salariés français.

Le café étant la boisson la plus consommée en France, la cafetière est l'élément de base du petit déjeuner dans la plupart des foyers. Il n'est même désormais plus rare de voir plusieurs machines au sein d'un même foyer.

Les cafetières électriques à filtre sont présentes dans 54.3% des foyers (soit un parc de 15 millions d'appareils). Ce taux est en constante diminution depuis 2004. Les ventes ont encore reculé de 3% en 2011, avec 4,2 millions de machines vendues.

En revanche le marché des machines expresso, à dosettes ou capsules est extrêmement dynamique. De 7% des foyers qui en possédaient un en 2004, la France est passée à 28% en 2010 (soit 7,8 millions d'appareils). 1,3 millions de machines à expresso ont été vendus en France en 2009 (+3% par rapport à 2008). La moitié des achats au cours des 2 dernières années correspondent à un premier équipement.

Le saviez-vous ?

C'est aux alentours de 1800, que l'archevêque de Paris, Jean Baptiste de Belloy, aurait inventé le système de la percolation du café et la première cafetière.

Cafetières & machines à expresso *Made in Emplois*

Malongo Ek'ho

1

Made in 400 emplois

Retrouvez cette entreprise sur la carte 37

1 siège et 1 site de production de 100.000 machines Ek'ho par an à Carros (06).

En plus d'être assemblée en France, la Malongo Ek'ho n'utiliserait que des composants français, y compris la puce électronique. La machine à café Ek'ho de Malongo a nécessité 5 millions d'euros d'investissement et le dépôt de 40 brevets.

Malongo emploie 400 salariés, possède 9 boutiques en France et réalisait 100 millions d'euros de chiffres d'affaires en 2011, **dont 13% à l'exportation et 40% vers les professionnels de la restauration**.

SEB - Moulinex - Krups

2

Made in 200 emplois

Retrouvez cette entreprise sur la carte 2 8

1 siège à Ecully (69) avec 900 salariés.

1 site de production de robots multifonctions et de mixeurs à Mayenne (53) avec 400 salariés.

1 site de production de cartes électroniques pour produits électroménagers à Saint Lô (10) avec 90 salariés.

Des machines à Expresso chez SEB, Moulinex et Krups arborent le drapeau tricolore. En revanche la fabrication des cafetières du groupe a été généralement délocalisée. Les ventes de machine à expresso Moulinex représentent 20% du marché européen, contre seulement 5% pour la marque SEB.

Les cafetières & Machines à expresso *concurrents et importés*

Les cafetières concurrentes importées s'appellent Delonghi, Sacco, Morphy, Bosch ou Biatelli.

- **Magimix - Nespresso**

La société s'est fait connaître en étant parmi les premières sociétés à s'associer avec Nestlé pour produire des cafetières Nespresso. Mais **leurs machines expresso sont fabriquées par le Portugais Briel.** Seuls les robots culinaires (le métier d'origine de la marque) sont fabriqués en France.

Electro-ménager

Grille-pain

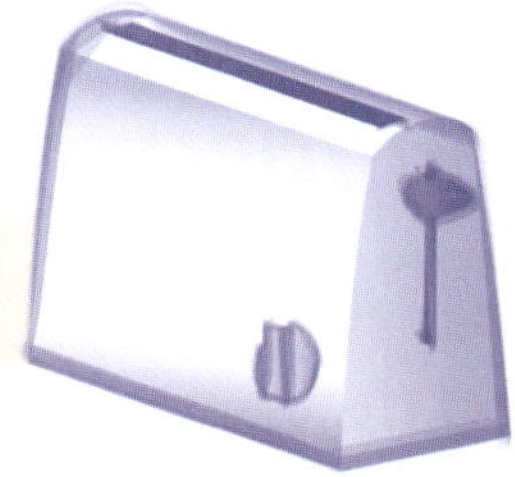

Magimix

72% des foyers sont équipés d'un grille-pain. Le parc français compte plus de 20 millions d'appareils.

Le saviez-vous ?

Les toasts ont un goût plus sucré et plus croustillant, car lorsqu'il grille l'amidon du pain se change en glucide.

Les grille-pain *Made in Emplois*

Electro-ménager

Magimix

Made in 100 emplois

Retrouvez cette entreprise sur la carte 5

1 site de production de 50.000 grille-pain par an à Montceau-les-Mines (71) avec 500 salariés.

1 site commercial à Vincennes (94).

Le grille-pain Toaster Vision, qui a nécessité 10 ans de R&D, est positionné haut de gamme (250 euros). Avec ses parois transparentes encadrées d'inox, il permet d'admirer son pain brunir, il tranche avec la concurrence et n'est disponible qu'auprès de la distribution spécialisée.

Les autres grille-pain de Magimix sont fabriqués par l'Anglais Dualit.

Les grille-pain *concurrents et importés*

Les grille-pain concurrents importés s'appellent Seb, Moulinex, Phillips, Bosch, Severin, Delonghi, Braun, Kenwood, Severin ou Morphy.

Gaufriers & crèpières

1. Téfal
2. Krampouz
3. Roller Grill

Gaufriers & crépières *Made in Emplois*

Tefal

1 — Made in 50 emplois — Retrouvez cette entreprise sur la carte 2 19

1 siège à Ecully (69) avec 900 salariés.

1 site de production de petit électroménager à Lourdes (65) avec 190 salariés.

1 site de production de cartes électroniques pour produits électroménagers à Saint Lô (50) avec 90 salariés.

Les gaufriers et crépières Tefal arborent le drapeau français. Avec le groupe Seb, le made in France possède un leader mondial dans les produits de grande consommation. Le groupe emploie plus de 18.000 personnes dans le monde dont près de 6.300 en France.

Krampouz

2 — Made in 30 emplois — Retrouvez cette entreprise sur la carte 30

1 siège et 1 site de production de planchas, crêpières et gaufriers à Pluguffan (29) avec 45 salariés. L'entreprise fondée en 1949 réalise un tiers de son chiffre d'affaires à l'export.

Roller Grill

3

Made in
25
emplois

Retrouvez cette entreprise sur la carte
21

2 sites de production de fours, planchas, friteuses, gaufriers, grills, crêpières, barbecues à Bonneval (28) avec 135 salariés.

Roller-Grill est un fabricant pour les professionnels disposant d'une gamme de friteuses destinée au grand public. Les lignes de produits, baptisées « Ménager » et « Gourmet », sont de qualité professionnelle et **intégralement fabriqués dans l'Eure-et-Loir.**

Lagrange

4

Made in
10
emplois

Retrouvez cette entreprise sur la carte
28

1 site de production de gaufriers, pierrades, barbecue, appareils à fondue, yaourtières, machines à pain à Vourles (69) avec 50 salariés.

Tous leurs produits ne sont donc pas fabriqués en France. Lagrange **n'assemble en France que 40%** de ce que la marque vend.

Robots culinaires

1. **Seb - Moulinex - Krups**
2. **Vorwerk**
3. **Magimix**

14 millions de robots équipent plus de la moitié des cuisines françaises. 1,2 million de robots culinaires ont été vendus en France en 2009. Les ventes de robots multifonctions sont très dynamiques.

Le prix moyen d'un robot multifonctions est de 85 euros et un tiers des appareils ont été achetés pour être offerts.

Le saviez-vous ?

Avec son slogan « Moulinex libère la femme », la marque accompagne à travers l'équipement ménager, l'émergence de la société de consommation des Trente glorieuses. Un tel slogan serait-il aujourd'hui autorisé par nos ministres de la pensée correcte ?

Les robots culinaires *Made in Emplois*

Krups - Moulinex - Seb

1 — Made in 250 emplois — Retrouvez cette entreprise sur la carte 2 8

1 siège à Ecully (69) avec 900 salariés.

1 site de production de robots multifonctions et de mixeurs à Mayenne (53) avec 400 salariés.

1 site de production de cartes électroniques pour produits électroménagers à Saint Lô (50) avec 90 salariés.

Au début des années 1980, Moulinex était le premier fabricant de petit électroménager en France. La production journalière atteint 180.000 appareils pour un effectif de 10.700 salariés répartis dans 12 usines. Ce succès s'arrête brutalement avec la disparition de son fondateur en janvier 1991.

Moulinex-Brandt dépose le bilan en septembre 2001 et le Groupe SEB reprend une partie des actifs, dont 6 usines et 1.800 salariés Moulinex. Conscient du franc succès qu'a eu la marque, le groupe SEB la conserve ainsi que ses sites industriels de Saint-Lô et Mayenne. Certains robots Seb sont fabriqués en Chine.

Vorwerk

2

Made in 185 emplois

Retrouvez cette entreprise sur la carte 20

1 site de production de 3.500 robots Thermomix par jour à Cloyes-sur-le-Loir (28) avec 185 salariés (dont 70% de femmes). **Unique usine au monde à fabriquer le robot culinaire tout-en-un Thermomix, où il est né.**

Vorwerk est un groupe allemand fondé en 1883, dont le siège social se situe à Wuppertal, en Allemagne et qui emploie plus de 400.000 personnes dans 60 pays.

L'usine Vorwerk-Semco est la filiale française. Elle use d'un management participatif et de process de fabrication innovants. Toutes les heures, chacun des salariés change de poste afin de ne pas subir la monotonie de sa tâche. 90% des salariés sont polyvalents et formés à tous les postes de la chaîne de montage. Un programme permettant d'impliquer tous les salariés y a été mis en place. Chaque salarié peut ainsi donner des idées permettant d'améliorer les conditions de travail. A cela s'ajoutent les technologies de pointe dans le process de fabrication. Hormis le moteur de l'appareil, les composants électroniques et le bol en inox (fourni par l'entreprise française Guy Degrenne), tous les composants sont fabriqués sur place. Dans l'atelier d'injection plastique, 8 tonnes de matières sont traitées chaque jour.

Magimix

3

Made in 170 emplois

Retrouvez cette entreprise sur la carte 5

1 siège, 1 centre de R&D et 1 site de production de robots culinaires, centrifugeuses et grille-pain à Montceau-les-Mines (71), avec 500 salariés. 75% des robots sont exportés.

1 site commercial à Vincennes (94).

Seuls les robots culinaires (le métier d'origine de la marque créée en 1963) sont fabriqués en France. Les gros grille-pains sont fabriqués par l'Anglais Dualit, les machines expresso par le Portugais Briel.

Les robots culinaires *concurrents et importés*

Les robots culinaires concurrents importés s'appellent Koenig, Philips, Harper, Kenwood, Robusta, Kitchenaid, Kitchencook, Rolando, Tristar.

Maison

Où sont-ils fabriqués en France ?

Les familles qui vivent et dépendent
de votre consommation d'équipement de la maison habitent ici et là :

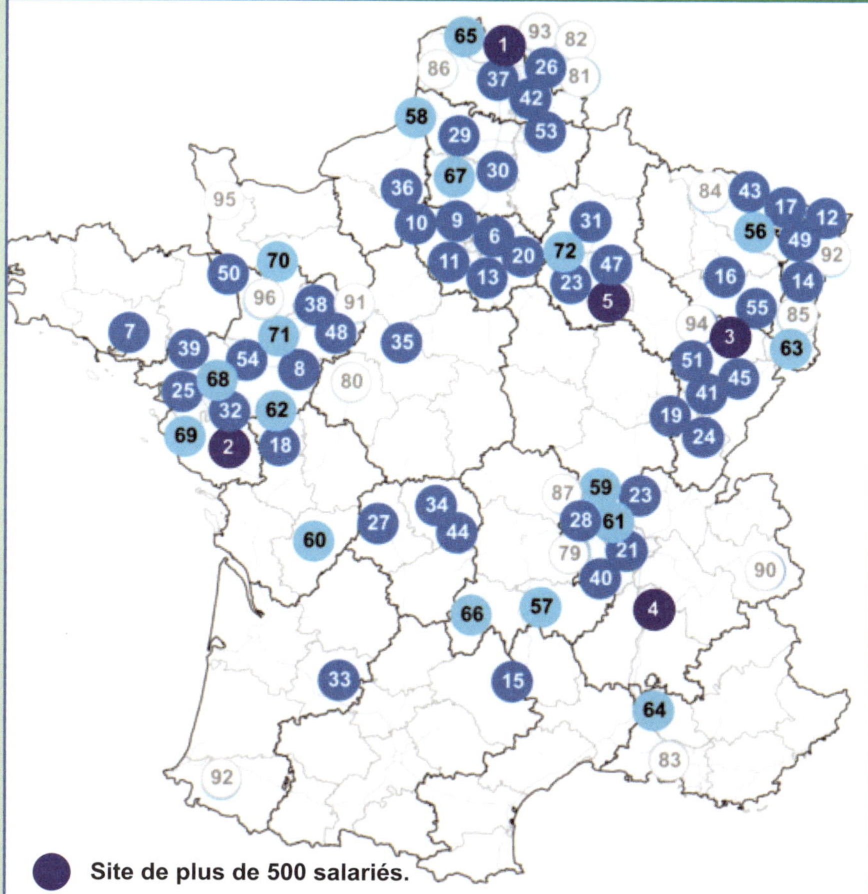

Site de plus de 500 salariés.

Site de 100 à 500 salariés.

Site de moins de 100 salariés.

Simple indication géographique.

Les numéros renvoient aux différentes entreprises citées dans les classements des produits d'hygiène et beauté qui suivent.

Literie et linge de chambre

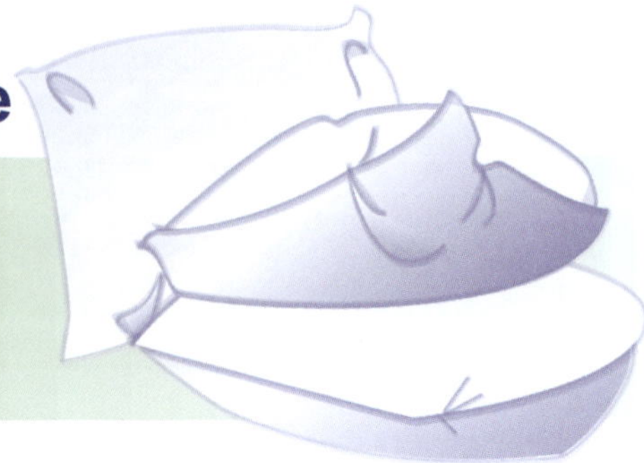

1 Simmons
2 Dunlopillo
3 Dodo

Literie et linge de chambre *Made in Emplois*

Simmons

1

Made in 900 emplois

Retrouvez cette entreprise sur la carte
6 26 50 47

1 site de production de matelas et de literie à Lognes (77) avec 460 salariés.

1 site de production de matelas et sommiers à Saint-Amand-Les-Eaux (59) avec 190 salariés.

1 site de production de matelas et sommiers à Fougères (35) avec 120 salariés.

1 site de production de matelas et sommiers à Bar-sur-Aube (10) avec 130 salariés.

Simmons, première marque mondiale de literie, est née il y a plus de 140 ans. Tous les matelas Simmons sont garantis 5 ans. Simmons fait partie du groupe d'ameublement Cauval Industrie (environ 550 millions d'euros de chiffre d'affaires en 2009 et près de 5.500 salariés en France).

Dunlopillo

2

Made in
800
emplois

Retrouvez cette entreprise sur la carte
9 10

1 site de production de matelas, literie et sommiers à Limay (78) avec 400 salariés.

1 plateforme logistique et 1 site de production de matelas et sommiers à Mantes-la-Jolie (78) avec 400 salariés.

Dunlopillo fait partie du groupe d'ameublement Cauval Industrie (environ 550 millions d'euros de chiffre d'affaires en 2009 et près de 5.500 salariés en France).

Dodo

3

Made in
550
emplois

Retrouvez cette entreprise sur la carte
84 48 82 83

1 siège et 1 site de production de 20.000 couettes et 25.000 oreillers par jour à Saint-Avold (57). 5 millions d'euros y ont été investis en 2011 et 2012 pour agrandir le site et moderniser l'outil industriel.

1 Site de production de 700.000 oreillers et 45.000 couettes par an au Mans (72) avec 130 salariés. En 2010, 2 millions d'euros y ont été investis pour agrandir le site et moderniser la production. Les volumes devaient progresser de 25% et partir à l'export. 90% du duvet de canard qui compose ses produits viennent de Vendée et des Pyrénées.

1 site de production à Fontaine-au-Pire (59).

1 site de production à Saint-Martin-de-Crau (13).

Né en 1937 en Moselle, Dodo est devenu leader européen de la fabrication de couettes et d'oreillers et il continue de fabriquer en France. Dodo **emploie 550 salariés en France, dispose de 4 usines toutes basées en France** et affiche un chiffre d'affaires de 87 millions d'euros en 2011, en croissance de 5% (répartis entre 60% pour les couettes et 40% pour les oreillers). Pour cela le fabricant français fait des efforts constants en matière de modernisation de l'outil industriel, d'innovation et de rapidité de livraison. **Dodo réalise 15% de son chiffre d'affaires à l'export.**

Treca - Pirelli - Sleepeezee

4

Made in 530 emplois

Retrouvez cette entreprise sur la carte 20 35 56 61

1 site de production de matelas et sommiers à Lognes (77) avec 200 salariés.

1 site de production de 300 matelas, 150 sommiers et 30 têtes de lit par jour à Mer (41), avec 160 salariés. 10 millions d'euros y ont été investis de 2010 à 2012 pour déménager le site de production de l'usine obsolète de Beaugency (45) à l'usine flambant neuve de Mer (41). Le site exploite la licence Pirelli pour la literie.

1 site de production de matelas et sommiers Tréca à Reichshoffen (67) avec 100 salariés.

1 site de production de matelas et sommiers Tréca à Bourg-de-Thizy (69) avec 70 salariés.

Treca, spécialiste des literies haut-de-gamme depuis plus de 75 ans, fait partie du groupe d'ameublement Cauval Industrie (environ 550 millions d'euros de chiffre d'affaires en 2009 et près de 5.500 salariés en France).

Hill-Rom

5

Made in 450 emplois

Retrouvez cette entreprise sur la carte 7

1 siège et 1 site de production de 45.000 lits d'hôpitaux par an à Pluvigner (56) avec 450 salariés. L'entreprise américaine y a investi 3 millions d'euros en 2011 afin de moderniser l'outil productif. Un lit hospitalier c'est un peu glauque certes. Mais indéniablement fonctionnel, pratique et prévoyant à l'heure du vieillissement de la population et de l'explosion de la dépendance.

Epeda

6

Made in 350 emplois

Retrouvez cette entreprise sur la carte 36 27

1 site de production Epeda à Perriers-sur-Andelle (Eure) avec 160 salariés. Le site a été touché par un incendie en avril 2012.

1 site de production de matelas et sommiers pour marques de distributeurs à Limoges (87) avec 190 salariés.

Epeda a fermé ses usines de La Charité-sur-Loire (Nièvre) et de Mer (Loir-et-Cher), entraînant 430 suppressions d'emplois. Epeda fait partie du groupe Cofel (Compagnie Financière Européenne de Literie) né en décembre 2002. Le groupe détient les marques Epeda, Bultex et Merinos et **emploie 850 salariés en France**. Le groupe Cofel dispose de 5 sites industriels en France qui produisent 1 million de matelas et 300.000 sommiers par an.

Lestra

7

Made in
220
emplois

Retrouvez cette entreprise sur la carte
80 81

1 site de production de couettes, oreillers, matelas, sacs de couchage et sacs à dos à Nazelles-Négron (37).

1 site de production de couettes, oreillers, matelas, sacs de couchage et sacs à dos à Beauvois-en-Cambrésis (59).

Lestra est une société familiale née en Alsace, aujourd'hui implantée dans le Val de Loire. **Elle emploie 220 salariés en France.** Lestra est un important sponsor de l'alpinisme.

Yves Delorme - Losis

8

Made in
200
emplois

Retrouvez cette entreprise sur la carte
37 79

1 siège, 1 centre logistique et 1 site de production de draps, taies et housses de couette à Haubourdin (59), avec 150 salariés. Un partenariat existe pour le linge de table avec l'entreprise franco-espagnol Enbasa-Laval, qui dispose de 3 sites de production, en Espagne, en Chine et en France, à Laval (Coutils de Laval).

1 site de production à Roanne (42), fief d'Yves Delorme, où est confectionné le **linge de bain**. Un partenariat existe pour le linge de bain avec un industriel turc.

1 site commercial à Paris (75).

Le groupe Frémaux-Delorme est un des principaux fabricants français de linge de maison. Depuis le rachat d'Yves Delorme en 1989, le groupe Frémaux est présent sur l'ensemble des gammes. **Le groupe emploie environ 500 salariés en France et exporte dans le monde entier (Asie comprise).**

Outre la marque Yves Delorme, le groupe commercialise les griffes Olivier Desforges, Iosis (accessoires et coussins), ainsi que les lignes Kenzo, Pierre Frey, Calvin Klein et Ralph Lauren, fabriquées sous licences.

Sealy - Sapsa

9

Made in 180 emplois

Retrouvez cette entreprise sur la carte 29

1 site de production de matelas et sommiers à Saleux (80) avec 180 salariés. Le fabricant américain de matelas Tempur-Pedic a racheté en septembre 2012, le fabricant de literie Sealy pour 1,3 milliard de dollars au total, dont 228,6 millions de dollars en numéraire et plus d'un milliard de dollars de reprise de dette.

Bultex

10

Made in 150 emplois

Retrouvez cette entreprise sur la carte 91 57

1 site de production de matelas et sommiers Bultex à Noyen-sur-Sarthe (72).

1 site de production de 150.000 matelas et de 36.000 sommiers Bultex par an à Langeac (43) avec 100 salariés.

Bultex fait partie du groupe Cofel (Compagnie Financière Européenne de Literie) né en décembre 2002. Le groupe détient les marques Epeda, Bultex et Merinos et **emploie 850 salariés en France**. Le groupe Cofel dispose de 5 sites industriels en France qui produisent 1 million de matelas et 300.000 sommiers par an.

Drouault

11	Made in 150 emplois	Retrouvez cette entreprise sur la carte 38

1 siège et 1 site de production de 15.000 couettes et 23.000 oreillers par jour ainsi que des duvets, couvertures et linge de chambre au Mans (72), avec 150 salariés. 2,5 millions d'euros ont été investis sur le site pour l'agrandir et le moderniser.

Depuis 1850, les Etablissements Drouault sont synonymes d'excellence dans l'univers du sommeil.

André Renault

12	Made in 150 emplois	Retrouvez cette entreprise sur la carte 39

1 siège et 1 site de production de matelas et de sommiers haut de gamme à Saint-Gildas-des-Bois (44) avec 150 salariés.

L'entreprise familiale, née en 1947 en Bretagne, est attaquée en juin 2012 par une ancienne salariée qui réclame 1,5 million d'euros au titre d'innovations technologiques qu'elle aurait développées.

Tradilinge

13	Made in 140 emplois	Retrouvez cette entreprise sur la carte 42

1 siège et 1 site de production de linge de lit, de table, de salle de bain et de puériculture à Cambrai (59) avec 140 salariés. Les équipements de l'usine ont été renouvelés en 2011. L'entreprise Tradilinge est labellisée « Entreprise du Patrimoine Vivant ».

Merinos

14	Made in 120 emplois	Retrouvez cette entreprise sur la carte 51

1 site de production de 230.000 matelas et 75.000 sommiers Merinos par an à Vesoul (70) avec 120 salariés. Merinos fait partie du groupe Cofel, (Compagnie Financière Européenne de Literie) né en décembre 2002. Le groupe détient les marques Epeda, Bultex et Merinos et **emploie 850 salariés en France**. Le groupe Cofel dispose de 5 sites industriels en France qui produisent 1 million de matelas et 300.000 sommiers par an.

Wifor

15	Made in 120 emplois	Retrouvez cette entreprise sur la carte 52

1 siège et 1 site de production de 310.000 matelas et sommiers par an à Roppentzwiller (68) avec 120 salariés. L'entreprise, née en 1963, appartient au groupe Hilding Anders. Wifor exporte vers la Suisse et l'Allemagne.

Alsace Meubles

16	Made in 60 emplois	Retrouvez cette entreprise sur la carte 63

1 siège et 1 site de production de lits et de 350 sommiers à lattes par jour à Masevaux (68) avec 60 salariés. L'entreprise née en 1990 est désormais propriété d'un groupe allemand.

Brun de Vian-Tiran

17	Made in 50 emplois	Retrouvez cette entreprise sur la carte 64

1 siège et 1 site de production de couvertures (70% de la production) couettes (15%), plaids (15%) à L'Isle-sur-la-Sorgue (84) avec 50 salariés. L'entreprise fondée en 1808 dans le Vaucluse est le premier fabricant de **couvertures** naturelles de France. La Manufacture Brun de Vian-Tiran ne se contente pas de fabriquer ses articles dans le Vaucluse. Elle file, tisse, et teint elle-même la laine, le cachemire, l'alpaga ou le mohair. La Manufacture Brun de Vian-Tiran bénéficie à ce titre du label « Textile de France » et maîtrise totalement le processus de fabrication. L'entreprise réalise 20% de son chiffre d'affaires à l'export (Italie, Espagne, USA, Grande-Bretagne, Japon, Corée, Taïwan et Hong-Kong).

Marboré

18

Made in 20 emplois

Retrouvez cette entreprise sur la carte 92

1 siège, 1 magasin et 1 atelier de confection de couvertures et plaids à Jurançon (64).

1 atelier de tricotage de couvertures et plaids à Morlaas (64).

La Manufacture de Tissus des Pyrénées, créée en 1953 à Pau, **emploie une vingtaine de salariés**. 15% de la production de la marque Marboré est **exportée** vers une vingtaine de pays. La marque de prêt-à-porter féminin et masculin et de pulls marins a obtenu le label « Origine France Garantie ». La Manufacture de Tissus des Pyrénées a obtenu le label « Entreprise du Patrimoine Vivant ».

Easy Housse

1 siège et site de conception de linges et couettes pratiques à Marguerittes (30).

1 site de production à Caissargues (30).

Le couple d'inventeur, à la tête de l'entreprise RM Collection, a reçu la médaille de bronze du concours Lépine 2012. L'entreprise utilise du tissu des Vosges.

Castex

1 atelier de production de couettes, édredons, oreillers à Dax (40). La Manufacture Alphonse Castex, entreprise familiale fondée en 1870, a vu ses produits labellisées « Origine France Garantie ». La gamme haut de gamme « Castex Living » est exclusivement réservée à l'export vers l'Asie (Hong-Kong, Taiwan).

Terre de Femmes

1 siège à Barbentane (13).

1 site de production de draps, housses, couettes et taies d'oreillers à Saint-Christol-les-Alés (30).

L'entreprise provençale née en 2010 a obtenu la label « Origine France Garantie » pour son linge de lit et de maison.

Mobilier

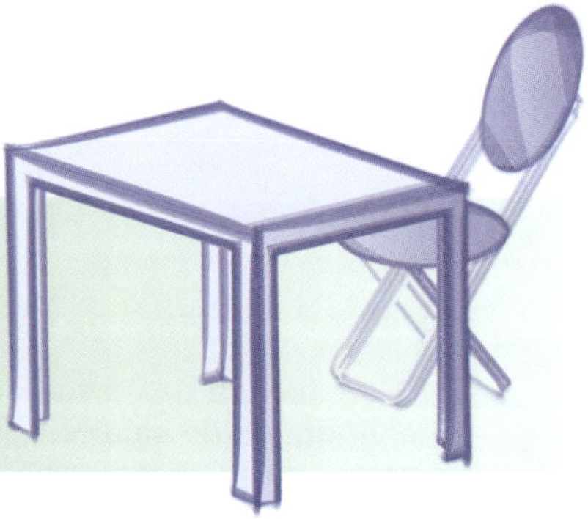

1. **Parisot Meubles**
2. **Demeyre - Idevolum - Sanea**
3. **Gautier France**

Les grandes enseignes comme Ikea occupent désormais l'essentiel du marché de l'ameublement, comme de l'équipement de la cuisine et de la salle de bains.

Un environnement fiscal trop lourd face la concurrence des pays de l'Est dont la Pologne (aux coûts de production 40% inférieurs) explique les nombreuses fermetures d'usine qui ont touché le secteur de l'ameublement de cuisine.

En incluant le matelas, le marché du meuble représente en France une dizaine de milliards d'euros par an. Ce marché est mature et varie peu. Depuis une quinzaine d'années, le marché du meuble massif, dont on héritait de génération en génération baisse régulièrement au profit du meuble en kit, élément de décor dont on change plus souvent. Un phénomène qui s'explique par les possibilités de reventes plus faciles, offertes par des sites spécialisés ou des magasins de négoce dédiés à cet effet.

Le saviez-vous ?

L'acronyme IKEA reprend les premières lettres du nom du fondateur de la marque (Ingvar Kamprad), du nom de la ferme de ses parents (Elmtaryd) et du nom de son village (Agunnaryd).

Le saviez-vous ?

La forêt couvre 42% de la superficie des 27 pays de l'Union Européenne. Les industries du bois les plus importantes se situent en Lettonie, en Estonie et en Finlande. Avec 16 millions d'hectares de forêts, la filière bois n'emploie que 400.000 personnes en France, pâtissant d'un manque de scieries par rapport à ses voisins.

Le mobilier *Made in Emplois*

Parisot Meubles

1

Made in **1.200** emplois

Retrouvez cette entreprise sur la carte

3 94 16

1 siège et 1 site de production à Saint-Loup-sur-Semouse (70) avec 720 salariés. Des investissements d'automatisation de la production ont été réalisés en 2011.

1 site CFP de production de 40% des panneaux de particules du groupe à Corbenay (70).

1 site MVM de production de meubles de cuisine et de salle de bain à Mattaincourt (88) avec 200 salariés. En janvier 2013, l'entreprise a annoncé la suppression de 120 des 370 emplois du site. L'entreprise est en redressement judiciaire depuis novembre 2012. 70 postes ont été supprimés depuis la reprise de Parisot par le groupe Windhurst Industries en février 2011. La direction invoque la perte de son client historique, Castorama.

1 Showroom à Lognes (77).

Concepteur et fabricant français de meubles depuis 1936, Parisot Meubles réalisait 125 millions d'euros de chiffre d'affaires en 2011. Sa maison mère, le Groupe Parisot a réalisé un chiffre d'affaires de 243 millions d'euros en 2011, avec 3 usines en France et <u>2 en Roumanie</u>. Il commercialise ses produits dans 40 pays et **emploie 1.200 salariés en France** et 850 en Roumanie et dans le monde. L'intégralité des meubles du Groupe Parisot sont fabriqués en Europe : **3,8 millions de meubles fabriqués en France (95% de la production**) <u>et 200 000 fabriqués en Roumanie (5% de la production)</u>. **L'exportation ne représente que 12% de l'activité.** Le groupe Parisot est le premier fabricant français de meubles en kit pour la grande distribution (But et Conforama) et a annoncé un plan d'investissement de 30 millions d'euros de 2012 à 2015.

98% de ses déchets sont valorisés et le groupe Parisot produit 400 tonnes de papiers et cartons recyclés chaque année.

Demeyre - Idevolum - Sanea

2 | Made in 1.200 emplois | Retrouvez cette entreprise sur la carte 1 93 60

1 siège et 1 site de production à Pérenchies (59) avec 810 salariés. La capacité de production y a été augmentée fin 2011.

1 site de production et un entrepôt à Lompret (59).

1 centre logistique à Deûlémont (59).

1 entrepôt à Santes (59).

1 site de production de petits meubles de rangement à Nersac (16) avec 90 salariés.

Spécialiste des meubles en kit bas de gamme, les meubles Demeyre **produisent 25.000 colis de meubles en kit par jour, emploient 1.100 salariés en France et disposent de 3 usines et 3 entrepôts. 50% de la production partent à l'export** vers 89 pays.

Gautier France

3 | Made in 950 emplois | Retrouvez cette entreprise sur la carte 2

1 siège et 1 site de production de mobilier de chambre, de salon, de rangement, de bureau au Boupère (85) avec 780 salariés. En 2010, d'importants investissements en machines ont permis un gain de productivité de 10%.

2 sites de production et de logistique à Saint-Prouant et Chantonnay (85).

L'entreprise emploie 950 salariés en France et assure une production à 95% française. Le premier fabricant et distributeur de meubles français dispose de 30 magasins franchisés en France et de 50 dans le monde (Belgique, Bulgarie, Russie, Maroc, Arabie Saoudite, et même dans 6 villes indiennes). J'ai un faible pour leur slogan « stylish french living ».

Maison

Caissons Kilea - Caissons Mabox - Tables Prune Armoires Filea - Armoires Basycs Rangements Classwood - Rangements Ibizcub

4

Made in 800 emplois

Retrouvez cette entreprise sur la carte

11 30 53 62

1 siège social à Saint-Cloud (92) avec 400 salariés.

1 site de production de caissons et sièges de bureau à Noyon (60) avec 180 salariés.

1 site de production de 150.000 armoires métalliques par an à Guise (02) avec 120 salariés.

1 site de production de 10.000 meubles en bois et 130.000 plans de bureau par an à Bressuire (79) avec 70 salariés.

Le groupe Majencia, leader français du mobilier de bureau, **emploie 800 salariés en France (400 sur ses 3 sites de production et 400 au siège et dans ses 13 agences commerciales et plate-formes logistiques)**. 11 de ses marques destinées au grand public comme aux professionnels ont obtenu la labellisation « Origine France Garantie ». Majencia dispose également de 3 bureaux commerciaux à Londres, Milan et Bruxelles. Sa filiale Majendi est spécialisée dans le recyclage de mobilier.

Alsapan - Ikea

5

Made in 600 emplois

Retrouvez cette entreprise sur la carte

14 43 44 92

1 siège à Dinsheim-sur-Bruche (67).

1 centre logistique et 1 site de production de meubles en kit de salon à Erstein (67) avec 300 salariés. 5 millions d'euros y ont été investis en 2011 pour y doubler la capacité de production.

10 000 colis par jour sont destinés à Ikéa. Le premier distributeur mondial de meubles, client de l'entreprise depuis trente ans, représente aujourd'hui un peu plus de la moitié du chiffre d'affaires d'Alsapan contre la presque totalité il y a cinq ans. Alsapan produit également des meubles pour les distributeurs français.

1 site de production de meubles de chambre à Boulay (57) avec 140 salariés.

1 site de production de meubles de bureau à La Courtine (23) avec 140 salariés.

1 site de production de plans de travail de cuisine à Wasselonne (67).

Alsapan emploie 600 salariés et réalisait en 2011 un chiffre d'affaires de 130 millions d'euros (+10% par rapport à 2010). L'entreprise annonce avoir investi au total 25 millions d'euros au cours des trois dernières années sur ses 4 sites français.

Alsapan travaille en partenariat avec le CNRS et l'Université de Haute-Alsace à Mulhouse au développement de meubles capables de capter plus de polluants qu'ils n'en émettent.

Meubles Célio

6

Made in 220 emplois

Retrouvez cette entreprise sur la carte 18

1 siège et 1 site de production d'armoires et meubles de chambre à La Chapelle-Saint-Laurent (79) avec 220 salariés.

Grange

7

Made in 200 emplois

Retrouvez cette entreprise sur la carte 21

1 siège et 1 site de production de meubles classiques haut de gamme à Saint-Symphorien-sur-Coise (69) avec 200 salariés.

1 site de production de meubles à Saint-Pierre (39). 65% des meubles Grange sont fabriqués en France.

<u>1 site de production en Roumanie qui fabrique 35% des meubles de la marque depuis 2004</u>.

L'entreprise fondée en 1904 est positionnée sur des meubles de style haut de gamme, et détenue à 95% par le groupe anglais Aga Rangemaster Group depuis 2001. L'entreprise réalisait 30 millions d'euros de chiffre d'affaires en

2011 dont **75% à l'export** (Etats-Unis, Angleterre, Allemagne, Russie et Asie). L'entreprise, qui dispose de ses propres boutiques à Paris, à Lyon, à Bordeaux, à Londres, au Luxembourg et à Pékin, espérait une croissance de 8% en 2012.

SCIAE

8

Made in 200 emplois

Retrouvez cette entreprise sur la carte 22

1 siège et 1 site de production de 1.500 meubles par jour à Dienville (10) avec 200 salariés. La société commerciale et industrielle d'ameublement européen (SCIAE) a été rachetée fin 2010 par un groupe allemand. SCIAE réalise **30% de son chiffre d'affaires à l'export.**

Forège

9

Made in 200 emplois

Retrouvez cette entreprise sur la carte 32 69

1 siège et 1 site de production de meubles et placards à Treize-Septiers (85) avec 170 salariés.

1 site à L'Herbergement (85) avec 30 salariés.

L'entreprise vendéenne fondée en 1964, fut placée en redressement judiciaire au printemps 2009 et licencia à l'époque une cinquantaine de salariés.

Optimum

10

Made in 170 emplois

Retrouvez cette entreprise sur la carte 33

1 siège et 1 site de production de 1,6 million de placards à Le Passage (47) avec 170 salariés. L'entreprise, fondée en 1981, garantit une production française de qualité.

Sauthon - Kangouroru - Alibaby

11

Made in 170 emplois

Retrouvez cette entreprise sur la carte 34

1 siège et 1 site de production de meubles pour bébés à Guéret (23) avec 170 salariés. L'entreprise fondée en 1938 dans l'Essonne, et installée dans le Limousin depuis 1961, est le leader européen des chambres pour bébés et exporte vers plus de 25 pays.

Meubles Gontier

12

Made in 95 emplois

Retrouvez cette entreprise sur la carte 95 96

1 siège et 1 site de production de meubles à Landivy (53).

1 site de production de meubles à Juilley (50).

1 magasin à Vélizy (78).

L'entreprise mayennaise, fondée en 1920, **emploie 95 salariés en France** et a obtenu le label « Origine France Garantie ». Les meubles Gontier sont fabriqués en Mayenne, avec du bois de merisier et de chêne, issus exclusivement de forêts françaises.

Positionnée sur le meuble en bois massif haut de gamme en petite série, l'entreprise a connu une perte de chiffre d'affaires de 20% au second semestre 2011, la société a maintenu ses effectifs mais n'a pu remplacer les départs en retraite. Gontier exporte vers la Belgique, l'Angleterre, l'Allemagne et l'Australie.

L'édito

13

Made in 10 emplois

1 siège et 2 showrooms à Paris (75).

1 site de production à Evry (91).

L'éditeur de meubles design made in France **emploie environ 10 personnes en France** et travaille avec une centaine de designers.

Delorme

1 site de production de meubles en bois massif à Vaugneray (69). Delorme Meubles, créateur et fabricant de meubles depuis 1979, a obtenu le label « Origine France Garantie » pour ses meubles 100% massif en chêne, merisier, noyer et hêtre.

Meljac

1 bureau d'étude et 1 site de production de lampes à Villeneuve-Le-Roi (94). Ce nouveau site a été construit en 2010.

1 showroom à Lyon (69).

1 showroom à Paris (75015).

L'entreprise, créée en 1995, fabrique des appareillages électriques haut de gamme et a obtenu le label « Origine France Garantie ».

Le mobilier *concurrent et importé* des distributeurs-producteurs

- **Ikea**

Depuis 2009, Ikea est **leader du meuble en France avec une part de marché de 15,7%** et réalise plus de 2 milliards d'euros de chiffre d'affaires en France. En 2011, Ikea comptait **29 magasins en France** et possédait **4 plateformes logistiques :** Saint-Quentin-Fallavier (38), La Maxe (57), Fos-sur-Mer (13) et à Châtres (77).
L'entreprise suédoise a désormais son **siège social aux Pays-Bas**, à Delft. Si les meubles sont encore conçus et dessinés, dans la ville du premier magasin, Älmhult, permettant à la marque de communiquer sur le « made in quality of Sweden » **seuls 7% des meubles sont encore fabriqués en Suède**. Ikea a délocalisé la fabrication de ses meubles en Pologne dès 1961, puis en Asie. Dès 2001, plus de 50% des meubles étaient fabriqués dans des pays en développement, dont un tiers en Asie. **En 2009, 20% de l'approvisionnement d'Ikea vient de Pologne, 20% de Chine et plus de 10% du reste de l'Asie**. En quelques années le groupe a ainsi vu son chiffre d'affaires multiplié par 10 et son nombre de fournisseurs divisé de moitié. En 2009, Ikea comptait **1.120 fournisseurs à travers le monde**.

Avec 333 magasins répartis dans 41 pays en 2011, Ikea a réalisé un chiffre d'affaires global de 25 milliards d'euros pour un bénéfice de 3 milliards. Ikea est le troisième plus gros consommateur de bois au monde derrière les chaines américaines Home Depot et Lowe's.

- **Conforama**

Siège social à Lognes (77).
Créé en 1967 à Saint-Priest (69), Conforama emploie 13.400 personnes, dans 239 magasins répartis dans 6 pays européens en 2012. Le n°2 mondial de l'équipement de la maison exploite 259 magasins, dont 203 en France (dont 7 dans les DOM-TOM) et 52 magasins dans le reste de l'Europe (dont 15 en Italie, 14 en Espagne, 13 en Suisse, 4 au Portugal, ainsi qu'au Luxembourg et en Croatie).
Conforama **achète une large partie de ses meubles en Chine** chez des fournisseurs aux conditions de travail controversées.

- **Alinéa**

1 siège à Aubagne (13).
Le détaillant de mobilier, créé en 1989, est **uniquement implanté en France.** Alinéa **emploie 2.300 salariés**, dont 90% sont aussi actionnaires, ce qui représente 4% du capital. Alinéa compte actuellement 26 magasins en France qui généraient 441 millions d'euros de chiffre d'affaires en 2010.
Alinéa fait fabriquer une large partie de sa gamme par des fournisseurs asiatiques mais aussi européen et français. L'entreprise dispose même en Chine d'un bureau de production. Pour la table Mataiva, le bois vient d'une forêt indonésienne de l'île de Java et la fabrication se fait sur place dans l'usine du fournisseur local. En revanche pour la gamme Naturado, Alinéa dit avoir fait appel à un fournisseur fabricant en France.

- **Fly**

1 siège à Kingersheim (68). Fly **emploie 2.330 salariés dans ses 122 magasins en France**, 19 en Suisse et 2 en Espagne. Longtemps leader du meuble en France, il s'est fait dépassé par Ikéa.

- **But**

1 siège à Emerainville (77) avec 300 salariés. L'enseigne d'équipement de la maison, fondée au Havre en 1972, dispose de **215 magasins en France et emploie 6.200 personnes dans le monde.** En 2010, But a passé le cap des 10% de parts de marché en réalisant 1,8 milliard de chiffre d'affaires.

- **Maison du monde**

L'enseigne d'ameublement fondée à Brest en 1990 compte 150 magasins en France et une cinquantaine en Europe (Espagne, Italie, Belgique, Luxembourg). Elle a réalisé en 2010 près de 323 millions d'euros de chiffre d'affaires et **emploie près de 4.000 salariés en 2011.** Palissandre des Indes, laque de Chine, coffre tibétain, acajou d'Indonésie, etc. L'importation de meubles est au cœur du positionnement de Maison du monde.

Canapés, fauteuil & chaises

1 Steiner Paris - Valmont

2 Valco

3 Fermob

Les canapés, fauteuils et chaises *Made in Emplois*

Steiner Paris - Valmont

1

Made in 600 emplois

Retrouvez cette entreprise sur la carte 13 15

1 site de production de sièges d'ameublement intérieur à Lognes (77) avec 310 salariés.

1 site de production de sièges, canapés et meubles de salon à Séverac-le-Château (12) avec 290 salariés.

Steiner a produit en France de nombreux meubles cultes comme les canapés et fauteuils 770 dessinés en 1958, le fauteuil Limande en 1971 ou le canapé Mandala en 2000.

Valco

2

Made in 550 emplois

Retrouvez cette entreprise sur la carte 5

1 site de production de banquettes, sièges, fauteuils à Bar-sur-Aube (10) avec 550 salariés. Valco fait partie du groupe d'ameublement Cauval Industrie qui emploie près de 5.500 salariés en France et réalisait environ 550 millions d'euros de chiffre d'affaires en 2009.

Fermob

3 | Made in 200 emplois | Retrouvez cette entreprise sur la carte 23

1 siège et 1 site de production de 400.000 chaises par an à Thoissey (01) avec 200 salariés. L'entreprise Rhône-alpine fabrique et vend des chaises d'extérieur, pliantes et en métal, semblables à celles du Jardin du Luxembourg. En 2010, Fermob réalisait un chiffre d'affaires de 30 millions d'euros, dont **40% à l'export,** en particulier aux Etats-Unis où elle compte parmi ses clients les universités d'Harvard, Stanford, Duke ou Columbia ou encore Google et Starbuck's. Fermob a vendu 40.000 chaises aux Etats-Unis en 2010, dont 12.000 chaises bistro à New York. Sarah Jessica Parker s'en est fait livrer une quinzaine pour son anniversaire et Robert De Niro ne jure plus que par Fermob pour aménager les terrasses de ses restaurants.

Diva

4 | Made in 190 emplois | Retrouvez cette entreprise sur la carte 28

1 siège et 1 site de production de chaises, sièges, fauteuils au Coteau (42) avec 190 salariés. Diva fait partie du groupe d'ameublement Cauval Industrie (environ 550 millions d'euros de chiffre d'affaires en 2009 et près de 5.500 salariés en France).

Home spirit

5 | Made in 150 emplois | Retrouvez cette entreprise sur la carte 65 87 86 85

1 siège, 1 bureau d'étude et 1 site de production de canapés et fauteuils à Neuville-en-Ferrain (59) avec 50 salariés. 90% des approvisionnements de l'entreprise s'effectuent à moins de 100 km du siège.

1 site de production de canapés haut de gamme à Saint-Etienne (42).

1 site de production de matelas et sommiers à Loison-sous-Lens (62).

1 site de production de coussins et plaids Saint-Amarin (68).

1 site de production de canapés en Belgique.

Dans un marché national du canapé en chute de 14% en 2009, Home Spirit a vu son chiffre d'affaires augmenter de 5%. **L'entreprise emploie 250 salariés en France.**

Leleu

6

Made in 120 emplois

Retrouvez cette entreprise sur la carte 54

1 siège et 1 site de production de canapés et fauteuils à Candé (49) avec 120 salariés. Les mousses moulées fabriquées par la société Jacques Leleu sont garanties 10 ans.

Combelle - P'tit Tom

7

Made in 50 emplois

Retrouvez cette entreprise sur la carte 66

1 site de production de chaises, tables à langer, lits, parcs et de petit mobilier à Marmanhac (15) avec 50 salariés. L'entreprise Combelle, née en 1926 dans le Cantal, est devenue le premier fabriquant français d'articles de puériculture en bois. Elle a obtenu le label « Origine France Garantie ». Plus de 70% de la valeur ajoutée de ses produits est réalisée en France. Les cartons d'emballage viennent de Corrèze, le plastique de Montluçon. Ses chaises bébé sont garanties 10 ans. L'entreprise réalise **10% de ses ventes à l'export** (Espagne, Belgique, Angleterre). L'entreprise a investi dans l'automatisation de sa production pour rester compétitive face aux produits importés.

Bricolage

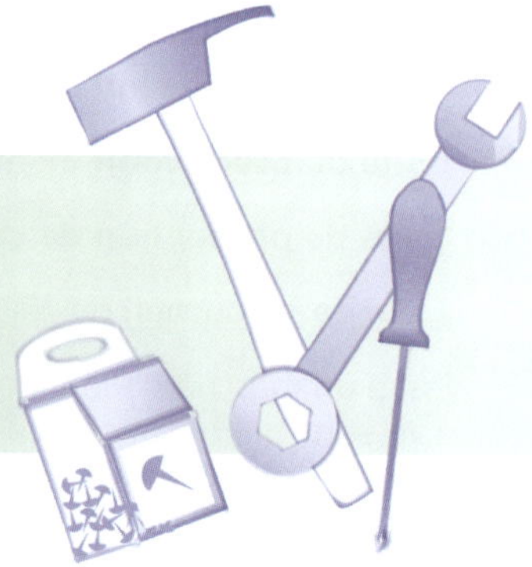

1. SPIT
2. Bost - Facom
3. Gunther Tools

Outilacier est une enseigne de distribution d'outillage qui fait le choix d'un approvisionnement prioritairement local. Elle emploie 28 salariés en France et réalise un chiffre d'affaires de 26 millions d'euros.

Son président a reçu en décembre 2012 le prix Etienne Marcel, qui récompense des entreprises conciliant attitude responsable et performance économique. Défenseur du « made in France », il pointe la responsabilité des intermédiaires et des marques de distributeurs dans les délocalisations, la destruction d'emplois et de savoir-faire techniques. Les consommateurs ne peuvent en effet acheter que ce qui est mis à leur disposition dans les rayons. Or certaines marques de distributeurs se contentent de faire copier les produits européens par leurs sous-traitants asiatiques.

Le saviez-vous ?

« On reconnaît le bon ouvrier à ses outils » dit le proverbe.

Le matériel de bricolage *Made in Emplois*

SPIT

1 | Made in 570 emplois | Retrouvez cette entreprise sur la carte 4

1 siège et 1 site de production de 1 million de clous et chevilles par jour et 100.000 outils cloueurs par jour à Bourg-lès-Valence (26) avec 570 salariés. L'entreprise, créée en 1951 à Valence, produit dans la Drôme des marteaux, pistolets, clous, visseuses et de la résine de scellement. SPIT dispose de 4 bureaux d'étude, 3 laboratoires d'essais et 11 usines. Elle a réalisé 160 millions d'euros de chiffre d'affaires en 2010. **50% de sa production est exportée** vers le reste de l'Europe, le Proche Orient, l'Australie, et l'Asie. Depuis 1986, SPIT est membre du groupe américain ITW.

Bost - Facom

2 | Made in 460 emplois | Retrouvez cette entreprise sur la carte 19 45 58

1 siège et 1 site de production de 17 millions de tournevis par an, de 10 millions de clés mâles par an et de 210.000 pinces-étaux par an à Arbois (39) avec 220 salariés. C'est la plus importante usine de tournevis d'Europe.

1 site de production de 2 millions de pinces par an à Laissey (25) avec 140 salariés.

1 site de R&D et de production de servantes d'atelier, coffres, armoires et de mobilier de rangement à Feuquières (80) avec 100 salariés. L'usine existe depuis près de 90 ans.

BGI (Bost Garnache Industries) entreprise fondée en 1891, est le premier fabricant français de pinces et le premier fabricant européen de tournevis et de clés mâles. 2/3 des outils Facom proviennent de pays européens.

Gunther Tools

3 | Made in 320 emplois | Retrouvez cette entreprise sur la carte 12

1 bureau d'étude et 1 site de production de forets à Soultz-Sous-Forêts (67) avec 320 salariés. Gunther Tools fait partie du groupe Sandvik, qui comptait fin 2011 plus de 50.000 salariés dans 130 pays, dont 1.700 en France.

Diager

4 | Made in 200 emplois | Retrouvez cette entreprise sur la carte 24

1 site de production de forêts et d'outils de bricolage à Poligny (39) avec environ 200 salariés. En 2010, Diager réalisait 37 millions d'euros, dont **45% à l'export**. L'entreprise, numéro 1 français des produits de perçage et leader européen pour les forets, a obtenu le label « Origine France Garantie » pour ses forets. En 2011, l'entreprise a investi 1 million d'euros dans une usine au

Mexique afin de reconquérir des parts de marché en Amérique. Lors de la crise de 2008, Diager a supprimé 80 emplois.

CP - Chicago Pneumatic

5 — Made in 200 emplois — Retrouvez cette entreprise sur la carte 25

1 siège, 1 site de R&D et 1 site de production de prototypes de visseuses, perçeuses, scies, meuleuses, marteaux et pistolets à mastic à Saint-Herblain (44) avec 200 salariés. 3,5 millions d'euros y ont été investis en 2010 et 2011. L'entreprise américaine dispose aussi de sites de production aux Etats-Unis, en Allemagne, en Suède, en Bulgarie, en Russie et en Inde.

Sam

6 — Made in 190 emplois — Retrouvez cette entreprise sur la carte 40

1 siège et 1 site de production de pinces, tenailles, tournevis et d'outils à main à Saint-Etienne (42) avec 150 salariés. L'entreprise spécialiste de l'outillage à main a été fondée en 1906. Si elle a délocalisé une partie de sa production, elle a aussi conservé une forge en France. Sam **emploie 190 salariés en France** et a réalisé en 2011 un chiffre d'affaires de 32,8 millions d'euros dont **20% à l'export**.

Virax

7 — Made in 180 emplois — Retrouvez cette entreprise sur la carte 31

1 siège, 1 site de R&D et 1 site de production de 70% des outils de la marque à Epernay (51) avec 180 salariés. 500.000 euros y ont été investis en 2011. L'entreprise, fondée en 1920, **exporte vers plus de 40 pays.**

Leborgne

8	Made in 160 emplois	Retrouvez cette entreprise sur la carte 90

1 siège et 1 site de production de marteaux et d'outils à main à Arvillard (73). L'ensemble des outils forgés de la marque y sont fabriqués. Les outils Leborgne sont tous conçus en France.

1 centre logistique et 1 site de production de marteaux et d'outils à main à La Rochette (73)

L'entreprise familiale d'outils de bricolage et de jardinage, fondée en 1829, **emploie 160 salariés en France** et réalisait 14 millions d'euros de chiffre d'affaires en 2004 dont **20% à l'export** (Suisse, Belgique, Espagne, Italie). En 2007, l'entreprise est rachetée par le groupe finlandais Fiskars.

Mob

9	Made in 140 emplois	Retrouvez cette entreprise sur la carte 46

1 siège, 1 centre logistique européen et 1 site de production de marteaux, pinces, clés et d'outils à main à Le Chambon Feugerolles (42) avec 140 salariés. L'entreprise dispose de 2 autres sites de production à Brasov en Roumanie et à Schwelm en Allemagne.

Aerfast

10	Made in 120 emplois	Retrouvez cette entreprise sur la carte 55

1 siège et 1 site de production d'outils de clouage, d'agrafage et de vissage à Saint-Amé (88) avec 120 salariés.

Ultra

11 — Made in 120 emplois — Retrouvez cette entreprise sur la carte 59

1 siège, 1 centre logistique et 1 site de production de 20 millions de scies à main par an à Roanne (42) avec 100 salariés. L'entreprise **emploie aussi environ 20 salariés** au sein de ses équipes commerciales et marketing pour la France et l'export. La marque créée en 1923 fait désormais partie du groupe Sägen-Mehring.

Stanley - Black&Decker

12 — Made in 120 emplois — Retrouvez cette entreprise sur la carte 41

1 siège, le centre logistique européen et 1 site de production d'outils de bricolage à Besançon (25) avec 150 salariés. Le centre de distribution devait fermer avant fin décembre 2012. L'entreprise américaine, leader en matière d'outillage et de produits de quincaillerie, produit des outils en France.

Gener'Chocs SMO du Wage

13 — Made in 50 emplois — Retrouvez cette entreprise sur la carte 67

1 siège et 1 site de production d'outils à Bresles (60) avec environ 50 salariés. Cet outil automatique à embouts est conçu, développé et fabriqué intégralement en France. Il a obtenu la médaille de bronze du concours Lépine 2009 et la médaille d'or au salon des investions de Genève. Créée en 1992, SMO du Wage est une entreprise picarde spécialisée en mécanique de précision, moule et outillage. Elle réalisait près de 4 millions d'euros de chiffre d'affaires en 2010. En moyenne, 12% de chiffre d'affaires sont réinvestis chaque année.

Bigeon

14

Made in
15
emplois

Retrouvez cette entreprise sur la carte
70

1 site de production de manches d'outils en bois à La Ferrière-aux-Etangs (61) avec 15 salariés. Bigeon est le leader français de la fabrication de manches d'outils en bois. L'entreprise fabrique aussi des chevalets de sciage, de tréteaux ainsi que des balançoires, trapèzes et autres agrès.

EL France

1 site de production de 10.000 manches d'outils en bois par jour à Maranville (52). Implantée dans les forêts de Haute-Marne, l'entreprise Edme-Lacroix est spécialisée dans la fabrication de manches d'outils en bois.

Bois Tourné Aquitain

1 site de production de manches d'outils et de balais en bois à Casteljaloux (47). Etabli depuis 1950 au cœur de la forêt landaise, Bois Tourné Aquitain est le premier fabricant français de bâtons ronds en pin maritime. L'entreprise a obtenu le label « Origine France Garantie ».

Brosses Chion

1 site de production de brosses, pinceaux et rouleaux à Grenoble (38). La Brosserie Grenoble est une entreprise familiale fondée en 1936.

Jardinage & extérieur

1. Devillé - Bahco - Pradines
2. Outils Wolf
3. Etesia

Jardinage & extérieur *Made in Emplois*

Devillé - Bahco - Pradines

1 — Made in 450 Emplois — Retrouvez cette entreprise sur la carte 8

1 siège et 1 site de production de sécateurs, de cisailles à haies et d'outils de jardinage à Baugé (49), avec 450 salariés. Le site fait aussi de la sous-traitance automobile. L'entreprise fait partie du groupe SNA, premier fabricant européen d'outils à main et de scies. Elle a obtenu le label « Origine France Garantie ».

Outils Wolf

2 — Made in 230 Emplois — Retrouvez cette entreprise sur la carte 17

1 siège, 1 centre de R&D et 1 site de production Wolf de 60.000 tondeuses à gazon par an et d'outils de jardin à Wissembourg (67) avec 230 salariés, dont 30 à la R&D. L'entreprise familiale créée en 1955 investit chaque année 5% de son chiffre d'affaires en R&D.

Etesia

3

Made in
130
emplois

Retrouvez cette entreprise sur la carte
49

1 siège et 1 site de production Etesia de 60 tondeuses à gazon par jour à Wissembourg (67) avec 130 salariés. 90% des composants soudés sont réalisés sur le site. L'entreprise alsacienne est le seul constructeur français de tondeuses autoportées. Elle réalise un chiffre d'affaires d'environ 35 millions d'euros.

Jardin Privé - NP Créations

4

Made in
70
emplois

Dernier fabricant français de coussins d'extérieur et de parasols, la société Neyrat Peyronie fut mise en liquidation judiciaire à l'été 2008. Reprise de justesse par une poignée d'investisseurs, cette société devenue NP Créations a triplé son chiffre d'affaires entre 2009 et 2011 et a réalisé 6,5 millions d'euros, avec 70 salariés. NP Créations est en passe, en 2013, de devenir n°1 de son secteur face à la concurrence européenne grâce à sa marque Jardin Privé.

IDfer

5

Made in
45
emplois

Retrouvez cette entreprise sur la carte
68

1 site de production de poulaillers, chaises et meubles d'extérieur en métal à Gesté (49), avec 45 salariés. IDfer est la marque grand public de mobilier design en acier et en bois de l'entreprise STCM, jusqu'alors tournée vers la sous-traitance d'installations métalliques. Le designer est nantais. IDfer propose « un poulailler de jardin, urbain et design, fait de bois et d'acier ». Imaginé et fabriqué par STCM qui commercialise désormais toute une collection de mobiliers métalliques. IDfer propose également des chaises et tabourets, des porte-manteaux et des vide-poches. STCM réalise un chiffre d'affaires d'environ 4,3 millions d'euros.

Dess

6	Made in 6 Emplois	Retrouvez cette entreprise sur la carte 72

1 site de production de 30.000 parasols par an à Piney (10) avec 6 salariés. L'entreprise familiale fondée en 1978, fabrique en Champagne les derniers parasols « Made in France ». Ses clients (champagne Taittinger, hotels Martinez et Plaza Athénée) apprécient sa qualité, sa réactivité et sa capacité à produire vite de petites séries.

JD Transbio

1 site de production de pots d'horticulture biodégradables à Genas (69). La poterie horticole JD Transbio est fabriquée à base d'amidon de pomme de terre issu de déchets de l'industrie agroalimentaire. L'amidon utilisé provient du traitement industriel non valorisé des pommes de terre destinées à la production de frites et de chips. Les pommes de terre proviennent de Hollande, de Belgique et du Nord de la France. L'entreprise a obtenu le label « Origine France Garantie ».

Serres Tonneau

1 site de production de serres et tunnels de jardin à Linselles (59). L'entreprise familiale, fondée en 1904, a obtenu le label « Origine France Garantie ».

La Citerne verte

1 siège à Amboise (37).

1 site de production de récupérateur d'eau de pluie à Saint Martin-le-beau (37).

L'entreprise Citerneo a obtenu le label « Origine France Garantie ».

Textile

En matière de mode, l'image de la France est très vendeuse. Elle véhicule un goût, un savoir-faire et l'image de la haute couture. Le made in France est ainsi le premier argument de vente du groupe Hermès dont les produits connaissent un succès croissant sur les marchés internationaux.

C'est pourquoi, il est crucial de défendre l'honnêteté de cette appellation d'origine et d'être vigilant avec les fabricants, afin de ne pas dévaloriser cette image de marque qui est un des plus grands actifs de notre pays, afin de préserver aussi les emplois du secteur et de ne pas tromper le consommateur. Mais sous l'influence de ces derniers, les industriels semblent prendre de nouveau conscience que le « made in France » est une puissante arme marketing qui booste notre compétitivité hors-coût face aux vêtements importés d'Asie.

Depuis quelques années en effet, la mode est définitivement passée au « cocori-cool » dans les quartiers bobos parisiens. Les « hipsters » font désormais rimer « branchouille » avec « franchouille » et rendent hommage aux traditions nationales et au travail manuel. Le milieu parisien de la mode pullule de marques « cool » qui revisite les symboles français et notre patrimoine artisanal et industriel, en revendiquant une qualité « made in France ». Ces branchés rejettent la fast fashion et le made in China. La nouvelle tendance de fond semble être à l'hyper-local.

Le drapeau américain comme l'Union Jack britannique sont depuis longtemps très utilisés dans la mode, alors pourquoi pas le drapeau tricolore ?

Les données essentielles du secteur textile

La création, production et distribution textile représentent en France environ 400.000 emplois (en comparaison, l'industrie textile italienne emploie, elle, 500.000 personnes). L'année 2011 aurait vu la suppression de plus de 110.000 emplois et le marché national se contracter de 2,6%. Mais cette tendance s'est ralentie et le chiffre d'affaires du secteur, plus de 12 milliards d'euros, a augmenté de 5% et les exportations de 3%. Le made in France continue d'être une valeur sûre sur ce marché. Parmi les 600 entreprises de confection française, la plupart fabriquent des produits moyen ou haut de gamme.

Mais l'habillement ne représente plus que la moitié de cette activité. Le reste concerne les textiles techniques à fort potentiel d'avenir. Ce textile français de demain, intelligent et technique, génère d'ores et déjà plus de 5,4 milliards d'euros de chiffres d'affaires, dont 30% à l'exportation.

Toutefois, privés des commandes des grandes maisons françaises qui ont de plus en plus souvent fait le choix de la délocalisation de leur production, les petits sous-traitants français disparaissent peu à peu. En une dizaine d'années, le nombre d'emplois chez les façonniers a été divisé par 2, passant de 10.000 à 5.000 salariés. Mais bien des entreprises ont su relever la tête en misant sur l'innovation et la mise au point de textiles à forte valeur ajoutée pour le sport ou la santé. Ces changements ont poussé les entreprises des différentes étapes de la filière (fabrication, du fil, tissage, confection) à plus collaborer. A ce nouveau jeu, les régions Rhône-Alpes et Nord-Pas-de-Calais s'en sortent bien en s'appuyant sur des pôles de compétitivité du secteur que sont Up-Tex et Techtera.

Chaque année depuis 10 ans, au printemps, se tient *Made in France by Fatex, le* salon professionnel de la haute-façon française. Il regroupe une centaine de fabricants français parmi les meilleurs des industries de la mode, de l'accessoire, du luxe et de la maison. La Chambre de Commerce et d'Industrie de Paris accueille le salon dans le cadre de son programme de soutien aux entreprises sous-traitantes et fournisseurs du secteur.

Signe de ce souci de se constituer une image forte, des entreprises se regroupent au sein de labels comme « Vosges Terre Textile ». Ce dernier estampille 22 entreprises différentes telles que Filatures et Tissage de Saulxures, HGP Villersexel, K. Industries et Tenthorey. Elles puisent toutes dans le savoir-faire textile multiséculaire de la région. Les Vosges concentrent toujours près de 50% de l'activité française de tissage.

Production

Quant les grandes marques françaises ont plutôt tendance à délocaliser leurs production dans les pays du Maghreb, les marques italiennes choisissent, elles, plutôt de délocaliser en Europe de l'Est, et en particulier en Pologne.

Heureusement des nouvelles petites marques apparaissent (Jacques & Demeter, Bleu de Paname, Le Slip Français, S'il vous plaît Merci, Archiduchesse) avec une approche pleine de conviction et de sens : une fabrication de proximité, des entreprises à taille humaine et des véritables savoir-faire. Cette conception « à l'ancienne » se marie à une commercialisation sur Internet, qui limite le nombre d'intermédiaires, permettant de rapprocher les tarifs du made in France de ceux du made in Asia.

En 2012, la consommation française de vêtements a diminué de 2,1%. C'est la 5ème année consécutive de baisse. Et les importations d'articles « made in China » en ont fait les frais. Depuis la fin des quotas d'importations de textile chinois en 2005, c'est la première fois que la Chine a vu sa part de marché baisser dans les importations françaises de textile et habillement, passant de 34,1% en 2011 à 33,9% sur les 10 premiers mois de 2012. Ces importations ont surtout reculé de 5,38% en valeur. La Chine reste le premier exportateur de textile au monde.

Les raisons de ce recul chinois sont diverses : l'inflation et l'appréciation du yuan rendent la confection chinoise moins compétitive. Mais surtout les salaires chinois ont augmenté de 181% depuis 2004. Après avoir augmenté de 25% en 2012, les salariés chinois du textile devraient voir leurs salaires progresser de 20% en 2013.

Enfin la demande intérieure (vous les consommateurs) pousse de plus en plus les marques et distributeurs à travailler avec des usines locales. Cette relocalisation est malheureusement plus à l'ordre du jour en Europe, qu'en France. Le « mode in France » a reculé de 6,81 % en valeur en 2012. Les importations bulgares ont augmentées de 2%, celles d'Espagne de 3,54% et celles de Pologne de 22%.

Laine

La quasi-totalité de la filière française de transformation de la laine a disparu et les savoir-faire ne sont plus enseignés. Les activités de peignage et de lavage s'effectuent désormais en Chine ou au Bangladesh et la laine subit la concurrence des fibres synthétiques. La raréfaction des entreprises textiles oblige même les éleveurs français à jeter plusieurs tonnes de laine chaque année. Abandonnée par les éleveurs comme par les industriels français, la matière est désormais majoritairement importée d'Australie et de Nouvelle-Zélande.

Avec 7,8 millions de moutons pour une production d'environ 22.000 tonnes de laine brute, la filière de la laine française ne représente qu'un faible intérêt économique. Mais la tendance du marché textile à un retour des fibres naturelles ainsi que l'ouverture au marché des textiles techniques ouvrent quelques espoirs à la filière française.

Contrefaçon

Tous types de produits confondus, la contrefaçon représenterait 9% des marchandises échangées dans le monde. Elle représenterait même 8% du PIB chinois. 48% des contrefaçons viendraient en effet d'Asie. Le reste provient de Russie, du Moyen-Orient et du Maghreb.

En matière de mode, la contrefaçon est bien souvent un des coûts cachés des délocalisations de la production. Même si quelques-unes sont véritablement pillées alors qu'elles essaient coûte que coûte de préserver leur héritage en conservant leurs salariés en Europe, pour beaucoup d'autres ces contrefaçons ne sont que le corollaire de la délocalisation de leur production puisque les produits incriminés sont faits de la même façon, dans les mêmes usines que les produits officiels.

Cintres *Made in Emplois*

SOS Cintres

1

Made in 70 emplois

1 siège à Montreuil (93).

1 entrepôt et 1 site de production de 100 millions de cintres en plastiques par an à Guise (02).

Où sont-ils fabriqués en France ?

Les familles qui vivent et dépendent
de votre consommation de textile habitent ici et là :

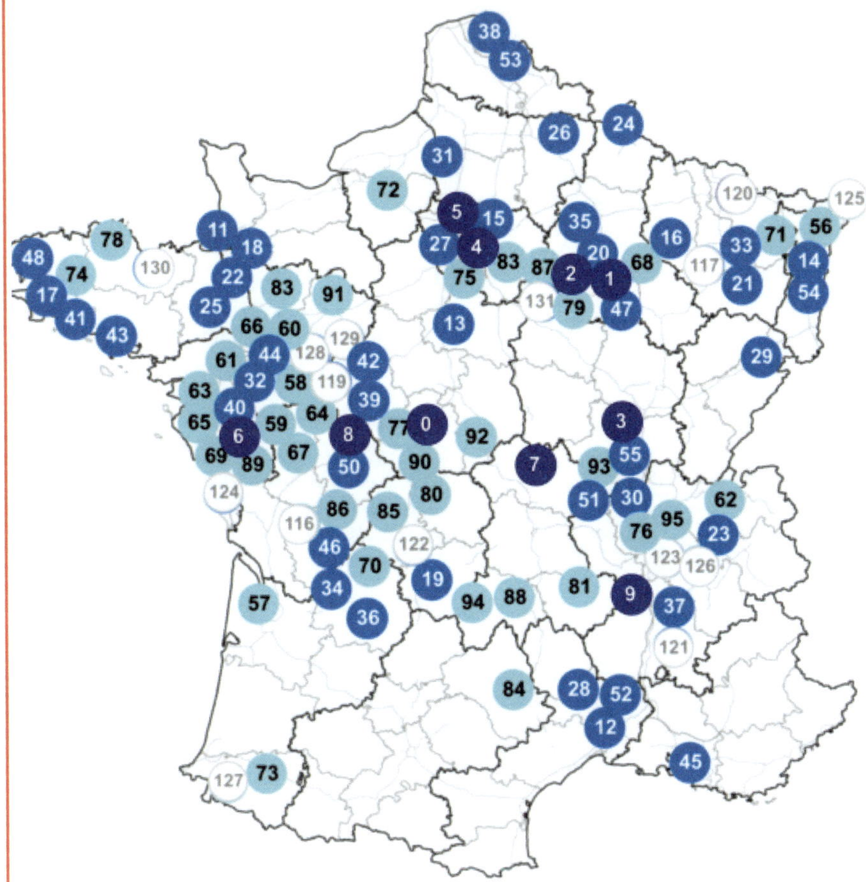

- Site de plus de 500 salariés.
- Site de 100 à 500 salariés.
- Site de moins de 100 salariés.
- Simple indication géographique.

Les numéros renvoient aux différentes entreprises citées dans les classements des produits d'hygiène et beauté qui suivent.

Textile

Alors que nombre de ses concurrents français ont délocalisé dans le Maghreb ou les pays de l'Est, SOS Cintres réalise la quasi-totalité de sa production dans l'Aisne. L'entreprise emploie 70 salariés et exporte 30% de sa production. La marque a obtenu le label « Origine France Garantie ».

LaGuelle

1 site de production de pinces à linge et de cintres à Cosne d'Allier (03) avec 30 salariés. L'entreprise familiale fondée en 1946, travaille aussi pour des marques de distributeur.

2 — Made in 30 emplois

Lingerie

1. **DIM**
2. **Petit Bateau**
3. **Simone Perèle**

Le marché mondial de la lingerie représente environ 50 milliards d'euros. En 2011, les femmes européennes des 5 plus grands pays d'Europe (France, Allemagne, Royaume-Uni, Italie, Espagne) ont dépensé 10,7 milliards d'euros pour leurs achats de lingerie, soit un budget moyen par femme de 79 euros.

Depuis deux ans, la France est en tête de ce classement, avec près de 2,7 milliards de dépenses de lingerie en 2011 (en repli de 1,5%), consacrées pour moitié aux soutiens-gorge, pour un tiers aux culottes et pour 10% aux nuisettes. Les Françaises consacrent une part importante (près de 20%) de leurs dépenses d'habillement à leurs sous-vêtements, pour lesquels elles ont dépensé en moyenne 97 euros en 2011. Les 15-24 ans sont les plus dépensières puisque leur budget moyen a atteint 145 euros en 2012. Si le budget des jeunes femmes est en augmentation constante depuis 2010, leurs choix de lingerie se portent plus que les autres françaises sur des modèles peu chers bien souvent importés. La lingerie made in emplois compte plutôt sur les femmes de 55-64 ans qui consacrent un budget annuel moyen de plus de 108 euros à la lingerie. Les marques de lingerie, de sous-vêtements ou de collants sont encore quelques dizaines à fabriquer en France. La corsetterie française a largement délocalisé sa production en Tunisie, en Europe de l'Est ou en Asie et très rares sont les acteurs qui produisent encore entièrement en France.

Le saviez-vous ?

La main-d'œuvre représenterait 70% du coût dans le montage des 32 pièces d'un soutien-gorge.

En outre, depuis quinze ans, le nombre de boutiques indépendantes a été divisé par deux en France au profit de réseaux intégrés comme Etam, Princesse Tam Tam ou Darjeeling. La grande distribution et ces chaînes spécialisées réalisent à elles seules 41% des ventes de lingerie.

Le saviez-vous ?

Les sociétés de lingerie consacrent en moyenne de 8 à 10% de leur chiffre d'affaires à la communication contre 3% dans le reste de la filière habillement.

La lingerie *Made in Emplois*

Collants DIM

1

Made in **1.700** *emplois*

Retrouvez cette entreprise sur la carte 5 3

1 siège à Rueil-Malmaison (92) avec 770 salariés.

1 centre logistique et 1 site de production de 53 millions de paires de collants et mi-bas à Autun (71) avec 990 salariés. 80% des volumes vendus en France y sont fabriqués. 8,5 millions d'euros y ont été investis depuis 2009 notamment pour l'achat de 250 métiers à tricoter de dernière génération. Une centaine y a été installée en juin 2012. Précédemment les machines et la logistique de Playtex y avaient été rapatriées.

En 2007 DIM a connu une restructuration ayant entraîné 390 suppressions de postes dont 330 à Autun (fermeture de l'atelier de coupe) et la fermeture du site de Château-Chinon.

L'entreprise Dim, fondée en 1953, fait partie du groupe DBA (Dim Branded Apparel), qui possède entre autres les marques Playtex et Wonderbra. En juin 2012, le fonds d'investissement Sun Capital Partners a mis en vente le groupe DBA. La France pèse 40% du chiffre d'affaires global du groupe qui s'élevait à 685 millions d'euros en 2011. Le groupe possède 11 magasins en France, dont le dernier a ouvert à Paris en décembre 2012. Le collant Dim

« Body Touch », développé en Saône-et-Loire il y a trois ans, a déjà été vendu à 7 millions d'exemplaires.

Petit Bateau

2

Made in 500 emplois

Retrouvez cette entreprise sur la carte
2 20 68

1 siège, 1 centre de R&D et 1 site de production de sous-vêtements et de vêtements pour enfants à Troyes (10) avec 1.000 salariés. Ce sont principalement les petites séries, les échantillons et les articles très sophistiqués qui y sont fabriqués. Plus de 50% de la teinture, du tricotage et de la confection du groupe sont réalisés dans la dernière usine française du groupe.

1 site logistique à Pont-Sainte-Marie (10) avec 250 salariés.

1 site logistique à La Chapelle-Saint-Luc(10) avec 80 salariés. L'entreprise envisage de regrouper ces 2 sites en un même lieu.

Petit Bateau dispose de plusieurs sites de confection en Tunisie et au Maroc qui fabriquent 80% des articles de la marque. L'entreprise a fermé en 2012 son usine de Tonnerre (89) où travaillaient encore 20 personnes. La réduction progressive du nombre de sites de production en France s'est paradoxalement traduite par une augmentation globale des effectifs. Petit Bateau, filiale du groupe Yves Rocher fondée en 1920, **emploie 1.800 salariés en France.**

La marque dispose de 400 boutiques dans le monde (180 en France) et réalise 40% de son chiffre d'affaires à l'étranger.

Simone Perèle

3

Made in 450 emplois

Retrouvez cette entreprise sur la carte
13

1 siège à Clichy (92).

1 atelier de production à Orléans (45) avec 450 salariés. Les autres sites de production se situent au Maroc, en Tunisie et sur l'Île Maurice.

L'entreprise emploie environ 1.500 personnes dans le monde, dont 450 à Orléans. L'entreprise, née à Paris en 1948, réalisait 79 millions d'euros de chiffre d'affaires en 2010 dont 80% hors de France. Son slogan « Simone, so french » incarne cette orientation de vente à l'international.

Chantal Thomass - Chantelle

4

Made in 400 emplois

Retrouvez cette entreprise sur la carte
4 35 43

1 siège Chantelle à Cachan (94) avec 900 salariés.

2 plateformes logistiques près d'Amiens (80).

1 bureau d'étude et 1 site de production de 200.000 pièces par an à Epernay (51) avec 170 salariés.

1 site de production de lingerie à Lanester (56) avec 140 salariés. L'usine est entièrement dédiée à la production des dessous haut de gamme de la créatrice de mode parisienne.

Le groupe Chantelle a racheté la marque Chantal en 2010. **Le groupe Chantelle possède les marques Darjeeling, Passionata, Chantal Thomass et Chantelle et emploie 2.000 salariés en France**. Il réalisait 340 millions de chiffre d'affaires en 2010 et compte environ 6.000 salariés dans le monde. <u>Il possède aussi des usines au Maroc, en Tunisie, Hongrie, Roumanie, au Vietnam et en Thaïlande</u>.

Chantelle réalise 50% de son chiffre d'affaires en France, 37% en Europe et 10% en Amérique du Nord.

Sloggi - Triumph - Valisère

5

Made in 350 emplois

Retrouvez cette entreprise sur la carte
14

1 siège, 1 plate-forme logistique européenne et 1 site de production de 34 millions articles de lingerie par an à Obernai (67) avec 430 salariés. Ce site fabrique toutefois de moins en moins pour se concentrer sur son activité de hub logistique du groupe.

Fondée en 1886 en Allemagne, Triumph International est un groupe leader du marché de la lingerie qui réalisait un chiffre d'affaires supérieur à 2,3 milliards de Francs suisses en 2009 et emploie plus de 37.000 personnes dans le monde.

Athena - Eminence

6	Made in 340 emplois	Retrouvez cette entreprise sur la carte 12 52

1 siège et 1 site de production de 170.000 pièces par an à Aimargues (30) avec 460 salariés.

1 site de production de 1,4 million de sous-vêtements et bas à Sauve (30) avec 110 salariés.

Ses deux usines gardoises d'Aimargues et de Saune ne produisent que 8% des 21 millions de pièces vendues par la marque.

Eminence est née à Nîmes en 1944. Pour maintenir la compétitivité et l'emploi en France, l'entreprise a fait dès le début des années 1990 le choix de la délocalisation, anticipant la fin des quotas textiles de 2005. 45% des tissus des collections du groupe sont tricotés et découpés en France, la confection étant sous-traitée au Maghreb, en Roumanie ou en Asie. Sans ces délocalisations, l'entreprise aurait peut-être disparue. Eminence a toutefois conservé une petite partie de sa production en France.

En dix ans, le groupe, qui emploie environ 1.000 salariés en Europe, dont **570 en France**, a doublé son chiffre d'affaires, pour atteindre 130 millions d'euros en 2009. Avec ses deux marques, Eminence (pour hommes) et Athena (pour femmes), l'entreprise revendique la première place du marché avec 19,8% de parts de marché en valeur en 2009, devant DIM (17,1%) et HOM (6,2%).

L'entreprise a récemment lancé une gamme low cost, baptisée EcoPrix. En parallèle, Eminence déploie son offre dans le haut de gamme avec sa nouvelle collection Roland Garros et ses boxers en fil d'Ecosse ou en coton équitable Max Havelaar.

Le Bourget

7	Made in 330 emplois	Retrouvez cette entreprise sur la carte 26

1 siège, 1 showroom et 1 site de production de lingerie, collant, bas à Fresnoy le Grand (02) avec 220 salariés. 3 millions d'euros ont été investis dans le site historique de la marque en 2008.

Fondée en 1924 dans l'Aisne pour bénéficier du savoir-faire de tricotage local, l'entreprise a été rachetée en 1999 par l'italien CSP International, numéro 2 européen des bas et collants. En 2007, Le Bourget réalisait un chiffre d'affaires de 37 millions d'euros et employait 330 personnes en France.

Elastivoile - Well Body Galbe

8

Made in 280 emplois

Retrouvez cette entreprise sur la carte 28

1 site de production à Le Vigan (30) avec 215 salariés. Textiles Well emploie 280 salariés en France et a enregistré un chiffre d'affaires d'environ 50 millions d'euros en 2009. L'usine de collants Textiles Well a été rachetée en 2010 par l'italien CSP International. Celui-ci devient le deuxième plus important fabricant de bas et de collants en Europe. CSP International avait déjà acquis en 1999 l'entreprise picarde Le Bourget.

Maison Lejaby Couture

9

Made in 210 emplois

Retrouvez cette entreprise sur la carte 30

1 siège et 1 site de production à Rilleux-la-pape (69) avec 210 salariés (dont 70 commerciaux et vendeurs).

Une partie de la fabrication est sous-traitée à Macosa à Bonnétable (72) avec 80 salariés.

Une partie de la fabrication est sous-traitée aux Atelières, société coopérative d'intérêt collectif fondée avec d'ex-Lejaby, à Villeurbanne (69) avec 22 salariés.

Sous les feux de l'actualité pendant la campagne présidentielle, le fabricant Lejaby, placé en liquidation judiciaire fin 2011, a trouvé des repreneurs qui ont lancé la marque « Maison Lejaby Couture ». Alain Prost, l'ex-PDG de l'italien La Perla, a repris Lejaby en conservant 195 des 450 salariés. Le site d'Yssingeaux (Haute-Loire) a toutefois été fermé.

En 2012, la Maison Lejaby s'est relancée dans le haut de gamme, a réduit ses pertes à quelque 1,2 million d'euros et a embauché 20 personnes supplémentaires.

Empreinte

10

Made in
120
emplois

Retrouvez cette entreprise sur la carte
48

1 siège et 1 site de production à Brest (29) avec 120 salariés. 25% des produits de la marque y sont assemblés. Le reste est sous-traité en Tunisie, au Maroc et à l'île Maurice. L'entreprise achète ses dentelles et broderies dans le Nord de la France mais aussi en Italie, en Suisse et en Autriche. Empreinte est positionnée sur le segment des poitrines généreuses. Elle réalise **50% de son chiffre d'affaires à l'export** (Canada, Etats-Unis, Grande-Bretagne, Belgique, Russie, Allemagne).

Lemahieu - Achel - Hekla - Raison d'être - Directo

11

Made in
100
emplois

Retrouvez cette entreprise sur la carte
53

1 siège, 1 boutique et 1 site de production de 7.000 pièces par jour à Saint André Lez Lille (59) avec 110 salariés.

Lemahieu, entreprise fondée en 1947, a obtenu le label « Origine France Garantie » pour ses sous-vêtements chauds, ses leggings, sa lingerie de nuit et sa lingerie cosmétique. L'entreprise réalise un chiffre d'affaires d'environ 7 millions d'euros, dont 15% dans les vêtements « cosmétiques », marché sur lequel l'entreprise a investi 500.000 euros.

Sans complexe - Billet doux - Jardin secret
Oups - Playboy

12

Made in
100
emplois

Retrouvez cette entreprise sur la carte
56

1 siège et 1 atelier de production à Wantzenau (67) avec environ 100 salariés.

L'entreprise Wolf Lingerie est basée en Alsace depuis 1947 et emploie 700 salariés dans le monde. Ses 3 marques sont distribuées en grande surface.

La célèbre marque au lapin, IMG Licensing, Wolf Lingerie a ainsi obtenu les droits pour lancer une marque de lingerie aux couleurs de Playboy en France, Italie, Allemagne et Belgique.

Régence

13

Made in 90 emplois

Retrouvez cette entreprise sur la carte

65

1 siège et 1 site de production de 60.000 pièces par an à Clisson (44) avec 90 salariés.

Une partie de la lingerie femme et des sous-vêtements homme de la marque Régence est fabriquée en France. L'entreprise familiale sous-traite une partie de l'assemblage de ses produits en Bulgarie mais l'entreprise maintient en France la découpe et la finition de tous ces modèles. En 2009, Régence à réalisé 5 millions d'euros de chiffre d'affaires.

Barbara - Ravage

14

Made in 50 emplois

Retrouvez cette entreprise sur la carte

75 80 71

1 siège à Arcueil (94) avec 50 salariés. 75% de ses modèles sont réalisés en Tunisie, les 2 ateliers français se chargent toujours des petites séries.

1 atelier à Dun-le-Palestel (23) avec 40 salariés.

1 atelier à Saverne (67) avec 70 salariés.

En 2010, l'entreprise familiale fondée en 1926 a été rachetée par un groupe coréen. Celui-ci n'a conservé que 50 des 120 salariés en France, notamment les stylistes et les modélistes. La majorité des postes supprimés concerne des postes de démonstratrices dans les grands magasins. Les ventes à l'export compte pour 50% du chiffre d'affaires de Barbara, avec pour principaux marchés l'Italie, l'Espagne et la Russie. Barbara dépense chaque année 2 millions d'euros en campagnes publicitaires.

Lise Charmelle - Antigel - Antinéa - Eprise

15

Made in
50
emplois

Retrouvez cette entreprise sur la carte
76

1 atelier de création et de modélisme à Lyon (69) avec 50 salariés.

2 sites de fabrication en Bulgarie et en Tunisie.

Lise Charmel, entreprise familiale positionnée sur le haut de gamme fait fabriquer ses dentelles à Calais (62). Son positionnement sur le créneau du luxe lui a permis de résister à la baisse du marché. Lise Charmel réalise plus de 60% de ses 80 millions d'euros de chiffre d'affaires hors de France.

Luxam

16

Made in
40
emplois

Retrouvez cette entreprise sur la carte
81

1 siège et 1 site de production à Montfaucon-en-Velay (43) avec environ 40 salariés, dont 15 corsetières. Luxam fabrique intégralement en France de la lingerie haut de gamme. Après avoir été, à ses débuts, entreprise sous-traitante de Lise Charmel, Ravage, Givenchy ou Dior, Luxam fabrique depuis 1997 sa propre marque. Ses soutiens-gorge, strings, nuisettes et bustiers sont exclusivement vendus à domicile. En s'affranchissant des intermédiaires, Luxam peut afficher des prix comparables à ceux de la lingerie importée. Ses fournisseurs sont français et même locaux (Cheynet, Séram, Satab, Odéa, EAC).

Les Atelières - Zahia Lingerie - U

17

Made in
22
emplois

Retrouvez cette entreprise sur la carte
95

1 atelier de production de soutien-gorge haut de gamme à Villeurbanne (69) avec 22 salariés. Des anciennes ouvrières de Lejaby ont donné naissance à cette association devenue entreprise et nouvelle marque de lingerie française, après avoir lancé une souscription sur internet. Les Atelières se sont déjà vu confié la sous-traitance d'une partie de la production de la nouvelle marque « Lejaby couture ». L'entreprise offre la possibilité à des créateurs français de se lancer dans le haut de gamme. Et c'est la pulpeuse Zahia qui l'expérimente en premier. Elle et ses associés hong-kongais ont fait la demande express de produire en France. 30 à 40% de la production Zahia (pièces haut de gamme en édition limitée) sera confiée d'ici l'été aux Atelières, le reste étant fabriqué au Maghreb.

Aubade

18 | Made in 20 emplois | Retrouvez cette entreprise sur la carte 96

1 siège à Paris (75001).

1 centre logistique à Saint-Savin (86) avec 20 salariés. En 2007 et 2009, l'entreprise supprime 150 postes dans son atelier de Saint-savin et n'y emploie plus qu'une vingtaine de salariés employés à la logistique. La quasi-intégralité de la production est effectuée en Tunisie.

L'entreprise a fermé en 2006 son atelier de La Trimouille (86) licenciant une cinquantaine de salariés.

Aubade est une marque française fondée en 1958 et qui a depuis 1995 progressivement délocalisé l'intégralité de sa **production en Tunisie.** Aubade prétend pourtant encore défendre « l'art d'aimer à la française »…

En 2010, les ventes d'Aubade étaient en croissance de plus de 10% pour atteindre près de 45 millions d'euros. Aubade appartient au groupe suisse Calida, qui s'est spécialisé dans les dessous moyen de gamme, créneau sur lequel il subit frontalement la concurrence du textile chinois. Calida a récemment fermé son site suisse pour ne plus produire qu'en Hongrie.

Monette Paris - Nina Ricci

19 | Made in 14 emplois | Retrouvez cette entreprise sur la carte 105

1 atelier de production de lingerie haut de gamme à Bourg-en-Bresse avec 14 salariés. L'objectif de Monette Paris est de recruter une quarantaine de personnes d'ici 2016.

Assia Hiridjee, la plus jeune des fondatrices de Princesse Tam Tam, a repris un ancien atelier Lejaby en juin 2012. Pour ses petites collections variées, la nécessité de qualité et de réactivité ont fini de la convaincre de fabriquer en France. Des machines ont été rachetées à Lejaby. La collection printemps-été 2013 Monette Paris compte une centaine de références. L'entreprise a également signé un contrat de licence avec Nina Ricci et devrait développer une ligne « made in France » pour les magasins U.

Princesse Tam-Tam

Princesse tam.tam dessine ses modèles en France et sous-traite la totalité de la production à l'étranger : au Maroc, en Tunisie, au Portugal (pour la lingerie de nuit), à l'Ile Maurice (pour la corsetterie), et en Asie.

Parmi les autres petits fabricants français de lingerie made in emplois, on peut citer : Indiscrète qui emploie dans la Vienne, Cervin qui emploie à Sumène (30), Ventalone à Avignon, Morgane et Salomé à Paris (75), Set in Black qui emploie dans l'Aube et en Alsace.

Ainsi que les collants Gerbe, La Magie des corsets, Coup de Cœur, Assia, Sophie Malagola, Luxxa, Allande, Eyos, Cadolle.

Pour les maillots de bain made in emplois, fabriqués en France, on peut citer : Tyché Valérie qui emploie à Nice et Paradox à Montpellier.

Ainsi que Bronzette, Louise Feuillère ou Pain de sucre.

Slips & caleçons

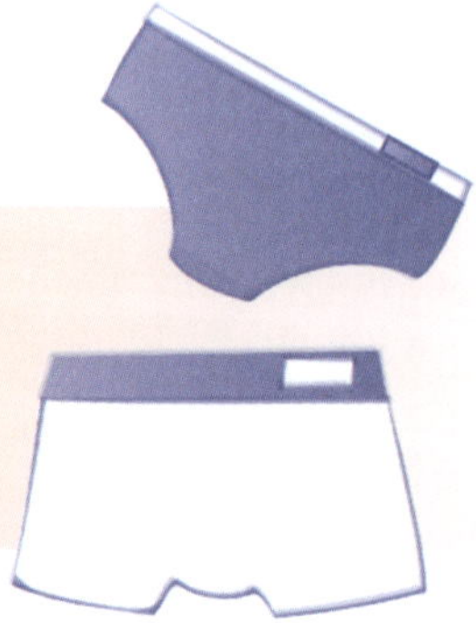

1 Hom - Sloggi - Triaction

2 Eminence - Athena

3 Bernard Solfin

En 2012, le budget annuel moyen consacré à l'achat de sous-vêtements masculins était de 33,6 euros se composant de 5 ou 6 articles d'une valeur moyenne de 6 euros. A ce prix-là peu de chance que son slip emploie qui que ce soit en France. Mais la responsabilité semble partagée. En effet en 2012, seuls 53% des hommes achètent leurs sous-vêtements eux-mêmes (contre 63% en 2011).

Le saviez-vous ?

Jusqu'à la Seconde Guerre Mondiale, la plupart des hommes ne portaient rien sous leur pantalon. C'était le bout des longues chemises qui servait à protéger les parties génitales des contacts gênants. C'est de là que vient l'expression « être comme cul et chemise », utilisée pour qualifier la complicité ou l'intimité, unissant deux personnes comme la peau des fesses directement à la toile de la chemise.

Le caleçon long existait bien, mais sa fonction essentielle était de protéger les jambes contre le froid. Dans une circulaire de 1958, l'armée française préconise le port du slip de préférence au caleçon, ce dernier étant jugé trop flottant.

Textile

Les slips et caleçons *Made in Emplois*

Hom - Sloggi - Triaction

1

Made in 250 *emplois*

Retrouvez cette entreprise sur la carte 45 14

1 site de production de plus de 5 millions pièces de sous-vêtements masculins par an à Marseille (13) avec 135 salariés.

1 siège, 1 plate-forme logistique européenne et 1 site de production de 34 millions d'articles de lingerie par an à Obernai (67) avec 430 salariés. Ce site fabrique toutefois de moins en moins pour se concentrer sur son activité de hub logistique du groupe.

Fondée en 1886 en Allemagne, Triumph International est un groupe leader du marché de la lingerie qui réalisait un chiffre d'affaires supérieur à 2,3 milliards de Francs suisses en 2009 et emploie plus de 37.000 personnes dans le monde.

Eminence - Athena

2

Made in
230
emplois

Retrouvez cette entreprise sur la carte
12 52

1 siège et 1 site de production de 170.000 pièces par an à Aimargues (30) avec 460 salariés.

1 site de production de 1,4 millions de sous-vêtements et bas à Sauve (30) avec 110 salariés. Ses deux usines gardoises d'Aimargues et de Saune produisent 8% des 21 millions de pièces vendues par la marque.

Eminence est née à Nîmes en 1944. Pour maintenir la compétitivité et l'emploi en France, l'entreprise a fait dès le début des années 1990 le choix de la délocalisation, anticipant la fin des quotas textiles de 2005. 45% des tissus des collections du groupe sont tricotés et découpés en France, la confection étant sous-traitée au Maghreb, en Roumanie ou en Asie. Sans ces délocalisations, l'entreprise aurait peut-être disparue. Eminence a toutefois conservé une petite partie de sa production en France. En dix ans, le groupe, qui emploie environ 1.000 salariés en Europe, dont **570 en France**, a doublé son chiffre d'affaires, pour atteindre 130 millions d'euros en 2009. Avec ses deux marques, Eminence (pour hommes) et Athena (pour femmes), l'entreprise revendique la première place du marché avec 19,8% de parts de marché en valeur en 2009, devant Dim (17,1%) et HOM (6,2%).

L'entreprise a récemment lancé une gamme low cost, baptisée EcoPrix. En parallèle, Eminence déploie son offre dans le haut de gamme avec sa nouvelle collection Roland Garros et ses boxers en fil d'Ecosse ou en coton équitable Max Havelaar.

Bernard Solfin

3

Made in
25
emplois

Retrouvez cette entreprise sur la carte
89 97

1 siège et 1 site de production de sous-vêtements et de prêt-à-porter à La Verrie (85) avec 30 salariés.

1 site de production de prêt-à-porter haut-de-gamme à Villers-Bocage (14) avec 20 salariés.

L'entreprise vendéenne y conçoit et fabrique des sous-vêtements pour hommes, femmes et enfants depuis 80 ans. Elle ne travaille qu'à partir de fibres naturelles (laine, coton, soie, cachemire, lin). Les sous-vêtements Bernard Solfin sont garantis 2 ans.

Moulin Neuf

4 | Made in 15 emplois | Retrouvez cette entreprise sur la carte 102

1 atelier de tricotage du tissu et de confection des vêtements à Saint-Antoine-Cumond (24) avec 15 salariés. L'entreprise fondée en 1949 propose des sous-vêtements 100% coton (slips, caleçons, boxers, culottes) pour hommes, femmes, enfants et bébés mais aussi des t-shirts, des robes ou des leggings. Petite structure souple et réactive, Moulin Neuf textiles travaille également pour des créateurs qui souhaitent faire fabriquer en France.

Le Slip Français

L'élastique tricolore est fabriqué à Flers (61).

Les caleçons sont découpés et assemblés à Bellevile-sur-vie (85).

Les slips, boxers, tee-shirts sont tricotés, découpés et assemblés à Saint-Antoine-Cumond (24).

Le Slip français est l'une des marques les plus reconnues du « made in France ». Lancée par un jeune entrepreneur de 27 ans diplômé de HEC, la marque propose des slips, des boxers et des culottes pour femmes mais aussi des espadrilles, des sacs et des tee-shirts. Le Slip Français est présent aux Galeries Lafayette depuis le 14 juillet 2012. Pionnière et créative, la jeune marque s'est en particulier fendue de plusieurs vidéos publicitaires très sympas : « *Le changement de slip* » puis « *la surprise du chef* ». Son slogan résume l'intention de ce guide : « *Tu veux changer le monde, commence par changer de slip* ».

Garçon français

1 atelier de fabrication d'élastiques à Saint-Just-Malmont (Haute-Loire) de l'entreprise Cheynet.

1 atelier de broderie d'étiquettes à Troyes (10) de l'entreprise Aub' Vignettes.

1 atelier de confection à Troyes (10) de l'entreprise EMO, spécialiste de la co-traitance textile.

1 atelier de tricotage à Troyes (10) de l'entreprise Bugis, fondée en 1956.

1 atelier de teinture à Troyes (10) de l'entreprise France Teinture.

Marque lancée en 2012 par un jeune entrepreneur, 90% des sous-vêtements « garçons français » sont fabriqués dans un périmètre de 10 kilomètres autour de la ville de Troyes (Aube), les 10% restants proviennent de différentes régions françaises.

Raidlight

2 sites de conception à Saint-Genest-Malifaux et à Saint-Etienne (42).

2 sites de tissages à Bourgoin-Jallieu (38) et Biviers (38).

1 site de confection à Neulise (42).

En 2009, l'entreprise crée une gamme « Made in France by Raidlight ». Elle ne concerne qu'une dizaine de sous-vêtements pour le sport (débardeurs et boxers), confectionnés en France, qui représentent environ 8% de son chiffre d'affaires. Pour le reste, 90% de leurs vêtements et sacs à dos sont fabriqués en Tunisie, au Vietnam, et en Chine. Il faut féliciter cette entreprise qui joue la transparence avec honnêteté.

Men by Men

1 boutique-atelier à Paris (75002) et 1 site de tissage à Troyes (10). Men by Men propose des maillots de bain pour hommes fabriqués en France, avec du tissu d'Italie et du fil d'Egypte. La marque propose aussi des t-shirts, polos et pantalons.

H Play

1 atelier de production à Saint-Paulet (11). L'entreprise fondée en 2008 fabrique elle-même ses maillots de bain hommes. Le tissu provient d'Italie mais les élastiques, doublure, cordon et sérigraphies viennent de France.

Parmi les fabricants français de maillots de bain pour hommes made in emplois, on peut citer « Foglers » qui emploie à Saint-Paulet (11) ou la marque française Robinson les bains.

Chaussettes

1. Bleu Forêt
2. Kindy
3. Labonal

En 2012, les hommes ont consacré moins de 34 euros à l'achat de sous-vêtements. 56% de ce budget est consacré à l'achat de chaussettes.

Le saviez-vous ?

En 2009, Olympia a été condamné à verser 2,5 millions d'euros de dommages et intérêts à une quarantaine de salariés auxquels l'entreprise n'avait pas proposé de reclassement dans son usine roumaine… L'entreprise soutenait devant le juge s'être entendue avec les salariés pour ne pas leur faire une telle proposition absurbe. Selon l'entreprise, le versement de ces 2,5 millions d'euros signifierait purement et simplement l'arrêt de mort de la société et le licenciement des derniers salariés français du site de Romilly-sur-Seine.

Le saviez-vous ?

Le groupe d'Eddy Mitchell, initialement baptisé Five Rocks, a dû se renommer « Les Chaussettes Noires » en raison du contrat signé par leur producteur Eddie Barclay avec la Lainière de Roubaix.

La Lainière de Roubaix fondée en 1912 a depuis fermé en janvier 2000, licenciant 212 salariés après avoir employé jusqu'à 7.800 personnes.

Le saviez-vous ?

Une paire de chaussettes sur trois vendues dans le monde est fabriquée dans la ville chinoise de Datang. Grâce à un réseau régional de 10.000 entreprises spécialisées, au faible coût de la main-d'œuvre et à des installations logistiques exceptionnelles, la région propose les coûts de production les plus bas du monde.

Le saviez-vous ?

Les anciens Premier Ministre Edouard Balladur et François Fillon revendiquent le port de chaussettes italiennes Gammarelli, de couleur rouge cardinal. Jean-Marie Messier avait lui posé dans Paris-Match allongé sur son lit à New-York avec une chaussette trouée. On espère que ces 3 là liront ce qui va suivre et auront une pensée pour les salariés français lors de leurs prochains achats.

Les chaussettes *Made in Emplois*

Bleu Forêt

1

Made in 230 emplois

Retrouvez cette entreprise sur la carte 49 21

1 centre logistique à Romilly-sur-Seine (10) avec 120 salariés.

1 siège et 1 site de production de 9 millions de chaussettes, bas, collants et leggings par an (dont 2,5 millions de paires Olympia) à Vagney (88) avec 230 salariés. L'emploi y a été maintenu et la productivité s'est constamment améliorée de 4 à 5% par an, compensant les augmentations de salaires et de charges. 1 million d'euros y ont été investis en 2011 dans 50 nouveaux métiers à tricoter afin de gagner 10% de productivité. Les fils sont teints en Alsace ou dans l'Aube et proviennent de filatures européennes (italiennes, allemandes ou espagnoles). Les fournisseurs d'étiquettes et de conditionnements sont à Saint-Dié (88), et la société qui assure les livraisons est installée à quatre kilomètres de Vagney.

L'entreprise mise sur une production locale et réactive. Elle réalise **60% de son chiffre d'affaires à l'export** (Suède, Canada, Belgique, Italie, Finlande, Norvège, Danemark, Japon, Suisse). Après avoir perdu la licence Dim en 2009, l'entreprise Tricotage des Vosges a décidé de relocaliser la production de chaussettes en laine. Le chef d'entreprise réfléchit alors à repositionner sa propre marque, Bleu Forêt, pour la rendre plus abordable et s'implanter en grandes surfaces (à côté de Dim). Bleu Forêt réussit à s'imposer en grandes surfaces en moins d'un an, en 2009. Le faible endettement et la détermination de son patron ont permis à l'entreprise de maintenir un bon niveau d'activité et de préserver la plupart des emplois de Tricotage des Vosges. Comme la plupart des entreprises, Bleu Forêt doit beaucoup à son patron Jacques Marie. Lorsqu'il dirigeait Dim, il manifeste son désaccord avec l'Américain Sara Lee, nouveau propriétaire de l'entreprise, qui veut délocaliser toute la production. Il décide de quitter son employeur et rachète pour 1 euro l'usine Dim de Vagney. Il investit toutes ses économies (et y investit en moyenne 800.000 euros par an pour gagner en productivité). Il devient sous-traitant de son ancien employeur puis crée sa propre marque haut de gamme. Les paires Bleu Forêt réussissent à être vendues au même prix voire moins cher que les paires Dim fabriquées en Roumanie. Tricotés dans des matières nobles (laine mérinos, soie, fil d'Ecosse, coton et soie…), les produits Bleu Forêt sont d'une grande qualité de fabrication et de finitions.

Kindy

2

Made in 180 emplois

Retrouvez cette entreprise sur la carte 31

1 siège et 1 site de production de 3 millions de paires de chaussettes (sur les 25 millions commercialisées par an et fabriquées hors de France) **à Moliens (60) avec 180 salariés.** 1,5 million d'euros y ont été investis en 2011 pour moderniser l'outil de production et développer des gammes de chaussettes paramédicales (hypoallergéniques, antidiabétique et anti-mycose).

Le groupe Kindy a réalisé 44 millions d'euros de chiffre d'affaires en 2010.

Labonal

3

Made in 130 emplois

Retrouvez cette entreprise sur la carte 54

1 site de production de 4 millions de paires de chaussettes par an à Dambach-la-ville (67) avec 110 salariés, dont 10% sont affectés à la R&D.

2 boutiques en Alsace.

Labonal **emploie 130 salariés en France.** En 1999, trois anciens cadres reprennent l'entreprise, lorsqu'elle est vendue par Kindy. Labonal est la contraction de « La bonneterie alsacienne ». L'entreprise travaille essentiellement pour les marques de distributeurs, dont la pression sur les prix l'a amenée à acquérir une usine en Tunisie qui produit environ 1 million de paires de chaussettes par an. L'entreprise valorise désormais aussi sa propre marque pour assurer son indépendance. Elle a ouvert ses ateliers de production au public, pour lui vendre directement sa production. « *Si tous les Alsaciens achetaient deux paires de chaussettes Labonal chaque année, cela suffirait pour faire vivre l'entreprise* », rappelle son PDG.

Olympia

4

Made in 120 emplois

Retrouvez cette entreprise sur la carte 116 117

1 centre logistique à Romilly-sur-Seine (10) avec 120 salariés.

1 site de production de 9 millions de chaussettes, bas, collants et leggings par an (dont 2,5 millions de paires Olympia) à Vagney (88) avec 230 salariés.

En 2010, Tricotage des Vosges (fabricant des chaussettes Bleu Forêt) a racheté Olympia. L'entreprise a rapatrié dans son usine de Vagney (Vosges) 30% de la production de son ancien concurrent, auparavant effectué en Roumanie. Le reste des chaussettes Olympia (6,5 millions de paires) reste acheté principalement dans les pays de l'Est. La fabrication de produits low-cost pour les marques de distributeurs représente 95% du chiffre d'affaires d'une trentaine de millions d'euros de l'entreprise. En 2005, et après deux précédents plans sociaux, Jacquemard supprimait 296 des 428 emplois du site de Romilly, transformé en base logistique, suite à la délocalisation de la totalité de la production en Roumanie. L'entreprise a aussi délocalisé la fabrication complète de chaussettes à des fabricants au Maghreb et en Turquie. En 2009, le fabricant tente de se relancer en misant sur le haut de gamme, sur des collections mode, des modèles médicaux pour les hôpitaux et les maisons de retraite, ainsi que des modèles technologiques pour le sport. L'entreprise a recruté une vingtaine de salariés, dont un créatif et un chimiste pour appuyer cette nouvelle stratégie. Olympia a aussi signé une licence avec le couturier Jean-Charles de Castelbajac pour des jambières et des mi-bas. Cette nouvelle stratégie a nécessité plus d'1 million d'euros d'investissement. L'objectif de l'entreprise est d'équilibrer leurs ventes entre les productions délocalisées pour grandes surfaces et ces nouveaux produits techniques, qui vont aussi jouer l'exportation.

Perrin - Dagobert - Berthe aux grands pieds Chaussette Verte

5

Made in
110
emplois

Retrouvez cette entreprise sur la carte
55

1 siège et 1 site de production à Montceau-les-Mines (71) avec 110 salariés. Depuis 1924, la société Perrin crée, fabrique et commercialise des chaussettes et des collants de qualité, exclusivement fabriqués en France.

Archiduchesse

1 site de production Broussaud à Les Cars (87).

1 siège-boutique à Saint-Etienne avec 4 salariés. Marque de chaussettes colorées née en 2006. La fabrication, de la teinture du fil de coton au tricotage est intégralement réalisée en France. Le coton vient d'Egypte. La marque

Archiduchesse n'ayant été déposée qu'en France, elle est, depuis plusieurs mois, victime de contrefaçons vendues en Espagne et en Chine.

Monnet Sport

1 site de production à Montceau-les-Mines (71). Depuis 1931, les chaussettes de sport outdoor Monnet sont fabriquées à Montceau-les-Mines, berceau de la bonneterie française. Leurs matières premières viennent de France, d'Allemagne et d'Italie. Une gamme de sous-vêtements techniques Monnet a été développée avec le champion Olympique de descente Antoine Deneriaz.

Adèle

Une entrepreneuse morbihannaise a lancé cette marque il y a un an. Elle fait fabriquer ses chaussettes des gammes « subtile » et « enfantine » par une entreprise familiale **de Haute-Vienne**. Elle fait fabriquer ses chaussettes de la gamme « légère » par une autre entreprise familiale **près de Troyes dans l'Aube**.

Augustin

1 atelier de production à Roubaix (59) avec 2 salariés. Augustin fabrique dans le Nord des chaussettes et accessoires de marine. L'essentiel de la production est effectuée en France, le reste en Italie.

Parmi les autres petits fabricants français de chaussettes made in emplois, on peut citer La ferme du mohair ou Les laines du Forez.

Les chaussettes *concurrentes et importées*

- **Dim**

Après avoir perdu la licence Dim en 2009, l'entreprise Tricotage des Vosges se trouva amputée de 60% de son chiffre d'affaires (la licence Dim représentait 14,5 millions d'euros de chiffre d'affaires, sur un total de 21,7 millions fin juin 2008). Si exiger le doublement des royalties pour avoir le privilège d'apposer les 3 lettres DIM sur les produits qu'elle fabrique, vous choque, n'achetez plus ces 3 lettres. Les chaussettes Dim, marque propriété du fond Sun

Capital Partners, seront **désormais « fabriquées » par Kindy, non plus en France, mais en Roumanie**. Seuls les bas et les collants DIM sont encore fabriqués en France.

- **Doré-Doré - DD**

En décembre 2011, Doré-Doré a fermé son usine de Fontaine-les-Grès (10). 48 salariés ont été licenciés. L'intégralité de la production de chaussettes et de collants haut de gamme est désormais assurée en Italie. Doré-Doré avait été rachetée en 2003 par la société Gallo à la barre du tribunal de commerce de Paris. L'entreprise italienne (80 personnes à l'époque) reprenait alors 284 emplois sur 520 chez DD. Ils n'ont pas réussi à redresser l'activité industrielle. En 2009, il menait un plan de restructuration touchant 50 des 235 salariés. Un transfert de l'activité en Italie était craint depuis longtemps par les salariés, la direction ayant évoqué l'environnement textile plus favorable que l'Italie a su conserver. La filiale commerciale de DD s'est installée à Paris. La logistique de DD, déjà soustraitée par Ceva logistics, reste aussi à Fontaine-les-Grès, au plus près du marché français qui représente 80% des ventes.

Chaussures pour femmes

1. **Charles Jourdan - Kikers - Mod'8**
2. **Eram**
3. **Repetto**

Entre 1989 et 2009, la production française de chaussures est passée de 183 millions de paires à 39 millions, ce qui place désormais la France derrière l'Italie, l'Espagne et le Portugal et juste devant la Pologne. De 1994 à 2004 la France passait de 83 millions de paires de chaussures importées de Chine à 127 millions.

Le secteur n'a pas su faire face non plus au phénomène « basket-sneakers » et à la fermeture croissante des boutiques et petits détaillants au profit des grandes surfaces puis de la vente en ligne. Aujourd'hui seuls 18% des paires de chaussures sont vendues par des détaillants indépendants.

Les effectifs salariés du secteur ont fondu, passant de 30.800 salariés en France en 1994 à 9.000 en 2010. L'industrie de la chaussure est une activité traditionnelle en France qui concernait principalement les villes de Romans-sur-Isère, Fougères, Limoges, Cholet et Paris. L'industrie de la chaussure haut de gamme, très localisée autour de Romans-sur-Isère, employait en 1960 plus de 7.000 personnes. Il n'en restait que 800 en 2005.

Une poignée d'entreprises de chaussures survivent en France. Recentrés sur le haut de gamme, ces survivants parient sur les nouvelles technologies et la promotion de l'image et de la fabrication française. En 2009, pour la première fois depuis quinze ans, la production française (27 millions de paires et 850 millions d'euros de chiffre d'affaires) a légèrement progressé.

Pour résister avec des coûts de production quatre fois plus élevés qu'au Maghreb et vingt fois plus élevés qu'en Asie, ces fabricants ont cherché les niches les plus rentables : le haut de gamme, la chaussure de confort ou le sur-mesure.

Mais les fabricants français se heurtent à une difficulté structurelle : la perte de savoir-faire et la raréfaction de main-d'œuvre qualifiée. Beaucoup d'ouvriers licenciés se sont reconvertis et ne veulent plus entendre parler des métiers de la chaussure.

Les chaussures pour femmes *Made in Emplois*

Charles Jourdan - Stephane Kélian - Kickers - Mod'8

1

Made in 480 emplois

Retrouvez cette entreprise sur la carte

22 57 58 98

1 siège et 1 plate-forme logistique à Fougères (35) avec 230 salariés.

1 site de production de chaussures pour enfants Mod8 à Blanquefort (33) avec 100 salariés.

1 site de production à Cholet (49) avec 100 salariés. Ces salariés étaient jusqu'alors disséminés dans 3 sites loués alentours : Beaupréau (CD Shoes), La Séguinière (Yero Shoes) et Montaigu (Kickers).

1 site de prototypage et 1 site de production de 100 chaussures Stéphane Kélian et Charles Jourdan par jour à Bourg-de-Péage (26) avec 20 salariés. La production de 10.000 paires de chaussures par an est sous-traitée en Espagne et en Italie.

1 site TESS à Saint-Germain-en-Laye (78), qui réalisait 21 millions d'euros de chiffre d'affaires en 2008. En reprenant en 2009, ce spécialiste des licences pour enfants (Disney, Warner, Hello Kitty...), le groupe Royer est devenu le leader européen de la chaussure sous licence.

1 bureau à Sèvres (92).

1 site à Maleville (12).

1 site à Saint-Omer (62).

1 site à Sainte Marie de Gosse (40).

Le groupe Royer réalisait 280 millions d'euros de chiffre d'affaires en 2009 en vendant 30 millions de paires de chaussures par an dont 85% sont fabriqués en Asie. Son chiffre d'affaires est équilibré entre l'article de sport (40%), la chaussure pour enfants (30%) et celle de ville (30%). **L'entreprise salariait un millier de personnes dans le monde, dont 480 en France** et 350 en Asie. Il fait fabriquer dans 150 usines asiatiques qu'il contrôle depuis 8 bureaux en Chine, à Hong-Kong, en Inde et au Vietnam. Le groupe y fabrique entre autres les sandalette Hello Kitty, escarpins Paul & Joe Sister ou les baskets Converses et Disney.

Bien que marginale au regard du volume total de références distribuées par le Groupe Royer, la production « Made in France » s'avère être un gage de qualité. Le groupe breton Jacques Royer, spécialiste de la chaussure sous licence, commence à se diversifier dans la maroquinerie. Cet ancien prof d'économie s'est constitué en toute discrétion un petit empire dans la chaussure, en rachetant au bon moment des licences de marques ou des entreprises en déclin.

Eram

2

Made in
330
emplois

Retrouvez cette entreprise sur la carte
66 44 59 119

1 siège et 1 plate-forme logistique à Saint-Pierre-Montlimart (49) avec 90 salariés.

1 site de production de chaussures femmes à Montjean-sur-Loire (49) avec 140 salariés.

1 site de production de chaussures femmes à Valanjou (49) avec 100 salariés.

1 site de production des chaussures de sécurité Parade à Jarzé (49) avec 100 salariés.

Le groupe Eram emploie 12.250 salariés dans le monde, réalise un chiffre d'affaires de 1,7 milliard d'euros en 2011 en fabriquant et commercialisant les marques Eram, TBS, Anne Flavie, Buggy, Bocage, Parade, Texto, France Arno, Heyraud, Gémo, Tati, Fabio Lucci, Giga Store. Eram dispose de 1.650 points de ventes dans le monde.

Textile

Repetto

3

Made in 260 emplois

Retrouvez cette entreprise sur la carte 36

1 siège à Paris (75008).

1 site de production de 600 paires par jour à Saint-Médard-d'Excideuil (24) avec 170 salariés.

Seuls les ballerines et les modèles en « cousu retourné », propre à Repetto, semblent fabriqués en France. L'usine a été agrandie en 2012. L'entreprise prévoit d'embaucher 150 personnes sur quatre ans. Le fabricant de chaussons de danse et de chaussures Repetto s'est doté d'un centre de formation à sa technique du cousu retourné. **Repetto emploie 260 salariés en France**, possède 9 boutiques en France et 12 en Asie et réalisait en 2010 un chiffre d'affaires de 30 millions d'euros, **dont 50% à l'export**.

Robert Clergerie - Espace

4

Made in 220 emplois

Retrouvez cette entreprise sur la carte 37

1 siège et 1 site de production de 110.000 paires par an à Romans-sur-Isère (26) avec 170 salariés. L'entreprise Clergerie a investi 1 million d'euros ces cinq dernières années dans l'achat de machines automatisées de découpe afin de gagner en réactivité et d'économiser 10% sur les quantités de matières utilisées.

Le groupe Clergerie emploie 220 salariés en France, dispose de 22 boutiques dont 13 en France et est présent aux Etats-Unis, en Angleterre, en Espagne, en Suisse et en Belgique. Il réalisait en 2010 un chiffre d'affaires de 20 millions d'euros, **dont 70% à l'export**. Le groupe a été racheté en 2011 par un fonds d'investissement chinois et un homme d'affaires français. Marion Cotillard, Sharon Stone, Madonna, Carla Bruni, Michèle Obama possèdent toutes une paire de Clergerie.

Artika - Ombelle - Hasley - Elantine

5

Made in
180
emplois

Retrouvez cette entreprise sur la carte
32

1 siège et 1 site de production de 550.000 paires par an à Saint-Léger-Sous-Cholet (49) avec 180 salariés. L'entreprise Chaussures Samson fabrique des chaussures femmes depuis 1929 et s'est spécialisée dans la chaussure de confort. L'entreprise réalise 15 millions d'euros de chiffre d'affaires **dont 20% à l'export**. Le made in France est leur argument commercial le plus décisif.

André - Minelli - Besson - Beryl - San Marina La Halle aux chaussures - Merkal - Fosco

6

Made in
180
emplois

Retrouvez cette entreprise sur la carte
33

1 siège et 1 site de production de 800.000 paires par an à Champigneulles (54) avec 180 salariés. Le site de la Compagnie Vosgienne de la Chaussure (CVC) fabrique en France ces marques du groupe Vivarte. La CVC est spécialisée dans la réalisation de chaussures « moyen de gamme » pour femmes. Née en 1896, CVC est la seule entreprise de production en France du Groupe Vivarte.

Arche

7

Made in
160
emplois

Retrouvez cette entreprise sur la carte
39

1 siège et 1 site de production de 500.000 chaussures par an à Château-Renault (37) avec 160 salariés. 300.000 euros de modernisation des équipements y ont été investis en 2011. Arche fabrique des chaussures femmes depuis 1960.

Pindière - Karston - Sweet - Madison

8	Made in 100 emplois	Retrouvez cette entreprise sur la carte 61

1 siège, 1 centre logistique et 1 site de production de paires de chaussures femmes à Saint-Macaire-en-Mauge (49) avec 100 salariés. Si l'ensemble des modèles est mis au point par le bureau de style et d'étude français, seuls 40% de la production sont « fabriqués en France ». L'entreprise Pindière dispose de sites de production au Portugal, au Maroc et en Asie. L'entreprise Pindière réalisait 20 millions d'euros de chiffres d'affaires en 2010.

France mode

9	Made in 80 emplois	Retrouvez cette entreprise sur la carte 69

1 siège et 1 site de production de 200.000 paires par an aux Epesses (85) avec 80 salariés. Entreprise fondée en 1969, France mode réalise un chiffre d'affaires d'environ 8 millions d'euros, dont **30% à l'export.**

Chaussures Marco

10	Made in 60 emplois	Retrouvez cette entreprise sur la carte 72

1 siège et 1 site de production à Pont-de-l'Arche (27) avec 60 salariés. Fondée en 1833, c'est la plus ancienne usine de chaussures françaises en activité.

Arcus

11	Made in 60 emplois	Retrouvez cette entreprise sur la carte 73

1 site de production de 120.000 paires par an à Pontacq (64) avec 60 salariés. L'entreprise a externalisé au Portugal et en Inde la fabrication de la tige, le dessus de la chaussure, qui consomme le plus de temps afin de pouvoir conserver dans le Béarn la valeur ajoutée, à savoir le bureau d'études et l'assemblage final. Arcus, fondée en 1872, fabrique des chaussures pour femmes et pour hommes. Arcus réalisait 7 millions d'euros de chiffre d'affaires en 2010 et dispose de 8 boutiques en France.

Stéphane Gontard

12

Made in 40 emplois

Retrouvez cette entreprise sur la carte 82

1 site de production de 10.000 chaussures par an à Gorron (53) avec 40 salariés. L'entreprise fabrique en Mayenne des chaussures femmes et hommes haut de gamme doublées cuir. L'entreprise familiale fondée en 1966 rachète en 1993 la marque Stéphane Gontard, née en 1835 dans l'Isère.

Ferrand - Villebois

13

Made in 35 emplois

Retrouvez cette entreprise sur la carte 86

1 atelier de production ballerines, chaussons et claquettes à Villebois-Lavalette (16) avec 35 salariés. Entreprise fondée en 1979, les établissements Ferrand fabriquent dans le berceau historique de la fabrication de chaussants : la charentaise. Ses fournisseurs sont principalement français ou européens. 100% des semelles et de nombreux tissus sont achetés à des fabricants français. L'entreprise a obtenu le label « Origine France Garantie ».

Laure Bassal

14

Made in 20 emplois

Retrouvez cette entreprise sur la carte 99

1 atelier à Romans-sur-Isère (26) avec 20 salariés. Fondée en 1909, Laure Bassal est offensive à l'export.

Jacques & Demeter

1 siège de conception et de dessin à Paris (75) avec 2 fondateurs. Le couple de créateurs fait travailler une trentaine d'artisans en France. Tous les modèles de la jeune marque sont conçus et dessinés à Paris puis entièrement fabriqués en France et montés à la main par des artisans-bottiers.

1 atelier familial de confection des lacets en cuir à Romans-sur-Isère (26).

1 atelier de production à la main des semelles en cuir et lacets en coton près de Cholet (49).

Jacques & Demeter travaille avec des tanneries centenaires installées en région Midi-Pyrénées et Rhône-Alpes.

Hirica

1 atelier à Saint-Vincent-de-Tyrosse (40). Fondée en 1904, Hirica est la référence de la ballerine. L'entreprise n'utilise que du cuir made in France.

Parmi les autres petits fabricants français de sandales et espadrilles made in emplois, on peut citer Prodiso et les espadrilles de Mauléon qui emploient à Mauléon (64), Côté Mer qui emploie à Noirmoutier (85), Max Vincent qui emploie à Mours-Saint-Eusèbe (26), K-Jacques qui emploie à Saint-Tropez (83), Lucane qui emploie à Villefranche-de-Rouergue (12), Audouin et Bosabo qui emploient à Montigné-sur-Moine (49), Art of Soule qui emploie dans le Pays Basque, Gep qui emploie à Saint-Germain-sur-Moine (49).

Parmi les autres petits fabricants français de chaussures femmes sur-mesure made in emplois, on peut citer Bruno Metzger qui emploie à Strasbourg (67), Art-Peaux qui emploie à Lyon (69), Dervile qui emploie à Paris (75), Canin qui emploie à Grenoble (38), Dessine-moi un soulier qui emploie à Romans sur Isère (26).

Les chaussures pour femmes *concurrentes et importées*

- **Louboutin**

Le fameux chausseur français, mondialement connu pour ses semelles en cuir rouge, fabrique **majoritairement en Italie et un peu en Espagne**. La marque dispose de 3 sièges commerciaux : celui de Paris s'occupe de la distribution pour l'Europe, l'Asie et l'Inde ; celui de Londres gère la communication internationale ; celui de New-York gère la distribution sur les marchés américains.

- **Bata**

Bata fabrique ses chaussures en grande partie **en Inde.** En 2001, l'entreprise a fermé l'usine de Bataville, en Moselle, qui employait 840 salariés.

- **Havaianas**

9 usines au Brésil, produisent les fameuses tongs. 30% de la production partent à l'exportation.

Chaussures pour hommes

1. **Méphisto - Sano - Mobils**
2. **Fenestrier - Espace**
3. **JM Weston**

Pour être sûr d'acheter du « made in France », rien ne vaut mieux que de passer par un bottier. Le prix à payer au départ n'est pas le même, mais la durée de vie des chaussures non plus.

Le saviez-vous ?

En 2009, Paraboot, l'un des derniers fabricants français de chaussures pour hommes a dû faire face à un refus de la DRIRE de lui octroyer son autorisation décennale d'exploiter son site de Tullins-Fures (38), qui emploie 70 personnes.

Le saviez-vous ?

La marque JM Weston fut déposée en 1927. Son nom fait référence à une ville américaine du Massachusetts, où le fils du fondateur de la célèbre manufacture de chaussures partit étudier les techniques de production. La signification du J.M reste elle mystérieuse. La marque est connue pour avoir chaussé Valéry Giscard d'Estaing, François Mitterrand, Nicolas Sarkozy, Laurent Fabius ou François Fillon. La marque a été mise à l'honneur par le 113, groupe de rap de Vitry, dans son titre club « Jackpotes 2000 ».

Les chaussures hommes *Made in Emplois*

Mephisto - Sano - Mobils

1 — Made in 500 emplois — Retrouvez cette entreprise sur la carte 120

1 siège et 1 site de production de chaussures hommes et femmes à Sarrebourg (57) avec 500 salariés. Mephisto dispose aussi d'une usine au Portugal. Sa marque Allrounder n'est pas fabriquée en France.

Avec plus de 800 boutiques dans le monde dont 75 en Chine, le groupe Mephisto emploie environ 2.800 salariés dans le monde pour la fabrication et la distribution de ses chaussures.

Fenestrier - Espace

2 — Made in 220 emplois — Retrouvez cette entreprise sur la carte 121

1 siège et 1 site de production à Romans-sur-Isère (26) avec 100 salariés. **Le groupe Clergerie emploie 220 salariés en France,** dispose de 22 boutiques dont 13 en France et est présent aux Etats-Unis, en Angleterre, en Espagne, en Suisse et en Belgique. Il réalisait en 2010 un chiffre d'affaires de 20 millions d'euros, **dont 70% à l'export**. L'entreprise a investi 1 million d'euros ces cinq dernières années dans l'achat de machines automatisées de découpe afin de gagner en réactivité et d'économiser 10% sur les quantités de matières utilisées. Le groupe a été racheté en 2011 par un fonds d'investissement chinois et un homme d'affaires français.

JM Weston

3 — Made in 210 emplois — Retrouvez cette entreprise sur la carte 122

1 siège et 1 site de production de 100.000 paires de chaussures par an (dont 1.800 paires de bottes pour la Garde Républicaine) à Limoges (87) avec 210 salariés.

La manufacture, fondée en 1891, possède sa propre tannerie de cuir à semelles. L'entreprise limousine réalise aussi ses propres lignes d'accessoires de maroquinerie. En 1981, l'entreprise a racheté la tannerie Bastin qui lui fournissait les cuirs.

En décembre 2010, J. M. Weston obtient la fermeture d'une usine de contrefaçon basée à Canton en Chine.

J.M. Weston vend désormais des modèles sport à semelles de gomme, qui sont les seuls modèles qui ne sont pas fabriqués à Limoges mais importés d'Italie.

En 2008, JM Weston disposait de 15 points de vente en France et de 25 à l'international, qui lui permettaient de réaliser un chiffre d'affaires d'environ 50 millions d'euros. En 2012, JM Weston a fêté ses 120 ans en se diversifiant dans la maroquinerie.

Paraboot - Galibier - Parachoc

4

Made in 170 emplois

Retrouvez cette entreprise sur la carte 123

1 site de production 300 000 paires de chaussures (90% de sa production) à Izeaux (38), avec 130 salariés.

1 site de production à Fures (38).

L'entreprise emploie 170 salariés qui fabriquent 350.000 paires de chaussures par an en France.

En 2009, Paraboot réalisait 17,9 millions d'euros de chiffre d'affaires pour un résultat de 1,7 million d'euros.

Fondé en 1908, Paraboot est le seul fabricant au monde à fabriquer ses propres semelles en latex, gage d'une qualité unique. Les chaussures Paraboot sont entièrement coupées et piquées à la main. Le tannage des peaux se fait aussi selon les méthodes traditionnelles.

L'entreprise iséroise produit des chaussures de ville et de sport sous la marque Paraboot mais aussi des modèles de montagne (sous la marque Galibier) et des chaussures de sécurité (sous la marque Parachoc).

Jean-Baptiste Rautureau

5

Made in 150 emplois

Retrouvez cette entreprise sur la carte 124

1 site de production à La Gaubretière (85) avec 150 salariés. La marque fabrique des chaussures de ville comme des sneakers.

Heschung

6

Made in 60 emplois

Retrouvez cette entreprise sur la carte 125

1 siège et bureau de design à Dettwiller (67) avec 10 salariés.

1 atelier de production de chaussures à Steinbourg (67) avec 50 salariés.

1 atelier en Hongrie.

Seule la ligne « Atelier » reconnaissable à son « véritable cousu norvégien » est fabriquée en France. Selon son patron, sans la délocalisation partielle de la production en Hongrie, l'entreprise aurait fermée. En 2011, l'entreprise fondée en 1934, réalisait 18 millions d'euros de chiffre d'affaires dont **20% à l'export** (Belgique et Etats-Unis). Heschung dispose d'une dizaine de boutiques en France dont 4 à Paris et a investi 100.000 euros dans le lancement de sa boutique en ligne.

Hardrige

7

Made in 25 emplois

Retrouvez cette entreprise sur la carte 126

1 site de production à Sillans (38), avec 25 salariés. La marque a été créée au milieu des années 1980 par un ancien de chez Paraboot, qui racheta l'entreprise Trappeur. Hardrige travaillait pour l'armée et la gendarmerie françaises. Cette collaboration a d'ailleurs permis de créer la gamme TAM (« Terre, Air, Mer »). Une déclinaison luxueuse de la chaussure montante des pilotes de l'armée de l'air française est disponible Chez Colette à Paris. Mais suite à la perte du marché militaire au profit d'une production chinoise, la PME a délocalisé le montage de ses produits au Portugal. Certains souliers cousus blake sont produits en Italie ou en Espagne. Les cartables et sacs ordinateurs Hardrige sont confectionnés dans le Tarn.

Made in Romans

8

Made in
10
emplois

1 site de production de 4.500 paires de chaussures par an à Romans (26) avec 10 salariés.

L'entreprise a été fondée en 2008 par d'anciens salariés des entreprises Charles Jourdan et Stéphane Kélian avec l'aide du groupe de réinsertion Archer.

Made in Romans fabrique des chaussures hommes et femmes. 90% des matières premières viennent du département. Le cuir vient du tanneur Roux, fournisseur de Vuitton et Hermès. Les lacets, la doublure, les formes, les œillets, l'ensemble des outils de découpe proviennent de Romans. Seules les semelles sont fabriquées à Cholet.

En plus de sa propre ligne de chaussures, Made in Romans fait de la sous-traitance pour des grandes marques et produit des chaussures pour des petits créateurs parisiens.

Empreinte - Solidur

9

Made in
7
emplois

1 site de production à Barenton (50) avec 7 salariés. L'entreprise de chaussures de sécurité Solidur, fondée en 1946 et labellisée « Entreprise du Patrimoine Vivant », produit aussi des chaussures pour hommes sous ces marques. Tige, semelles extérieure et intérieure, lacets et doublure des chaussures Empreinte viennent de France. Les cuirs viennent d'une tannerie rodézienne, qui travaille des peaux de bovins élevés en Dordogne et dans le Cantal. Les modèles « montagne » de Solidur sont importés d'Italie.

Jacques & Demeter

1 siège de conception et de dessin à Paris (75) avec 2 fondateurs. Le couple de créateurs fait travailler une trentaine d'artisans en France. Fondée en octobre 2011, la petite entreprise a produit **500 paires. 10% partent à l'export** (principalement vers le Japon). Tous les modèles de la jeune marque sont conçus et dessinés à Paris puis entièrement fabriqués en France et montés à la main par des artisans-bottiers.

1 atelier de confection à Romans-sur-Isère (26), avec 20 salariés.

1 atelier de confection à Cholet (49) avec 20 salariés.

1 atelier familial de confection des lacets en cuir à Romans-sur-Isère (26) avec 2 salariés.

1 atelier de production à la main des semelles en cuir et lacets en coton à Somnoire (49) avec moins de 10 salariés.

3 tanneries installées à Romans-sur-Isère (26), Mazamet (81) et Le Monastère (12). Une partie du cuir vient d'Italie.

Berlutti - Anthony Delos

1 site de production de 40 paires de chaussures par an aux Rosiers sur Loire (49). Anthony Delos fut meilleur ouvrier de France. Son atelier est labellisé « Entreprise du Patrimoine Vivant ».

Delcros

1 site de production à Albaret-le-Comtal (48). L'entreprise fondée en 1976 fait fabriquer une partie des modèles en Espagne.

Parmi les autres fabricants français de chaussures de ville made in emplois, on peut citer : Joseph Malinge emploie à La Tourlandry (49), Preys emploie à Nontron (24), Caulaincourt emploie à Paris (75), Edito emploie à Cholet (49).

Les chaussures hommes *concurrentes et importées*

- **Clarks**

La Clarks originale est désormais **fabriquée en Asie.**

Chemises

1. Belloni - C2S
2. Bruce Field
3. Lordson

Les chemises *Made in Emplois*

Belloni - C2S

1 | Made in 85 emplois | Retrouvez cette entreprise sur la carte 67

1 siège et 1 site de production de 300 chemises sur mesures par jour à Courlay (79) avec 85 salariés. La société Confection des Deux-Sèvres (C2S) a reçu le label « Origine France garantie » pour son activité de conception et fabrication de chemises sur-mesure de marque Belloni. L'entreprise est le leader européen de cette activité, qui représente 45% de son chiffre d'affaires de 7 millions d'euros. Une part importante des ventes est réalisée à **l'export** (Autriche, Grande-Bretagne, Belgique, Suisse, Allemagne, Danemark, Espagne, Pays-Bas, Roumanie, Suède, Hongrie, Lituanie, Luxembourg). C2S fait partie du groupe CJT, qui fabrique la plupart des chemises prêt-à-porter de ses marques (Belloni, Henri-Duc, Lui, Kidur) dans son atelier tunisien.

Bruce Field

2 | Made in 75 emplois | Retrouvez cette entreprise sur la carte 90

1 siège à Paris (75) avec 20 salariés.

1 service commercial et web à Saint-Ouen (93) avec 10 salariés. Bruce Field dispose d'une trentaine de boutiques en propre ou en franchise qui emploient 110 vendeurs.

1 site de production à Villedieu-sur-Indre (36) avec 35 salariés. Les chemises hommes et caleçons de cette marque francilienne sont intégralement fabriquées en France, près de Châteauroux, par la Compagnie théopolitaine de confection, fondée en 1952. L'activité chemise (7 millions d'euros) représente 30% de l'activité de Bruce Field.

Lordson

3 | Made in 50 emplois | Retrouvez cette entreprise sur la carte 77

1 site de production de 500 chemises par mois à Ecueillé (36) avec 50 salariés. La production de chemises Lordson représenterait moins de 20% de l'activité de ce site qui confectionne également des juppes et des pantalons. L'entreprise fondée en 1926, fabrique des chemises hommes haut de gamme, vend principalement sur internet et exporte moins de 10% de sa production.

AD Confection

4 | Made in 10 emplois | Retrouvez cette entreprise sur la carte 106

1 site de production de chemises et de prêt-à-porter à Nuaillé (49), avec 10 salariés. Cette petite entreprise, fondée en 2008 près de Cholet par deux anciennes salariées New Man licenciées, était uniquement un façonnier de prototypes ou des petites séries avant qu'elle ne commence à confectionner ses propres produits pour garder une activité autonome de ses donneurs d'ordre. Les salaires représentent 62% de son prix de vente.

Parmi les autres fabricants français de chemises sur mesure et made in emplois, on peut citer Liste Rouge qui emploie à Paris et en Normandie, Lib & Staël qui emploie dans les Deux-Sèvres, Valmary qui emploie dans les Deux-Sèvres.

Parmi les autres fabricants de chemises prêt-à-porter et made in emplois, on peut citer Anne Fontaine qui emploie à Honfleur, mais aussi Bérangère Claire, Espiral ou Haakon's.

Costumes

1. Smuggler
2. Bruce Field

Le saviez-vous ?

Nos dernières entreprises de costumes ou de chemises (Smuggler, Bruce Field) portent souvent des noms anglo-saxons car à l'époque de leur création, le chic masculin qu'il fallait inspirer était britannique.

Les costumes *Made in Emplois*

Smuggler

1 — Made in 150 emplois — Retrouvez cette entreprise sur la carte 50

1 siège et 1 site de production de 200 vestes et 150 pantalons par jour à Limoges (87) avec 120 salariés. Le site comprend un bureau d'étude, une draperie et un atelier.

La marque dispose de **8 boutiques à Paris, 1 à Limoges** et 2 en Belgique et au Luxembourg qui proposent aussi du sur-mesure abordable. Smuggler a des projets de boutiques à New York et Shanghai.

France Confection et Smuggler se sont regroupées depuis 2000 au sein d'une holding qui a dégagé un chiffre d'affaires de 10 millions d'euros en 2010 et qui emploie **150 salariés.** France Confection fabrique en France toutes les collections de Smuggler. Cette entreprise est le dernier fabricant français de costumes. Elle compte aussi parmi ses clients une quarantaine de marques haut de gamme qui lui confient leur production de pièces Made in France. Toutefois les cravates et chemises Smuggler ne viennent pas de France mais d'Italie. Si les tissus utilisés (laine, soie, lin, cachemire) viennent essentiellement d'Italie et un peu de Grande-Bretagne, Smuggler a obtenu en 2011 le label « Origine France Garantie » pour ses costumes, gilets, pantalons et vestes. Suite à cet audit, l'entreprise garantit même que 71% de la valeur ajoutée est française. Smuggler n'avait pas attendu ce label pour communiquer sur son origine française en apposant depuis ses débuts sur ses vêtements l'étiquette « confectionné en France ».

Bruce Field

2 | Made in 15 emplois | Retrouvez cette entreprise sur la carte 90

1 siège à Paris (75) avec 20 salariés.

1 service commercial et web à Saint-Ouen (93) avec 10 salariés.

Bruce Field dispose d'une trentaine de boutiques en propre ou en franchise qui emploient plus de 100 vendeurs. Seuls les costumes en tissu Dormeuil ou Cerruti sont fabriqués en France. Les autres viennent de Chine et de Hongrie.

Les costumes *concurrents et importés*

- **Kenzo - Givenchy**

Les costumes Kenzo et Givenchy vendus entre 700 et 1.000 euros, auparavant fabriqués par la société ECCE dans le Nord-Pas-de-Calais, proviennent désormais pour l'essentiel de pays émergents. Après avoir été délocalisée en 2007 dans les environs de Cracovie, en Pologne, la fabrication est désormais effectuée en **Roumanie, Bulgarie, Hongrie et Tunisie**. Le coût de la main-d'œuvre ne représente plus que 30 euros d'un costume. La production coûte moins de 10% du prix final. Le reste est absorbé par le coût de l'image de marque et la distribution (40%). Taxes déduites, la marge représenterait 30% du prix final. L'usine française a fermé en 2008.

- **Agnès b.**

Les costumes Agnès b. sont fabriqués **en Roumanie.**

- **De Fursac**

Les costumes De Fursac sont fabriqués **en Roumanie, en Pologne et en Italie.**

- **Ralph Lauren**

Les costumes Ralph Lauren sont fabriqués **à Macao.**

Sneakers

1. Le Coq sportif
2. Jean-Baptiste Rautureau
3. Souts

Un tiers des chaussures vendues en France sont des « baskets », aussi appelées sneakers.

Dans le passé, les marques de chaussures de sport fabriquées en France étaient nombreuses : Le Coq Sportif, Aigle, Spring Court, Noël, Patrick, Hunga et des Adidas étaient même fabriquées en Alsace.

Aujourd'hui, elles réapparaissent. Elles coûtent certes plus chères mais leur qualité devrait permettre une usure plus lente. Le calcul à long terme semble économique.

Les sneakers *Made in Emplois*

Le Coq sportif

1 — *Made in* 210 *emplois* — Retrouvez cette entreprise sur la carte 87

1 siège à Entzheim (67).

1 centre de design à Paris (75).

1 centre de R&D et 1 site de production de 75.000 modèles haut de gamme par an (collections « image ») à Romilly-sur-Seine (10) avec 35 salariés (dont une quinzaine a été recruté en 2012). Le groupe a réinvesti en septembre 2010 l'usine de confection, où Le coq sportif est né en 1882 et dont la production avait été délocalisée en Chine en 1988.

Le Coq Sportif emploie 210 salariés en France.

Les chaussures (85% des ventes du groupe) sont fabriquées au Portugal. Le textile (15% des ventes) vient de Chine. La marque emploie des designers en Corée du Sud et au Japon pour adapter les modèles aux goûts asiatiques.

Le Coq sportif, qui appartient au fonds d'investissement suisse Airesis, concentre ses efforts sur trois marchés stratégiques : la France, l'Espagne et l'Italie. En 2011, le chiffre d'affaires du Coq Sportif a atteint 98,7 millions d'euros, en hausse de 10% par rapport à 2010.

La marque qui fut l'équipementier des équipes de France de football, rugby ou athlétisme est depuis 2012 le sponsor des maillots jaune, vert et à pois du Tour de France, marquant ainsi son 130ème anniversaire. La marque mise de plus en plus sur l'image de la France et son histoire. Ses égéries sont Yannick Agnel, Frédérick Michalak, Sébastien Loeb ou Joakim Noah.

Jean-Baptiste Rautureau

2 | Made in 150 emplois | Retrouvez cette entreprise sur la carte 40

1 site de production à La Gaubretière (85) avec 150 salariés. La marque fabrique des chaussures de ville comme des sneakers.

Souts

3 | Made in 20 emplois | Retrouvez cette entreprise sur la carte 100

1 site de production d'espadrilles et sneakers à Tocane-Saint-Apre (24), dans le Périgord, avec 20 salariés. Les modèles Souts utilisent du coton bio. « Souts » signifie « sabot » en occitan. La marque s'exporte en Europe et au Japon.

Jacques & Demeter

1 siège de conception et de dessin à Paris (75) avec 2 fondateurs. Le couple de créateurs fait travailler une trentaine d'artisans en France. Fondée en octobre 2011, la petite entreprise a produit **500 paires. 10% partent à l'export** (principalement vers le Japon). Tous les modèles de la jeune marque sont conçus et dessinés à Paris puis entièrement fabriqués en France et montés à la main par des artisans-bottiers.

1 atelier de confection à Romans-sur-Isère (26), avec 20 salariés.

1 atelier de confection à Cholet (49) avec 20 salariés.

1 atelier familial de confection des lacets en cuir à Romans-sur-Isère (26) avec 2 salariés.

1 atelier de production à la main des semelles en cuir et lacets en coton à Somnoire (49) avec moins de 10 salariés.

3 tanneries installées à Romans-sur-Isère (26), Mazamet (81) et Le Monastère (12).

Une partie du cuir vient d'Italie.

Veam

1 siège à Paris (75).

1 site de production dans les Pays-de-la-Loire.

La marque propose une chaussure de sport haut de gamme de fabrication française, dans le style des running des années 80, sobre et rétro. Les baskets Veam sont **dessinées à Paris et fabriquées à la main dans les Pays-de-la-Loire** et seront livrées dans une boîte en bois du Jura. Les cuirs viennent de France ou d'Italie.

Bleu de paname

1 siège-atelier à Paris (75).

1 site de production à Roubaix (59).

1 site de production à Limoges (87).

1 atelier de production de toutes les séries limitées à Dax (40).

Bleu de Paname s'inspire des uniformes traditionnels (salopette de garagiste ou bleu de travail) et fabrique ses collections « prolétaire chic » entre Paris, Roubaix et Limoges, afin de redonner un souffle à des fabricants français au bord de la fermeture. La marque a lancé en collaboration avec la marque américaine PF Flyers une sneaker.

Les sneakers *concurrentes et importées*

● **Faguo**

La jeune marque française « éthique » créée en 2009 fait fabriquer ses chaussures en Chine. Faguo signifie en chinois « France » ou « Pays des Lois et des Manières ». La marque s'emploie à réduire son empreinte carbone mais importe ses chaussures de l'autre bout du monde... Pour chaque paire de Faguo achetée, un arbre est planté en France ou en Belgique. A la fin de l'année 2012, 160.000 arbres auront été plantés en France et en Belgique depuis le lancement de la marque. Le problème étant qu'en France, on manque beaucoup moins d'arbres que d'emplois dans le textile... Leur centre logistique francilien est un ESAT permettant l'insertion par le travail de personnes handicapées.

- **Veja**

Veja qui signifie « regarde » en portugais, est la marque pionnière en matière de sneaker durable et équitable. La marque française mise sur le commerce équitable et fait produire ses chaussures **au Brésil.** Veja est distribué dans 250 points de vente de 23 pays. La marque, qui a vendu 130.000 paires de sneakers en 2011, possède désormais **un bureau à Londres**. Veja cultive son coton selon des techniques d'agro écologie, utilise du caoutchouc sauvage, du cuir au tannage végétal et un transport principalement maritime. Veja n'achète pas d'espaces publicitaires (c'est pourquoi les sneakers sont vendues au même prix que leurs concurrentes, malgré des coûts de fabrication 4 fois plus élevés), mais par le biais d'évènements culturels (notamment chez Centre Commercial, le lieu parisien ouvert en 2010 par ses fondateurs). Veja a été adoptée par Marion Cotillard, Inès de la Fressange ou encore Chris Martin, le chanteur de Coldplay.

- **Feiyue**

La marque connaît un grand succès en France (450.000 paires ont été vendues en 2009). La marque **fabriquée en Chine** fut très populaire pendant la dictature de Mao. 3 français expatriés ont relancé la marque en 2005.

- **Piola**

Baskets bio-équitables **franco-péruviennes**.

- **Springcourt**

En dépit du logo tricolore, l'assemblage de ses sneakers n'est pas réalisé en France.

- **Julien Simon**

La marque produit ses sneakers **en Europe.**

- **Twins for Peace**

La marque s'engage à offrir une paire de chaussures à un enfant défavorisé pour chaque paire achetée.

- **Sawa**

Les chaussures de la marque sont fabriquées en **Afrique.**

- **Puma - Volcom**

En 2012, Puma a fermé 18 magasins non rentables en Europe de l'Ouest et vient de licencier 280 salariés. Le numéro 3 mondial employait 10.000

salariés dans le monde en 2011 et possèdait 550 magasins. Il réalisait un chiffre d'affaire de 3 milliards d'euros en 2011 (+10,6% par rapport à 2010), dont 51% dans la chaussure et à 33% en Europe. **Le siège de Puma est en Allemagne, la R&D à Londres et le marketing à Boston.** Le chiffre d'affaires de Volcom provient, lui, à 86% du textile. Il lance des chaussures en 2013. Volcom vient d'ouvrir 3 magasins en France : à Chamonix, aux Deux-Alpes et à Bordeaux.

- **New Balance**

New Balance produit des baskets **aux Etats-Unis ainsi qu'à Flimby, au Royaume Uni.** La marque réussit à vendre certains de ses modèles produits en Angleterre entre 100 et 150 euros.

- **Asics**

Asics réalise parfois la production de certains de ses modèles **au Japon.**

Bottes

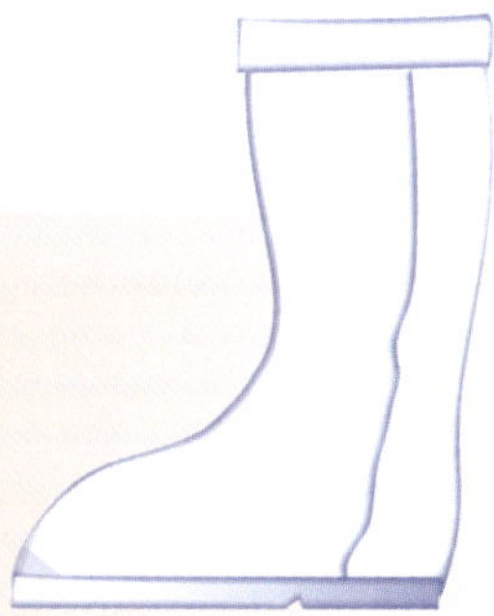

1. Aigle
2. Le Chameau
3. Umo - La Sarraizienne - Bopy - Jeep Thalassa - Kiri - Haribo - Barbie

Les bottes *Made in Emplois*

Aigle

1 — Made in 580 emplois — Retrouvez cette entreprise sur la carte 8

1 siège et 1 site de production de 920.000 paires de bottes par an à Ingrandes-sur-Vienne (86) avec 580 salariés. Seules les bottes Aigle sont fabriquées en France. Le caoutchouc est importé et tous les autres produits (chaussures ou textiles) sont confectionnés en Asie, en Afrique du Nord ou en Europe de l'Est.

Le Chameau

2 | Made in 100 emplois | Retrouvez cette entreprise sur la carte 92

1 siège, 1 magasin d'usine et 1 centre logistique à Dun-sur-Auron (18) avec 25 salariés.

1 site de production de bottes et chaussures haut de gamme à Pont-d'Ouilly (14). Dédié aux modèles haut de gamme et au travail du cuir, ce site est le fer de lance du savoir-faire de la marque. Tous les produits sont fabriqués à la main par des maîtres bottiers, formés pendant 9 mois. Le Chameau utilise du cuir de vachette français « pleine fleur ».

Le site de production de Châteauvillain (Haute-Marne) a été fermé. 32 des 46 salariés ont été licenciés. L'activité a été transférée sur l'unité de Pont-d'Ouilly.

Une troisième usine située à Kouskoura, près de Casablanca (Maroc), produit des bottes. Le textile Le Chameau lui n'est pas du tout fabriqué en France mais en Tunisie et en Hongrie.

Le Chameau emploie 100 salariés en France. En 2011, ce fabricant français de bottes en caoutchouc et de vêtements de chasse haut de gamme, a réalisé un chiffre d'affaires de 24 millions d'euros, **dont la moitié à l'export**. Fondée en 1927 en Normandie et propriété de Lafuma depuis 1995, les bottes Le Chameau ont été vendues en novembre 2012 à un fonds d'investissement anglais, Marwyn Partners, pour un montant de 16,5 millions d'euros. Celui-ci compte développer les ventes en Asie du sud-est. Au cours de l'été 2012, Kate Middleton a été photographiée portant une paire de bottes Le Chameau. Les ventes ont depuis bondi de 32% au Royaume-Uni. Le Chameau équiperait plus de 90% des ostréiculteurs français.

Umo - La Sarraizienne - Bopy - Jeep - Thalassa Kiri - Haribo - Barbie

3 | Made in 60 emplois | Retrouvez cette entreprise sur la carte 115

1 siège à Beaupreau (49).

1 atelier de production 3,5 millions de bottes et chaussures par an à Gesté (49).

Umo **emploie 60 salariés en France**. L'entreprise produit toute une gamme de chaussures, bottes de loisirs, bottes de chasse, bottes de pêche, bottes d'équitation, cuissardes, sabots de jardin, tongs, sandales, mules et bottes de neige sous ses différentes marques. En 2003, la société Humeau-Beaupréau reprend la marque, les moules et machines de la Sarraizienne et sa fameuse sandale « Méduse », la première sandale PVC créée en France en 1946, dont il s'est vendu depuis plus de 100 millions de paires. Umo réalisait 15,2 millions d'euros de chiffre d'affaires en 2006 et exportait vers le monde entier.

La botte gardiane

4

Made in 17 emplois

Retrouvez cette entreprise sur la carte 101

1 atelier de production de bottes faites main à Villetelle (34) avec 17 salariés. La Botte Gardiane, fondée en 1958 et labellisée « Entreprise du Patrimoine Vivant », est la seule entreprise française spécialisée dans la fabrication des bottes de gardians camarguais. L'entreprise a ouvert sa première boutique à Paris (75011). **65% de son chiffre d'affaires sont réalisés à l'export** (notamment vers le Japon).

Chaussons

1. Rondinaud - Jéva - Le Slip Français
2. Tooti - La Maison des Petits Pieds
3. Ferrand - Villebois

Les chaussons *Made in Emplois*

Rondinaud - Jéva - Le Slip Français

1 — Made in 140 emplois — Retrouvez cette entreprise sur la carte 46

1 siège à La Rochefoucauld (16).

1 site de production de 460.000 pantoufles par an à Rivières (16) avec 130 salariés.

1 site de production de semelles à Chasseneuil (16) avec 5 salariés.

Les chaussons de la marque Le Slip Français sont fabriqués en Charente par les Etablissements Rondinaud. L'entreprise fondée en 1954 emploie 140 salariés en France et réalisait 18 millions d'euros de chiffre d'affaires en 2011. L'entreprise Rondinaud possède aussi une usine au Maroc et sous-traite en Chine, pour les modèles destinés à la grande distribution.

Tooti - La Maison des Petits Pieds

2 — Made in 80 emplois — Retrouvez cette entreprise sur la carte 70

1 site de production de 1 million de paires de pantoufles par an à Saint Michel de Rivière (24) avec 80 salariés. L'entreprise Bossi, fondée en 1973 fabrique dans la région de Bordeaux divers produits chaussants pour enfants.

Ferrand - Villebois

3	Made in 35 emplois	Retrouvez cette entreprise sur la carte 116

1 atelier de production de ballerines, chaussons et claquettes à Villebois-Lavalette (16) avec 35 salariés. Entreprise fondée en 1979, les établissements Ferrand fabriquent des articles chaussants dans le berceau historique de la fabrication de chaussants : la charentaise. L'entreprise réalise ses propres collections, grâce à un réseau de fournisseurs locaux et principalement français ou européens. 100% des semelles et de nombreux tissus sont achetés à des fabricants français. L'entreprise a obtenu le label « Origine France Garantie ».

La Vague

4	Made in 30 emplois	Retrouvez cette entreprise sur la carte 91

1 site de production de pantoufles et chaussures d'intérieur en toile à Champagne (72) avec 30 salariés. L'entreprise fondée en 1928 dans la Sarthe a lancé en 2011 une nouvelle gamme éco-responsable, travaillée à partir de matières recyclées.

La pantoufle du Berry

5	Made in 3 emplois	Retrouvez cette entreprise sur la carte 112

1 boutique et 1 atelier de production de 150 paires par jour à Vatan (36) avec 3 salariés. La petite et jeune société coopérative ouvrière de production (SCOP) a été fondée en 2011 par d'anciens salariés du fabricant de pantoufles Mercier, qui a déposé le bilan en 2010. Les chaussons sont fabriqués à la main dans le Berry, le feutre de la semelle et le tissage viennent des Pyrénées.

Charentaises

1 siège et 1 site de production à Graulhet (81). Fondée en 1982, l'entreprise familiale MRLF fabrique des chaussons en peau de mouton lainée et travaille en collaboration avec le dernier fabricant français des véritables charentaises en feutre.

Le Loup Philosophe

1 siège et 1 site de production de chaussons, écharpes, gilets, plaids et coussins à Paris. Chaque produit de la gamme « Acadamia » de la petite entreprise Différent porte le label « Origine Garantie France ». L'entreprise est aussi engagée auprès d'associations humanitaires d'entr'aide.

La ferme du Mohair

1 atelier de production de chaussons, chaussettes, écharpes, couvertures à La Bastide du Sérou (09). Fondée dans les années 80 dans les Pyrénées ariégeoises, la ferme du Mohair élève ses chèvres sur 30 hectares et récolte une laine mohair réputée pour sa douceur.

Parmi les autres fabricants français de chaussons made in emplois, on peut citer Castex qui emploie à Dax (40), ou Rivalin qui emploie à Quimper (29).

Tee-shirts & polos

Lacoste

Le saviez-vous ?

La marque Lacoste a été fondée par le joueur de tennis René Lacoste. En 1927, la presse américaine le surnomme le crocodile. En effet il aurait parié une valise en crocodile avec son capitaine de l'Equipe de France de Coupe Davis, s'il remportait un match important. Le public américain a retenu ce surnom qui soulignait en outre la ténacité du joueur sur les courts. Un ami, Robert George, lui dessina alors un crocodile qui fut brodé sur son blazer de match. Vedette des courts de Wimbledon, de Forest Hills et de Roland-Garros, René Lacoste faisait partie de la célèbre équipe française des « Mousquetaires » qu'il formait avec Jean Borotra, Henri Cochet et Jacques Brugnon. René Lacoste est mort en 1996.

Les tee-shirts & polos *Made in Emplois*

Lacoste

Made in 1.800 emplois

Retrouvez cette entreprise sur la carte 1 47

1 site de production à Troyes (10) avec 1.230 salariés. Depuis 1933, la ville champenoise est le berceau historique de la marque au crocodile.

1 plate-forme logistique Solodi à Troyes (10) avec 130 salariés. 1 nouvelle plate-forme devrait voir le jour sur le Parc logistique de l'Aube début 2014. 20 salariés devraient y être recrutés à l'ouverture.

En 2011, le « made in France » ne représenterait plus que 5,7% de la production de la marque. Les polos Lacoste, vendus une centaine d'euros et auparavant produits dans l'Aube, sont désormais pour la plupart fabriqués en Europe de l'Est et au Maghreb (Tunisie et Roumanie en particulier). Lacoste, l'une des premières marques française à délocaliser sa production en Chine, est désormais l'une des plus touchées par la contrefaçon.

Le groupe Devanlay, qui produit l'ensemble des polos Lacoste **emploie 1.800 salariés en France sur ses 8 sites français (dans l'Aube, la Nièvre, la Marne et la Meuse).** En 2012-2013, il lance une campagne de 200 recrutements. Confronté à une pénurie de main-d'œuvre qualifiée et à la raréfaction de la formation initiale, Devanlay mise sur l'apprentissage et a doublé en 2012 son budget formation, le portant à 3% de la masse salariale. Dans le cadre d'un dialogue social apaisé avec les syndicats, l'entreprise Devanlay-Lacoste travaille au maintien des savoir-faire dans les ateliers français. Les équipes industrielles ayant une moyenne d'âge assez élevée, un plan de transfert des savoir-faire et des compétences se déploiera jusqu'en 2017. Pour faire face à la démultiplication des modèles, Lacoste souhaite devenir l'entreprise de référence des prototypistes. Dans une logique de stabilité des effectifs, les départs à la retraite devraient juste être remplacés.

L'entreprise a réalisé 1,8 milliard d'euros de chiffre d'affaires en 2012 et emploie 8.500 personnes dans 114 pays du monde, répartis dans 1.200 boutiques et une vingtaine de sites de production et vend plus de 60 millions d'articles chaque année. Les Etats-Unis est le premier marché de la marque (15% du chiffre d'affaires) devant la France (9%), l'Italie et la Chine (6% chacun).

Lacoste se positionne comme une marque de luxe : 80% de ses clients sont des hommes CSP+. La marque disposait déjà en 2003 d'un taux de notoriété de 66% à l'échelle mondiale et de 98% en France. Les magazines Life ou Paris-Match ont participé à cette notoriété en publiant des photos du président américain Eisenhower, de Jackie Kennedy, du président français Georges Pompidou ou du roi d'Espagne Juan Carlos portant le célèbre polo au crocodile.

Le suisse Maus Frères via sa filiale depuis 1998 Devanlay, a racheté plus de 93% des parts de Lacoste SA en 2012. La société Lacoste, propriétaire de la marque Lacoste, anime, contrôle et coordonne les licences accordées aux différents partenaires : Devanlay pour les vêtements (60% du chiffre d'affaires du groupe en 2011) et la maroquinerie (3%), Pentland pour les chaussures (17%), Procter & Gamble pour les parfums(14%), Marchon pour les lunettes (2%), Movado pour les montres (2%), Zucchi (et Uchino au Japon) pour le linge de maison (1%) et GL Bijoux pour les bijoux (1%).

S'il vous plaît Merci

1 site de fabrication et de sérigraphie dans l'Aube. Luc Decornet, 28 ans, fondateur et gérant de la société FLUC travaille avec son frère Florent, graphiste indépendant à Lyon. La petite entreprise a fait appel à des graphistes indépendants et professionnels pour dessiner sa collection de t-shirts qui arborent l'étiquette « fabriqué en France ». Si le coton nécessaire à la fabrication vient d'Inde, la confection des modèles est réalisée en région champenoise.

Mon petit polo français

Le tissage est sous-traité à une entreprise de plus de 50 salariés près de Troyes (10).

Les polos sont confectionnés à Saint Pouange (10) par une entreprise d'environ 30 salariés.

Les boutons en bois français sont fabriqués dans le Jura par une entreprise d'environ 10 salariés.

La broderie est effectuée dans l'Aube et la tresse près de Saint-Etienne.

La marque de polos et de cols roulés a été fondée en mai 2012 par 2 étudiants lyonnais. Au 1er janvier 2013, ils avaient vendu 450 polos. Ils préparent des tee-shirts et des marinières made in France.

Bleu de Paname

1 siège-atelier à Paris (75).

1 site de production à Roubaix (59).

1 site de production à Limoges (87).

1 atelier de production de toutes les séries limitées à Dax (40).

Bleu de Paname s'inspire des uniformes traditionnels (salopette de garagiste ou bleu de travail) et fabrique ses collections « prolétaire chic » entre Paris, Roubaix et Limoges, afin de redonner un souffle à des fabricants français au bord de la fermeture.

Storks

2 sites de design, sérigraphie et broderie en Alsace.

2 sites de confection, tissage et teinture dans l'Aube.

La nouvelle marque de polos, tee-shirts et chaussettes née en Alsace a choisi 3 échassiers tricolores comme emblème. La société s'engage ainsi à provisionner 5% de ses bénéfices nets et à les affecter à une œuvre caritative locale.

Asgard Golf

1 siège à Dijon (21) avec 2 fondateurs.

1 site de tissage de coton à Troyes (10).

1 site de confection par un atelier haute couture à Troyes (10).

1 site de fabrication des boutons de nacre à Lyon (69).

Certains tissus viennent de Picardie. Leurs différents fournisseurs emploient ensemble 150 personnes en France. Les jeunes créateurs de cette nouvelle marque de polo de golf haut de gamme ont fait appel à des ateliers et fournisseurs français de qualité. Asgard propose des polos hommes et femmes.

Frog saves the Queen

1 siège à Bordeaux (33). 3 jeunes entrepreneurs ont lancé début 2012 en Aquitaine cette marque de polos qui joue avec les codes britanniques.

De Marcouville

1 site de production dans l'Aube. Les polos hommes et femmes De Marcouville sont confectionnés dans un coton en maille piquée, tissé et teint dans l'Aube.

Commune de Paris

1 siège à Paris (75). La marque fondée par 3 créateurs parisiens détourne les codes de la révolution de 1871 et les couleurs du drapeau français. Leurs vêtements sont confectionnés au Portugal ou en Espagne avec du fil italien. Leurs accessoires sont fabriqués en Europe, dont quelques-uns en France. Commune de Paris collabore avec des maisons françaises de prestige comme les décorateurs Astier de Vilatte ou les gants Maison Fabre. Le Japon est avec la France le pays où la marque se vend le mieux.

LaGuardia

1 siège à Nantes (44). Fabrication haut de gamme de t-shirts hommes. Les tee-shirts sont dessinés en région PACA. Les biais de soie sont tissés en Rhône-Alpes et la confection finale est l'œuvre d'un atelier des Pays-de-la-Loire, né en 1947 et qui emploie 150 salariés. Les finitions intérieures sont réalisées en soie.

Eros & Agape

1 siège à Toulouse (31). La marque propose des tee-shirts en coton bio pour femmes, exclusivement conçus en France. Les pièces sont fabriquées dans des ateliers français de haute-façon.

Kitsuné

1 siège à Paris (75). Le label propose une collection de basiques pour hommes et femmes, fabrication 100% française, dont un polo brodé d'un renard tricolore.

Pyrénées Republic

Fabrication, **dans les Pyrénées**, de tee-shirts, de polos et de sweats à capuche pour hommes, femmes et enfants, en coton bio notamment.

Ludovic Bun (LB)

Polos pour hommes et pour femmes. La marque confectionne tous ses polos en France dans le département de l'Aube.

Alma Mater

Tee-shirts et tabliers pour hommes et femmes (et enfants). Pour les t-shirts, seule l'impression est réalisée en France, le vêtement étant importé.

Pulls, pantalons, manteaux et prêt-à-porter

1. Armor-Lux
2. Petit Bateau
3. Bergère de France

Pulls, pantalons, manteaux et prêt-à-porter *Made in Emplois*

Armor-Lux : Terre et Mer - Molène - Guy de Bérac - Bermudes Tricomer - Le Poutre - Britan Stock - Chairman - Diftex Compagnie angevine de la maille - La Bosse des Marques

1 | Made in 550 emplois | Retrouvez cette entreprise sur la carte 17

Textile

2 sites de production et 1 centre logistique à Quimper (29) avec 300 salariés.

1 site de production à Troyes (10).

Les 3 usines de l'entreprise produisent environ 40% de la valeur ajoutée des articles de la marque, en particulier la lingerie et les petites séries à Quimper et les pulls haut de gamme de marque Guy de Bérac à Troyes. Armor-lux a élargi sa gamme et ne fabrique plus tout ce qu'elle vend. 60% de la production est délocalisée. La plupart des tissus sont fabriqués en France puis envoyés pour assemblage au Maghreb ou en Bulgarie.

La Bonneterie d'Armor, créée à Quimper en 1938, emploient environ **550 salariés en France,** dispose de plus de 40 boutiques en propre et réalisait 82 millions d'euros de chiffre d'affaires en 2011. En mai 2012, le groupe Armor-Lux annonce avoir repris 7 magasins et 25 salariés de La Bosse des Marques. L'entreprise a également embauché 15 couturières en apprentissage en janvier 2013.

La photo d'Arnaud Montebourg en Une du Parisien Magazine a eu pour conséquence directe un surplus de vente de marinière de plus de 70% chez Armor-Lux le weekend qui a suivi la parution. Les ventes d'octobre 2012 ont progressé de 30% par rapport à octobre 2011. La commande publique représente 35% du chiffre d'affaires d'Armor-lux, qui équipe les agents de La Poste, de la SNCF, d'Aéroport de Paris et de la Police Nationale.

Petit Bateau

2

Made in
500
emplois

Retrouvez cette entreprise sur la carte
2 20 68

1 siège, 1 centre de R&D et 1 site de production de sous-vêtements et de vêtements pour enfants à Troyes (10) avec 1.000 salariés. 50% de la teinture et du tricotage du groupe sont réalisés dans la dernière usine française du groupe.

1 site logistique à Pont-Sainte-Marie avec 250 salariés.

1 site logistique à La Chapelle-Saint-Luc avec 80 salariés. L'entreprise envisage de regrouper ces 2 sites en un même lieu.

Petit Bateau dispose de plusieurs sites de confection au Maghreb. L'entreprise a fermé en 2012 son usine de Tonnerre (Yonne) où travaillaient encore 20 personnes.

La réduction progressive du nombre de sites de production en France s'est paradoxalement traduite par une augmentation globale des effectifs.

Petit Bateau, filiale du groupe Yves Rocher fondée en 1920, **emploie 1.800 salariés en France.** La marque dispose de 400 boutiques dans le monde dont 180 en France. En 2008, elle réalisait un chiffre d'affaires de 265 millions d'euros dont 40% à l'étranger.

Bergère de France

3

Made in
350
emplois

Retrouvez cette entreprise sur la carte
16

1 siège et 1 site de production de 120.000 pulls par an à Bar-le-Duc (55) avec 350 salariés. Le site produit aussi 1.400 tonnes de fils à tricoter par an. La marque, créée en 1946, bénéficie d'une structure totalement intégrée (de la chaîne de fabrication du fil jusqu'à sa distribution) qui lui donne les moyens de réduire ses coûts et ses délais. La marque dispose de 12 magasins en France. En baisse régulière depuis plusieurs années, le chiffre d'affaires de Bergère de France était de 33 millions d'euros en 2006.

Saint James

4	Made in 300 emplois	Retrouvez cette entreprise sur la carte 18

1 siège et 1 site de production de pulls, vestes, tee-shirts à Saint-James (50), avec 300 salariés. 70% environ de ce qui est vendu sous la marque Saint-James est fabriqué à Saint-James.

Entre 1990 et 2006, l'effectif de l'entreprise est passé de 180 à 320 salariés. L'entreprise Tricots Saint James, fondée en 1889, fabrique près du Mont-Saint-Michel des vêtements d'esprit marin (pulls, vestes, tee-shirt). 100% des articles en laine (pulls, gilets, écharpes, bonnets) sont fabriqués en Normandie. Pour ce qui est des pantalons, chaussettes et manteaux, Saint James fait appel à d'autres fabricants français. Ses chemises en revanche sont l'œuvre de fabricants turcs.

Le groupe est repris en janvier 2013 par un groupe de cadres dirigeants en LBO (reprise par endettement). En 2011, l'entreprise réalise un chiffre d'affaires de plus de 40 millions d'euros dont plus de **30% à l'export** (Etats-Unis, Canada). La marque possède des boutiques à Paris, Nice, Le Mont Saint-Michel, Saint-Malo, Calais, ainsi qu'au Japon, aux Etats-Unis et en Belgique.

Devernois

5	Made in 300 emplois	Retrouvez cette entreprise sur la carte 51

1 siège à Roanne (42).

1 site de production (tricotage, prototypage, confection) à Le coteau (42) avec 120 salariés.

150 boutiques en France.

Duvernois emploie 300 salariés en France. L'entreprise familiale fabrique une partie de son prêt-à-porter féminin en France. La fabrication d'une partie importante de ses collections est désormais délocalisée. Ceux-ci sont reconnaissables par leur étiquette qui précise « distribué par Devernois ». L'étiquette « made in France » n'est cousue qu'aux produits sortant des ateliers du Coteau.

Lener

6

Made in 170 emplois

Retrouvez cette entreprise sur la carte 38

1 site de production à Hazebrouck (59) avec 170 salariés.

1 usine et 1 plate-forme commerciale et logistique avec 300 salariés en Ukraine. Le groupe sous-traite aussi en Europe de l'Est et au Vietnam.

Née en 2009, Lener est une nouvelle marque de manteaux haut de gamme pour femmes (trench-coats, duffle-coats, cabans) fabriqués en France. Elle est la vitrine du groupe familial Lener-Cordier, l'un des principaux fabricants français de pièces à manches, qui d'ordinaire met son outil industriel au service des plus grands noms du prêt-à-porter français. Tous les modèles sont taillés uniquement dans des matières naturelles : laine, alpaga, angora, coton, lin. Si Lener-Cordier produit pour ses différents clients dans ses usines ukrainiennes, elle a choisi de fabriquer ses propres manteaux à Hazebrouck, berceau de l'entreprise.

Guy Cotten - Chantepluie - Kid Cotten

7

Made in 150 emplois

Retrouvez cette entreprise sur la carte 41

1 siège et 1 site de production de 40.000 pièces par an à Trégunc (29) avec 150 salariés. L'entreprise bretonne fondée en 1964 par Guy Cotten s'est hissée au 2e rang mondial des vêtements de mer et de pluie. La quasi-totalité de ses collections pour marins et pêcheurs et pour le grand public est fabriquée en Bretagne. Les cirés, polaires, coupe-vent, manteaux, sacs et bonnets sont made in Finistère. Seuls les t-shirts en coton ainsi que les vêtements de pluie pour les éleveurs, sont fabriqués dans l'atelier que l'entreprise possède à Madagascar. La baisse du prix de vente générée par cette délocalisation a permis à tous les produits de l'entreprise de rester présents dans les libres-services agricoles. La Société Guy Cotten est l'une des plus innovantes du textile marin et dispose de nombreux brevets (bretelles Secubib, gilets Baraka et Alterna, capuche Magic). Mais c'est sa célèbre veste Rosbras qui justifie parfaitement son slogan : « L'abri du marin ».

Eider

8

Made in 100 emplois

Retrouvez cette entreprise sur la carte 62

1 site de production de mobilier de camping Lafuma (800.000 sièges par an) à Anneyron (26) avec 310 salariés.

1 site de production de vêtements Eider à Chavanod (74), avec 100 salariés. Eider, la marque de vêtements de montagne a fermé son usine d'Eloise (74). 47 des 102 salariés du site ont été licenciés. Les autres ont été transférés à l'usine de Chavanod. Lafuma a repris Eider en 2008 pour un euro symbolique. Le groupe Lafuma, qui possède aussi les marques Millet et Oxbow, dispose de 6 sites de production : 2 en France, 1 en Hongrie, 1 en Tunisie et 1 en Chine. La délocalisation de la production a débuté en 1986 vers la Tunisie et continué en 1992 vers la Hongrie. Fondée en 1930 par les 3 frères Lafuma, l'entreprise se lance d'abord dans la production de sacs à dos. Les vêtements représentent aujourd'hui 63% du chiffre d'affaires, les sacs et accessoires 12% (sacs à dos, sacs de couchage, couvertures, cordes de montagne, poussettes), le mobilier de camping 13%. **Le groupe réalise environ 60% de son chiffre d'affaires sur le marché Français.**

Royal Mer Bretagne

9

Made in 100 emplois

Retrouvez cette entreprise sur la carte 63

1 siège et 1 site de production à La Regrippière (44) avec environ 100 salariés. L'entreprise est implantée depuis 1975 près de Nantes, au cœur du « Muscadet » et y fabrique des vêtements de bord de mer.

Diviline - Matel - Isis

10

Made in 100 emplois

Retrouvez cette entreprise sur la carte 64

1 site de production à Moncoutant (79) avec 100 salariés. Si 40% du chiffre d'affaires de JC Confection sont encore générés par son activité de sous-traitance pour des marques françaises de luxe (Givenchy, Thierry Muggler,

Yves Saint-Laurent, Agnes B), l'entreprise fabrique désormais ses propres marques, qu'elle distribue en vente directe à domicile.

Dalmard Marine

11	Made in 100 emplois	Retrouvez cette entreprise sur la carte 130

1 site de production à Paimpol (22). L'entreprise emploie environ 100 salariés en France. Environ 70% des vêtements commercialisés par Dalmard Marine sont fabriqués en Bretagne. Les autres vêtements et ceux que l'entreprise fournit à la grande distribution sont produits en Pologne.

Fondée en 1922, l'entreprise était spécialisée dans la confection de vêtements de protection pour les marins qui s'embarquaient pour les campagnes de pêche à Terre-Neuve et en Islande. L'entreprise propose des marinières, des cabans, des pulls marins et des manteaux, des duffle-coats, des blousons, des vestes et **se développe à l'export** depuis 10 ans.

La Fileuse d'Arvor

12	Made in 60 emplois	Retrouvez cette entreprise sur la carte 74

1 site de production de prêt-à-porter féminin à Quimper (29) avec 60 salariés. Les pulls, gilets, écharpes, tricots et marinières sont fabriqués en intégralité en Bretagne. L'entreprise réalise 2,5 millions d'euros de chiffre d'affaires. La marque équipe les équipages du porte-hélicoptères Jeanne d'Arc. L'entreprise travaille avec du coton bio équitable cultivé au Burkina Faso et filé en Côte d'Ivoire.

Dolmen - West Men - S. Capade

13	Made in 50 emplois	Retrouvez cette entreprise sur la carte 78

1 site de production de 70% des vêtements à Pabu (22), avec 50 salariés. Dolmen est une entreprise bretonne familiale fondée en 1922, implantée **près de Guingamp** depuis 3 générations. Elle fabrique des vêtements de travail, des chemises, des pantalons et des jeans, sous les marques West Men et S.Capade. Les vêtements de travail représentent 20% d'un chiffre d'affaires qui s'élevait à 2,4 millions d'euros en 2009. L'entreprise réalise 70% de son chiffre d'affaires grâce aux vêtements fabriqués dans son atelier de Guingamp. 70% des ventes sont réalisées en Bretagne et 30% dans les seules Côtes-d'Armor. Tous les vêtements créés et confectionnés en Bretagne par Dolmen sont reconnaissables à leur étiquette « créé et confectionné en Bretagne ». Les vêtements de sa marque « Terre de Granit » (pulls, sous-vêtements, parkas) ne sont pas fabriqués à Guingamp. Son principal fournisseur de tissu, TDV Industries, est basé à Laval (53).

Chanteclair - Cyril St-Pouange - Flocon d'Eté

14

Made in 50 emplois

Retrouvez cette entreprise sur la carte 79

1 site de production de 3.000 pièces d'articles par jour à Saint Pouange (10) avec 50 salariés. La Bonneterie Chanteclair a obtenu le label « Origine France Garantie » pour les articles de maille de haute qualité pour hommes, femmes et enfants de ces 3 marques.

Tara Jarmon

15

Made in 40 emplois

Retrouvez cette entreprise sur la carte 83

1 siège-showroom-atelier de fabrication de vêtements femme haut de gamme à Paris (75010) avec 40 salariés. La créatrice Tara Jarmon est canadienne et son entreprise est implantée sur les bords du canal Saint-Martin. Tous les articles ne sont pas fabriqués à Paris. Beaucoup sont importés.

Le laboureur

16

Made in 25 emplois

Retrouvez cette entreprise sur la carte 93

1 site de production de vêtements hommes à Digoin (71) avec 25 salariés.

Moura

17	Made in 15 emplois	Retrouvez cette entreprise sur la carte 103

1 boutique-atelier de production de polaires à Monassut (64) avec 15 salariés. Cette entreprise familiale béarnaise fabrique des polaires.

Mistral - Les indiennes de Nîmes

18	Made in 6 emplois	Retrouvez cette entreprise sur la carte 107

1 boutique-atelier de production de prêt-à-porter à Avignon (84) avec 6 salariés. L'entreprise camarguaise fabrique des vestes velours, pantalons de gardian, tee-shirts, chemises et bottes, fabriqués en France à 80%.

Tuff's

19	Made in 3 emplois	Retrouvez cette entreprise sur la carte 113

1 boutique-atelier de production de 2000 jeans par an à Florac (48) avec 3 salariés. Tuff's est l'un des derniers fabricants de jeans en France. Cette entreprise familiale des Cévennes, fondée en 1965, est gérée par les trois frères Tuffery.

Agnès b.

1 siège et 1 atelier de création à Paris (75). La styliste Agnès b. lançait pour l'hiver 2010 une nouvelle collection « Fabriquée en France ». Son étiquette « Agnès b, fabriqué en France », qui est désormais apposée sur toute sa fabrication française est très appréciée de sa clientèle asiatique.

Le cuir vient de Combs-la-Ville, la maille de Valence et de Montredon-Labessonnie, le jersey de Troyes, de Manthes et de Moncoutant. Des accessoires viennent de Fougères, Trainel, Lyon, Boën et Baudreix. Enfin Agnès b. fait travailler des ateliers de couture à Paris, Argentré,

Vendrenne, La Ferrière, Commequiers, Les Herbiers, Chatillon-sur-Indre, Le Coteau et Limoges.

Un peu moins de 50% de la production Agnès b. est réalisée en France. Ses costumes sont fabriqués en Roumanie, ses jeans au Maroc, ses pulls en cachemire en Tunisie, à l'île Maurice et en Chine.

Le volume de pièces fondé sur de petites séries permet à Agnès b. de revendiquer le titre de premier donneur d'ordre français dans la mode. La marque travaille avec une dizaine de confectionneurs français, qui emploieraient au total près de 600 emplois. Mais la marque affirme qu'il est de plus en plus difficile pour elle de maintenir une partie de sa production en France, ses confectionneurs disparaissant peu à peu, manquant de compétitivité en raison de l'excès de charges pesant sur eux. Le sous-traitant EMO, installé à Troyes, qui réalise ses tee-shirts rayés, a vu ses commandes chuter de 50% jusqu'à son placement en redressement judiciaire et a dû réduire ses effectifs de 28%. EMO emploie aujourd'hui 115 salariés. En 2009 c'est le façonnier morbihannais Lagrassière Confection qui déposait le bilan et licenciait 65 salariés suite à la réduction des commandes d'Agnès b.

Agnès b. emploie 2.100 salariés dans le monde, dispose d'un réseau de plus de 300 boutiques à travers le monde dont 25 en France et réalisait un chiffre d'affaires de 214 millions d'euros.

La Fondation Agnès b. accueille des créateurs dans les boutiques de la marque lorsqu'ils n'ont aucun lieu pour montrer leur travail.

Escarmouche

1 site de production de jeans à Beauvoir sur mer (85). La marque est le partenaire officiel de l'équipe de France de fleuret masculin.

Bleu de Paname

1 siège-atelier à Paris (75013, 75011, 75001).

1 site de production à Roubaix (59).

1 site de production à Limoges (87).

1 atelier de production de toutes les séries limitées à Dax (40).

Bleu de Paname s'inspire des uniformes traditionnels (salopette de garagiste ou bleu de travail) et fabrique ses collections « prolétaire chic » entre Paris, Roubaix et Limoges, afin de redonner un souffle à des fabricants français au bord de la fermeture.

French Trotters

1 site de production de pulls et marinières en Bretagne.

1 atelier de prêt-à-porter à Paris.

La marque parisienne produit sa maille dans des usines bretonnes spécialistes du pull marin. Elle s'attache à mettre en avant le savoir-faire français. La marque propose même un cabas frappé du drapeau tricolore, que ses créateurs trouvent chic et graphique. La marque exporte, en particulier au Japon.

Blancq-Olibet - Pipolaki - Redeye - Bakarra - Pebeo

1 siège-atelier de production à Baudreix (64). Depuis 1819, la société Blancq-Olibet fabrique des couvres-chefs. Dans ses nouveaux ateliers, les méthodes ancestrales sont toujours en vigueur et la grande majorité des étapes de fabrication et de contrôle restent manuelles. L'entreprise fabrique un béret basque traditionnel sous les marques Bakarra et Pebeo. Pipolaki, est une marque pyrénéenne, fondée en 1962, de gants, bonnets et cagoules fabriqués en France et en Italie.

Maje

1 siège à Paris (75). L'entreprise parisienne de prêt-à-porter féminin fait appel à de nombreux fournisseurs qui, pour certains, fabriquent en France. Les vestes et manteaux Maje sont fabriqués en France. Les hauts sont importés.

Paul & Joe

La marque fait appel à quelques sous-traitants français, en particulier pour la confection de leurs manteaux, vestes blousons. Les jeans, tee-shirts et pulls sont importés.

Damart

1 centre logistique à Hern (59).

1 bureau de style à Roubaix (59) avec 5 salariés. La production de l'usine textile de Roubaix (59) a été transférée en Tunisie en 2008, générant la suppression de 110 postes. Elle produisait 20% des articles Damart. Une usine de tricotage a aussi été fermée en Angleterre. 25% des articles Damart sont désormais made in Tunisie. Damart, spécialiste des sous-vêtements pour le froid et pour les seniors, disposait de plus de 70 boutiques en France en 2010.

La Calaisienne

1 siège à Argenteuil (95).

2 sites de production d'uniformes militaires à Calais (62) et Chaumont (52). Le Groupe Marck est un groupe industriel familial français qui conçoit, fabrique et commercialise une offre complète d'uniformes, d'accessoires et équipements pour les administrations, armées et entreprises à l'international. **Le groupe emploie 490 salariés sur ses 7 sites de production en France (Calais, Chaumont, Rouen, Paris, Toulouse, Mer, La Chartre-sur-le-Loir)** et de 2 à l'étranger. La marque « La Calaisienne » a obtenu le label « Origine France Garantie » pour ses uniformes. L'entreprise réalise environ 120 millions d'euros de chiffre d'affaires et s'est fixée pour objectif d'atteindre les 150 millions d'euros de chiffre d'affaires en 2015. La Calaisienne s'est associée à une dizaine d'autres entreprises françaises du textile au sein d'un consortium baptisé Griffes Défense, qui convoite notamment les futurs contrats d'équipement proposé par les armées françaises.

Golden Hook

Site web créé par un jeune entrepreneur de 24 ans à Nogent-sur-Marne (94) qui propose des bonnets et écharpes à votre nom et tricotés main par **une vingtaine de grand-mères d'Ile-de-France**, qui voient leur retraite complétées d'un revenu de 400 euros en moyenne. Les matières premières (laine, alpaga, cachemire, angora) viennent de France ou de Belgique.

Paris Yorker

Paris Yorker est une jeune marque française qui propose des **pulls** en cachemire intégralement fabriqués en France mais à partir de fil italien.

Antoine & Lili

6 boutiques en France. L'essentiel des produits des vêtements femme et enfant (robes, pantalons, jupes, manteaux) sont **fabriqués artisanalement à Paris.** Mais les chaussures viennent d'Espagne, les chemises légères sont fabriquées en Inde, les babouches sont produites au Maroc et les pièces tricotées viennent d'Italie.

Anna & Bree

1 siège à Lille (59).

2 ateliers de confection à Longuenesse (59) et à Noeux-les-Mines (59), près de Lille.

1 boutique à Roubaix (59).

2 entrepreneurs trentenaires ont créé cette marque de prêt-à-porter féminin (hauts, vestes, pantalons, shorts, jupes, robes, manteaux) qui travaille avec deux ateliers de confection de la région lilloise. La confection est 100% hexagonale, les étiquettes sont fabriquées dans la région de Saint-Etienne et les boutons à Lille. Les tissus viennent de France, mais aussi de Belgique, d'Angleterre et d'Italie. La marque commence à vendre **à l'export** en Asie.

Thapelo Paris

1 atelier de production de maillots de bain, robes, jupes, paréos à Villemandeur (45).

1 atelier de production de maillots de bain, robes, jupes, paréos à La Flèche (72).

Thapelo Paris a été créé en 2010. Chaque pièce est fabriquée en France dans des ateliers de confection qui travaillent pour les grandes marques de luxe et a obtenu le label « Origine France Garantie ».

Anne C. Wirth

Marque de prêt-à-porter feminin (hauts, jupes, robes, manteaux), dont les modèles sont confectionnés en France, dans des ateliers de couture de Belleville. La jeune suisse qui a lancé sa marque confectionne également des costumes et des décors de théâtre.

Arpin

1 siège et 1 site de production de veste de montagne en laine à Séez-Saint-Bernard (73). La Filature Arpin fondée en 1817 dans les environs de Bourg-Saint-Maurice traite en interne les 24 étapes de fabrication qui suivent la tonte d'un mouton, de la filature à la confection. Des visites de la filature sont organisées, qui permettent notamment de découvrir des machines plus que centenaires. En 2011, L'entreprise réalisait 1,3 million d'euros de chiffre d'affaires, dont 20% à l'export.

Marboré

1 siège, 1 magasin et 1 atelier de confection à Jurançon (64).

1 atelier de tricotage à Morlaas (64).

La Manufacture de Tissus des Pyrénées, créée en 1953 à Pau, **emploie une vingtaine de salariés**. Sa marque Marboré **exporte 15% de sa production** vers une vingtaine de pays. La marque de prêt-à-porter féminin et masculin et de pulls marins a obtenu le label « Origine France Garantie ». La Manufacture de Tissus des Pyrénées a obtenu le label « Entreprise du Patrimoine Vivant ».

Lola Bon'Heure

1 atelier-boutique à Paris (75011). Tous les vêtements de cette marque Prêt-à-porter bio pour femmes sont confectionnés à Paris. La transparence est même poussée jusqu'à préciser, sur le site Internet, quel est le pays d'origine des matières premières utilisées. On apprend ainsi que tel pull est fabriqué en laine bio venue d'Allemagne, que tel autre a été tricoté à la main avec du mohair français, que ce t-shirt est en coton bio tissé en Alsace.

La Belle Marine

1 boutique à Paris (75006). Marque de prêt-à-porter féminin née en 1995. Après une expérience de fabrication en Roumanie, **tous les modèles sont dessinés et désormais fabriqués à Paris. La quasi intégralité des tissus est fournie par une entreprise familiale du Sud-Ouest. La Belle Marine travaille avec une créatrice installée à Bourges.**

Kony - K by Kony - Margot créations de Paris

1 site de production à Panissières (42).

1 site de production à Anneyron (26).

Interstiss dispose de plus de 5.000 m² d'ateliers au cœur d'une région de tradition textile. L'entreprise est le leader français de l'impression numérique sur tissu et tissage Jacquard. Elle a aussi obtenu le label « Origine France Garantie » pour ses marques « Collections privées », « Brodelia », « Papillons de soie » et « Start ».

Paria

1 boutique-atelier à Portsal (29) avec 2 salariés.

1 site de production Domen de jeans à Pabu (22) près de Guingamp.

L'entreprise artisanale Paria fait fabriquer en Bretagne des jeans vendus à un prix aussi compétitif que ceux de grandes marques fabriqués en Asie ou au Maghreb. Les jeans et les espadrilles Paria sont fabriqués en France, <u>ce n'est pas le cas des autres produits (tee-shirts, sacs)</u>.

Les jeans 1477 (date de naissance d'Anne de Bretagne) sont décorés d'éléments qui rappellent la région (une carte de Bretagne gravée sur le bouton, ou des hermines dans les poches).

Parmi les autres fabricants français de prêt-à-porter made in emplois, on peut citer Baie des caps qui emploie à Ploubalay (22), Paulette & Léon qui emploie à Paris (75), Artisanale du cachemire qui emploie à Saint-Martial (30), Atelier La Durance qui emploie aux Baux de Provence (13), L'ascenseur Confection emploie à Merville (59), La Cie Vantis qui emploie à Guidel (56), Naiah emploie à Paris (75), New Man qui emploie à La Séguinière (49), Les laines du Forez qui emploie à Valeille (42), Noxacool emploie aux Avenières (38), Valarizes emploie à Cieutat-Bagnères-de-Bigorre (65), Chic et branché emploie à Troyes (10), Kiki Mahwa emploie à Nantes (44), MotoNautic emploie à Ploemeur (56), Val de Saire emploie à Valcanville (50), Aqua Leather emploie à Paris (75), Itoha emploie à Dinan (22), Marie Puce emploie à Paris (75), Fra-Joséphine emploie en Franche-Comté, Un Pavé dans la Mode emploie dans le Nord-Pas-de-Calais, Triple Zéro emploie dans le Tarn, Meltisse emploie dans les Cévennes.

Pulls, pantalons, manteaux et prêt-à-porter *concurrents et importées*

- **Eric Bompard**

Eric Bompard est le leader français du cachemire. Malheureusement, tous les produits de cette marque sont **fabriqués en Chine** (matière première comme confection).

- **Esprit**

Les pulls Esprit sont **importés de Turquie** entre autres.

Maroquinerie & accessoires

1. Hermès
2. Louis Vuitton
3. Longchamps

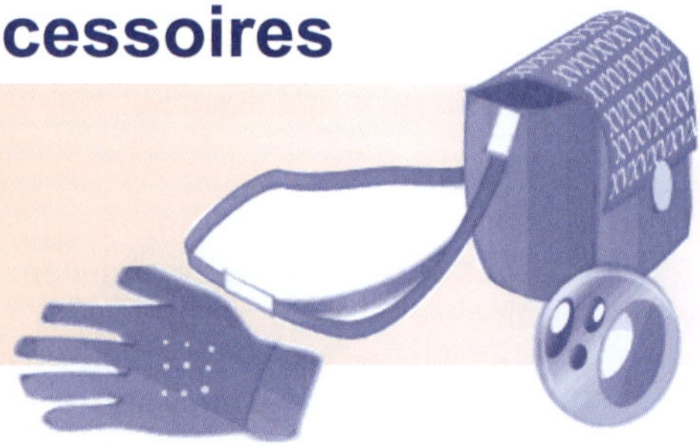

Millau au pied du plateau du Larzac, est la capitale française du gant de peau. La présence de ganterie y remonte au XIIème siècle. Au XIXème siècle, Millau comptait 82 fabricants employant 6.000 personnes et produisait jusqu'à 4,7 millions de paires par an. Aujourd'hui, seulement 4 fabriques sont toujours en activité. Y a-t-il en France des entrepreneurs pour relever le gant ?

Maroquinerie & accessoires *Made in Emplois*

Hermès

1 | *Made in* 7.900 *emplois* | Retrouvez cette entreprise sur la carte 15 23 24 29 34

1 siège, 1 plate-forme logistique mondiale et 1 site de production de petite maroquinerie à Pantin (93) avec 400 salariés.

1 site de production de 43.000 pièces de petite maroquinerie par an d'Aix-les-Bains (73) avec 230 salariés.

1 site de production de petite maroquienerie et des sacs Birkin, Shoulders, Lindy et So Kelly à Bogny-sur-Meuse (08) avec 230 salariés. Le site construit en 1998 est en cours d'agrandissement.

1 site de production de maroquinerie à Seloncourt (25) avec 215 salariés.

1 site de production de sacs Birkin et Bolide et de petite maroquinerie à Nontron (24) avec 180 salariés.

1 site de production de grosse maroquinerie à Montbron (16). Ce site ouvert en 2012 devrait compter 250 salariés d'ici 5 ans.

Hermès possède 22 manufactures et emploie 7.900 salariés en France. Hermès travaille avec des sous-traitants français et rachètent des usines en France. Le chiffre d'affaires 2012 du groupe Hermès affiche une croissance de 13% autour de 2 milliards d'euros. Ses ventes en Asie ont progressé de près de 25%.

Louis Vuitton

2

Made in 3.100 emplois

Retrouvez cette entreprise sur la carte 6 7 9 0 11

1 site de production de maroquinerie (sacs de voyage, de ville, pochettes et petite maroquinerie) à Saint-Florence (85) avec 660 salariés.

1 site de production de maroquinerie (sacs de voyage, sacs de ville, pochettes et petite maroquinerie) à Saint-Pourçain-sur-Sioule (03) avec 630 salariés.

1 site de production de maroquinerie et d'articles de voyage à Sarras (07) avec 530 salariés.

1 site de production de maroquinerie et de petite maroquinerie à Issoudun (36) avec 530 salariés.

1 site de production de maroquinerie à Juilley (50) avec 470 salariés.

27 **1 site de production de 5.000 bagages et 80.000 pièces de maroquinerie à Asnières-sur-Seine (92) avec 220 salariés.**

La maroquinerie Louis Vuitton est aussi fabriquée en Espagne.

Louis Vuitton est devenue la première marque de luxe du monde avec un chiffre d'affaires passé de 700 millions d'euros en 1990 à 7 milliards d'euros en 2012. Sa marge opérationnelle de 45% contribuait à 52% des profits de LVMH en 2011. LVMH a connu une croissance de 28% au premier semestre 2012.

Longchamps

3

Made in 1.000 emplois

Retrouvez cette entreprise sur la carte 128 129

1 siège à Paris (75001). Longchamp emploie environ 1.000 salariés en France pour un chiffre d'affaires 2011 d'environ 391 millions d'euros (+21% par rapport à 2010).

1 site de production de 3 millions d'articles de maroquinerie (50% de sacs femmes, 25% ceintures et petites maroquinerie et 25% de bagages à Segré (49) avec 380 salariés et une vingtaine d'intérimaires. 10 millions d'euros ont été investis pour l'extension du site en 2012. Tous les produits Longchamps fabriqués en France et dans le monde sont réacheminés sur ce site avant d'être expédiés dans plus d'une centaine de pays.

1 site de production de sacs de voyage et de maroquinerie à Combré (49) avec 120 salariés.

Un tiers de la fabrication de maroquinerie Longchamps est délocalisée. Certains de ces sacs à main sont fabriqués en Chine.

Le Tanneur - Soco

4

Made in 500 emplois

Retrouvez cette entreprise sur la carte 19

1 siège à Paris (75010).

1 centre logistique à Belley (01).

2 sites de production d'articles de maroquinerie à Bort-les-Orgues (19). Les deux usines emploient environ 300 salariés. 20 postes y ont été créés en 2012 et l'entreprise a annoncé que le rythme de recrutements se poursuivra chaque année sur cette base et sera ajusté en fonction des commandes des grandes maisons françaises du luxe.

Le plus ancien maroquinier de France **emploie 500 salariés en France.** Mais certains de ses sacs à main sont fabriqués en Inde. L'entreprise, fondée en 1898, a réalisé en 2011 un chiffre d'affaires de 64,8 millions d'euros et compte 60 boutiques dans le monde. En mai 2011, Qatar Luxury Group-Fashion S.P.C., société de droit qatari, est devenue actionnaire majoritaire de Le Tanneur & Cie.

Texier

5

Made in 230 emplois

Retrouvez cette entreprise sur la carte 25

1 site de production de 300.000 articles de maroquinerie par an (sacs à main, bagages, sacoches pour hommes, portefeuilles et ceintures) à

Vitré (35) avec 230 salariés. 90% des produits Texier y sont fabriqués. Les 10% plus bas de gamme sont réalisés en Chine. Les peaux utilisées viennent de tanneries italiennes et françaises (Vendée et Deux-Sèvres).

L'entreprise familiale Texier fondée en 1951, réalise 20% de son chiffre d'affaires à l'export (Europe, Russie et dans les zones « duty-free »).

Savebag - Camps - Chipawa - Nordkinn

6

Made in 150 emplois

Retrouvez cette entreprise sur la carte 42

1 siège et 1 site de production de sacs de voyage, valises, sacs à dos, cartables, sacs à main à Perrusson (37) avec 150 salariés.

Artiga

7

Made in 40 emplois

Retrouvez cette entreprise sur la carte 127

2 sites de production à Magescq (40) et Oloron-Sainte-Marie (64) qui emploient 40 salariés. Artiga, créateur et tisseur de linge basque, a obtenu le label « Origine France Garantie » pour ses articles de bagagerie.

Chanel - Causse

8

Made in 40 emplois

Retrouvez cette entreprise sur la carte 84

1 site de production de 25.000 gants par an à Millau (12) avec 40 salariés. Chanel a racheté la maison Causse, fondée il y a près de 120 ans. Près d'un tiers de la production de gants est destiné à la maison de luxe.

Agnelle

9	Made in 40 emplois	Retrouvez cette entreprise sur la carte 85

1 siège et 1 site de production de gants à Saint-Junien (87) avec 40 salariés. La ganterie familiale fondée en 1937 fournit les grandes maisons du luxe françaises mais vend aussi sous sa propre marque distribuée au Bon Marché et aux Galeries Lafayette à Paris. Mais les gants de marque Agnelle sont pour la plupart fabriqués aux Philippines.

La cabane bleue - Virgine Wiertz

10	Made in 6 emplois	Retrouvez cette entreprise sur la carte 108

1 atelier de confection de sacs à main à Clahars Carnoet (29) avec 6 salariés. L'entreprise, créée en 2000, fabrique ses sacs à main haut de gamme à partir de toile de voile de bateaux et de cuir en provenance du Sud de la France ou d'Italie.

Bleu de Chauffe

1 siège à Strasbourg (67).

1 site de production de sacs pour hommes et pour femmes à Millau (12). La tannerie est en Lozère et la toile de coton vient du Nord. La marque, née en 2010 et dont le slogan est « savoir-faire de proximité », dessine des sacs de plombier en cuir. La marque Bleu de Chauffe s'est associée à la boutique French Trotters pour développer une nouvelle ligne de produits : sac à dos, protège Ipad et bandoulière d'appareil photo. Les produits sont vendus en ligne et dans 130 boutiques en Europe mais aussi en Afrique du Sud et au Japon.

Maison Fabre

1 site de production de gants à Millau (12). Créée par le gantier Etienne Fabre en 1924, l'entreprise familiale a connu des périodes difficiles entre 1990 et 2000. La Maison Fabre est aujourd'hui reconnue comme le nec plus ultra de la ganterie française. Elle a produit les gants que porte Nicole Kidman dans le film « Grace de Monaco », comme elle fournissait déjà ceux de Grace Kelly pour Christian Dior.

Léon Flam

10 ateliers en France qui réalisent 85% de la production de la marque.

1 atelier au Portugal.

Léon Flam est une marque artisanale française fondée à Paris en 1924 qui conçoit et fabrique des sacs de voyage en toile et cuir, ceintures, gants, cravates, bretelles et autres accessoires. L'entreprise familiale a été reprise par un descendant, le jeune entrepreneur qui a lancé le Slip Français.

Glamour

1 siège à Roissy (95)

1 site de production de bandeaux, serre-tête et pinces à cheveux en France.

L'entreprise La Brosse & Dupont est un des leaders européens de la sous-traitance pour la grande distribution. **L'entreprise emploie environ 600 salariés sur 6 sites en France, dont 250 commerciaux.** L'entreprise emploie également 170 personnes dans ses filiales à l'étranger (Portugal, Espagne, Italie, Belgique, Pologne).

Cabedine

1 site de production de sacs et cabas à Saint-Cyr-l'Ecole (78). La fondatrice, Catherine Cabedoce, a obtenu le label « Origine France Garantie » pour l'ensemble de sa gamme de CUBE : les Cabas Utiles pour le Bien de l'Environnement.

Le Loup Philosophe

1 siège et 1 site de production de sacs de voyage et sacs à main à Paris. Chaque produit de la gamme « Acadamia » de la petite entreprise Différent porte le label « Origine Garantie France ». L'entreprise est aussi engagée auprès d'associations humanitaires d'entr'aide.

Parmi les autres fabricants français de maroquinerie et accessoires made in emplois, on peut citer Des Sacs qui emploie près de Vendôme (41), Cinabre qui emploie près de Saint-Etienne (42) ou Marie Van Haecke.

Maroquinerie & accessoires *concurrents et importés*

- **Lancel**

Les sacs à main de l'enseigne française, pourtant vendus entre 500 et 1.000 euros sont tous assemblés en Chine. **Seuls le design et les pocheries sont effectués en France.** Le groupe suisse Richemont auquel appartient la marque réalisait 6,8 milliards d'euros de chiffre d'affaires au 31 mars 2011 (+33%).

- **Céline**

Céline fut l'une des premières marques françaises à délocaliser **en Chine** sa production, en particulier celle de ses sacs Macadam.

- **Lamarthe**

Lamarthe est une maison française fondée en 1930. Ses sacs à main en cuir vendus plus de 300 euros sont **fabriqués en Roumanie**.

- **Coach**

Le maroquinier américain Coach a procédé à la **délocalisation totale de sa production en Chine**. Ses sacs cabas en cuir craquelé sont toujours vendus 600 euros.

Parapluies *Made in Emplois*

Piganiol

1 | Made in 35 emplois | Retrouvez cette entreprise sur la carte 88

1 siège et 1 site de production de 70.000 parapluies par an à Aurillac (15) avec 35 salariés. Fondée en 1884, l'entreprise familiale est labellisée « Entreprise du Patrimoine Vivant ». Elle réalisait 4 millions d'euros de chiffre d'affaires en 2010 et **exportait 10% de sa production**. L'entreprise s'est orientée vers le haut de gamme et fabrique aussi pour les grandes maisons du luxe français.

Ayrens

2

Made in 15 emplois

Retrouvez cette entreprise sur la carte 104

1 site de production de parapluies et ombrelles à Saint-Pardoux-le-rivière (24) avec 15 salariés. La moitié des salariés sont des jeuens de moins de 30 ans recrutés localement et formés pour perpétuer le savoir-faire.

Fondée en 1868, l'entreprise Ayrens est la plus ancienne fabrique française de parapluies et ombrelles haut de gamme. L'entreprise assure en France la découpe des tissus, la confection de la couverture et l'assemblage des parapluies. Les étoffes sont exclusivement achetées en Europe mais les montures sont importées de Chine. Ayrens réalise un chiffre d'affaires de 500.000 euros dont 8% à l'export. Ayrens a obtenu en 2010 le label « entreprise du patrimoine vivant ». L'entreprise est ouverte aux visites. Vous y apprendrez entre autres les astuces pour distinguer un parapluie fabriqué en France et un parapluie fabriqué à l'étranger.

Sofrap

3

Made in 15 emplois

Retrouvez cette entreprise sur la carte 94

1 site de production de parapluies et de transats à Aurillac (15) avec 25 salariés. L'entreprise qui réalise un chiffre d'affaires de 3 millions d'euros a été racheté en 2010 par le propriétaire des parapluies Ayrens. Elle a obtenu en 2013 le label « entreprise du patrimoine vivant ».

Parapluie Paris

Cette nouvelle marque revendique une production exclusivement française des mats, poignées et tissus qui composent leurs parapluies. Les baleines en revanche sont importées d'Asie. Ces parapluies sont vendus entre 80 et 100 euros.

Sport & Loisirs

Où sont-ils fabriqués en France ?

Les familles qui vivent et dépendent de votre consommation de produits sport & loisirs habitent ici et là :

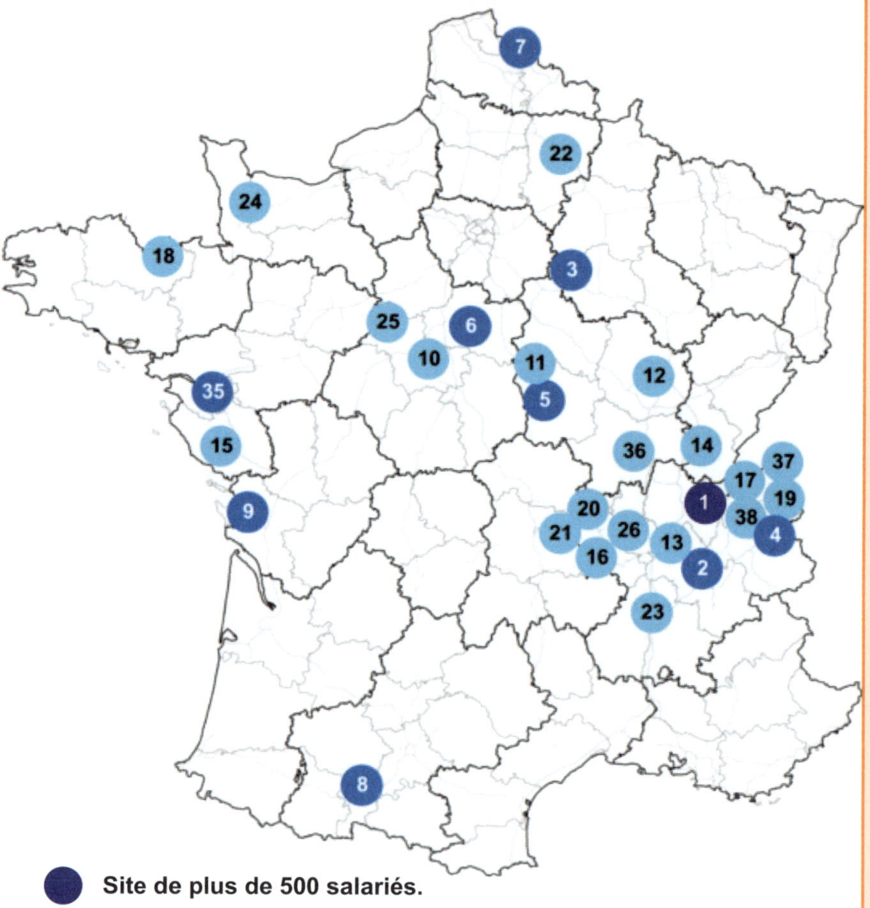

- Site de plus de 500 salariés.
- Site de 100 à 500 salariés.
- Site de moins de 100 salariés.

Les numéros renvoient aux différentes entreprises citées dans les classements des produits de sport & loisirs qui suivent.

1. **Decathlon - B'twin**
2. **Gitane - Peugeot - Micmo Puch - Raleigh - Bianchi**
3. **Cycles Lapierre**

La France est le troisième marché européen de vélos derrière l'Allemagne et le Royaume-Uni.

3 millions de vélos ont été vendus en France en 2010 (chiffre en baisse de 3,5%). Le chiffre d'affaires 2010 du secteur en France était de 1,28 milliard d'euros. La Chine est le premier marché mondial avec 23,5 millions de vélos vendus en 2010.

En 2010, les VTT adultes représentaient 27,5% des ventes, les vélos enfants 21,3% et les VTC 13,5%. Les 166.000 vélos de course (5,5% du marché) ont été dépassés par les 275.000 vélos de ville, VAE et vélos pliants vendus en 2010. Suivent ensuite les 116.000 BMX et bicross.

Les VTT et les vélos course représentent 58% du chiffre d'affaires global, le premier en raison de ses volumes, le second en raison de son prix moyen élevé. Plus de la moitié du chiffre d'affaires des cycles et accessoires est encore réalisé chez des distributeurs indépendants même s'ils ne vendent que 24% des volumes totaux. Le reste s'effectue dans les grandes surfaces multisports (à 38%) et en grandes surfaces (à 10,5%).

Les fabricants français de vélos sont désormais principalement des assembleurs, qui se fournissent en Asie, en Italie ou ailleurs. Il reste en France quelques fabricants de cadres, de pédales, de roues, de jantes, de selles, dont beaucoup sont plus des artisans que des industriels.

Le secteur du vélo est un marché mature, très concurrentiel et marqué par la baisse des prix. Le marché a connu une croissance spectaculaire avec l'arrivée du VTT dans les années 90. Mais les français sont désormais équipés, le secteur entre dans un cycle de renouvellement moins rapide. Pour survivre, les constructeurs français ont soit adopté un positionnement haut de gamme, soit sous-traité davan-

Le saviez-vous ?

40% de nos déplacements ne dépassent pas 2 km, 80% font moins de 5 km. La vitesse moyenne des voitures en ville est de 18 km/h. Les transports sont responsables de 70% des émissions de particules et de 40% des émissions d'oxyde d'azote. Après vous faîtes ce que vous voulez, mais en montant sur un vélo, au moins aurez-vous peut-être un peu plus de respect pour l'effort des cyclistes. En faisant le choix d'un vélo made in emplois vous montrerez votre respect pour les travailleurs de France.

tage en Asie du Sud-est, particulièrement à Taiwan. Un assembleur basé en France ne réaliserait plus que 10 à 20% de la valeur ajoutée de ses cycles. C'est deux fois moins qu'il y a quelques années.

Le saviez-vous ?

Le Tour de France cycliste est la plus grande course cycliste du monde, suivi par 3 milliards de téléspectateurs, dont la moitié (féminine en particulier) serait plus intéressée par les paysages français que par la course. Son calendrier estival est stratégique. Il lui permet d'être suivi par la moitié des terriens lors de leurs vacances. L'importante industrie touristique française, son image de marque et la magnifique diversité des terroirs de la France doivent énormément à cette publicité planétaire et gratuite, seul évènement mondial se déroulant chaque année en France. Si la course a connu tant d'affaires de dopage c'est aussi parce que le cyclisme est de loin le sport qui lutte le plus contre la tricherie. Les coureurs cyclistes sont en effet nettement plus contrôlés que les nageurs, skieurs, sprinteurs, rugbymens, tennismens et autres footballeurs. Que le vélo serve d'arbre qui cache la forêt du dopage mondial, passons. Mais les français ont-ils vraiment intérêt à hurler avec les loups contre cette épreuve qui réunit chaque année 15 millions de spectateurs sur le bord des routes dans un évènement populaire, bigarré, convivial et gratuit ?

Vedette incontestée de la décennie 90, avec 70% des ventes de vélos en 1993 en France, le VTT s'essouffle. En 1999, il ne représentait déjà plus que 40% des ventes. Un nouveau relais de croissance semble pouvoir venir des vélos pliables et des vélos à assistance électrique. Une progression sensible du marché français est attendue pour les années à venir. Sur les 3 millions de vélos vendus en France en 2011, 30.000 étaient électriques.

Le saviez-vous ?

Chaque année en mai se tient à Paris le Ride Béret Baguette, nouveau rendez-vous annuel des coursiers à vélo, cyclistes parisiens et branchés en vélos fixies. Dans un esprit très hipster, la manifestation y organise un petit marché de produits français de qualité. Ils étaient autour de 500 participants en 2011 contre 50 en 2010.

Les vélos *Made in Emplois*

Décathlon - B'Twin

1

Made in 500 *emplois*

Retrouvez cette entreprise sur la carte 7

1 siège (Oxylane-Décathlon) **à Villeneuve d'Ascq (59).**

Le groupe Oxylane-Décathlon emploie 4.400 salariés en France et réalisait 3,3 milliards d'euros de chiffre d'affaires en 2010. B'Twin a vendu 2,4 millions de vélos dans le monde en 2010.

1 site de production de 300.000 vélos par an à Lille (59) avec 100 salariés. Ils seront 150 d'ici 2014, quand les lignes de montage fonctionneront à pleine capacité. Au total, 300 salariés travaillent sur le Village B'Twin. Ils devraient être 500 d'ici 2015. Le B'Twin Village de Lille **abrite la fabrication de tous les vélos B'Twin des magasins situés à 3 heures de route, c'est-à-dire des Décathlon situés au nord de Paris.** Le site est capable de produire un vélo par minute à un prix de revient plus compétitif que celui de l'usine chinoise de Suzhou qui livre ses B'Twin aux 25 magasins Decathlon implantés en Chine. Le site, inauguré en novembre 2010, est construit à l'emplacement de l'ancienne usine d'Altadis fermée en 2005. Chaque B'Twin est composé d'une centaine d'éléments fabriqués partout dans le monde. Entièrement consacré au vélo sous toutes ses formes, ce village B'Twin rassemble sur 18 hectares un magasin de 3.000 m², 20 000 m² de pistes dédiées à la pratique de ce sport, une école des métiers du vélo, un atelier de réparation, un entrepôt de stockage, un centre de R&D, un atelier de prototypage industriel et une usine d'assemblage avec son atelier de peinture.

Gitane - Peugeot - Micmo - Puch - Raleigh - Bianchi

2

Made in 400 emplois

Retrouvez cette entreprise sur la carte

3 35

1 site d'assemblage et de peinture de vélos Gitane, Peugeot, Puch et Bianchi à Romilly-sur-Seine (10) avec 250 salariés.

1 site d'assemblage et de peinture de vélos Gitane, Raleigh et Micmo (destinés Decathlon, Go Sport et à la grande distribution) à Machecoul (44).

Gitane qui appartient au groupe suédois Cycleurope, fabrique tous types de vélos : vélos à assistance électrique, vélos de course, VTT, Ville, VTC, Outdoor et Juniors. L'entreprise dessine, conçoit, teste, assemble et peint les vélos à partir de beaucoup de pièces importées d'Asie.

Gitane, mythique marque française née en 1930, fait partie de la légende du cyclisme : elle a équipé les vainqueurs de 6 titres de Champion du Monde, de 2 records de l'heure et de 11 Tour de France.

Le groupe suédois Cycleurope gère onze marques (dont Peugeot, Gitane, ou Bianchi) vend 1,4 million de vélos par an et réalise 2,2 milliards d'euros de chiffre d'affaires. Il emploie 1.800 salariés dans 6 usines en Europe, dont 2 en France.

Cycles Lapierre

3

Made in 100 emplois

Retrouvez cette entreprise sur la carte 12 20

1 centre de R&D et 1 site de production de 100 vélos haut de gamme et vélos électriques par jour à Dijon (21) avec 70 salariés C'est dans cette usine que sont fabriqués les Vélib parisiens et Vélov lyonnais. Cette usine est le centre de développement technologique pour toutes les gammes route et VTT de l'ensemble du groupe Accell. Les cadres des vélos sont fabriqués en Asie.

1 site Mercier France Loire d'assemblage de 25.000 vélos par an à Saint-Cyprien (42) avec 30 salariés.

La marque Mercier a été vendue à un luxembourgeois en 2008. Mercier France Loire n'est désormais plus qu'un sous-traitant. Sa production est consacrée à 90% aux cycles Lapierre et 10% aux vélos de location de JC Decaux, type Velib.

Lapierre, fondée en 1946, est désormais une marque du groupe Accell. Lapierre produit 100.000 vélos par an sur 3 sites de production tous basés en France. Lapierre réalise un chiffre d'affaires d'environ 75 millions d'euros, **dont 35% à l'export** (Japon, Canada, Australie). L'entreprise est associée à deux équipes professionnelles : le team VTT Lapierre International et l'équipe Française des Jeux (FDJ).

Sunn - Atomz

4

Made in 100 emplois

Retrouvez cette entreprise sur la carte 8

1 siège à Toulouse (31).

1 site d'assemblage à Saint-Gaudens (31) avec environ 100 salariés.

Le fabricant pyrénéen de VTT, fondé en 1989, a équipé 81 champions du monde de la discipline.

Planet'Fun - Mongosse

5

Made in
100
emplois

Retrouvez cette entreprise sur la carte
9

1 site de production de 500.000 vélos par an (ville, VTC, VTT, BMX) pour les marques de distributeurs (dont Carrefour) par an près de La Rochelle (17) avec environ 100 salariés. L'importateur de vélos asiatiques Planet'Fun s'est transformé en producteur. Un tiers des capitaux de l'entreprise sont asiatiques.

Arcade - Master

6

Made in
50
emplois

Retrouvez cette entreprise sur la carte
15

1 site d'assemblage de vélos à La-Roche-sur-Yon (85) avec environ 50 salariés. Le groupe Intercycles, assembleur généraliste français, assemble des vélos de route, VTT, VTC, ville et VAE, vélos pliables, pour hommes, femmes et enfants. Arcade **exporte 20%** de son chiffre d'affaires. Les vélos Arcade sont recyclables à plus de 90%.

Mobiky

7

Made in
30
emplois

Retrouvez cette entreprise sur la carte
24 10

1 siège-atelier de production des cadres, de peinture et d'assemblage à Saint-Lô (50) avec 15 salariés.

1 site d'assemblage Matra à Romorantin (41) avec 90 salariés.

L'entreprise Mobiky produit entre 1.000 et 2.000 vélos pliables par an (7 modèles dont 2 à assistance électrique). Les vélos électriques représentent 80% des ventes de Mobiky. L'entreprise **exporte 50% de sa production** (Allemagne, Europe, États-Unis, Russie, Japon, Corée).

Mobiky a été rachetée en 2008 après un dépôt de bilan. Le nouveau Mobiky a procédé à une relocalisation partielle de sa production. Le cadre en aluminium de ces vélos pliables est désormais fabriqué en France. Mobiky travaille avec Electropoli à Isigny-le-Buat (50) pour le traitement de surface et MPO (groupement de 25 entreprises de l'Orne et du Calvados), pour l'usinage et l'injection plastique. L'assemblage des vélos est assuré par Matra MS, dans son usine de Romorantin. La collaboration entre les deux entreprises a permis de rapatrier la fabrication du modèle Genius, jusque-là assemblé en Tunisie. Le reste de la production a été rapatrié de Chine vers la France, par le repreneur. Toutefois, tous les composants hors cadres viennent encore de Chine ou d'Asie (pédales, selles, garde-boue, batterie). La gestion des vitesses et le freinage sont japonais, les pneus Schwalbe sont allemands.

Matra

8	Made in 20 emplois	Retrouvez cette entreprise sur la carte 10

1 siège à Paris (75)

1 site d'assemblage de 20.000 vélos pliables, électriques (ainsi que de quads, mobylettes et voitures électriques) **à Romorantin (41) avec 90 salariés** Matra, en plus de sa sous-traitance pour Mobiky, fabrique ses propres vélos. Cette production permet à l'usine de compenser le déclin de son activité de pièces de rechange pour automobile.

Le cadre est sous-traité à Taïwan et le moteur est réalisé aux Etats-Unis, mais **la batterie est fabriquée par Saft, en France.** Certains cadres spécifiques, haut de gamme ou high-tech, sont fabriqués en France.

Olympique Cycles

9	Made in 10 emplois	Retrouvez cette entreprise sur la carte 26

1 site de production de 100.000 cadres et de roues et assemblage de vélos de route, VTT et MX adultes et enfants à Saint Romain le Puy (42) avec 10 salariés. Située dans la Loire, l'entreprise fondée en 1986, exporte vers plus de 20 pays. En 2011, Olympique Cycles s'est acheté, pour cinq ans, la licence « Tour de France » et va pouvoir siglé ses vélos aux couleurs de la plus grande épreuve cycliste du monde et ainsi les vendre sur la caravane publicitaire. L'entreprise devrait embaucher en conséquence.

Cycles Cattin

10

Made in **2** *emplois*

Retrouvez cette entreprise sur la carte **32**

1 boutique-atelier de fabrication de 60 vélos par an à Crolles (38), avec 2 salariés.

Amiiva

1 siège, 1site de R&D et 1 site de production de vélos pliants haut de gamme à Rochefort-sur-Mer (17). En plus de la conception et de l'assemblage de tous ses vélos, l'entreprise Amiiva fabrique elle-même beaucoup d'éléments (cadre, système de pliage, tige de selles). Ses charnières sont fabriquées en France. La peinture est réalisée en région Poitou-Charentes.

Michelin - Lifestyle

1 site de co-conception des pneus au centre de recherche Michelin de Ladoux (63) employant 3.600 salariés.

1 site de co-conception par Impex à Chimilin (38).

1 site d'assemblage à la demande en Chine, dans une usine spécialisée qui fabrique déjà 20 millions de vélos par an.

Un vélo Michelin est commercialisé en France sur internet depuis octobre 2012 à un prix de vente inférieur à 1.500 euros. Ce vélo pliable à assistance électrique a été développé, en trois ans, conjointement par les équipes d'ingénieurs Michelin et de son partenaire Impex.

Aliaciklo

1 atelier de production de vélos couchés à Rébénacq (64).

La soudure et les luminaires sont réalisés à Ogeu les bains (64), et les pièces mécaniques comme le rayonnage des roues viennent d'Oloron (64).

Cette association de moins de 10 membres bénévoles s'est donnée pour mission de développer l'usage des véhicules à propulsion humaine, de relocaliser l'économie et de réduire l'empreinte écologique.

Caminade

1 siège à Ille-sur-têt (66). Caminade est une nouvelle marque française de VTT conçus, développés, et produits en série en France.

Parmi les autres fabricants français de vélos et VTT made in emplois, on peut aussi citer les Cycles Philippe à Blois (41), les Cycles Guédon, Vario, Q bike, Orpiste, Ovo, Eco-lution, Cybien.

Parmi les autres fabricants français de vélos sur mesure made in emplois, on peut aussi citer Vagabonde Cycles qui emploie à Chabeuil (26), Framy's qui emploie à La Ville Aux Dames (37) Alex Singer qui emploie à Levallois-Perret (92), Edelbikes qui emploie près de Grenoble (38), Zockra qui emploie en Bretagne, Cycles Salmon qui emploie en Bretagne, Wolhauser qui emploie en Rhône-Alpes.

Les vélos *concurrents & importés*

- **Dreamslide**

Imaginé et conçu en France, ce vélo innovant qui se pratique debout, est **assemblé à Taïwan.**

- **Giant**

Le taiwanais Giant fabrique 2,5 millions de vélos par an, capte 3% de part de marché européen du vélo et possède **4 usines (2 en Chine, 1 à Taiwan et 1 aux Pays-Bas).**

- **Dahon**

Le leader mondial du vélo pliable (avec environ 400.000 ventes par an) a son siège et son bureau de **conception à Los-Angeles mais la production et l'assemblage sont effectués à Taiwan, en Chine et en République Tchèque.**

- **Tern**

L'entreprise de vélos pliables Tern dispose de sites **aux Etats-Unis (Californie, Texas, Oregon), en Europe (Grande-Bretagne, Allemagne, Finlande) et en Asie (Taiwan, Chine).**

- **Brompton**

L'entreprise britannique fabrique ses vélos haut de gamme **à Londres.**

Accessoires pour vélos

1 Mavic

2 Look - Vitus

3 Time

Le saviez-vous ?

MAVIC est l'acronyme de Manufacture d'Articles Vélocipédiques Idoux et Chanel.

Le saviez-vous ?

400.000 vélos sont volés chaque année en France ! Sales types.

Accessoires pour vélos *Made in Emplois*

Mavic

1

Made in 280 emplois

Empreinte Emplois en France **4,6** pour 10.000 produits vendus en France

36 **1 site de production de 400.000 jantes par an à Saint-Trivier-sur-Moignans (01),** dans l'usine historique.

37 **1 site de production des roues haut de gamme à Annecy-le-Vieux (74).**

1 site de R&D et design à Metz-Tessy (74).

38 L'entreprise fondée en 1889 est aujourd'hui leader mondial de la jante et des roues. L'entreprise **emploie 280 salariés en France.** En croissance depuis 10 ans, Mavic réalisait 124 millions d'euros de chiffre d'affaires en 2011, 75% provient des produits du vélo, 25% des équipements du cycliste (casque, chaussures, vêtements). L'entreprise dépose en moyenne 7 brevets par an et dispose de filiales commerciales au Japon et aux Etats-Unis. Les hommes en jaune de Mavic dépannent les incidents mécaniques sur le Tour de France depuis 1977.

60.000 roues en carbone (développées en partenariat avec Mavic) sont produites chaque année par Duqueine dans son usine de Timisoara en Roumanie.

En 2008, Salomon a supprimé 284 postes et fermé son usine de Rumilly (74) où étaient fabriqués des skis et des roues de vélo sous la marque Mavic. Une part des 500 salariés a été transférée sur le site d'Annecy. Salomon ne compte garder que ses deux usines d'Autriche et de Bulgarie.

Look - Vitus

2

Made in 180 emplois

Retrouvez cette entreprise sur la carte

5 21

1 siège, 1 centre de R&D et 1 site de production de vélos de routes, VTT, pistes, de pédales et d'accessoires cyclistes à Nevers (58) avec 150 salariés.

1 site Multidis de production de tubes et de cadres de vélos Vitus à Saint-Chamond (42) avec 30 salariés.

Look fait réaliser ses cadres en carbone en Turquie. Le carbone se travaille à la main et il faut plus de 100 heures de travail pour faire un cadre de piste.

Entreprise nivernaise indépendante et leader mondial de la pédale automatique, Look emploie 420 personnes dans le monde. Look Cycle international réalisait 35 millions d'euros de chiffre d'affaires en 2011. Inventeur de la pédale automatique, du premier cadre en carbone en 1986 et du premier cadre carbone monobloc de piste, Look est leader mondial de la pédale automatique route.

Time

3

Made in 140 emplois

Retrouvez cette entreprise sur la carte

11 13

1 site de production de pédales à Varennes Vauzelles (58) avec 80 salariés.

1 siège et 1 site de R&D et production de cadres, fourches, potence haut de gamme à Vaulx Milieu (38), avec 60 salariés.

L'entreprise dispose d'une usine des pièces en carbone en Slovaquie et d'une filiale aux Etats-Unis.

L'entreprise travaille avec un réseau de sous-traitants rhônalpins. Les corps de pédales étaient précédemment fabriqués à Taïwan. Ils sont aujourd'hui produits en Savoie et Haute-Savoie.

Fondée en 1986, l'entreprise a déposé 120 brevets. Elle **exporte 70% de sa production** (dont 40% en Asie). Les pédales Time équipe 25% des coureurs du peloton professionnel. Avec 10 victoires, Time est la pédale automatique la plus titrée du Tour de France.

Le prix public moyen d'un cycle est de 4.500 euros.

Zefal

4

Made in
110
emplois

Retrouvez cette entreprise sur la carte
6

1 siège, 1 bureau d'étude et 1 site de production de pompes à vélo, bidons, garde-boues et accessoires à Jargeau (45) avec 110 salariés.

L'entreprise sous-traite en Chine, près de Canton, un tiers de sa production.

Zefal réalise environ 10 millions d'euros de chiffre d'affaires dont **70% à l'export vers 80 pays.** En 2009, un plan de sauvegarde de l'emploi a entraîné 25 suppressions de postes. En 2012, le chiffre d'affaires a augmenté de 6%.

Mach1

5

Made in
60
emplois

Retrouvez cette entreprise sur la carte
16

1 atelier de fabrication de 220 millions de rayons, 220 millions d'écrous et de 3 millions de jantes par an à Marclopt (42), avec 50 salariés.

1 site de production de machines spécialisées à Epagny (74) avec 10 salariés.

L'entreprise, fondée en 1937 près de Saint-Etienne, réalise **70% de son chiffre d'affaires à l'export.**

Noret - Adidas

6 | Made in 40 emplois | Retrouvez cette entreprise sur la carte 18

1 atelier de fabrication de vêtements cyclistes à Saint-Dénoual (22) avec 45 salariés. L'entreprise familiale, fondée en 1939, fabrique en Bretagne des tenues cyclistes (maillots, cuissards, coupe-vent). L'entreprise fabrique aussi les tenues cyclistes d'Adidas.

Spécialités TA

7 | Made in 30 Emplois | Retrouvez cette entreprise sur la carte 22

1 atelier de production de plateaux, pédaliers, potences et bidons à Sissonne (02) avec 30 salariés. Spécialités TA (pour Traction Avant), entreprise familiale, fondée en 1947 en Picardie, **exporte 60%** de son chiffre d'affaires vers 50 pays.

Aerozenith

8 | Made in 30 emplois | Retrouvez cette entreprise sur la carte 14

1 siège, 1 centre de R&D et 1 site production de roues en carbone à Saint-Claude (39) avec 60 salariés. Chaque roue est montée à la main dans le Jura. L'entreprise est principalement un sous-traitant mais vend depuis peu directement ses roues. L'innovante entreprise réalise 50% de son chiffre d'affaires en tant que sous-traitant aéronautique.

Corima

9 | Made in 20 emplois | Retrouvez cette entreprise sur la carte 23

1 site de R&D et de production de 300 cadres et 15.000 roues par an à Loriol (26) avec 20 salariés. 1,2 million d'euros y ont été investis en 2006 pour en doubler la taille. L'entreprise familiale fondée en 1973 fabrique dans la Drôme des pièces en carbone pour les vélos haut de gamme (cadres, roues, selles). Corima réalisait 3,3 millions d'euros de chiffre d'affaires en 2005, dont **80% à l'exportation vers 72 pays**. Les roues (à 850 euros la paire en moyenne) représentent 80% de ses ventes. 7% du chiffre d'affaires est consacré à la R&D. L'entreprise patît de sa modeste taille et d'une capacité de production très inférieure à ses concurrents italiens ou asiatiques, qui produisent de 3 à 5 millions de roues en aluminium par an.

Cyfac

10

Made in
15
emplois

Retrouvez cette entreprise sur la carte
25

1 atelier de fabrication de cadres haut de gamme à La Fuye (37), avec 15 salariés. L'entreprise est née en 1982 en Touraine.

CMT

11

Made in
7
emplois

Retrouvez cette entreprise sur la carte
27

1 atelier de fabrication de cadres sur mesure en titane à Aix-les-Bains (73) avec 7 salariés. Ses sous-traitants sont français, italiens et suisses.

FMB

12

Made in
4
emplois

Retrouvez cette entreprise sur la carte
29

1 atelier de production de 150 boyaux par mois à Plurien (22) avec 4 salariés. Implantée en Bretagne, FMB est le dernier fabricant français de boyaux pour le cyclisme, depuis le rachat de Dugast et la délocalisation de son activité aux Pays-Bas. FMB fabrique des boyaux haut de gamme, en coton ou en soie, pour la pratique du cyclo-cross, du VTT, ou du cyclisme sur piste et sur route. L'entreprise **exporte 70% de sa production** vers la Belgique, la Grande-Bretagne et les Etats-Unis.

G4

1 atelier de production de vêtements cyclistes. Geoffroy Laquatre, ancien cycliste professionnel lance une marque de maillots de course, coupe-vent, cuissards, tee-shirt, casquettes, chaussettes. **Les chaussettes** haut de gamme, pour coureurs pro et amateurs, **sont fabriquées à Romilly.**

Servary Sport & Co

1 atelier de fabrication de vêtements cyclistes à Les Landes Genusson (85). L'entreprise Creasport fabrique en Vendée depuis 1986 des tenues pour le cyclisme (ainsi que pour l'athlétisme et les sports collectifs).

Garuda

1 atelier de fabrication de vêtements cyclistes à Martainville Epreville (76). L'entreprise fabrique en Normandie des maillots et équipements pour les cyclistes (ainsi que pour l'athlétisme, le triathlon, l'aviron, le football).

Parmi les fabricants français de casques made in emplois, on peut citer Bios qui emploie à Laon (02), ou Overade, casque pliable innovant « designed en France »...

Parmi les fabricants français d'antivols made in emplois, on peut citer le I-lock de Cyclinno qui emploie à Meudon (92), Axa Basta qui emploie dans la Nièvre, ou ceux de SecurBike ou de Top Block...

Parmi les fabricants français de sacoches pour vélos, on peut citer The Ravada qui emploie en Ile-de France et en Lorraine, Sportfabric qui emploie à Challans (85), Gilles Berthoud qui emploie à Pont-de-Vaux (01)...

Les accessoires *concurrents et importés*

Ils s'appellent Shimano (Japon), Campagnolo (Italie) ou Zipp (Etats-Unis)...

- **Duqueine**

1 siège social à Massieux (01) avec 300 salariés et 1 site de production de Malville (44) avec 220 salariés. L'entreprise emploie 720 salariés (dont **520 sur 3 sites français** et 200 sur son site de Roumanie**)**. Elle n'employait que 210 personnes en 2007. Fin 2013, l'entreprise implantera un 5ème site à Querétaro. au Mexique. 60.000 roues en carbone (développées en partenariat avec Mavic) sont produites chaque année dans son usine de Timisoara en Roumanie. L'entreprise Rhône-alpine fondée en 1982 est un des leaders mondiaux de la production de roues de vélos haute performance. L'entreprise a d'autres secteurs d'activités dans l'équipement de haut-technologie. Elle équipe aussi les Formule 1, les satellites et les avions. L'entreprise est un important fournisseur de l'A350 d'Airbus. Son usine de Reyrieux (01) y est dédiée. L'entreprise réalisait 55 millions d'euros de chiffre d'affaires en 2011 dont **35% à l'export.**

- **Brooks**

Les selles Brooks sont fabriquées **en Grande-Bretagne.**

- **Lepper**

Les selles Lepper sont fabriquées **aux Pays-Bas.**

Skis & sports d'hiver

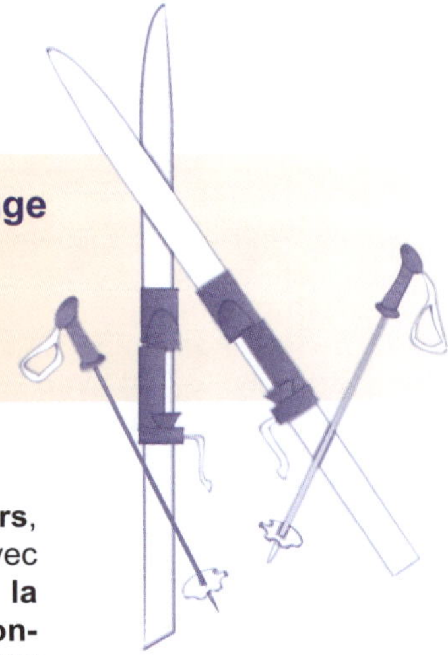

1. **Rossignol - Dynastar - Look - Lange**
2. **Salomon**
3. **TSL Outdoor**

En 2011, **la France comptait 7,7 millions de skieurs**, surfeurs et autres pratiquants des sports d'hiver. Avec 55 millions (+3%) de journées-skieur vendues, **la France est en 2012 la première destination mondiale du ski,** devant les Etats-Unis (51 millions, - 16%) et l'Autriche (50 millions, - 2%). **Le domaine skiable français est le plus vaste d'Europe. La France compte 250 stations** réparties sur 5 massifs (Alpes, Pyrénées, Jura, Massif Central, Vosges).

10 millions de touristes, dont 7 millions pratiquant les sports de glisse fréquentent les massifs français en hiver. Le domaine skiable capte 15% des dépenses des vacanciers, l'hébergement 18%, la restauration 10%. Pour chaque euro dépensé dans les remontées mécaniques, 6 euros seraient dépensés dans l'économie des stations, stations où plus de **120.000 emplois dépendent de l'ouverture des domaines skiables** (commerces, hébergements, écoles de ski). Les entreprises de domaines skiables français investissent chaque année 300 millions d'euros pour entretenir et renouveler le parc de remontées mécaniques, aménager les pistes, équiper les domaines en neige de culture, et rendre toujours plus attractive la pratique des sports de glisse.

Les skis et matériels de sports d'hiver *Made in Emplois*

Rossignol - Dynastar - Look - Lange

1

Made in **690** emplois

Retrouvez cette entreprise sur la carte

2 4

1 siège et 1 site de production de skis et chaussures à Saint-Jean-de-Moirans (38) avec 420 salariés.

1 site de production de fixations Look à Nevers (58) avec 170 salariés. Une partie de la production était produite en Pologne avant d'être rapatriée.

1 site de production de 360.000 paires de skis adultes par an et de 60.000 paires de skis pour enfants à Sallanches (74) avec 230 salariés et 30 saisonniers. 5 millions d'euros y ont été réinvestis en 2012.

1 site de production à Artès en Espagne. Rossignol fait toujours fabriquer 50.000 autres paires de skis pour enfants en Chine et ses chaussures de ski en Italie.

Le groupe fondé en 1907 par Adel Rossignol emploie 1.200 personnes dans le monde, dont 690 en France. En 2011, le groupe a vendu 900.000 paires de skis et réalisé un chiffre d'affaires de 207 millions d'euros.

En 2010, Rossignol, leader mondial de la glisse, a relocalisé une partie de sa production. En janvier 2013, Rossignol annonce la relocalisation en France de la production de 70.000 paires de skis supplémentaires et l'arrêt de la fabrication à Taiwan. Le groupe voulait résoudre les problèmes de qualité, de stocks trop importants, de délais de production trop longs. Il a développé un produit adapté au « made in France » et a modernisé le site français. Son activité étant saisonnière et son marché centré sur les Alpes, la production à proximité est plus réactive, flexible et adaptable à la demande.

A Taïwan, Rossignol ne gagnait que sur la main-d'œuvre, soit 25% du coût d'un ski. L'usine de Sallanches n'étant plus chère que de 15% à celle de Taïwan, l'écart était compensable par une redéfinition du produit et une augmentation de la productivité. 1 million d'euros est investi pour moderniser l'outil de production (3 presses ont été rapatriées et de nouvelles machines ont été installées). L'entreprise appose désormais sur ses skis un macaron « born in Chamonix-Mont Blanc Valley » qui plaît autant aux consommateurs américains ou canadiens que français. Rossignol équipe Julien Lizeroux et Marion Rolland, championne du monde 2013 de descente.

Salomon

2 | Made in 400 emplois | Retrouvez cette entreprise sur la carte 1

1 siège et 1 site de R&D à Annecy (74) avec 800 salariés.

L'entreprise Salomon est née en 1947 dans les Alpes et réalise désormais 55% de son chiffre d'affaires dans les chaussures et le textile. Salomon reste un leader mondial du matériel de sport d'hiver, mais est devenu le leader européen des chaussures outdoor et le leader mondial des chaussures de Trail Running. En 2011, Salomon a déposé son 10.000ème brevet.

En 2008, après une série de plans sociaux, Salomon a supprimé 284 postes et fermé son usine de Rumilly (74) où étaient fabriqués des skis et des roues de vélo sous la marque Mavic. En 2007, la production annuelle française de Salomon était tombée à 50.000 paires sur une production mondiale totale de 600.000 paires Salomon.

Une part des 500 salariés a été transférée sur le site d'Annecy. Salomon ne compte garder que ses deux usines d'Autriche et de Bulgarie.

TSL Outdoor

3

Made in 60 emplois

Retrouvez cette entreprise sur la carte 17

1 site de production de raquettes à neige à Annecy-le-vieux (74), avec environ 50 salariés (et une centaine en pleine saison).

La société TSL (Thônes Sport Loisir) est créée en 1981 dans la vallée des Aravis. Très innovante, la société consacre 10% de son chiffre d'affaires (10,5 millions d'euros en 2007) à la R&D et a déposé plus de 60 brevets. L'entreprise **exporte 60% de sa production** vers 35 pays. L'entreprise fabrique en France ses raquettes destinées aux marchés européens et fabrique aux Etats-Unis pour le continent Nord-Américain. TSL fabrique aussi en France une luge d'un nouveau genre, le Yooner.

TSL propose aussi une gamme de chaussures de marche, des sacs, des bâtons de trekking et de marche nordique, mais ces produits ne sont pas fabriqués en France.

Simond

4

Made in 35 emplois

Retrouvez cette entreprise sur la carte 19

1 site de production de matériel d'escalade (piolets, crampons, cordes, mousquetons, cordes, casques) aux Houches (74) avec 35 salariés.

L'entreprise installée au pied du Mont Blanc a été fondée en 1860. Elle a été rachetée en 2008 par Décathlon. Depuis son volume d'affaires a quadruplé. L'entreprise réalise environ 10 millions d'euros de chiffre d'affaires et **exporte la moitié de sa production** vers 40 pays.

Bohême

5

Made in 5 emplois

Retrouvez cette entreprise sur la carte 28

1 site de production de 1.000 skis et snowboards haut de gamme par an à Lumbin (38) avec 5 salariés. Fondée en 1998, l'entreprise est labellisée « Entreprise du patrimoine vivant ».

Aluflex

6

Made in 4 emplois

Retrouvez cette entreprise sur la carte 30

1 site de production de skis, de snowbards et monoskis à Marignier (74) avec 4 salariés. Le petit fabricant produit artisanalement des modèles de ski haut de gamme depuis 1954.

Eloura-Blacksmith

7

Made in 4 emplois

Retrouvez cette entreprise sur la carte 31

1 atelier de production de snowboards personnalisables à Voiron (38), avec 4 salariés. Le fabricant artisanal Blacksmith s'est allié à Eloura, fabricant de gants de skis.

Bumtribe

8

Made in 2 emplois

1 atelier de fabrication de skis à Habère-Poche (74) avec 2 salariés.

Vandel

1 atelier de production de 200 paires de skis de fond par an à Bois d'amont (39). Entreprise familiale fondée en 1972, Vandel est le dernier fabricant de ski de fond « made in France ».

Ledrapo

Ledrapo est le « bonnet-bandeau » tricolore de Jean-Baptiste Grange, champion du monde de slalom. Tricoté à l'origine par sa sœur, ce serre-tête de ski se décline aujourd'hui en plus de 25 modèles, aux couleurs de plusieurs pays. Le champion français a souhaité qu'il soit **fabriqué en France, en Haute-Loire.**

Vertical

Vertical fabrique des vêtements de montagne. L'essentiel de ses produits sont fabriqués hors de France, mais sa ligne de produits « Origine » (dont la veste « Dheu ») est dessinée, conçue et fabriquée en France. Vertical a confié la réalisation de cette nouvelle ligne à **des entreprises françaises, implantées dans la Loire, les Vosges et l'Ardèche.**

Parmi les autres fabricants de skis et planches made in emplois on peut citer Tardy qui emploie à Saint-Gervais-les-bains (74), Phenix qui emploie à Renage (38), Lorme qui emploie dans le Jura ou Clone-ind qui emploie en Ardèche.

Parmi les autres fabricants de raquettes made in emplois on peut citer Morpho qui emploie à Thonon-les-bains (74) et Inook qui emploie à Annecy-le-vieux (74).

High-tech

Les marques leader de notre équipement high-tech quotidien produisent en Asie, mais des options made in emplois sont disponibles pour quasiment tous les produits électroniques. En matière d'équipement audio hi-fi, la France a en outre gardé un savoir-faire précieux.

Les produits informatiques et électroniques destinés au grand public sont aujourd'hui de véritables cas d'école en matière de production mondialisée. La quasi intégralité des produits high-tech sont assemblés en Chine. Si Foxconn, l'assembleur des Iphones, est l'entreprise high-tech chinoise la plus connue du reste du monde, il existe en Chine un très grand nombre de sous-traitant de ce type. Et des pays comme la Corée du Sud ou le Japon, s'ils assemblent moins, conçoivent et produisent encore de nombreuses pièces indispensables aux produits high-tech.

Bien sûr, il existe aussi des usines de productions ou de montages en Thaïlande, au Vietnam, en Inde, en Corée, au Japon, en Israël, au Brésil et même en République Tchèque et en Pologne.

L'utilisation massive de la sous-traitance implique une perte de savoir-faire et des transferts de technologie. Les entreprises asiatiques ont ainsi pu créer leurs propres marques et sont très offensives. Les taïwanais Acer et Asus ou le chinois Lenovo gagnent chaque année des parts de marché. Stan Shih, le fondateur d'Acer, a ainsi annoncé début 2010 aux constructeurs américains qu'ils disparaîtraient d'ici 20 ans, comme ce fut le cas pour les marques américaines de téléviseurs…

La production des deux usines européennes et de l'usine sud-américaine de Nokia ont été transférée en 2012 vers les usines de Nokia en Asie, où la majorité des fournisseurs de composants est basée, y concentrant l'intégralité de la fabrication de ses téléphones. Les usines Nokia de Salo en Finlande, et de Komarom en Hongrie ont ainsi fermé, supprimant plus d'un millier d'emplois. En juin 2008, Nokia avait fermé son usine à Bochum, en Allemagne pour la délocaliser en Roumanie. Trois ans et demi plus tard, Nokia délocalise à son tour son usine roumaine pour s'installer au nord du Vietnam.

L'industrie high-tech en France

En 2004, **Alcatel** abandonnait son activité de téléphones portables au chinois TCL. L'équipementier télécoms, qui a fusionné avec Lucent en 2006, a annoncé en octobre 2012 la suppression de plus de 1.430 emplois en France (soit 26% de ses effectifs) dans le cadre d'un vaste plan de restructuration qui se traduira par 5.500 réductions de postes au total dans le monde. Ce plan prévoit la fermeture du siège de la filiale française à Vélizy (78), plus gros site français du groupe avec 2.400 salariés. Les salariés de Vélizy devraient être redéployés sur le site de Villarceaux

(91) pour en faire le deuxième plus important centre de recherche et développement du groupe.

Sagem a aussi abandonné son activité de téléphones portables, alors qu'il était pourtant encore leader du marché français des téléphones mobiles en 2004. Son activité grand public n'a pas survécu à son absorption par Safran. Depuis, ses activités de communication et de téléphonie mobile ont été filialisées dans deux sociétés : Sagemcom (qui produit des décodeurs, fax, téléphones résidentiels, compteurs intelligents), a été racheté par le fonds Carlyle. La filiale Sagem Wireless a elle déposé le bilan après avoir tenté de fabriquer des téléphones en marque blanche.

STMicroelectronics, acteur franco-italien, fait, lui, bonne figure sur le marché des semiconducteurs, dominé par Intel, Samsung, Texas Instrument, Toshiba, Renesas et Qualcomm. Basée à Genève, la société compte 3 sites de recherche et de production en France : à Grenoble et Crolles (38) avec près de 6.500 salariés et à Rousset (13), avec environ 3.000 salariés. Son partenaire **Soitec**, travaille dans le même secteur et dispose aussi d'un site à Bernin, dans la même région iséroise, où travaillent 820 personnes.

Les sociétés **Gemalto, Bull, Thalès, Aldebaran Robotics, Acome** ou **Prysmian** comptent elles aussi de nombreuses usines en France. La France est en outre le pays qui produit les plus belles start-up non américaines, comme **Deezer**, **Dailymotion** (créé avant YouTube), **Viadéo**, **Criteo** ou **Ventesprivées.com**, qui a inventé un nouveau business model.

En France, des pôles de compétitivité dédiés au high-tech ont bien vu le jour (Systemic et Cap Digital en Ile-de-France, Numelink dans la Loire, SCS autour de Sophia-Antipolis, Imaginov dans le Rhône, TES en Normandie, Image et Réseaux en Bretagne, S2E2 dans la région Centre). Mais il semblerait que l'industrie française ait toujours une **culture beaucoup plus « B to B » que grand public.** Cette tendance rejoint notre culture d'ingénieur très pointue, mais pas toujours adaptée à l'évolution des usages grand public, qui appelle des produits toujours plus simples d'utilisation. En outre l'électronique grand public, nécessite une grande **réactivité**, que l'environnement fiscal et réglementaire français rend souvent très difficile. Raisonner sur des cycles très courts, être capable d'anticiper et d'adapter ses structures et ses produits très rapidement aux nouveaux besoins, semble plus compliqué à faire en France qu'ailleurs.

Enfin la faculté à **prendre des risques** est fondamentale. L'histoire du high-tech est peuplée de visionnaires qui ont su s'affranchir des chemins tracés. Or il semble que si la culture de l'entrepreneuriat se développe en France, le pays ne tolère pas l'échec, ne reconnaît pas aux entrepreneurs la possibilité de se tromper. La valorisation de la prise de risque et la tolérance à l'échec, c'est déjà ce que Steve Jobs, âgé de 29 ans à l'époque, conseillait à la France de développer dans une interview donnée lors du JT de Christine Okrent en 1984.

Nos entreprises semblent en outre bridées par une culture des indicateurs qui limite la prise de risques. Cela se ressent dans les investissements puisqu'en 2010, les

Où sont-ils fabriqués en France ?

Les familles qui vivent et dépendent
de votre consommation de produits high-tech habitent ici et là :

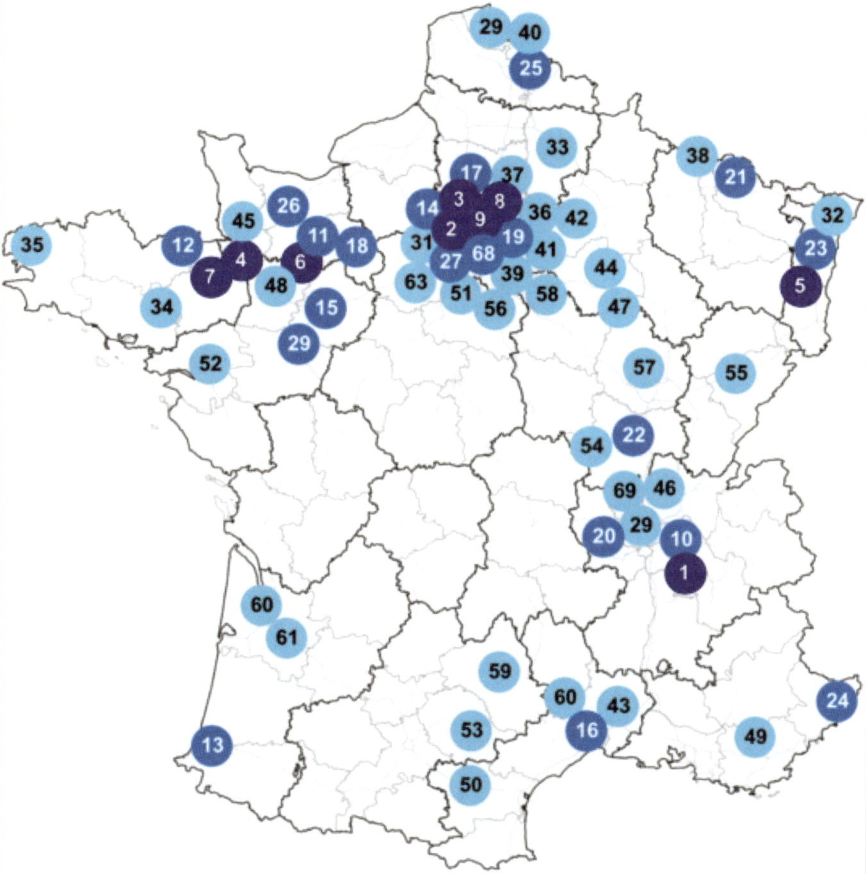

Site de plus de 500 salariés.

Site de 100 à 500 salariés.

Site de moins de 100 salariés.

Les numéros renvoient aux différentes entreprises citées dans les classements des produits high-tech qui suivent.

sociétés européennes n'ont reçu que 4,9 milliards de dollars en capital-risque, quand leurs homologues américaines en obtenaient 22 milliards. Enfin nos ingénieurs et scientifiques talentueux semblent aspirés par les secteurs prestigieux en France qui ne sont ni industriels, ni manufacturiers (aéronautique, énergie voire finance) quant les passionnés de technologie ont tendance eux à s'exiler aux Etats-Unis, en Chine ou ailleurs. Ainsi le réseau social professionnel Viadéo, bien que créé par un français, a son siège dans la Sillicon Valley.

La plupart des sociétés françaises d'électronique grand public (Archos, Bookeen, Withings, Coyote) sont sans usine, « fabless » comme on dit. Sur le modèle d'Apple, elles sous-traitent l'ensemble de leur fabrication à des partenaires, n'ont aucun outil industriel et ne se concentre que sur l'innovation, le design et le marketing. Le principal obstacle à la réindustrialisation électronique du pays réside dans la disparition de la filière de sous-traitants et de fabricants de composants.

Le saviez-vous ?

En 2010, plus d'une trentaine d'ONG chinoises dénonçaient les effets polluants et dangereux pour la santé des activités de fabrication en Chine des 29 plus grandes marques de téléphones portables, ordinateurs et autres consommateurs de circuits intégrés. Il s'agit principalement d'empoisonnement aux métaux lourds (plomb et cadmium), dont le nombre de cas (notamment chez les enfants) est en forte croissance dans les provinces chinoises qui accueillent ces entreprises.

Hi-fi

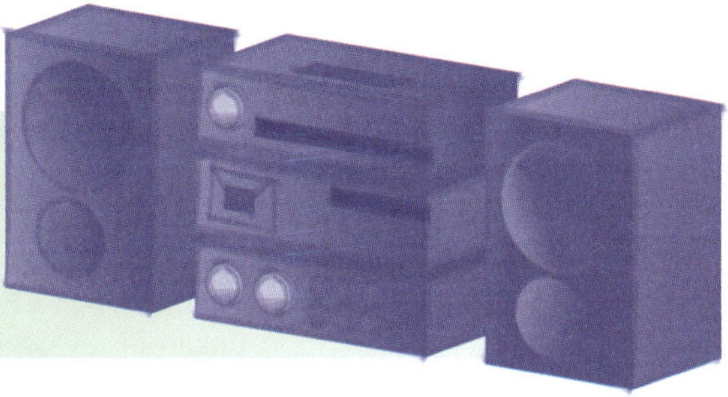

1. Focal - JMLab
2. Harman Becker
3. Cabasse

La hi-fi de qualité est une spécialité française. Bien sûr, le marché de l'équipement hi-fi grand public se limite à quelques groupes, principalement japonais, qui produisent en Asie. Mais dans la gamme supérieure, le mélomane trouvera des appareils français aux performances sonores exceptionnelles. Certains ont choisi de concevoir en France et de fabriquer en Asie. D'autres marques de matériel hi-fi continuent au contraire de fabriquer en France leurs platines, amplis, tuners, enceintes et câbles.

Le saviez-vous ?

Hi-Fi est l'abréviation du terme anglais « High Fidelity », qui signifie en français « Haute Fidélité », sous-entendu acoustique.

La hi-fi *Made in Emplois*

Focal - JMLab

1

Made in 200 emplois

Retrouvez cette entreprise sur la carte 20 54

1 site de production d'enceintes hi-fi haut de gamme à La Talaudière (42), près de Saint-Etienne, avec 160 salariés. Plus de 2 millions d'euros y ont été investis en 2010 et 2011.

1 site de production de l'ébénisterie de ses collections haut de gamme à Bourbon-Lancy (71).

L'entreprise emploie environ 200 salariés en France.

Focal, fondée en 1980 à Saint-Etienne, est mondialement reconnue pour la qualité de ses produits hi-fi.

L'entreprise conçoit tous ses produits en France et en produit 80% dans l'Hexagone. La production des produits d'entrée de gamme est confiée à des sous-traitants européens et chinois.

En août 2011, Focal-JM Lab rachète Naim Audio pour atteindre une taille européenne et renforcer son positionnement haut de gamme. Naim est une des dernières entreprises à produire encore en Angleterre et équipe les luxueuses Bentley. Focal fabrique des haut-parleurs et des enceintes acoustiques pour le grand public et les professionnels, des équipements pour l'automobile, des systèmes audio multimédias et désormais aussi un casque audio. **Focal propose aussi une enceinte extérieure, qui ne craint pas les intempéries, fabriquée en France et vendue 490 euros**. Focal propose aussi un modèle d'enceintes compactes portables, Bird. Conçues en France, les enceintes Bird sont fabriquées en Asie. Les casques audio, produits plus ordinaires et modèles premiers prix sont assemblés en Chine.

Harman Becker

2

Made in 200 emplois

Retrouvez cette entreprise sur la carte 15

1 site de production de 65.000 amplis hi-fi et haut-parleurs à Château du Loir (72), avec 200 salariés. Fin 2008, l'entreprise a supprimé 135 postes dans sa production d'équipement audio automobile, après en avoir supprimé 130 en 2006.

Cabasse

3

Made in 50 emplois

Retrouvez cette entreprise sur la carte 4 35

1 siège et 1 centre de R&D à Plouzané (29) avec 35 salariés.

1 site d'assemblage des enceintes haut de gamme par Canon Bretagne (qui produit des cartouches d'imprimantes) à Liffré (35) avec 650 salariés.

Fondée en 1950, l'entreprise fabricante d'enceintes acoustiques françaises a été rachetée par Canon en 2006. **Canon Bretagne assemble les enceintes de la marque. Seuls ses modèles haut de gamme sont de fabrication française**. L'autre partie de sa production est réalisée en Asie. Pionnière de la filière électronique à Brest, la société y a construit en 2003 le Cabasse Acoustic Center. Les haut-parleurs Cabasse sont garantis à vie.

Devialet

4

Made in
50
emplois

Retrouvez cette entreprise sur la carte
26 36

1 site de production des cartes électroniques et d'enceintes hi-fi haut de gamme par l'entreprise Seprolec à Vire (14), avec 100 salariés.

1 siège et 1 centre de R&D et de conception à Paris (75002) avec 30 salariés.

Le D-Premier de Devialet est un produit très haut de gamme (12.000 euros) fabriqué en France. Conçu à Paris et fabriqué en Normandie, le D-Premier est pour nombre de spécialistes une prouesse technique qui révolutionne le son en alliant les technologies numériques et analogiques. L'entreprise, fondée en 2007 par 4 amis ingénieurs et consultants, a **vendu plus 1.300 D-Premier fin 2012,** réalisant plus de 4 millions d'euros de ventes en 2012. **L'entreprise exporte 90% de sa production**. L'objectif de l'entreprise est de démocratiser ADH, leur technologie brevetée, et de toucher un plus grand public en diminuant fortement ses prix à l'avenir. Pour ce faire, la technologie doit être miniaturisée, ce qui nécessite de très gros investissements. Devialet a levé 15 millions d'euros en 2012, en réunissant notamment les hommes d'affaires Bernard Arnault (LVMH), Xavier Niel (Free), Marc Simoncini (Meetic) et Jacques-Antoine Granjon (vente-privee.com).

Triangle

5

Made in
40
emplois

Retrouvez cette entreprise sur la carte
33

1 site de production de hi-fi haut de gamme à Villeneuve-Saint-Germain (02) avec 40 salariés.

L'entreprise fabrique depuis 1980 des haut-parleurs, enceintes acoustiques et home-cinéma. Seuls ses produits les plus sophistiqués sont fabriqués en France. Le reste de la production a été délocalisée.

L'entreprise qui réalisait 6 millions d'euros de chiffre d'affaires en 2006 comptait doubler ce chiffre en 2012.

Parrot

6	Made in 40 emplois	Retrouvez cette entreprise sur la carte 9

1 siège et 1 centre de R&D à Paris (75010) avec 400 salariés. La société Parrot emploie 650 personnes dans le monde. Seule la moitié de son chiffre d'affaires vient de ses activités grand public. Parrot réalise **plus de 50% de ses ventes à l'export**. Parrot consacre chaque année 13% de son chiffre d'affaires à la R&D et y emploie 150 ingénieurs. L'entreprise, fondée en 1994 par Henri Seydoux, est leader mondial des périphériques sans fil pour téléphones mobiles. Parrot a réussi une très belle entrée dans la hi-fi avec ses enceintes Zikmu. Aucun produit Parrot n'est assemblé en France. Parrot fabrique 1,5 million de produits par an sous sa marque

---

Atoll

7	Made in 10 emplois	Retrouvez cette entreprise sur la carte 45

1 site de production de matériel abordable (lecteurs CD/DVD, amplis, tuners, home-cinéma et enceintes) à Brécey (50) avec 10 salariés.

Fondée en 1997, Atoll est la marque la plus abordable financièrement de tous les fabricants français de hi-fi. Si les composants électroniques viennent d'Asie, **la conception, le design, le montage, les soudures, l'usinage et la tôlerie sont made in Normandie.**

L'entreprise réalisait 1,2 million d'euros de chiffre d'affaires en 2011, dont la moitié à l'export vers une vingtaine de pays (Japon et Allemagne sont ses principaux clients).

Absentes des réseaux de distribution de Darty et de la Fnac, les enceintes Atoll sont vendues dans 90 magasins spécialisés en France.

Davis Acoustics

8	Made in 10 emplois	Retrouvez cette entreprise sur la carte 44

1 site de production d'enceintes et de haut-parleurs à Troyes (10) avec 10 salariés. L'entreprise est née en 1986 à Saint-Maur-des-Fossés. Aujourd'hui seuls les modèles haut de gamme semblent fabriqués à Troyes.

StormAudio

9

Made in 5 emplois

Retrouvez cette entreprise sur la carte 48

1 site de conception et d'assemblage d'amplificateurs hi-fi haut de gamme à Laval (53) avec 5 salariés. L'entreprise, lancée par 2 entrepreneurs en 2005, propose ses amplificateurs analogiques brevetés StormFocus et Vertigo.

Waterfall Audio

10

Made in 5 emplois

Retrouvez cette entreprise sur la carte 49

1 site de production d'enceintes à Carcès (83) avec 5 salariés. Cette entreprise, fondée en 1996, fabrique des enceintes acoustiques en verre depuis 1999 et **exporte vers 25 pays.** Les enceintes Waterfall bénéficient des haut-parleurs développés par le fabricant français Atohm. L'entreprise collabore aussi avec la Miroiterie Merle de Nice.

Athohm

1 site d'assemblage d'une partie de ses enceintes et haut-parleurs à Besançon (25). Les enceintes sont assemblées en France mais les composants sont fabriqués en Asie.

Microméga

L'entreprise française de fabrication d'électroniques (amplis, platines, tuner) propose ses **enceintes portables Micromega MyDac, intégralement fabriquées en France et vendues moins de 300 euros**. Le modèle DAC est lui vendu beaucoup plus cher alors qu'il est fabriqué en Asie.

Il existe de nombreuses autres entreprises, plus ou moins petites ou artisanales, qui conçoivent et fabriquent au moins en partie du matériel hi-fi en France : Everest Audio, Mosquito Group, Nuance, 3D Lab, Nano Audio, Elipson, Audax, Lintra, BC Acoustique, Apertura, Asa, Kélinac, Pascal Louvet, Mulidine, Loïc Audio, Phy-HP, Ocellia, Jean-Marie Reynaud, PE Leon , Supravox, Icos, GKF, A2T

La hi-fi *concurrente et importée*

Les hi-fi concurrentes importées d'Asie s'appellent Sony, JVC, Yamaha, Marantz, Denon ou encore Onkyo.

Tablettes

1. Qooq
2. Archos
3. Memup

Il s'est vendu plus de 120 millions de tablettes dans le monde en 2012 (soit +77% en un an). Dans le même temps, les ventes mondiales de liseuses ont chuté de 22% à 20 millions d'unités. **En France, 3,5 millions de tablettes ont été vendues en 2012**, dont au moins 2 millions d'iPad d'Apple. 1 million de tablettes ont été offertes à l'occasion du dernier Noël.

Sur le marché français, le leader Apple concentrait 67% des ventes en 2010, mais son dauphin est le français Archos qui produit 22% des tablettes vendues en France, devant Acer, Samsung ou Asus. Si en revanche on raisonne en chiffre d'affaires : Apple a vendu en 2010 pour plus de 50 millions d'euros d'iPad, tandis qu'Archos n'a vendu que 6,5 millions d'euros de tablettes.

En effet Archos a fait le choix stratégique de ne pas courir comme tous après Apple mais de se concentrer sur le segment low-cost. Apple s'arrogerait en effet 96% du marché français des tablettes de plus de 400 euros. Sur ce segment, Samsung et les autres se contentent pour l'instant des miettes. Les choses sont différentes sur le segment des tablettes à moins de 400 euros. Le choix fait par l'entreprise française Archos de produire en Chine est payant puisque le français s'octroie 69% de parts de marché sur ce segment low-cost, alors qu'il fait face à une intense concurrence d'acteurs asiatiques. Ce segment des tablettes à moins de 400 euros ne représente toutefois qu'un tiers des tablettes vendues en France.

Le saviez-vous ?

Lorsqu'il était ministre de l'Enseignement supérieur et de la Recherche, Laurent Wauquiez, pourtant favorable à un « protectionnisme européen », était très fier de son plan permettant aux étudiants d'acquérir une tablette tactile pour 1 euro par jour pendant deux ans (offre pourtant fort peu intéressante). Mais problème, les étudiants n'avaient le choix qu'entre un iPad 2 et une Galaxy Tab. Le ministre avait tout simplement exclu du marché Archos, seul fabricant de tablettes à employer en France. Au-delà de l'incompétence, plus très surprenante venant d'un politicien, l'absence d'Archos serait liée à un contentieux avec Orange. Samsung ferait pression pour que l'ancien opérateur public ne commercialise pas les produits de son concurrent. En réponse, Archos s'est associé à Bouygues Telecom pour faire une proposition concurrente. Résultat : avec l'offre « Gouvernement-Orange-Samsung/Apple », chaque étudiant devait payer environ 750 euros sur deux ans, alors qu'avec l'offre Archos-Bouygues, il ne lui en coûte que 480… Cette collusion entre Orange et les gouvernements est un énième exemple de la nocivité du corporatisme à l'œuvre en France et ailleurs. Ce capitalisme de connivence n'a rien de libéral, de juste et d'efficace.

Le saviez-vous ?

Puisque que les éditeurs français font de plus en plus souvent imprimer leurs ouvrages à l'étranger (comme le « manifeste du Front de Gauche – L'humain d'abord » de M. Mélenchon, imprimé en Italie), il semble qu'il soit bien souvent plus responsable de cuisiner avec une tablette tactile Qooq qu'avec un livre de cuisine.

Le saviez-vous ?

Le livre numérique ne représentait en 2011 que 1,2% du chiffre d'affaires de l'édition en France (soit 56,8 millions d'euros sur 4,6 milliards d'euros).

Les tablettes *Made in Emplois*

Qooq

1

Made in 160 emplois

Retrouvez cette entreprise sur la carte 39 22

1 siège à Paris (75) avec 20 salariés.

1 site de production Eolane de 30 à 50.000 tablettes par an à Monceaux-les-Mines (Saône-et-Loire) avec 140 salariés qui fabriquent la coque, l'ensemble de la carte mère et s'occupent de l'assemblage.

La tablette tactile made in France, vendue 349 euros est surtout dédiée à la cuisine avec ses 3.500 recettes interactives créées par une centaine de grands chefs. Prévue pour l'usage culinaire, la tablette Qooq résiste aux chocs et aux éclaboussures mais permet aussi de regarder un film ou de naviguer sur internet, même les mains sales. Elle a été conçue pour supporter les contraintes de la cuisine (projections d'eau ou de graisse, chaleur, vapeur). C'est surtout la seule tablette de nouvelle génération construite en dehors d'Asie ! La production initiée en Chine pendant 2 ans a été rapatriée en France en 2011 par la maison mère Unowhy, PME qui conçoit et réalise du contenu et des services multimédias dans l'univers culinaire. Les tablettes sont fabriquées dans une usine d'Eolane, l'un des principaux sous-traitants industriels français, aussi implanté au Fresne-sur-Loire (44) et qui emploie 2.300 personnes en France. Les process industriels de la tablette et de l'usine ont été remis à plat. L'automatisation garantit le niveau de qualité et le coût de la main-d'oeuvre a été abaissé. Qooq n'est pas seulement assemblée en France, puisque **l'entreprise fait aussi appel à de nombreux fournisseurs français et européens**. Si les puces sont achetées à Texas Instrument et les écrans tactiles à Samsung, **les cartes mères viennent de France.**

Archos

2

Made in 80 emplois

Retrouvez cette entreprise sur la carte 27

1 siège et 1 centre R&D à Igny (91) avec 100 salariés. Tous les produits Archos y sont conçus, mais c'est en Chine qu'ils sont fabriqués (de l'achat des composants à l'assemblage des produits). **Archos emploie plus de 200 personnes dont la moitié en France.**

Archos sous-traite l'intégralité de sa production à un partenaire chinois. L'entreprise emploie 50 ingénieurs à Shenzhen, en Chine et possède des bureaux aux Etats-Unis, en Europe et en Asie.

Archos est l'anagramme de Crohas, nom du fondateur et PDG d'Archos. Au moins aussi innovante qu'Apple, Archos inventa en 2000 le premier baladeur mp3 (le Jukebook 6000 fut lancé un an avant l'iPod, mais à un prix trop élevé pour espérer un succès massif). Archos fut aussi pionnière sur les baladeurs vidéo et sa tablette tactile est sortie 6 mois avant le premier Ipad. Archos est le leader européen des tablettes et figure parmi les leaders mondiaux du marché des tablettes équipées du système d'exploitation Android de Google et vendues moins de 400 euros. Il a vendu 1,6 million de tablettes en 2011 (contre 35 millions pour Apple avec son iPad). Après 3 années contrastées, le chiffre d'affaires rebondit à 171,4 millions d'euros en 2011. Toutefois, Archos annonçait des pertes record au premier semestre 2012. Un plan de réorganisation est annoncé en novembre 2012 prévoyant une **réduction des effectifs de 25% dans le Groupe.**

Archos comptait sur sa marque à bas prix **Arnova, développée par sa filiale. Cette nouvelle gamme est conçue et fabriquée en Chine**. Elle cible les pays émergents et la grande distribution. Arnova génère déjà plus d'un tiers de son chiffre d'affaires.

Memup

3

Made in 20 emplois

Retrouvez cette entreprise sur la carte 56

1 siège et centre de R&D à Bonneuil-sur-Marne (94). L'entreprise emploie 60 salariés en France et 75 dans le monde.

Fondé en 1991 à Créteil (94), Memup est l'un des leaders européens des solutions de stockage grand public et professionnelles. Memup **assemble**

tous ses produits en France et est un des leaders européens sur le marché des disques durs externes et des MP3. Le groupe veut continuer à se développer **à l'international** (Europe et Maghreb) où il réalise déjà **plus de 40% de son chiffre d'affaires.** Depuis avril 2011, Memup s'est également lancé sur le marché des tablettes, et connaît déjà un franc succès au niveau européen.

Bookeen

4

Made in 15 emplois

Retrouvez cette entreprise sur la carte 42

1 siège et 1 site de conception à Paris (75013) avec 15 salariés.

Les liseurs Bookeen sont conçus en France mais made in ailleurs. Aucun des produits électroniques de la société parisienne Booken n'est en effet fabriqué en France. Bookeen a vendu plus de 120.000 liseuses en 2012. Elle espérait réaliser un chiffre d'affaires de 10 millions en 2012. Il était de 6,5 millions en 2010.

Bic Tab

1 site de production près de Dijon (21). Bic, le fameux fabricant de stylos, de rasoirs et de briquets, investit le secteur des tablettes tactiles, en partenariat avec Intel. **La tablette Bic sera fabriquée en France et dédiée à l'éducation**. Elle sera accompagnée d'un stylet spécifiquement conçu pour les enfants, afin de développer l'apprentissage de l'écriture.

Tooti Family

1 siège à Nantes (44) avec 2 fondateurs. L'entreprise Tikeasy commercialise Tooti, une tablette tactile conçue pour faciliter l'accès au numérique des seniors.

Les tablettes *concurrentes et importées*

● Kobo by Fnac - Kobo Arc

La liseuse numérique Kobo lancée à Noël 2011 en partenariat avec la marque canadienne Kobo, est vendue 130 euros et remplacera le Fnacbook, développé par Sagem Wireless. La Fnac va aussi vendre en 2013 la Kobo Arc, véritable tablette tactile Android. En 2010, la Fnac réalisait un chiffre d'affaires de 4,5 milliards d'euros.

● Ipad d'Apple

Apple réaliserait près de 50% de marge sur chacun de ses produits. Les Ipads sont **assemblés en Chine** dans les usines FoxConn. Cette étape ne représenterait que 2% du coût final. Le transport et la distribution représentent eux environ 4% du total. Les composants de chaque Ipad coûteraient eux seuls plus de 290 dollars.

● Kindle Amazon

Le géant américain de la distribution en ligne Amazon.com se concentre sur les tablettes et liseuses vendus moins de 300 euros. Il est le rival le plus direct des liseuses « françaises » Bookeen et Kobo by Fnac.

● Texas Instrument

Texas Instrument a annoncé en décembre 2012 la suppression de 517 des 541 postes de son seul site français de R&D basé à Villeneuve-Loubet (06) et dédié au développement des microprocesseurs équipant les tablettes et téléphones de ses clients. Cette annonce s'inscrit dans le cadre d'une restructuration du groupe prévoyant la suppression de 1.700 postes à travers le monde. Texas emploie au total 610 salariés en France et conservera son site commercial de Boulogne-Billancourt (92) et ses 50 salariés.

● Motorola

Motorola Mobility, désormais filiale de Google, pourrait fermer son site de Toulouse (31), où 170 salariés travaillent à la R&D des tablettes et téléphones mobiles.

● VMK

VMK est la première marque africaine de tablettes et smartphones. La start-up montée par un entrepreneur congolais de 26 ans est basée au Congo. On ne sait toujours pas si l'assemblage s'effectue en Afrique ou en Asie. La tablette de VMK est nommée « Way-C » qui signifie « lumière des étoiles » en Lingala. Le smartphone de VMK s'appelle « Elikia » qui signifie espoir.

● Haier

L'entreprise chinoise commercialisera ses tablettes en France à partir de mars 2013.

Ordinateurs

1. Hewlett-Packard
2. Acer - Packard-Bell

Toutes les marques du monde fabriquent leurs ordinateurs en Chine, dans les mêmes usines. Elles ne se différencient que par le cahier des charges techniques et le design des appareils, qu'elles définissent elles-mêmes. Seuls Sony, Toshiba et Fujitsu fabriquent encore leur haut de gamme au Japon.

Le saviez-vous ?

Pour produire 1 ordinateur, près de 100 fois son poids en matières premières serait nécessaire : 373 litres pétrole, 1.500 litres eau, 1.300 kg d'autres matières premières et 22 kg de produits chimiques. La production d'un ordinateur génèrerait 164 kg de déchets dont 24 kg hautement toxiques.

Les ordinateurs *Made in Emplois*

Hewlett-Packard

1 — *Made in* 2.300 *emplois* — Retrouvez cette entreprise sur la carte : 1 10 24 58

1 siège aux Ulis (91).

1 centre européen de marketing pour l'informatique personnelle à Eybens (38) avec 1.830 salariés.

1 centre de formation et 1 centre logistique à Villefontaine (38) avec 330 salariés.

1 centre européen de services et centre logistique à Sophia-Antipolis (06) avec 120 salariés.

Hewlett-Packard, leader mondial de la vente de PC **emploie environ 5.000 salariés en France.** Mais ce chiffre devrait vite baisser. En effet HP a annoncé en 2012 la suppression de 27.000 postes dans le monde d'ici fin 2014. Soit

8% de ses effectifs. C'est la 4ème restructuration majeure du groupe depuis 2001. Au deuxième trimestre 2012, les bénéfices de HP atteignaient 1,6 milliard de dollars, en baisse de 31%.

Depuis 30 ans, le groupe Hewlett-Packard a fait de la France et de l'Isère un de ses grands pôles industriels, preuve de l'attractivité mondiale de Grenoble comme pôle technologique. En 1990, la direction mondiale des ordinateurs du groupe Hewlett-Packard était transférée de Californie à Eybens. HP était le deuxième employeur privé d'Isère en 2000. Mais en 2002, dans le cadre de la fusion avec Compaq, HP vend son centre de production et de distribution de 100.000 Pc pro de l'Isle d'Abeau (38), qui employait 500 personnes. Le site sera fermé 3 ans plus tard par le repreneur. En 2005, le groupe ferme son centre de R&D de Grenoble.

Acer - Packard-Bell - Gateway

2

Made in 100 emplois

Retrouvez cette entreprise sur la carte 28

1 site de SAV, de réparation, de marketing, de RH et de comptabilité à Angers (49) avec 100 salariés. Acer y a transféré ses activités de SAV, après avoir fermé son site de Roissy (95). Le site angevin gère la maintenance des 3 marques.

Ashelvea

53 **1 siège à Graulhet (81).**

1 site d'assemblage de 15.000 ordinateurs par an à Rodez (12).

59 L'entreprise fondée en octobre 2007, fabrique dans le sud-ouest un ordinateur en plastique biodégradable : l'Evolutis. Si les composants électroniques viennent d'Asie, comme ceux de tous les ordinateurs sans exception vendus dans le monde, **l'ensemble des autres éléments qui composent l'Evolutis sont fabriqués en France. Le bio-plastique vient de Montauban et de Toulouse, le châssis est fabriqué à Rodez, où se fait également l'assemblage final, le traitement de surface à Albi, tandis que le cuir qui recouvre le pied de l'écran vient de Graulhet.** Disponible en diverses couleurs, l'Evolutis est vendu 650 euros et consommerait 30% moins d'électricité que les ordinateurs concurrents.

XBook

60 **1 site d'assemblage à Montpellier.** Xbook n'est lui aussi qu'un assembleur. Ses ordinateurs portables sont composés de produits taïwanais et chinois. **Les XBook sont assemblés à Montpellier, où la maintenance est également assurée.**

Meta IT

61 **1 site de production à Bordeaux (33).**

62 **1 site d'assemblage à Talence (33).** Si les composants de l'ordinateur de Meta IT, le « Alt », sont produits en Asie, comme le sont ceux de tous les ordinateurs, **le boîtier est en revanche fabriqué en France, la conception, le design (personnalisable) et l'assemblage sont également réalisés en France. Pour l'approvisionnement et l'usinage de l'aluminium, qui compose la coque de notre machine, Meta IT fait appel à des sous-traitants locaux de l'industrie automobile et aéronautique.** Original, simple, la consommation électrique du « Alt » est 3 fois inférieure à la moyenne. **L'alimentation est fabriquée par Meta IT.** Elle présente un rendement supérieur à 90%, avec un dégagement de chaleur de seulement quelques watts. Ce qui élimine le besoin d'équiper ALT d'un ventilateur. Sujets à une usure mécanique, le disque dur et le ventilateur sont souvent les deux premières pièces à connaître des défaillances et provoquer des pannes plus sévères. Le Alt est vendu un peu plus de 1.000 euros mais devrait avoir une durée de vie supérieure à la moyenne.

Cottin

1 siège à Paris avec des dizaines d'artisans. Fabricant français d'ordinateurs de luxe et sur mesure depuis 2009, Cottin façonne à la main des ordinateurs portables utilisant des matériaux nobles (cuir, acier). Les ordinateurs Cottin se vendent entre 10 et 15.000 euros. Ce bel objet cible les palaces et les amateurs de luxe. **Cottin fabrique ces appareils à Paris ou sous-traite à des fournisseurs français. L'entreprise assemble ses cartes électroniques, et fait usiner les coques des ordinateurs dans le sud de Paris. La décoration est faite par des artisans, parisiens pour la plupart. A l'exception de l'écran, tous les composants proviennent d'Ile-de-France**. Cottin ouvrira en 2013 une boutique à Dubaï.

SDS

1 site d'assemblage en France. La société Splitted-Desktop Systems (SDS) est un intégrateur français qui, s'il ne fabrique rien, assemble ses produits en

France. Sa gamme grand public, Quietty, vend des ordinateurs tout-en-un ainsi que des serveurs.

Orée

1 siège-atelier de production de 60 claviers bluetooth en bois par semaine à Castelnaudary (11) avec 3 salariés. Orée fabrique dans le Languedoc-Roussillon un clavier sans fil, en bois de noyer ou d'érable ainsi que divers objets connectés et durables entièrement fabriqués et finis à la main. Le clavier Orée est vendu 125 euros. Orée vend aussi une housse-chevalet pour tablettes en cuir recyclé.

Les ordinateurs *concurrents et importés*

Les ordinateurs concurrents et importés sont innombrables. Logitech par exemple a délocalisé sa production successivement **de Suisse, en Irlande puis à Taiwan et en Chine**, où est assemblée la majorité de sa production comme 99,9% de la production mondiale d'ordinateurs.

Décodeurs

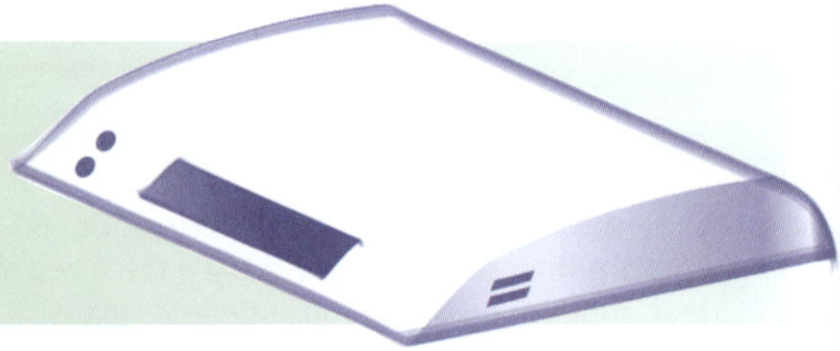

1. Technicolor
2. Sagemcom
3. Aston

Les décodeurs *Made in Emplois*

Technicolor

1 — *Made in* 1.500 *emplois* — Retrouvez cette entreprise sur la carte 2 7 14

1 siège mondial et 1 centre de R&D à Issy-les-Moulineaux (92) avec environ 1.000 salariés.

1 site de R&D et de production de décodeurs et de modem à Cesson-Sévigné (35) avec environ 500 salariés.

1 site de production d'émetteurs télé Grass Valley à Conflans-Sainte-Honorine (78) avec 250 salariés.

Thomson a été renommé Technicolor en 2010. C'est une entreprise française spécialisée dans la conception et la fabrication de systèmes de vidéo et d'image numérique. Technicolor est l'un des principaux fabricants de box d'accès à internet, la télévision et le téléphone.

Le site Technicolor d'Angers qui employait 350 salariés et fabriquait des décodeurs a été liquidé et fermé en octobre 2012. Les lignes de production ont été vendues aux enchères en décembre 2012.

Technicolor a subi simultanément le ralentissement économique européen et une intensification de la pression sur les prix de la part des opérateurs télécoms qui s'approvisionnent désormais en Chine et en Tunisie. Lourdement endetté, Technicolor a subi en 2011 une perte opérationnelle de 43 millions d'euros dans sa division dédiée aux décodeurs, et avait annoncé en décembre 2011 un plan social portant sur 600 emplois dans le monde, sur un effectif total de 16.900. Technicolor emploie plus de 16.000 salariés dans 28 pays.

Sagemcom

2

Made in 670 emplois

Retrouvez cette entreprise sur la carte
3 12 13 30

1 siège à Rueil-Malmaison (92) avec 700 salariés.

1 site de réparation et de production de décodeurs et appareils électroniques grand public à Dinan (22) avec 290 salariés.

1 site de réparation et de production de décodeurs et appareils électroniques grand public à Tourcoing (59) avec 85 salariés.

1 site de production de pièces de décodeurs et appareils électroniques grand public à Mouguerre (64) avec 270 salariés.

1 site à Osny (95).

Sagemcom est le leader européen des décodeurs Télé, des boîtiers ADSL haut débit et des fax. Revendue par Safran au fond de pension américain Carlyle, Sagem Communication produit encore des appareils en France, des décodeurs TNT notamment. Sagemcom réalisait 1,4 milliard d'euros de chiffre d'affaires en 2011 et employait 4.600 salariés dans plus de 40 pays.

Pour Sagemcom, le succès naît des ruptures technologiques ou esthétiques. C'est le cas de Sixty, un téléphone Sagemcom high-tech au look vintage, déjà vendu dans 18 pays.

Aston

3

Made in 55 emplois

Retrouvez cette entreprise sur la carte
23 37

1 siège à Bagnolet (93) avec 30 salariés.

1 site de production Asteel Flash de 50% des décodeurs Aston destinés au marché français à Duttlenheim (67) avec 130 salariés.

Cette société française conçoit et vend depuis les années 80 des décodeurs en tous genres (TNT, satellite). L'entreprise réalisait 15 millions d'euros de chiffre d'affaires en 2010. Début 2011, elle **a rapatrié de Corée vers la France 50% de sa production mondiale**, **créant au passage 20 emplois sur le site alsacien de l'industriel Asteel Flash**. Les décodeurs Aston représentent environ 10% de l'activité de l'usine. Jusqu'alors, Aston fabriquait ses décodeurs dans sa propre usine, en Corée du sud. Mais le délai de quatre mois entre la commande et la livraison, dont six semaines de transport en bateau, ne lui permettait pas de répondre avec assez de réactivité à la demande des foyers français s'équipant au dernier moment en boîtier TNT. La proximité géographique permet aussi une meilleure collaboration lors des phases de développement. Le coût du transport dans le prix d'un décodeur satellite Aston produit en Asie représentaient plus de 10% du prix de vente final. Cet ensemble de facteurs et un meilleur contrôle qualité ont permis de contrebalancer le surcoût de la main d'œuvre française. Une main d'œuvre qui représente environ 20% du prix des appareils. La production en France leur coûte désormais 10% moins cher qu'en Corée. La société maîtrise la totalité de la chaîne de production, de la création des produits à leur commercialisation. Aston utilise des processeurs fournis par STMicroelectronics. Toujours innovante, Aston travaille aussi au développement de plate-formes de VOD, Télévision de rattrapage ou Télévision Connectée.

CGV

4

Made in 45 emplois

Retrouvez cette entreprise sur la carte 32

1 site de production à Ostwald (67) avec 45 salariés. La Compagnie Générale de Vidéotechnique (CVG), entreprise fondée en 1978, fabrique des décodeurs TNT et des antennes. CGV a vendu 200.000 adaptateurs TNT en 2006. Elle détient 8% de ce marché en revendant essentiellement aux enseignes Carrefour, Fnac, Auchan, Cora et autres magasins de la grande distribution. CGV réalisait 15 millions d'euros de chiffre d'affaires en 2009. Certains produits sont encore fabriqués en France, d'autres en Allemagne, mais la majorité en Chine. Les accessoires y sont fabriqués dans un atelier codétenu par CGV.

Antengrin

5

Made in 10 emplois

Retrouvez cette entreprise sur la carte 11 51

1 siège à Vitry-sur-Seine (94) avec 3 salariés.

1 site de production à Alençon (61) avec 300 salariés (dans le deuxième plus important CAT de France).

La société française Antengrin a conçu et produit une innovante antenne de réception TNT tout en bois, vendu environ 50 euros. Peu encombrante et puissante, cette antenne est surtout passive (ne nécessitant aucune source d'énergie pour fonctionner). En plus d'être écologique, le bois composite qui la compose, ne conduit pas l'électricité et protège de la foudre.

Téléviseurs

1 Sony
2 Novel Vision
3 Agath

En une décennie, la France est passée de la première place mondiale en matière de fabrication de tubes cathodiques à la disparition quasi totale.

Les téléviseurs *Made in Emplois*

Sony

1

Made in 550 emplois

Retrouvez cette entreprise sur la carte 5

1 siège, 1 centre logistique, 1 site de SAV et de réparation de TV, écrans LCD, hifi et téléphones et 1 site de production de cartes électroniques à Ribeauvillé (68) avec 550 salariés.

Inaugurée en 1986, l'usine alsacienne a compté jusqu'à 1.600 salariés. Depuis 1999, elle a fait l'objet de 4 plans sociaux. Depuis 2008 et la fermeture de l'usine Sony des Landes, Ribeauvillé est la dernière usine française du groupe japonais. Elle n'a pas été touchée par le plan de restructuration de Sony Europe présenté en avril 2012. Ce plan prévoit la suppression de 10.000 emplois dans le monde d'ici 2013 (6% des effectifs du groupe). Les effectifs européens devraient être réduits de 15%, soit une réduction de 800 postes sur 5.000. Le groupe Sony a enregistré une perte de 5 milliards d'euros pour l'exercice 2011-2012. En 2010, Sony s'était déjà séparé de quasiment toutes ses usines en Europe. En mars 2010, un autre site d'assemblage de téléviseurs avait déjà fermé à Nitra, en Slovaquie (environ 2.500 salariés). En juin 2010, le site de fabrication de lecteurs et de disques Blu-ray fermait à Gödöllo en Hongrie (540 salariés), pour être délocalisé en Malaisie. Le site d'assemblage de téléviseurs de Barcelone (environ 1.000 salariés) fermait lui en septembre 2010. **La seule autre usine européenne épargnée fabrique des caméras professionnelles au Pays de Galles.**

Novel Vision

2

Made in 30 emplois

Retrouvez cette entreprise sur la carte 38

1 siège, 1 centre de R&D et 1 site d'assemblage de 15.000 téléviseurs par mois à Creutzwald (57) avec 30 salariés à Creutzwald (57).

Agath

3

Made in 10 emplois

Retrouvez cette entreprise sur la carte 46

1 siège à Rillieux la Pape (69) avec 10 salariés.

Concepteur français de solutions multimédias de grande qualité, Agath conçoit, fabrique et distribue des téléviseurs très innovants via un réseau international de revendeurs sélectifs. **Agath est le dernier fabricant de produits « bruns » en France**. L'entreprise mise sur la haute qualité, l'innovation, le design et le sur-mesure. En plus de ses clients particuliers, Agath compte parmi ses clients, les hôtels les plus prestigieux (le George V ou le Shangri La à Paris, le Majestic à Cannes) ainsi que les plus grands architectes et décorateurs actuels.

Lecteurs MP3, disques durs externes & clés USB

1 LaCie
2 Memup
3 Archos

Le saviez-vous ?

La redevance sur la copie privée peut représenter jusqu'à 40% du prix d'un disque dur externe en fonction de sa capacité de stockage. Elle est d'environ 20 euros pour un GPS (considéré par le fisc comme un support vierge permettant la copie...). Pour une clé USB, cette taxe représente 10% du prix de ventre.

Les lecteurs MP3, disques durs externes et clés USB *Made in Emplois*

LaCie

1

Made in 170 emplois

Retrouvez cette entreprise sur la carte
19 65

1 siège à Paris (75015) avec 170 salariés.

1 site d'assemblage de 2.500 appareils par jour à Massy (91).

Le spécialiste français des périphériques de stockage de données (disques durs, clés USB, graveurs DVD), fondé en 1989, continue d'assembler une partie de sa gamme (le 2Big, le 4Big, l'Ethernet Disk, le d2 Quadra) en France, à Massy, et aux Etats-Unis. Le support technique et l'atelier de réparation sont également situés en France. Le design (Starck, Porsche, Sam Hecht) des produits est particulièrement soigné et original. LaCie a été rachetée en 2012 par le géant américain Seagate.

Memup

2 | Made in 60 emplois | Retrouvez cette entreprise sur la carte 56

1 siège et centre de R&D à Bonneuil-sur-Marne (94). L'entreprise emploie 60 salariés en France et 75 dans le monde.

Fondé en 1991 à Créteil (94), Memup est l'un des leaders européens des solutions de stockage grand public et professionnelles. Memup **assemble tous ses produits en France** et est un des leaders européens sur le marché des disques durs externes et des MP3. Le groupe veut continuer à se développer **à l'international** (Europe et Magrheb) où il réalise déjà **plus de 40% de son chiffre d'affaires.** Depuis avril 2011, Memup s'est également lancé sur le marché des tablettes, et connaît déjà un franc succès au niveau européen.

Archos

3 | Made in 30 emplois | Retrouvez cette entreprise sur la carte 27

1 siège et 1 centre de R&D à Igny (91) avec 100 salariés. Tous les produits Archos y sont conçus, mais c'est en Chine qu'ils sont fabriqués (de l'achat des composants à l'assemblage des produits). **Archos emploie plus de 200 personnes dont la moitié en France.** Archos emploie 50 ingénieurs à Shenzhen, en Chine et possède des bureaux aux Etats-Unis, en Europe et en Asie.

Archos est l'anagramme de Crohas, nom du fondateur et PDG d'Archos. Au moins aussi innovante qu'Apple, Archos inventa en 2000 le premier baladeur mp3 (le Jukebook 6000 fut lancé un an avant l'iPod, mais à un prix trop élevé pour espérer un succès massif). Archos fut aussi pionnière sur les baladeurs vidéo et sa tablette tactile est sortie 6 mois avant le premier Ipad. Archos est le leader européen des tablettes et figure parmi les leaders mondiaux du marché des tablettes équipées du système d'exploitation Android de Google et vendues moins de 400 euros. Il en a vendu 1,6 millions de tablettes en 2011 (contre 35 millions pour Apple avec son iPad). Après 3 années contrastées, le chiffre d'affaires rebondit à 171,4 millions d'euros en 2011. Toutefois, Archos annonçait des pertes record au premier semestre 2012. Un plan de réorganisation est annoncé en novembre 2012 prévoyant une r**éduction des effectifs de 25% dans le Groupe.**

Archos comptait sur sa marque à bas prix **Arnova, développée par sa filiale. Cette nouvelle gamme est conçue et fabriquée en Chine**. Elle cible les pays émergents et la grande distribution. Arnova génère déjà plus d'un tiers de son chiffre d'affaires.

Dane-Elec

1 siège et 1 centrale d'achat à Bagnolet (93). Dane-Elec Memory est un fabricant et distributeur français de produits numériques (cartes mémoires Flash, clés USB, barrettes mémoires Dram, baladeurs multimédia). L'entreprise emploie 150 salariés dans le monde et est très présente à l'international (Europe, USA, Asie). L'entreprise française, reconnue comme un des leaders européens de produits mémoire de qualité, ne fabrique aucun produit en France. Son unité d'assemblage européenne se trouve à Galway, en Irlande. Son autre usine est basée aux Etats-Unis.

Dane-Elec Memory, qui a vu son chiffre d'affaires 2010 reculé de 12% à 160 millions d'euros, a dû réduire ses effectifs.

Cottin

1 siège à Paris avec des dizaines d'artisans. Cottin propose une clé USB d'orfèvrerie traditionnelle, réalisée à la main au cœur de Paris. La clé est disponible en platine et nacre, ou en or satiné et bois de rose. Cottin fabrique ces appareils à Paris ou sous-traite à des fournisseurs français. La décoration est faite par des artisans, parisiens pour la plupart. Cottin ouvrira en 2013 une boutique à Dubaï.

Green Cube

1 siège à Paris (75018). Green Cube fabrique des clés USB, entres autres.

CD & DVD

1. MPO TX
2. SNA Aeracem
3. Arvato

En septembre 2012, le tribunal de commerce d'Evreux a prononcé la liquidation du site de Cinram Optical Discs à Louviers (27). Elle entraîne le licenciement des 106 salariés de cette filiale du groupe Canadien Cinram, spécialisée dans la fabrication de DVD. Le site avait perdu en juillet 2010 son contrat avec Warner Bros qui représentait 35% de son activité.

Le saviez-vous ?

Chaque fois que vous achetez une carte mémoire, un lecteur MP3 ou un disque dur, vous payez une taxe spécifique, la redevance pour copie privée. Elle représente 73% du prix d'un DVD vierge. Les revenus collectés en France pour la copie privée représentent 4 fois la moyenne européenne. Les consommateurs finaux payent à ce titre 200 millions d'euros chaque année aux organismes de collecte, SACEM et autres.

Elle touche l'ensemble des supports d'enregistrement susceptibles d'être utilisés pour copier des œuvres à usage privé. Son objectif est de compenser, par un surcoût sur le prix de vente d'un support (20 euros sur un disque dur externe de 1 To), l'ensemble des revenus présumés perdus par les ayants droit en échange de la possibilité offerte aux consommateurs de sauvegarder les contenus qu'ils ont achetés.

Les CD / DVD *Made in Emplois*

MPO - TX

1

Made in 510 emplois

Retrouvez cette entreprise sur la carte 6

1 site de production de DVD, CD, Blu-Ray, vinyles et clés USB à Averton (53), avec 510 salariés.

1 site de conditionnement et de composants photovoltaïques à Villaines-la-Juhel (53).

MPO, qui **emploie 560 personnes en France**, s'est recentré sur l'Europe avec notamment le rachat de la totalité des parts de sa filiale anglaise MPO UK pour laquelle une nouvelle usine a été bâtie en 2002 à Acton près de Londres. La société TX a lancé en 2010 un nouveau CD vierge haut de gamme, le Gold 80 mn, fabriqué en France par MPO, garanti 30 ans et vendu 10 euros les 5 CD.

SNA Aeracem

2

Made in 180 emplois

Retrouvez cette entreprise sur la carte 18

1 site de production de CD, CD-Rom, DVD, Blu-Ray à Tourouvre (61), avec 180 salariés. L'entreprise se diversifie, elle aussi, dans les composants photovoltaïques, pour lesquels elle a investi 5 millions d'euros en 2011.

Arvato

3

Made in 160 emplois

Retrouvez cette entreprise sur la carte 21

1 site de production de 300 000 CD-Rom et CD audio par jour à Forbach (57) avec 160 salariés. Arvato appartient au groupe allemand Bertelsmann.

Casques audio

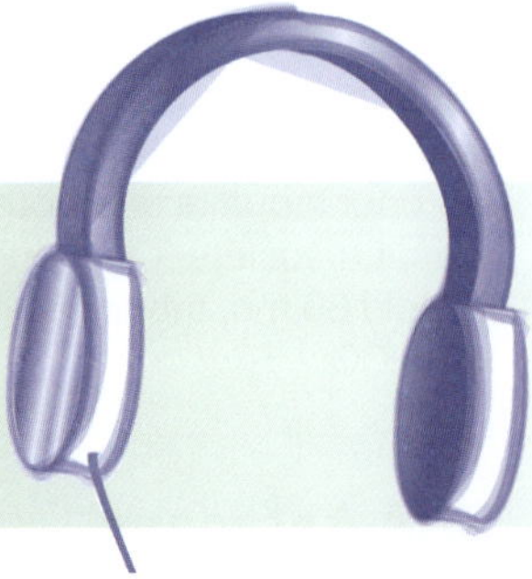

1 Parrot
2 Earsonics
3 Focal - JMLab

Les casques audio *Made in Emplois*

Parrot

1 — Made in 80 emplois — Retrouvez cette entreprise sur la carte 9

1 siège et 1 centre de R&D à Paris (75010) avec 400 salariés. La société Parrot emploie 650 personnes dans le monde. Seule la moitié de son chiffre d'affaires vient des activités grand public. Parrot réalise **plus de 50% de ses ventes à l'export**. Parrot consacre chaque année 13% de son chiffre d'affaires à la R&D et y emploie 150 ingénieurs. L'entreprise, fondée en 1994 par Henri Seydoux, est leader mondial des périphériques sans fil pour téléphones mobiles. Parrot développe une gamme très étendue de kit mains-libres pour la voiture. Parrot est en particulier l'inventeur de l'AR.Drone, le premier drone grand public, quadricoptère à réalité augmentée pilotable en wifi. Aucun produit Parrot n'est assemblé en France.

En 2012, Carla Bruni-Sarkozy posait dans la pub pour le casque musical sans fil Zik de Parrot, dessiné par Starck et reconnu comme l'un des plus performants du marché.

Parrot fabrique 1,5 million de produits par an sous sa marque.

Earsonics

2 — Made in 12 emplois — Retrouvez cette entreprise sur la carte 43

1 siège et 1 site de production d'écouteurs à Clapiers (34) avec 12 salariés. Earsonics est né en 2007 de l'impossibilité pour son fondateur de trouver une paire d'in-ear de haute qualité. Les in-ear d'Earsonics sont des oreillettes sur mesure faites à la main pour les musiciens, les audiophiles, les motards et autres professions bruyantes. L'entreprise équipe Charles Aznavour, Thomas Fersen, Gotan Project, Joey Starr, IAM, Renaud, Marc Lavoine ou encore Mylène Farmer. L'entreprise réalisait 1 million d'euros de chiffre d'affaires en 2011.

Focal - JMLab

3

Made in 10 emplois

1 siège à La Talaudière (42).

L'entreprise emploie environ 200 salariés en France. Focal, fondée en 1980 à Saint-Etienne, est mondialement reconnue pour la qualité de ses produits hi-fi. L'entreprise conçoit tous ses produits en France, dont son casque Spirit One. <u>Les autres casques audio et autres produits plus ordinaires et modèles premiers prix sont assemblés en Chine</u>.

Aëdle

1 siège et 1 site de R&D à Paris (75).

1 site d'assemblage en bretagne.

Cette nouvelle marque française commercialisera au printemps 2013, le VK1, un premier modèle imaginé et développé à Paris, puis assemblé en Bretagne. De qualité haut de gamme, il coûtera environ 300 euros. Les fondateurs de l'entreprise souhaitent à terme relocaliser en France le maximum d'opérations de fabrication encore aujourd'hui effectuées en Asie.

Modelabs

1 siège à Paris (75008). L'entreprise, qui fabrique aussi des portables de luxe et des coques, propose un casque audio Colorblock. Modelabs réalisait à l'international 40% de son chiffre d'affaires en 2011 et dispose d'un bureau à Shenzhen en Chine.

Modelabs a intégré le groupe français de jeux vidéo Big Ben Interactive.

Jeux vidéo & périphériques

1 Ubisoft

2 Activision Blizzard

3 Quantic Dream

Le marché français du jeu vidéo est très dynamique et représentait un chiffre d'affaires d'environ 3 milliards d'euros en 2011. La France compte environ 300 sociétés éditrices de jeux vidéo. Le quartier parisien de Marcadet-Poissonnières accueille le premier incubateur européen de jeunes entreprises éditrices de jeux vidéo.

Les jeux vidéos et périphériques *Made in Emplois*

Ubisoft

1 — Made in 1.500 emplois — Retrouvez cette entreprise sur la carte 8 16

1 siège à Montreuil (93), où 500 salariés avaient été embauchés en 2005. Y a été conçu le succès planétaire « Just Dance 4 ».

1 site de développement à Montpellier (34) avec 200 salariés, dont Michel Ancel, le père de Rayman et des Lapins crétins.

1 site développement à Annecy (74), où a été conçu « Assassin's Creed ».

Le 3ème éditeur mondial de jeux vidéo est français. Ubisoft réalise en particulier en France les premiers jeux destinés aux nouvelles consoles. Des titres pour Ipad et smartphones sont aussi produits en France. **Ubisoft a triplé ses effectifs français en 5 ans, passant de 500 en 2007 à 1.500 en 2012**. Ubisoft a réalisé en 2012 un chiffre d'affaires de 1,2 milliard d'euros, pour un résultat opérationnel courant supérieur à 90 millions d'euros. Le groupe emploie 6.300 salariés dans le monde. Considérant que le succès mondial d'un jeu vient du brassage culturel, Ubisoft a réparti dans le monde une vingtaine de studios de développement (à Montréal, Shanghai, Casablanca, Milan ou en Roumanie). Ubisoft édite les jeux Assassin's Creed 3, Avatar, Les Lapins crétins, Rayman, Tom Clancy, Just Dance 4, Zombi U, Far Cry 3, King Kong, Tom Clancy ou Ghost Recon.

Activision Blizzard

2

Made in 200 emplois

Retrouvez cette entreprise sur la carte 17

1 siège et 1 site d'hébergement des équipements techniques et du service client pour l'Europe et le Moyen Orient à Levallois-Perret (92) avec plus de 200 salariés.

Le leader mondial du jeu vidéo, éditeur de « World of Warcraft » (premier jeu en réseau au monde avec plus de 10 millions d'abonnés) appartient au groupe Vivendi. Fin 2011, la branche jeux vidéo de Vivendi employait plus 7.700 salariés. L'entreprise ne développe plus de jeux en France depuis une dizaine d'années.

Quantic Dream

3

Made in 170 emplois

Retrouvez cette entreprise sur la carte 68

L'éditeur indépendant, fondée en 1997 **à Paris, emploie plus de 170 salariés** dans ses studios. L'entreprise française a conçu les jeux « Heavy Rain » et « Fahrenheit ».

Bigben Interactive

4

Made in 110 emplois

Retrouvez cette entreprise sur la carte 25

1 siège à Lesquin (59), près de Lille, avec 110 salariés. Avec 32% de part de marché sur les périphériques de consoles vidéo en France et un chiffre d'affaires de 98 millions d'euros, Bigben Interactive est un acteur majeur de l'industrie européenne du jeu vidéo. L'entreprise fait **18% de son chiffre d'affaires à l'export.**

Le groupe Bigben Interactive dispose d'activités en Belgique, au Pays-Bas, en Allemagne et en Grande-Bretagne qui représentent plus de 30% de son activité et y emploie une quarantaine de salariés. Son site de R&D est basé à Hong-Kong depuis avril 2000 et y emploie 12 salariés.

Infogrammes - Atari

5

Made in 90 emplois

Retrouvez cette entreprise sur la carte

29

1 studio Eden Games à Lyon (69) avec 90 salariés. Infogrammes est une entreprise française d'édition et de distribution de jeux vidéos fondée en 1983, qui a repris en 2003 le nom Atari. L'entreprise s'est fait une spécialité de l'adaptation en jeu vidéo de célèbres séries de bande dessinée : Titeuf, Tintin au Tibet, Spirou, Les Schtroumpfs, Astérix le Gaulois, ou North and South (d'après Les Tuniques bleues). Elle édite aussi V-Rally, Alone in the Dark et Test Drive Unlimited.

Gameloft

6

Made in 60 emplois

Retrouvez cette entreprise sur la carte

31 47

1 siège à Paris (75009) avec 50 salariés.

1 studio à Troyes (10) avec 10 salariés. Gameloft, fondée en 1999, possède des studios de développement dans 20 pays : 6 principaux en France, aux Etats-Unis, au Canada, en Roumanie, en Chine, au Japon. Elle dispose d'autres studios en Allemagne, en Espagne, en Hongrie, en Bulgarie, en Ukraine, en Argentine, en Nouvelle-Zélande, en Corée-du-Sud, à Hong-Kong, en Indonésie, au Vietnam, aux Philippines et à Singapour. L'entreprise emploie 4.300 salariés dans le monde. Avec plus de 3.500 développeurs, Gameloft disposerait de la plus grande capacité de développement du marché. L'éditeur de jeux vidéo téléchargeables sur smartphones et tablettes a réalisé en 2012 un chiffre d'affaires record de 208 millions d'euros avec des ventes en croissance de 27%.

Hercules - Thrustmaster

7

Made in 40 emplois

Retrouvez cette entreprise sur la carte

34

1 siège et 1 centre logistique européen à Carentoir (56) avec 40 salariés. Guillemot Corporation est un concepteur et fabricant français de matériels et d'accessoires de loisirs interactifs pour PC et consoles de jeux, sous les marques Hercules pour les produits vidéo, audio et Wifi, et Thrustmaster pour les accessoires PC et consoles. Le groupe, fondé en 1984, **exporte ses produits vers une vingtaine de pays.**

Hercules est l'un des leaders mondiaux dans le domaine des cartes graphiques 3D et propose des webcams, kits d'enceintes, solutions de DJing numérique, solutions WiFi grand public, produits pour iPod et cartes son. Le groupe, fondé en 1984, emploie 170 salariés dans le monde, réalisait 60 millions d'euros de chiffre d'affaires en 2011 et distribue ses produits vers 60 pays.

Arkane

8

Made in 40 emplois

Retrouvez cette entreprise sur la carte 69

1 studio à Lyon (69). 1 studio à Austin (USA). Arkane emploie environ 70 salariés. La société française de développement de jeux vidéo, fondée en 1999 a été rachetée par le groupe américain Bethesda. L'entreprise édite Arx Fatalis, Dark Messiah of Might and Magic.

Addictiz

9

Made in 20 emplois

Retrouvez cette entreprise sur la carte 40

1 siège et 1 studio à Lille (59) avec 20 salariés. L'entreprise a conçu le jeu gratuit « Paf le chien » pour téléphones mobiles, tablettes et réseaux sociaux. Il compte plus de 18 millions de joueurs en France.

Egg Ball

10

Made in 20 emplois

Retrouvez cette entreprise sur la carte 41

1 site de production à Paris (75018) avec 20 salariés. La société, fondée en mars 2010, réalisait 350.000 euros de chiffre d'affaires en 2011. Elle a conçu le jeu pour smartphone « Wolly Factory ». En novembre 2012, il avait été téléchargé 500.000 fois. Elle est aussi l'auteur de « Jazz : Trump's Journey » qui est disponible sur Playstation Vita.

Pinpin Team

1 site de production à Paris (75018). La société a conçu le jeu éducatif en ligne « Simply-Land » qui comptait 400.000 inscrits en novembre 2012. La société a également vendu 28 jeux simples à Jeuxgratuits.com.

We want to know

1 site de production à Paris (75018). La société franco-norvégienne a conçu l'application éducative pour tablette « Dragon Box », qui s'est vendu à 45.000 exemplaires entre mai et octobre 2012.

Automobile & Moto

Hauts les cœurs, halte à la morosité, il est encore possible de rouler pour l'emploi en France !

Mais pour inciter les Français à acheter des véhicules « made in France » encore faut-il les aider à identifier ceux qui le sont vraiment. Et se montrer le plus honnête possible en la matière : la voiture 100% made in France n'existe pas. Beaucoup de composants sont désormais uniquement produits à l'étranger. Et tant mieux pour nos amis belges, turques, espagnols, polonais, coréens, marocains, chinois. Qui sont des bons gars. Tant mieux aussi pour les salariés des usines françaises des sous-traitants. Valeo, Faurecia, Heulliez et consorts équipent une multitude de voitures françaises comme étrangères à travers le monde. Tant mieux pour les transferts de technologie et gains de productivité que spécialisation internationale, libre-échange et « global sourcing » permettent. Ils nous enrichissent tous en réduisant le nombre de jours de travail nécessaire à l'acquisition de produits toujours plus riches.

En 2010, une étude révélait que 49% des français étaient attachés à acheter une voiture de marque française ; le patriotisme économique étant la première raison, citée par 57% d'entre eux. Espérons que les adeptes de l'automobile « made in France » lisent ce guide avant leur achat afin de se renseigner sur les lieux de production et d'emploi. Sans quoi, ils pourraient bien souvent se sentir trompés et déçus. Il existe en effet autant de faux amis (les petites voitures citadines Renault, Peugeot et Citroen employant bien peu ici) que de respectueux étrangers (la Smart allemande, la Yaris japonaise ou l'utilitaire Mercedes Citan font vivre beaucoup de Français).

Il est en effet nécessaire d'aller au-delà de la nationalité de la marque pour découvrir quelles sont les voitures faisant vivre le plus de familles en France, modèles par modèles, sur des segments comparables : telle est l'ambition de ce chapitre emblématique des choix qu'il appartient à chacun de nous de faire. De manière certes un peu plus engageante qu'un simple vote. Mais si à vaincre sans péril on triomphe sans gloire, qu'imagine-t-on obtenir de bien digne et efficace en limitant son engagement et son sens des responsabilités « citoyennes » à un blanc-seing donné par simple pliure en quatre derrière des rideaux d'une école primaire ?

La relance, la croissance et le marché c'est moi, c'est vous, c'est nous. L'économie n'est que la somme de nos actes individuels, de production, d'invention, de vente et d'achat. Ils ne se décrètent pas de manière dirigiste et obligatoire. Ils s'effectuent individuellement et librement.

Il faut en cela bien nous garder de demander encore protection à nos politiques. 40 années de croissance ininterrompues de leur interventionnisme dans notre pays donnent les résultats que nous connaissons. Il faut donc bien nous garder de céder aux sirènes de cette illusoire protection et ne pas tomber en particulier dans le panneau des barrières douanières et taxes protectionnistes.

Taxer les voitures importées n'a jamais rendu moins chères les voitures made in emplois. C'est même le contraire puisque les composants importés représentent en moyenne 36% du prix d'une voiture fabriquée en France. Ce ne sont pas les taxes douanières qui rendront nos constructeurs plus innovants, ni plus à l'écoute des besoins d'un marché de consommateurs encore libres et responsables. Ce ne sont pas des taxes douanières qui ont fait croître la part de composants français dans la berline électrique Zoé (70% au lieu de 40%). Ce sont bien les spécificités de l'offre produite en France et la pression grandissante de la demande des consommateurs de France. Il appartient alors aux clients « solidaires » de la soutenir personnellement s'ils le souhaitent et le peuvent.

Des achats en baisse et concentrées sur des petits modèles importés

En 2012, les ventes de voitures neuves en France ont baissé de 13,9%. Elles ont atteint le plus faible niveau de vente depuis 1997. Et les constructeurs français sont les plus touchés. Si la part de marché des constructeurs français se maintient au-dessus de 50%, **les immatriculations de PSA Peugeot Citroën ont chuté de 17,5% et celles de Renault Dacia de 22,1%.**

Le recul des marques étrangères est moins marqué (- 6,7%). La seule exception concerne même le constructeur sud-coréen Hyundai-Kia, dont les ventes ont augmentées de 28,2% en 2012. Les marques haut de gamme, telles Audi, Mercedes, BMW et Rolls Royce tirent elles aussi leur épingle du jeu. Ce n'est pas nouveau. En 2010 déjà, les marques que les acheteurs français ont fait le plus progresser étaient toutes fabriquées à l'étranger : Dacia (+70,9%), Nissan (+17,8%), Kia (+13,7%), Opel (+6,3%), BMW (+6,1%), Audi (+4%), Mini (+1,3%) ou Chevrolet (+0,8%).

Les petites voitures ont représenté l'essentiel des ventes enregistrées. Parmi les dix premiers modèles vendus en 2011, on retrouvait les Peugeot 206/207, Renault Clio, Renault Twingo, Dacia Sandero et Volkswagen Polo. A elles seules, ces cinq petites voitures représentaient 685.000 immatriculations, soit plus de 30% du marché. Or le coût des usines françaises est trop élevé pour la production des petits modèles. Or ce sont eux qui s'octroient la partie grandissante du marché. Déjà en 2010 et 2009, le marché automobile français se concentrait à près de 57% sur les petites voitures de type mini-citadines et citadines. Ces gammes dites « économiques et inférieures » ne représentaient que 45% des ventes en 2007. La part de marché des C1-Clio est par exemple passée de 30% en 1990 à 45% en 2009. Twingo est passé de 2008 à 2009 de la 6ème à la 3ème place des voitures les plus vendues en France. Dans le même temps, les ventes des modèles du type 407-Laguna (et fabriquées en France) chutaient de 23% à 17%.

L'interventionnisme de la prime à la casse a accéléré ce mouvement en favorisant d'abord les ventes de petites voitures, dont la majeure partie est fabriquée à l'étranger. La prime de 1.000 euros étant proportionnellement plus intéressante pour les petites voitures de 8.000 à 15.000 euros. Mais quand un client français commande une Renault Twingo assemblée en Slovénie ou une Peugeot 107 montée en République tchèque, il creuse le déficit commercial. En revanche, quand l'usine Smart de Lorraine livre à un automobiliste italien son nouveau véhicule, les exportations françaises augmentent.

En 2010, Renault place quatre de ses modèles dans le Top 5 des véhicules particuliers les plus vendus : Clio avec environ 160.000 véhicules, Mégane avec 150.000 véhicules, Twingo avec 90.000 voitures et Scénic avec 75.000 unités vendues. Avec plus de 22.000 unités vendues, la Laguna occupe la troisième position de sa catégorie.

L'année de ses 200 ans, Peugeot occupait une part de marché d'environ 17% et la seconde place sur le marché automobile français. PSA occupait la **première place du marché avec 183.000 Peugeot 207/206 vendues** en 2010, environ 63.000 Peugeot 308, 50.000 Peugeot 3008 et 27.000 Peugeot 5008.

Citroen atteignait une part de marché de 14,6% en 2010 avec notamment la vente de 73.000 nouvelles Citroën C3, 26.000 Citroën DS3 en 9 mois, près de 27.000 Citroën C3 Classic et le lancement réussi de la nouvelle Citroën C4.

Du côté des constructeurs automobiles étrangers, **Volkswagen est la marque la plus importée en France avec 146.500 véhicules particuliers vendus** en 2010 (en baisse de 2,6%) et une part de marché de 6,5%. **Ford est la deuxième marque importée en France** avec 114.800 ventes en 2010 (baisse de 13,7%). Suivent **Opel** (4,2% du marché en 2010), **Fiat** (3,2%), **Toyota** (2,9%) ou encore **Kia** (1%).

Dacia a vu ses ventes s'envoler de 70,9% en 2010. La marque roumaine a dépassé le cap des 100.000 véhicules immatriculés sur un an en France. Avec 104.600 véhicules immatriculés, la marque low cost est la sixième marque du marché français. **Nissan** progressait, elle, de 17,8% avec 54.000 véhicules Nissan immatriculés en France en 2010.

Une production française qui s'écroule

Le plan de réduction d'effectifs français chez Renault fait écho au plan social annoncé chez PSA qui prévoit la fermeture de l'usine d'Aulnay-sous-bois (93) et la suppression de 8.000 postes en France. Ces décisions ne font qu'éclairer tout le pays sur la situation d'un marché français de l'automobile en crise.

En 2011, seules 43% des voitures neuves achetées par les français étaient fabriquées dans l'Hexagone. Il ya dix ans, cette proportion s'élevait à 57%. Renault ne fabrique plus en France qu'environ 20% de ses ventes mondiales et PSA Peugeot Citroën 37%. En une quinzaine d'années, le nombre de véhicules fabriqués dans les usines françaises de PSA et de Renault a été divisé par deux.

La production en France a en effet baissé de plus de 45% en un septennat, passant de 3,5 millions de voitures produites en 2005 à moins de 1,89 millions de voitures en 2012. Les français produisent désormais 453.000 voitures de moins qu'ils n'en achètent. La France est tombée au 9ème rang mondial des pays producteurs d'automobile.

La comparaison avec l'Allemagne est douloureuse : Pendant qu'au premier semestre 2011, il sortait environ 3 millions de voitures des usines allemandes, la France en fabriquait moins d'un million. En dix ans, le différentiel de production avec l'Allemagne est passé de 40% à 200%. Pendant qu'en Allemagne, la production augmentait d'1 million d'unités, la production française était quasiment divisée par deux.

En 2010, la balance commerciale des voitures neuves était déficitaire de plus de 7 milliards d'euros pour les voitures particulières, auquel il faut ajouter un déficit de 1,3 milliard pour les utilitaires légers. Le secteur contribue d'ailleurs à hauteur de 10% aux importations totales de la France. Il n'y a pas si longtemps, l'automobile était encore un des rares postes excédentaires de la balance commerciale française. Ce déficit est autant dû à une plus forte préférence des français pour les marques étrangères qu'à la diminution de la production domestique. Dans le même temps, il est à noter que le solde commercial des équipementiers était lui positif de 2,4 milliards d'euros en 2009.

Depuis l'arrivée de Carlos Ghosn en avril 2005, les ventes de voitures Renault en France ont chuté de 30%. Renault produirait 650.000 véhicules de moins qu'il y a 5 ans (l'équivalent de 2 grosses usines d'assemblage). Alors que l'Etat français est actionnaire de Renault à hauteur de 15%, Carlos Ghosn déclarait en juin 2010 au Financial Times « *Renault n'est plus un constructeur français* ». Ses principaux marchés sont la France, le Brésil, l'Allemagne, la Russie et la Turquie. Par ailleurs Renault ne cesse de faire monter en puissance ses centres de recherche de Roumanie, du Brésil ou d'Inde. Alors qu'il multiplie les ouvertures d'usine à l'étranger (Maroc, Inde, Algérie), il ne fait qu'adapter au compte-goutte l'outil de production en France. Les salariés des usines Renault de Sandouville, Flins, Douai ont connu 2 à 4 semaines de chômage technique à Noel 2010.

Renault concentre en effet de plus en plus sa production sur l'entrée de gamme. Les Logan, Sandero, Duster, Twingo, Clio 2 et autres Thalia (pour les pays émergents) représentent désormais près de 40% de ses ventes dans le monde. Or pour tous ces modèles, le facteur prix est primordial. Mais le groupe français ne fabrique pas seulement ses véhicules bas de gamme hors de nos frontières. Une part significative de la Clio IV arrive désormais de Turquie, notamment la version Break réservée quasi exclusivement aux conducteurs d'Europe de l'Ouest. La Mégane est assemblée en Espagne. Le 4x4 Koleos et le haut de gamme Latitude sont produits en Corée. De même le constructeur ne fabrique déjà plus que 29% de ses moteurs dans l'hexagone (contre 85% pour PSA) et produira en 2013 un de ses petits moteurs à essence basse consommation de nouvelle génération sur le site de l'usine roumaine de Pitesti (Dacia) et un autre dans l'usine espagnole de Valladolid. Un coup dur pour la française de mécanique de Douvrin (62) détenue à parité par Renault et PSA, qui fabrique la gamme actuelle destinée aux petites Renault. Il est à noter que si Renault va chercher à Pitesti en Roumanie de la main d'œuvre moins chère pour fabriquer les gammes Logan et Sandero, le groupe Volkswagen, lui, produit en République Tchèque ou en Slovaquie des véhicules haut de gamme voire très haut de gamme, telle la Porsche Cayenne 4x4.

Avant le plan social de PSA en 2012, 54.000 emplois avaient déjà été supprimés dans le secteur automobile français en 2009 : 6.000 postes en moins chez PSA, 4.400 chez Renault, 35.000 chez les fournisseurs et 9.000 dans les réseaux de concessionnaires. 10.000 emplois avaient déjà été supprimés en 2010 et 40 000 en 2011. **Ce qui fait au total 104.000 emplois de perdus pour le secteur. Entre 2009 et 2012, la France semble ainsi avoir perdu la moitié de ses capacités de production automobile.**

Désireux de produire dans des pays à bas coûts salariaux pour pouvoir proposer des véhicules à des tarifs compétitifs, PSA et Renault accroissent depuis des années la part de leurs productions délocalisées, y compris pour la desserte finale du marché français. Au troisième trimestre 2009, les deux groupes ont fabriqué à l'étranger 833.000 véhicules, contre seulement 364.000 dans l'Hexagone. Renault et PSA, qui se spécialisent de plus en plus dans les petites voitures à faibles marges, préfèrent aller assembler dans les pays émergents, pour assurer leur future croissance (la France n'est plus qu'un marché de renouvellement à faible croissance), mais aussi en République tchèque et en Slovénie pour PSA ou encore en Roumanie, en Turquie ou au Maghreb pour Renault, pour mieux rentabiliser leurs ventes en Europe.

La prochaine étape sera-telle la délocalisation de la production des modèles de gamme supérieure ? A l'horizon de 2020, PSA « envisage de devenir assembleur de voitures qui seraient conçues en France »...

La conception des voitures resterait, elle, en France, nous assure-t-on. Sauf que les deux groupes français ont déjà délocalisé une partie de leur centre de recherches et développement. Si Renault conserve son Technocentre près de Paris, une partie de la R&D est désormais assurée à Séoul. Même chose pour PSA dont un centre de recherche a été implanté à Shanghaï en Chine. Peugeot y a entièrement conçu un nouveau concept-car, le Metropolis. Ce bureau de style ne créerait que pour le marché asiatique.

Une filière automobile française contrastée

Les différents acteurs de la filière automobile **emploient environ 700.000 salariés en France** (soit 3% de l'emploi salarié en France). Ce chiffre inclut les constructeurs et les différents sous-traitants présents sur le territoire national. Les constructeurs possèdent deux types de sites industriels : les plus connues sont les usines dites « terminales ». Elles assurent les phases finales de fabrication des véhicules (emboutissage, ferrage, peinture et assemblage). Mais les constructeurs possèdent aussi des sites plus spécialisés qui fournissent aux usines terminales des pièces et sous-ensembles tels que moteurs, boîtes de vitesse, etc. Viennent ensuite les sous-traitants dits de Rang 1, qui fournissent eux aussi des pièces et des sous-ensembles aux constructeurs. Puis les sous-traitants de Rang 2, qui fournissent les Rang 1, puis les Rang 3, etc. Sachant que ces sous-traitants possèdent bien souvent, eux aussi, des usines dans le monde entier.

A côté des ventes de voitures proprement dites, le commerce extérieur de composants pour l'automobile, réalisé par les équipementiers français (Faurecia, Valeo, etc...), reste plus florissant. Sur les onze premiers mois de 2009, le solde commercial de la branche affiche un bénéfice de 2,4 milliards d'euros. En 2011, les équipementiers français ont affiché une bonne santé.

Faurecia, filiale du groupe PSA, profite de la stratégie de relance instaurée pendant la crise de 2008 : gestion rigoureuse, clients de qualité, structure de coût compétitive et leadership technologique ont permis à Faurecia de bénéficier de la globalisation du marché automobile et de saisir les opportunités des changements technologiques. Le principal risque pesant sur la rentabilité de Faurecia reste sa dépendance à un marché européen morose. Au troisième trimestre 2012, Faurecia avait vu son chiffre d'affaires progresser de 7,9%, malgré des ventes en baisse de 4,2% en Europe et grâce à l'Asie et l'Amérique du Nord (+10%). En 2012, le groupe a déjà supprimé 1.500 emplois en Europe occidentale en 2012. Il procèdera à 1.500 nouvelles suppressions de postes en Europe de l'ouest en 2013. Faurecia vise un quasi-gel des embauches en Europe et prévoit un recours accru à la flexibilité sur ses sites de production européen. Il a également signalé la poursuite des délocalisations en Europe de l'Est, rappelant qu'il ouvrira dans les prochains mois trois nouvelles usines en Roumanie, en Slovaquie et en Pologne. L'équipementier français s'internationalise et mise beaucoup sur le marché nord-américain où il a quadruplé ses résultats depuis 2009 et où il dispose de 32 sites de production et 5 centres de R&D. Faurecia vise 7 milliards de dollars de chiffre d'affaires en Amérique du Nord d'ici à 2016. En 2011, il avait bondi de 33%, à 3,3 milliards d'euros.

La R&D fait aussi la force de **Valeo**. L'équilibre de son portefeuille de clients et de produits le rend solide. Valéo a su soutenir l'innovation et aiguiser son marketing. **Plastic Omnium** a, lui, misé sur les améliorations technologiques dans la gestion du carburant avec, en particulier, l'allègement des véhicules. Le plastique se substitue de plus en plus à l'acier dans les modules de carrosseries. Ce virage technologique offre de belles perspectives au troisième équipementier français.

Mais la concurrence de nouveaux géants mondiaux asiatiques se profile avec force. Le coréen Hyundai Mobis, les japonais Denso et Aisin Seiki, l'indien Motherson talonnent désormais les leaders allemands, américains et canadiens.

Les primes, ces coûteuses et contreproductives bulles interventionnistes

Le marché automobile français est sous perfusion des contribuables depuis 2008. Les primes à la casse et bonus écologique ont permis de gonfler artificiellement le parc français au-delà des 2 millions de véhicules particuliers immatriculés. Ainsi le secteur automobile avait en apparence connu une très belle année 2009, la meilleure année depuis 20 ans, avec des ventes en croissance de 11%. Mais celle-ci était largement due à **une aide massive de l'Etat, essentiellement sous forme de prime à la casse : 600 millions d'euros déboursés par les contribuables, qui ont dopé de manière artificielle et court-termiste le marché. L'effondrement des ventes qui a suivi la fin de l'opération semble être le résultat prévisible de toute bulle interventionniste**. En outre, les concessionnaires ont surtout vendu des petites voitures pas chères et importées ou des voitures moyennes avec de gros rabais. Leurs bénéfices et marges ont fondu. Des constructeurs reconnaissent désormais eux-mêmes l'effet pervers de ces primes à la casse : tous ceux qui ont anticipé l'achat de leur voiture en 2009, sont des acheteurs en moins pour 2010. Et cela même si la prime à la casse diminue progressivement. Selon Renault, la prime à la casse a accompagné la vente d'environ 600.000 voitures, toutes marques confondues, sur des ventes totales de 2,27 millions de voitures particulières en 2009. Sur ces 600.000 unités, la moitié aurait été achetée de toute façon par des clients désireux de changer d'auto, et l'autre moitié découle de cet effet d'aubaine.

Mais il y a plus grave. L'autre effet pervers, c'est celui du bonus/malus qui encourage l'achat de mini-voitures. Or les petites citadines les plus demandées, comme la Twingo qui fait cette année-là, un bond de 68% ou la Citroën C1 (+60%) pourtant de marque française, ne sont pas fabriquées en France, mais dans les pays du sud ou de l'Est européen. Et le durcissement du malus « écologique » risque de pénaliser les berlines construites à Sochaux, Rennes ou Douai…

Un marché européen mature et en surcapacité dans un marché mondial dynamique

Pour la première fois de l'Histoire, les usines automobiles situées dans les pays émergents (Chine, Brésil, Russie, etc) ont produit plus de la moitié des 80 millions de voitures produites dans le monde en 2012. Or la production mondiale tirée par ces nouveaux marchés dynamiques devrait atteindre 108 millions d'unité en 2018.

La Chine est devenue en 2009 le premier pays producteur automobile de la planète (en fournissant environ un quart de la production mondiale). Le Japon a perdu sa première place en raison d'une chute de la production de 31,5% alors que dans le même temps, la Chine voyait croître son volume de voitures produites de 48,3%. Les Etats-Unis restent le troisième pays producteur d'automobile mais voient tout de même sa production diminuer de 34,3% en volume par rapport à 2008. Au chapitre des autres pays qui ont vu croître leur production, on note la Roumanie, la République Tchèque, Taïwan et l'Inde qui occupe désormais la place de 7ème producteur mondial. La France est passée de la 7ème place à la 9ème ! L'Espagne, pourtant bien mal en point économiquement, passe devant la France avec une production qui s'élève 2,17 millions de véhicules. Les britanniques ne sauvent, eux, leur 12eme place devant les tchèques que grâce aux véhicules utilitaires.

Depuis 2008, les constructeurs automobiles américains ont fermé 18 usines. Certains économistes estiment que les européens devraient en fermer 12 pour retrouver la profitabilité. Selon une étude du cabinet Roland Berger paru en septembre 2012, 80.000 emplois seraient menacés dans l'automobile, en raison de la chute des ventes et d'importantes surcapacités de production dans le milieu de gamme en Europe. Entre 5 et 10 usines automobiles vont fermer en Europe de l'Ouest d'ici 2015. Les ventes de voitures et véhicules du milieu de gamme ont le plus souffert avec un recul de 23% en Europe et de 28% en France en 5 ans. Les usines qui fabriquent ces modèles ne tournent pas à plein, d'autant que la base de production européenne s'est déplacée en Europe de l'Est au cours des années 2000. Certaines usines Opel paraissent particulièrement menacées.

Le saviez-vous ?

Volkswagen employait 500.000 personnes fin 2012, confirmant son rang de plus gros employeur mondial dans l'automobile. Le numéro un européen comptait en effet augmenter ses effectifs de plus de 10% en 2012. Ce sont surtout les embauches dans les pays émergents qui tirent la croissance des effectifs. Le groupe VW aux 10 marques s'impose ainsi clairement comme le plus gros employeur mondial dans l'automobile. Par comparaison, l'américain General Motors affichait des effectifs de 200.000 personnes fin 2010. Les deux groupes se disputent la place de numéro un mondial en terme de ventes pour 2011, devant le japonais Toyota. Ce dernier emploie plus de 300.000 salariés.

Où sont-ils fabriqués en France ?

Les familles qui vivent et dépendent
de votre consommation en automobile et moto habitent ici et là :

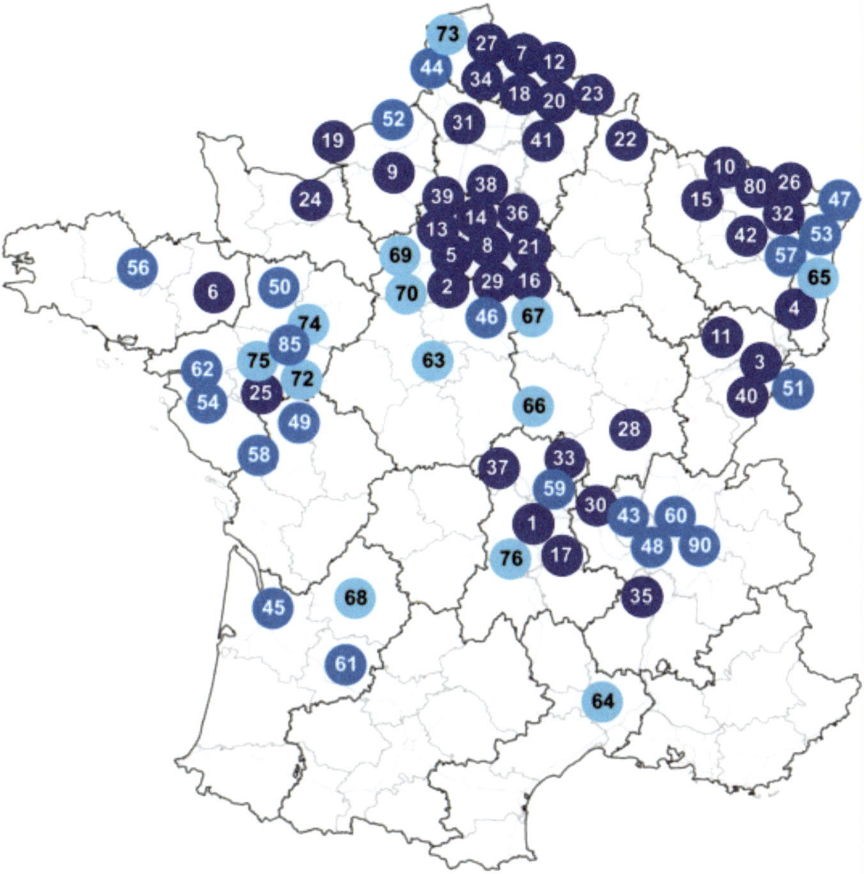

Site de plus de 500 salariés.

Site de 100 à 500 salariés.

Site de moins de 100 salariés.

Les numéros renvoient aux différentes entreprises citées dans les classements des automobiles et motos qui suivent.

Voitures citadines

1. Peugeot 208 - 207 - 206+
2. Citroën C3
3. Toyota Yaris

Le saviez-vous ?

Renault et Citroen songeraient à ressortir leurs modèles cultes R5 et 2CV. Reste à savoir où seront assemblées ces égéries d'un nouveau cocoricool.

Les voitures citadines *Made in Emplois*

Peugeot 208 - 207 - 206

1

Made in 5.530 *emplois*

Empreinte Emplois en France
825
pour 10.000 produits vendus en France

5 **1 site de production de 1.400 véhicules par jour dont 450 DS3 par jour, 250.000 208 par an, ainsi que des C3 à Poissy (78) avec 5.600 salariés.**

400 postes ont été créés sur le site yvelinois en 2011. 150 millions ont été investis à Poissy, principal site de production en France de la 208. L'un des investissements clés se trouve dans l'usine de peinture, avec une dizaine de nouveaux robots. Peugeot a aussi investi 12 millions d'euros dans l'usine de montage. L'usine, ouverte en 1938, est le fleuron industriel français de PSA et son navire-amiral sur le segment des compactes.

PSA mise beaucoup sur la 208 qui doit devenir un best-sellers et représenter 40% des ventes de la marque Peugeot (550.000 exemplaires vendus dans le monde). Elle devra faire aussi bien que sa prédécesseur la 206. Lancée en 1998, elle a été la voiture la plus vendue en France en 2001, 2004 et 2005. Elle est toujours la Peugeot ayant été la plus produite et la voiture française la plus vendue.

Le lancement de la production industrielle de la Peugeot 208 a eu lieu en janvier 2012 à Poissy. Modèle stratégique, cette citadine marque un véritable saut de génération. PSA a investi 600 millions d'euros dans le développement de la 208, dont 350 millions en R&D. En 2012 la 208 s'est vendue à plus de 66.000 exemplaires. En 2013, la 208 pourrait représenter 40% des ventes européennes du groupe. 65% des pièces de la 208 sont fabriquées en France par Valeo, Faurecia ou Plastic Omnium. Son pare-choc est « Made in Bretagne ». En année pleine, 550 000 véhicules seront produits sur les sites européens de Poissy (250.000), Mulhouse (50.000) et Trnava (250.000).

4 **1 site de production de 280.000 véhicules par an (308, C4, DS4 et 50.000 208 par an) à Sausheim (68) avec environ 8.000 salariés.** Entre 120 et 600 postes y auraient été supprimés en 2012. 100 millions d'euros ont été investis par PSA sur le site pour la production de la 208.

40% de la production de 208 s'effectue à Trnava en Slovaquie. En Slovaquie les coûts de fabrication sont inférieurs de 700 euros par modèle. Trnava en Slovaquie assemble encore la 207 et c'est à Madrid en Espagne que sont assemblées les 207 CC.

A partir de 2013, la 208 sortira aussi des chaînes de Porto Real au Brésil (où la capacité de production annuelle a été portée à 220.000 tous véhicules compris) à Palomar (Argentine) et à Wuhan (Chine).

10 **1 site de production de 1,6 million de moteurs diesel à Tremery (57) avec 3.800 salariés.** Entrée en service en 1979, la plus grosse usine au monde de fabrication de moteurs diesel emploie également plus de 500 intérimaires. Ces moteurs sont destinés à équiper la moitié des véhicules de PSA et sont aussi vendus à des constructeurs partenaires (Ford, Mitsubishi). Le groupe PSA y a investi plus de 200 millions d'euros en 2011 dans l'agrandissement et la modernisation de l'outil de production.

11 **1 site de production des équipements intérieurs et 1 centre logistique des pièces de rechanges à Vesoul (70) avec 3.200 salariés.** C'est le centre mondial du groupe PSA pour l'expédition des pièces de rechange. L'usine est le plus gros employeur privé de Haute-Saône.

18 **1 site de production de 2 millions de boîtes de vitesses par an à Valenciennes (59) avec 2.400 salariés.** 220 millions d'euros y sont investis de 2011 à 2014.

22 **1 site de production de pièces mécaniques à Villers-Semeuse (08) avec 2.200 salariés.**

24 **1 site de production de transmissions à Cormelles-le-Royal (14) avec 1.850 salariés.** PSA y a investi 34 millions d'euros en 2011 et 2012.

16 **1 site de R&D à La Garenne-Colombes (92) avec 2.600 salariés.**

33 **1 site de production de pièces de freinage à Dompierre-sur-Besbre (03) avec 700 salariés.**

36 **1 site de production de pièces de carrosserie à Saint-Ouen (93) avec 650 salariés.**

38 **1 site soutien à la production à Meudon (92) avec 600 salariés.**

51 **1 site de mécanique à Hérimoncourt (25) avec 300 salariés.**

39 **1 site de R&D à Carrières-sous-Poissy (78) avec 600 salariés.**

8 **1 site de R&D à Vélizy (78) avec 4.700 salariés.** 10% des effectifs de R&D du groupe PSA ont été supprimés en 2012.

1 siège à Sochaux (25) et à Paris (75).

Citroën C3 (dont Classic, Pluriel, Picasso)

2

Made in **4.110** emplois

Empreinte Emplois en France **480** pour 10.000 produits vendus en France

5 **1 site de production de 1.400 véhicules par jour dont 450 DS3 par jour, 250.000 208 par an, ainsi que des C3 à Poissy (78) avec 5.600 salariés.** 400 postes ont été créés sur le site yvelinois en 2011. L'usine, ouverte en 1938, est le fleuron industriel français de PSA et son navire-amiral sur le segment des compactes.

En 2012, la C3 fut la 3ème voiture la plus vendue en France avec 86.000 exemplaires vendus.

1 site de production de 200.000 C3 par an à Aulnay-sous-bois (93), qui emploie encore 2.800 salariés fin 2012 mais qui fermera définitivement ses portes en 2014.

C3 Pluriel est fabriquée en Espagne et la nouvelle C3 Picasso est fabriquée en Slovaquie.

10 **1 site de production de 1,6 million de moteurs diesel à Tremery (57) avec 3.800 salariés.** Entrée en service en 1979, c'est la plus grosse usine au monde de fabrication de moteurs diesel et emploie également plus de 500 intérimaires. Ces moteurs sont destinés à équiper la moitié des véhicules de PSA et sont aussi vendus à des constructeurs partenaires (Ford, Mitsubishi). Le groupe PSA y a investi plus de 200 millions d'euros en 2011 dans l'agrandissement et la modernisation de l'outil de production.

11 **1 site de production des équipements intérieurs et 1 centre logistique des pièces de rechanges à Vesoul (70) avec 3.200 salariés.** C'est le centre mondial du groupe PSA pour l'expédition des pièces de rechange. L'usine est le plus gros employeur privé de Haute-Saône.

18 **1 site de production de 2 millions de boîtes de vitesses par an à Valenciennes (59) avec 2.400 salariés.** 220 millions d'euros y sont investis de 2011 à 2014.

22 **1 site de production de pièces mécaniques à Villers-Semeuse (08) avec 2.200 salariés.**

24 **1 site de production de transmissions à Cormelles-le-Royal (14) avec 1.850 salariés.** PSA y a investi 34 millions d'euros en 2011 et 2012.

16 **1 site de R&D à La Garenne-Colombes (92) avec 2.600 salariés.**

33 **1 site de production de pièces de freinage à Dompierre-sur-Besbre (03) avec 700 salariés.**

36 **1 site de production de pièces de carrosserie à Saint-Ouen (93) avec 650 salariés.**

38 **1 site de soutien à la production à Meudon (92) avec 600 salariés.**

51 **1 site de mécanique à Hérimoncourt (25) avec 300 salariés.**

39 **1 site de R&D à Carrières-sous-Poissy (78) avec 600 salariés.**

8 **1 site de R&D à Vélizy (78) avec 4.700 salariés.** 10% des effectifs de R&D du groupe PSA ont été supprimés en 2012.

1 siège à Sochaux (25) et à Paris (75).

Toyota Yaris - Daihatsu Charade

3

Made in
3.200
emplois

Empreinte Emplois en France
1.070
pour 10.000 produits vendus en France

12 **1 site de production de 300.000 Yaris par an à Onnaing (59,) près de Valenciennes, avec 3.000 salariés** et 600 intérimaires. **Toyota emploie environ 3.400 salariés en France. Le site exporte plus de 80% de sa production vers une quarantaine de pays d'Europe et d'Amérique du Nord.** Les lignes de production tournent à 80% de leurs capacités (contre 60% chez PSA).

Toutes les petites Yaris (dont la version hybride mais à l'exception de la version TS) sont fabriquées près de Valenciennes. Le site d'Onnaing fabrique aussi depuis 2011 des **Daihatsu Charade.** Toyota table sur plus de 200.000 Yaris made in France en 2012 et espère battre en 2013 le record de 2007 (267.000 Yaris produites dans le Nord). Au-delà de la qualité française, le dynamisme commercial de la Yaris en Europe tient à son organisation industrielle, aux investissements dans l'innovation, ainsi qu'à la situation géographique de l'usine : 110 millions d'habitants vivent dans un rayon de 300 kms autour de l'usine. L'usine de Valenciennes est la preuve qu'on peut gagner de l'argent en fabriquant en France un petit modèle. Elle a été bénéficiaire entre 2003-2004 et 2009, sauf en 2006. Des pertes ont été enregistrées en 2010 et 2011 en raison d'investissements dans les nouveaux modèles. Toyota aura dépensé 125 millions d'euros pour fabriquer sa nouvelle Yaris III en France ; 100 millions pour la version thermique et 25 millions supplémentaires pour la déclinaison hybride, une première mondiale. Au terme d'une compétition entre différents sites Toyota dans le monde (en France, Grande-Bretagne, Turquie et au Japon), c'est finalement celui de Valenciennes qui est sorti vainqueur. C'est dans cette usine française que sera donc produite à partir de 2012 la future citadine hybride Toyota. La crise est malgré tout passée par Valenciennes : l'équipe de nuit a dû être supprimée à l'été 2012.

En 2012, l'entreprise japonaise organisait une campagne de communication sur la Yaris made in France. « Il n'y a pas que des châteaux à visiter en France, il y a aussi des concessions Toyota. Nouvelle Toyota Yaris, la Toyota made in France. » est le slogan signant leur campagne de pub. Elle fut en outre le **premier véhicule grand public à obtenir la certification « origine France garantie »**. **54,4% du prix de revient unitaire de la gamme Yaris est réalisé en France**. 43 fournisseurs de composant de la Yaris III sont basés en France et 80% de leurs achats sont effectués auprès de 150 autres fournisseurs d'Europe occidentale (le moteur et la transmission viennent de Pologne).10% des pièces viennent du Japon. 19.100 Yaris ont été vendues en France en 2010. Depuis la campagne de publicité « Yaris, la Toyota made in France », les ventes de Yaris auraient augmenté de 63%, lui faisant gagner 10% de parts de marché.

Renault Zoé

4

Made in 3.190 emplois

Empreinte Emplois en France 800 pour 10.000 produits vendus en France

13 **1 site de production de 150.000 véhicules (Zoé et Clio IV) à l'usine Flins d'Aubergenville (78) avec 2.900 salariés.** La fabrication de batteries depuis 2012 y a généré l'embauche de 200 personnes mais le plan de réduction des postes hors fabrication devrait amener la suppression de 300 postes. Axe majeur de développement de l'activité véhicule électrique de Renault, le groupe aurait investi 600 millions d'euros. Pour le groupe Renault-Nissan, les véhicules électriques devraient représenter 10% du marché mondial en 2020. Modèle stratégique pour Renault, la commercialisation de cette voiture 100% électrique a commencé à l'automne 2012 à partir de 13.700 euros.

9 **1 site de production de 470.000 moteurs diesel et électriques et de 690.000 boîtes de vitesse par an à Cléon (76) avec 4.200 salariés.** 400 embauches et 300 millions d'euros y sont programmés de 2012 à 2014. La base des moteurs R9M, moteurs électriques et le nouveau moteur trois cylindres y sont réalisés, puis les blocs sont expédiés en Roumanie, à Pitesti, où ils sont usinés.

34 **1 site de production de boîtes de vitesse à Ruitz (22) avec 700 salariés.**

46 **1 site de production de pièces mécaniques à Choisy-le-Roi (94) avec 350 salariés.**

67 **1 site de R&D à Lardy (91) avec 50 salariés.**

2 **1 site de R&D à Guyancourt (78) avec environ 12.000 salariés.** Le Technocentre a récemment été rebaptisé « Le Losange ».

Renault Clio IV

5

Made in
1.600
emplois

Empreinte Emplois en France
134
pour 10.000 produits vendus en France

13 **1 site de production de 150.000 véhicules (Zoé et Clio IV) à l'usine Flins d'Aubergenville (78) avec 2.900 salariés.**

La production, débutée en juillet 2012, se fera essentiellement à Bursa en Turquie. L'objectif est de produire 350 à 400.000 Clio IV par an. **Seules les versions haut de gamme seront produites à l'usine de Flins (78).** Les seules Clio 4 qui sortiront de l'usine de Flins viendront en complément de la production de la Zoé électrique. Presque toutes les Clio 4 vendues en 2012 proviendront de l'usine Renault de Bursa en Turquie. Une Clio IV d'entrée de gamme produite à Flins coûterait 1.300 euros de plus que son homologue turque.

La Clio est restée en 2012 la voiture la plus vendue en France. Tous modèles confondus, les Français en ont acheté près de 119.000. Le best-seller de Renault pèse 6,3% du marché français.

Les Renault Clio III en versions 3 et 5 portes et Clio III RS étaient fabriquées à Flins (78) ainsi qu'à Bursa en Turquie, à Valladolid en Espagne et à Novo Mesto en Slovénie. La fin de sa production était annoncée pour la fin 2012. La fin de la production de la Clio II Campus, est elle aussi prévue pour fin 2012. Elle était produite à Flins (78), à Bursa (Turquie), Novo Mesto (Slovénie), Cordoba (Argentine), Curitiba (Brésil) ainsi qu'à Envigado (Colombie).

9 **1 site de production de 470.000 moteurs diesel et électriques et de 690.000 boîtes de vitesse par an à Cléon (76) avec 4.200 salariés.** 400

embauches et 300 millions d'euros y sont programmés de 2012 à 2014. La base des moteurs R9M, moteurs électriques et le nouveau moteur trois cylindres y sont réalisés, puis les blocs sont expédiés en Roumanie, à Pitesti, où ils sont usinés.

34 **1 site de production de boîtes de vitesse à Ruitz (22) avec 700 salariés.**

46 **1 site de production de pièces mécaniques à Choisy-le-Roi (94) avec 350 salariés.**

67 **1 site de R&D à Lardy (91) avec 50 salariés.**

2 **1 site de R&D à Guyancourt (78) avec environ 12.000 salariés.** Le Technocentre a récemment été rebaptisé « Le Losange ».

Smart Fortwo

6

Made in 1.450 *emplois*

Empreinte Emplois en France **2.410** pour 10.000 produits vendus en France

32 **1 site de production plus de 100.000 smart par an à Hambach (57) avec 800 salariées.** Les petites urbaines smart Fortwo, sa version électrique et la troisième génération annoncée pour 2014 du groupe Daimler-Benz sont exclusivement fabriquées en Moselle. L'usine, née en 1997, est l'unique centre de production pour 44 marchés dans le monde, dont les Etats-Unis, la Chine et le Brésil. Sa production dépasse depuis plusieurs années les 100 000 unités par an. 200 millions d'euros seront investis de 2012 à 2014 à Hambach pour la production de la 3ème génération. Un premier investissement de 50 millions d'euros permettra de mettre en service dès 2013 un atelier de peinture liquide pour décliner le nouveau modèle dans tous les coloris.

42 **1 site de production des composants climatiseurs de la Smart par BEHR à Hambach (57) avec 530 salariés.**

57 **1 site d'assemblage et de montage des cockpits Smart par Continental à Hambach (57) avec 120 salariés.**

L'organisation industrielle de la « Smartville » à Hambach est très particulière, puisque les fournisseurs sont installés sur le même site. La version Brabus serait également fabriquée ailleurs et une smart 4 portes serait bientôt produite sur la base de la nouvelle Twingo dans l'usine slovène de Renault.

Dans les années 90, PSA et Renault auraient refusé le projet de l'entrepreneur Nicolas Hayek, inventeur de la montre Swatch. C'est finalement Daimler qui en prendra le contrôle.

Heuliez - Mia - Méhari - Rodéo

7

Made in
340
emplois

Retrouvez cette entreprise sur la carte
49

1 siège social et 1 site de production de la Mia à Cerizay (79) avec 340 salariés. Lorsqu'en juillet 2010, les Allemands ConEnergy et Kohl Pharma (70%) et la région Poitou-Charentes (30%) se sont associés pour reprendre le département « voiture électrique » de Heuliez, l'entreprise ne comptait plus que 35 salariés alors qu'elle en comptait plus de 1.000 en 2007.

En 1984, Heuliez se lancait déjà dans la conception et la fabrication de véhicules électriques. Après avoir produit sur le site de Cerizay les versions électriques des Citroën AX, Citroën Saxo, Peugeot 106 et Renault Clio, c'est avec un historique de 6.500 voitures produites qu'Heuliez débute en 2007 la conception d'un modèle maison purement électrique : la Heuliez Friendly. La Mia est une petite citadine électrique équipée de batteries assemblées par le Français E4V (72) et est équipée d'un moteur produit dans les usines charentaises de Leroy-Somer. L'entreprise propose aussi une version revisitée des Méhari et autres Rodéo, à partir d'une plate-forme Renault.

Lumeneo - Smera

8

Made in
50
emplois

1 showroom à Paris.

L'entreprise emploie 50 salariés, dont 30 en R&D et fabrique en France la Smera, un véhicule de luxe deux places (l'une derrière l'autre) électrique, écologique et design. La Smera a la particularité de s'incliner automatiquement en virage. Les premières livraisons ont eu lieu en mai 2009.

GEM - Matra

9

Made in
30
emplois

Retrouvez cette entreprise sur la carte
63

1 siège à Paris (75116).

1 site d'assemblage de 20.000 vélos électriques et de quads, mobylettes et voitures électriques à Romorantin (41) avec 90 salariés. La société GEM, Global Electric Motorcars, est une filiale de Polaris Industries. Elle a développé depuis 1999 une gamme de véhicules électriques urbains et en a déjà vendu plus de 45.000 dans le monde.

Courb - C-Zen - C-Top

1 siège à Lyon (69001).

1 site de production de voitures électriques à Sant-Priest (69). Courb a été l'un des premiers constructeurs automobiles à être labellisé « Origine France Garantie » en l'obtenant en juillet 2012.

Bolloré Bluecar

La production de la Bluecar de Bolloré serait franco-italienne. Le groupe Bolloré est en discussion avec PSA pour faire fabriquer la version grand public de son Auto lib sur le site rennais du constructeur. La Bluecar serait produite **en Italie chez Pininfarina** depuis 2010. **Les batteries sont quant à elles déjà fabriquées à Quimper.**

Secma

1 site de production dans le Nord de la France. Le petit constructeur produit des véhicules de loisirs, électriques ou tout-terrain notamment, comme le F16, un roadster à moteur Renault.

Venturi Eclectic

1 site de production de voitures électriques dans la Sarthe depuis fin 2009, dans une toute nouvelle usine. La marque a été rachetée et ce nouveau constructeur est désormais spécialisé dans les véhicules électriques. Il va ainsi **fabriquer des Berlingo électriques en collaboration avec PSA ainsi que l'Eclectic, un petit véhicule urbain de trois places**. Venturi commercialise également la Fétish, une GT électrique.

SimplyCity Sun

1 site de production à Chauvigny (86). La société française Eco & Mobilité est implantée en région Poitou-Charentes depuis octobre 2007.

Les citadines *concurrentes et importées*

- **Volkswagen Polo**

Produite à Pampelune (Espagne) et à Pune (Inde). La petite citadine « allemande » s'est vendue à plus de 44.000 exemplaires en 2012. Avec 2,3% de part de marché, elle est la voiture étrangère la plus vendue en France.

- **Renault Twingo**

L'essentiel des Twingo est **fabriqué à Novo Mesto en Slovénie**, au rythme de 520 unités par jour. Il devrait en aller de même pour la version Twingo Initiale. En 2012, les Français ont acheté près de 40.000 Twingo, en faisant la 10ème voiture la plus vendue en France.

- **Renault Twizy**

Assemblage principalement à Valladolid en Espagne.

- **Peugeot 107 - Citroën C1**

Production à Kolin en République Tchèque dans la même usine, que les petites Aygo de Toyota.

- **Toyota Agyo**

Production à Kolin en République Tchèque dans la même usine, que les petites Citroen C1 et Peugeot 107.

- **Ford Fiesta**

Assemblée à Cologne (Allemagne) et à Valence (Espagne). Depuis 1996, le modèle et des variantes sont aussi produits dans les pays émergents (Brésil, Inde, Afrique du Sud). **835 salariés produisent les boîtes de vitesse des véhicules Ford à Blanquefort (33)** dont le candidat NPA aux présidentielles, Philippe Poutou. Celui-ci refuse toutefois de rouler en Ford, l'entreprise qui le fait vivre… 31.500 Ford Fiesta ont été immatriculées en France en 2012. La voiture représente 1,7% du marché français.

- **Ford Ka**

Initialement construite à Valence en Espagne, elle est désormais assemblée **à Tychy en Pologne**. **835 salariés produisent les boîtes de vitesse des véhicules Ford à Blanquefort (33)**.

- **Opel Corsa**

La dernière série, la Corsa D, repose sur la plate-forme de la Grande Punto et est **fabriquée à Figueruelas, près de Saragosse en Espagne.** Depuis son lancement en 1983, l'Opel Corsa a été produite en plus de 11 millions d'exemplaires. General Motors **emploie 1.050 salariés à Strasbourg (67).** Cette usine alimente en boîtes de vitesse les voitures du groupe.

● **Opel Agila**
D'abord construite en Hongrie, l'Opel Agila est depuis 2005 **assemblée à Gliwice en Pologne.** General Motors **emploie 1.050 salariés à Strasbourg (67).** Cette usine alimente en boîtes de vitesse les voitures du groupe.

● **Smart ForFour**
Voiture produite de 2004 à 2006 dans l'usine Nedcar **aux Pays-bas** en partenariat avec Mitsubishi Motors. Pour réduire les coûts de fabrication, la ForFour partage beaucoup de ses pièces avec la Mitsubishi Colt de 2003.

● **Mitsubishi Colt**
La version vendue en Europe est construite **à Born aux Pays-Bas** et partage un grand nombre d'éléments avec la Smart Forfour. Elle est également produite **au Japon.**

● **Mitsubishi i-MiEV**
Mitsubishi fabrique ses i-MiEV d**ans son usine de Mizushima, au Japon** où la production a commencé en juin 2009.

● **Peugeot Ion - Citroën C-Zéro**
Voitures 100% électriques issues d'un partenariat avec Mitsubishi. Assemblées d**ans son usine de Mizushima, au Japon.** Le groupe Mitsubishi aurait décidé en août 2012 de suspendre la fourniture du véhicule électrique iMiev à PSA Peugeot Citroën. C'est pourtant ces voitures iMiev que le groupe français utilise pour les badger Citroën C-Zéro ou Peugeot Ion. Les deux constructeurs sont toujours sous contrat dans le cadre des accords Original Equipment Manufacturer.

● **Seat Ibiza**
Fabriquée à Martorel en Espagne. La Seat Ibiza, née en 1984 est un modèle stratégique pour la marque espagnole. Elle représente près de 40% de ses ventes annuelles. 19.000 ont été vendues en France en 2010.

● **Nissan Micra**
La Micra actuellement vendue en Europe est **fabriquée en Inde, en Chine, en Thaïlande et au Mexique** alors que la version précédente fut un temps fabriquée à Sunderland en Angleterre ainsi qu'au Japon. Elle est vendue en Inde sous le nom de Renault Pulse depuis janvier 2012.

● **Seat Mii - Volkswagen Up - Skoda Citigo**
Fabriquées à Bratislava, en Slovaquie.

● **Fiat 500**
L'usine de Tychy en Pologne, qui produit également la Fiat Panda II, a été agrandie pour accueillir les nouveaux modèles de la Cinquecento. Le succès commercial est impressionnant dès 2007. La production est montée jusqu'à 210 000 exemplaires en 2008 dans l'usine polonaise, poussant Fiat à chercher où elle pourrait installer un second site de production en Europe. La 500 est également produite **à Toluca, au Mexique,** pour être diffusée aux Etats-Unis et dans les pays d'Amérique latine. Il n'est pas exclu que la 500

soit également produite dans la nouvelle usine chinoise Fiat-GAC en 2012. 21.600 modèles ont été vendus en France en 2010.

- **Fiat Panda**

Uniquement fabriquée dans les usines Fiat de **Tychy en Pologne**, même si Fiat s'interrogerait encore en 2010 sur l'opportunité de relocaliser la fabrication de la Panda dans l'usine napolitaine de Pomigliano d'Arco. Fiat a en effet décidé en avril 2010 d'inscrire sa politique industrielle dans « *un projet global pour l'Italie* ». Ce projet prévoit de consacrer à la péninsule les deux tiers de ses investissements prévus d'ici à 2014, afin d'y produire 1,4 million de véhicules par an sous ses marques et celles de Chrysler. Sachant qu'en 2009, la marque italienne en avait construit 650 000. Cela implique de moderniser des établissements obsolètes (5, dont 4 dans le Sud) pour leur permettre de produire à 60-65% de leurs capacités.

- **Fiat Punto**

Assemblée **à Melfi en Italie et en Serbie**. Plus de 20.000 modèles ont été vendus en France en 2010.

- **Lancia Ypsilon**

Alors que sa première version était assemblée dans l'usine sicilienne de Termini Imerese, en Italie, le modèle aujourd'hui disponible est **fabriqué dans l'usine Fiat de Tychy en Pologne**.

- **Honda Jazz**

Elle est assemblée à Swindon (G-B), ainsi qu'à Suzuka (Japon) et à Canton (Chine), qui produit spécialement pour l'exportation vers l'Europe.

- **Hyundai i10 - Hyundai I20**

Fabriquées près de Chennai, en Inde et à Ulsan en Corée.

- **Suzuki Alto - Nissan Pixo**

Fabriquée à Manesar dans le Nord de l'Inde.

- **Toyota iQ**

Le prototype de l'iQ a été **dessiné par ED2, le centre de design de Toyota en France.**

- **Mazda 2**

Assemblée au japon.

- **Suzuki Swift 3**

Les Suzuki Swift sont **fabriquées en Hongrie ou au Japon**. La Swift est aussi **fabriquée en Inde** par Suzuki Maruti.

- **Chevrolet Aveo**

Assemblée en Corée du Sud. General Motors **emploie 1.050 salariés à Strasbourg (67).** Cette usine alimente en boîtes de vitesse les voitures du groupe.

Voitures berlines compactes

1 **Peugeot 308**

2 **Renault Megane coupée**

3 **Citroën C4 - DS4**

Le saviez-vous ?

L'ensemble de la gamme DS, de Citroën, est fabriquée en France. Or sur les 11 premiers mois de 2012, il s'est vendu plus de 46.300 modèles du nouveau label premium de Citroën (DS3, DS4, DS5) lancé en 2010.

Les berlines compactes *Made in Emplois*

Peugeot 308

1

Made in **5.750** *emplois*

Empreinte Emplois en France **1.255** pour 10.000 produits vendus en France

3 **1 site de R&D et 1 site de production 370.000 véhicules par an (308, 3008, 5008 et DS5) à Montbéliard (25) avec 12.000 salariés.** 350 des 1.600 postes d'intérimaires y ont été supprimés en 2012 dans ce qui constitue la plus grosse usine PSA et l'une des trois plus importantes usines de France. 100 millions d'euros investis sur le site en mars 2011. Environ 4.000 personnes travaillent au sein du bureau d'étude du site de Sochaux.

4 **1 site de production de 280.000 véhicules par an (308, C4, DS4 et 50.000 208 par an) à Sausheim (68) avec environ 8.000 salariés.** Entre 120 et 600 postes y auraient été supprimés en 2012.

La 308 serait aussi produite à Kalouga en Russie. La version 308 sedan est destinée à l'Asie.

Les ventes en France de la Peugeot 308 sont passées de 63.400 en 2010 à 45.800 en 2012.

10 **1 site de production de 1,6 million de moteurs diesel à Tremery (57) avec 3.800 salariés.** Entrée en service en 1979, c'est la plus grosse usine au

monde de fabrication de moteurs diesel qui emploie également plus de 500 intérimaires. Le groupe PSA y a investi plus de 200 millions d'euros en 2011 dans l'agrandissement et la modernisation de l'outil de production.

11 **1 site de production des équipements intérieurs et 1 centre logistique des pièces de rechanges à Vesoul (70) avec 3.200 salariés.** C'est le centre mondial du groupe PSA pour l'expédition des pièces de rechange. L'usine est le plus gros employeur privé de Haute-Saône.

18 **1 site de production de 2 millions de boîtes de vitesses par an à Valenciennes (59) avec 2.400 salariés.** 220 millions d'euros y sont investis de 2011 à 2014.

24 **1 site de production de transmissions à Cormelles-le-Royal (14) avec 1.850 salariés.** PSA y a investi 34 millions d'euros en 2011 et 2012.

16 **1 site de R&D à La Garenne-Colombes (92) avec 2.600 salariés.**

33 **1 site de production de pièces de freinage à Dompierre-sur-Besbre (03) avec 700 salariés.**

36 **1 site de production de pièces de carrosserie à Saint-Ouen (93) avec 650 salariés.**

38 **1 site de soutien à la production à Meudon (92) avec 600 salariés.**

51 **1 site de mécanique à Hérimoncourt (25) avec 300 salariés.**

39 **1 site de R&D à Carrières-sous-Poissy (78) avec 600 salariés.**

8 **1 site de R&D à Vélizy (78) avec 4.700 salariés.** 10% des effectifs de R&D du groupe PSA ont été supprimés en 2012.

1 siège à Sochaux (25) et à Paris (75).

Renault Mégane Coupé (CC, RS, Cabriolet)

2

Made in
3.420
emplois

Empreinte Emplois en France
1.710
pour 10.000 produits vendus en France

7 **1 site de production de 180.000 voitures (Mégane CC et Scénic) à Douai (59) avec 4.800 salariés.** 420 millions y seront investis de 2012 à 2016 pour accueillir la production des remplaçantes de l'Espace, de la Laguna et du Scénic. Renault y rassemblera à l'avenir la production de 300.000 de ses voitures moyen et haut-de-gamme. Depuis 2011, la Mégane RS équipe la Gendarmerie Nationale, en tant que véhicule d'intervention rapide sur les autoroutes, en remplacement de la japonaise Subaru. La Mégane CC serait aussi fabriquée à Palencia en Espagne.

9 **1 site de production de 470.000 moteurs diesel et électriques et de 690.000 boîtes de vitesse par an à Cléon (76) avec 4.200 salariés.** 400 embauches et 300 millions d'euros y sont programmés de 2012 à 2014. La base des moteurs R9M, moteurs électriques et le nouveau moteur trois cylindres y sont réalisés, puis les blocs sont expédiés en Roumanie, à Pitesti, où ils sont usinés.

34 **1 site de production de boîtes de vitesse à Ruitz (22) avec 700 salariés.**

46 **1 site de production de pièces mécaniques à Choisy-le-Roi (94) avec 350 salariés.**

67 **1 site de R&D à Lardy (91) avec 50 salariés.**

2 **1 site de R&D à Guyancourt (78) avec environ 12.000 salariés.** Le Technocentre a récemment été rebaptisé « Le Losange ».

Citroen C4 - Citroen DS4

3

Made in **2.750** *emplois*

Empreinte Emplois en France **370** pour 10.000 produits vendus en France

4 **1 site de production de 280.000 véhicules par an (308, C4, DS4 et 50.000 208 par an) à Sausheim (68) avec environ 8.000 salariés.** Entre 120 et 600 postes y auraient été supprimés en 2012. <u>La C4 serait également produite à Kalouga en Russie et à Buenos Aires en Argentine</u>.

La C4 est la 4ème voiture la plus vendue en France avec près de 75.000 exemplaires vendus en 2012.

10 **1 site de production de 1,6 million de moteurs diesel à Tremery (57) avec 3.800 salariés.** Entrée en service en 1979, c'est la plus grosse usine au monde de fabrication de moteurs diesel qui emploie également plus de 500 intérimaires. Le groupe PSA y a investi plus de 200 millions d'euros en 2011 dans l'agrandissement et la modernisation de l'outil de production.

11 **1 site de production des équipements intérieurs et 1 centre logistique des pièces de rechanges à Vesoul (70) avec 3.200 salariés.** C'est le centre mondial du groupe PSA pour l'expédition des pièces de rechange. L'usine est le plus gros employeur privé de Haute-Saône.

18 **1 site de production de 2 millions de boîtes de vitesses par an à Valenciennes (59) avec 2.400 salariés.** 220 millions d'euros y sont investis de 2011 à 2014.

24 **1 site de production de transmissions à Cormelles-le-Royal (14) avec 1.850 salariés.** PSA y a investi 34 millions d'euros en 2011 et 2012.

16 **1 site de R&D à La Garenne-Colombes (92) avec 2.600 salariés.**

33 **1 site de production de pièces de freinage à Dompierre-sur-Besbre (03) avec 700 salariés.**

36 **1 site de production de pièces de carrosserie à Saint-Ouen (93) avec 650 salariés.**

38 **1 site soutien à la production à Meudon (92) avec 600 salariés.**

51 **1 site de mécanique à Hérimoncourt (25) avec 300 salariés.**

39 **1 site de R&D à Carrières-sous-Poissy (78) avec 600 salariés.**

8 **1 site de R&D à Vélizy (78) avec 4.700 salariés.** 10% des effectifs de R&D du groupe PSA ont été supprimés en 2012.

1 siège à Sochaux (Doubs) et à Paris (75).

Entre 2001 et 2010, plus de 2,3 millions d'exemplaires de la première version de la C4 ont été produits.

Citroën DS3

4

Made in **2.435** *emplois*

Empreinte Emplois en France **935** pour 10.000 produits vendus en France

5 **1 site de production de 1.400 véhicules par jour dont 450 DS3 (ainsi que des 208 et des C3) à Poissy (78) avec 5.600 salariés.** 400 postes ont été créés sur le site yvelinois en 2011. L'usine, ouverte en 1938, est le fleuron industriel français de PSA et son navire-amiral sur le segment des compactes. La DS3 s'est vendu à 26.000 exemplaires en 2012 en France.

10 **1 site de production de 1,6 million de moteurs diesel à Tremery (57) avec 3.800 salariés.** Plus grosse usine au monde de fabrication de moteurs diesel elle emploie également plus de 500 intérimaires. Ces moteurs sont destinés à équiper des véhicules de PSA et sont aussi vendus à des constructeurs partenaires (Ford, Mitsubishi). Le groupe PSA y a investi plus de 200 millions d'euros en 2011 dans la modernisation de l'outil de production.

11 **1 site de production des équipements intérieurs et 1 centre logistique des pièces de rechanges à Vesoul (70) avec 3.200 salariés.** C'est le centre mondial du groupe PSA pour l'expédition des pièces de rechange. L'usine est le plus gros employeur privé de Haute-Saône.

18 **1 site de production de 2 millions de boîtes de vitesses par an à Valenciennes (59) avec 2.400 salariés.** 220 millions d'euros y sont investis de 2011 à 2014.

22 **1 site de production de pièces mécaniques à Villers-Semeuse (08) avec 2.200 salariés.**

24 **1 site de production de transmissions à Cormelles-le-Royal (14) avec 1.850 salariés.** PSA y a investi 34 millions d'euros en 2011 et 2012.

16 **1 site de R&D à La Garenne-Colombes (92) avec 2.600 salariés.**

33 **1 site de production de pièces de freinage à Dompierre-sur-Besbre (03) avec 700 salariés.**

36 **1 site de production de pièces de carrosserie à Saint-Ouen (93) avec 650 salariés.**

38 **1 site soutien à la production à Meudon (92) avec 600 salariés.**

51 **1 site de mécanique à Hérimoncourt (25) avec 300 salariés.**

39 **1 site de R&D à Carrières-sous-Poissy (78) avec 600 salariés.**

8 **1 site de R&D à Vélizy (78) avec 4.700 salariés.** 10% des effectifs de R&D du groupe PSA ont été supprimés en 2012.

1 siège à Sochaux (Doubs) et à Paris (75).

26.400 modèles vendus en France en 2010.

Renault Mégane

5	Made in 1.020 emplois	Empreinte Emplois en France 140 pour 10.000 produits vendus en France

La Mégane est assemblée à Palencia en Espagne et à Bursa en Turquie. Une partie de sa conception aurait même été réalisée en Hongrie.

La Mégane est la deuxième voiture la plus achetée en France avec 120.000 ventes en 2012. La première version de la Mégane sera produite à 5 millions d'exemplaires entre 1995 et 2002. La seconde mouture à plus de 3 millions d'exemplaires entre 2002 et 2008.

2 **1 Site R&D au Technocentre Renault de Guyancourt (78) qui emploie 12.000 personnes** (en comptant les prestataires, sous-traitants et filiales de Renault).

9 **1 site de production de 470.000 moteurs diesel et électriques et de 690.000 boîtes de vitesse par an à Cléon (76) avec 4.200 salariés.** 400 embauches et 300 millions d'euros y sont programmés de 2012 à 2014. La base des moteurs y sont réalisés, puis expédiés en Roumanie, à Pitesti, où ils sont usinés.

34 **1 site de production de boîtes de vitesse à Ruitz (22) avec 700 salariés.**

46 **1 site de production de pièces mécaniques à Choisy-le-Roi (94) avec 350 salariés.**

67 **1 site de R&D à Lardy (91) avec 50 salariés.**

2 **1 site de R&D à Guyancourt (78) avec environ 12.000 salariés.** Le Technocentre a récemment été rebaptisé « Le Losange ».

PGO Speedster II - Cévennes - Hemera

6

Made in 90 emplois

Empreinte Emplois en France 900 pour 10.000 produits vendus en France

64 **1 site de production de 1.000 véhicules par an à Saint Christole-les-Alès (30) avec 90 salariés.** En 2005, un groupe koweïtien prend 51% du capital du constructeur français de véhicules cabriolet néo-rétro. Il souhaitait investir 8 millions d'euros dans l'outil industriel d'augmenter la production et d'atteindre le seuil de rentabilité. La PME souhaitait aussi doubler le nombre de ses distributeurs, y compris à l'export.

Venturi Fetish - Eclectic

1 siège à Monaco. La Venturi Fétish est une des premières voitures de sport électrique fabriquée en France. Elle n'a été produite qu'à 25 exemplaires et vendue 300.000 euros. Un designer parisien a dessiné cette voiture futuriste. Venturi équipe également les collectivités locales (Yvelines, Nice-Côte d'Azur) de son véhicule urbain Eclectic.

Les Berlines compactes *concurrentes et importées*

- **Volkswagen Golf**
Produite à Zwickau, en Allemagne. Avec 37.000 nouvelles immatriculations en 2012, c'est la 11ème voiture la plus vendue en France.

- **Renault Modus**
Assemblée à Valladolid en Espagne.

- **Citroën C3 Picasso**
Fabriquée à Trnava en Slovaquie et à au Brésil.

- **Citroën C4 Picasso - Xsara Picasso**
Assemblage à Vigo en Espagne.

- **Dacia Sandero**
Assemblée à Pitesti en Roumanie pour le marché européen. Elle est **aussi fabriquée dans les usines Renault de Curitiba au Brésil, de Envigado en Colombie, de Moscou en Russie, de Casablanca au Maroc, de Prétoria en Afrique du Sud.** La Dacia Sandero est la championne du low-cost : elle a quadruplé ses ventes depuis son lancement.

- **Dacia Logan**
Assemblée à Pitesti en Roumanie pour le marché européen. A partir de 2013, une deuxième chaîne de montage **de l'usine Renault de Tanger (Maroc) fabriquera la Logan 2 pour le Maghreb et l'Europe. La Logan a déjà été produite à 1 million d'exemplaires entre 2004 et 2008 dans des usines du monde entier : à Moscou (Russie), Envigado (Colombie), Téhéran (Iran), Nasik (Inde), São José dos Pinhais (Brésil), Casablanca (Maroc).** Ces usines assemblent des kits composés de pièces fabriquées pour la plupart en Roumanie. Des usines dans d'autres pays, comme l'Afrique du Sud ou le Pakistan sont envisagées. La logan a le train avant d'une Clio II, le train arrière d'une Modus, elle est basée sur une plate-forme dérivée de celle de la Clio III. Poignées de portes, volant, direction, compte-tours et freins arrière viennent de la Clio II, mais les aérateurs sont ceux de la Dacia Solenza. Les réservoirs du liquide de freins et du vase d'expansion viennent de la Mégane II. Le cendrier provient de l'Espace IV. Le système ABS et la boîte de vitesses des Mégane II et le moteur provient du Kangoo.

- **Renault Symbol**
La Renault Symbol, remplaçante de la Thalia, est destinée aux marchés émergents. Depuis 2008, elle est **produite dans l'usine de Bursa en Turquie** et vendue en Russie, en Europe de l'Est, au Maghreb, en Turquie et au Golfe Arabique. Elle est basée sur la plate-forme de la Renault Clio II et reprend les moteurs de la Dacia Logan et de la Dacia Sandero. La vente de Renault Symbol n'est pour l'instant pas prévue en l'Europe de l'Ouest. Renault va construire une **nouvelle usine près d'Oran en Algérie.** A partir de mi-2014, cette usine produira 25.000 Renault Symbol par an. 350 salariés vont être embauchés dans cette usine.

- **Renault Fluence**
Assemblée à Bursa en Turquie.

- **Renault Wind**
Fabriquée à Novo Mesto en Slovénie.

- **Peugeot RCZ**
Assemblée en Autriche par Magna-Steyr.

- **Nissan Leaf**
Assemblée à Opppama au Japon, aux Etats-Unis et à Sunderland en Grande-Bretagne à partir de 2013.

- **Nissan Note**

Assemblée à Fukuoka au Japon. Pour la première fois, une voiture made in Japan sera composée à près de 50% de composants importés (de Corée du sud, de Chine et de Thailande). La Note est élaborée sur la plate-forme des Renault Clio et Renault Modus et des Nissan Micra et Cube.

- **Volvo V40**

Assemblée à Gand en Belgique, comme sa prédécesseur la C30.

- **Ford Focus**

Assemblée à Sarrelouis en Allemagne, ainsi qu'aux Etats-Unis et en Chine. En 2005, l'usine Ford de Sarrelouis emploie environ 6.000 salariés et est le plus gros employeur du Land de Sarre. **Les travailleurs français représenteraient plus de 10% du personnel (l'usine est à 10 km de la frontière).** Les moteurs diesels TDCi de la Ford Focus ont été élaborés en collaboration avec le groupe PSA. **835 salariés produisent les boîtes de vitesse des véhicules Ford à Blanquefort (33).**

- **Ford B-Max**

Assemblée à Craiova en Roumanie. 835 salariés produisent les boîtes de vitesse des véhicules Ford à Blanquefort (33).

- **Opel Astra**

Assemblée à Gliwice en Pologne.

- **Opel Meriva**

Assemblée à Figueruelas en Espagne.

- **Alfa Roméo Guilietta - Lancia Delta - Fiat Bravo**

Assemblées dans l'usine de **Cassino, dans le centre de l'Italie**, l'usine d'assemblage la plus robotisée au monde. La Fiat Bravo, dessinée et industrialisée par le Centre Style Fiat à Turin, **sera aussi fabriquée en Amérique latine, en Turquie, en Inde et en Chine**.

- **Alfa Roméo Mito - Lancia Musa**

Assemblée à Turin en Italie.

- **Fiat 500L**

Assemblée à Kragujevac en Serbie.

- **Seat Leon**

Assemblée à Martorell en Espagne.

- **Audi A1**

Assemblée à Forest en Belgique. Cette usine sexagénaire a produit les Volkswagen Coccinelle, Golf, Lupo ou Polo. Les coûts salariaux en Belgique sont supérieurs aux coûts salariaux français. L'importateur historique du groupe Volkswagen (dont fait partie Audi) en Belgique, Roland D'Ieteren, aurait joué un rôle important dans le sauvetage de ce site industriel initialement destiné à être fermé. 300 millions d'euros ont été investis dans sa réhabilitation, permettant le maintien de 2.200 emplois.

- **Audi A3**

Assemblée à Ingolstadt en Allemagne.

- **BMW Série 1**

Assemblée à Leipzig et Ratisbonne en Allemagne.

- **Austin Mini**

Sa carrosserie fut dessinée par une équipe californienne, **son moteur est produit à Curitiba au Brésil, toutes ses versions sont assemblées à Oxford en Grande-Bretagne, sauf la version SUV « Countryman » assemblée à Graz en Autriche.**

- **Opel Ampera**

Assemblée à Hamtramck, Michigan aux Etats-Unis.

- **Honda Civic**

La Honda Civic destinée à l'Europe est **fabriquée à Swindon en Grande-Bretagne**. Pour le reste du monde, elle est fabriquée à Suzuka au Japon, en Turquie, aux Etats-Unis, au Canada, au Venezuela, en Thaïlande, au Pakistan, au Brésil, en Indonésie et aux Philippines.

- **Honda Insight 2**

La première voiture hybride à être vendue en Amérique du Nord est construite dans l'usine Honda de **Suzuka, au Japon**.

- **Mazda 3**

Assemblée à Hofu au Japon.

- **Hyundai i30**

Assemblée en République Tchèque.

- **Kia Venga**

Assemblée à Nošovice en République Tchèque.

- **Kia Soul**

Assemblée à Gwangju en Corée du Sud.

- **Kia Cee'd**

La première voiture à être garantie 7 ans en Europe est **assemblée à Zilina en Slovaquie.**

- **Toyota Auris**

Assemblée à Burnaston en Grande-Bretagne, à Adapazari en Turquie et à Takaoka au Japon.

- **Toyota Prius**

Elle est produite exclusivement au Japon.

- **Chevrolet Orlando**

Assemblée à Gunsan en Corée du Sud.

Voitures grandes berlines

1 Citroën DS5

2 Citroën C5 - C6
Peugeot 407 - 508

3 Renault Laguna 3

Le saviez-vous ?

Chrysler, dirigé par un français, a convaincu Eminem, plus grand rappeur en vie, de jouer dans une magnifique publicité de deux minutes vantant les efforts ouvriers locaux nécessaires à la production de la Chrysler 200. La pub reprenant le fameux riff de « 8 miles » était signée d'un fier et caustique « Imported from Detroit ». La pub fut diffusée en février 2011, pendant la finale du Super Bowl, devant une audience respectable.

Les grandes berlines *Made in Emplois*

Citroën DS5

1

Made in
3.750
emplois

Empreinte Emplois en France
940
pour 10.000 produits vendus en France

3 **1 site de R&D et 1 site de production 370.000 véhicules par an (308, 3008, 5008 et DS5) à Montbéliard (25) avec 12.000 salariés.**

350 des 1.600 postes d'intérimaires y ont été supprimés en 2012 dans ce qui constitue la plus grosse usine PSA et l'une des trois plus importantes usines de France. 100 millions d'euros investis sur le site en mars 2011 mais après avoir connu des jours de chômage partiel en juin, la production y baisse à 1.700 voitures produites par jour. Environ 4.000 personnes travaillent au sein du bureau d'étude du site de Sochaux.

Il est prévu que la DS5 soit aussi fabriquée en Chine, mais cela ne doit pas intervenir avant la fin 2012. La réimportation coûterait environ 700 euros par modèle.

C'est une DS5 que le nouveau président de la République française a choisi pour remonter les Champs-Elysées à l'occasion de son investiture à la présidence de la République le 15 mai 2012.

10 **1 site de production de 1,6 million de moteurs diesel à Tremery (57) avec 3.800 salariés.** Entrée en service en 1979, c'est la plus grosse usine au monde de fabrication de moteurs diesel qui emploie également plus de 500 intérimaires. Ces moteurs sont destinés à équiper la moitié des véhicules de PSA et sont aussi vendus à des constructeurs partenaires (Ford, Mitsubishi). Le groupe PSA y a investi plus de 200 millions d'euros en 2011 dans l'agrandissement et la modernisation de l'outil de production.

11 **1 site de production des équipements intérieurs et 1 centre logistique des pièces de rechanges à Vesoul (70) avec 3.200 salariés.** C'est le centre mondial du groupe PSA pour l'expédition des pièces de rechange. L'usine est le plus gros employeur privé de Haute-Saône.

18 **1 site de production de 2 millions de boîtes de vitesses par an à Valenciennes (59) avec 2.400 salariés.** 220 millions d'euros y sont investis de 2011 à 2014.

22 **1 site de production de pièces mécaniques à Villers-Semeuse (08) avec 2.200 salariés.**

24 **1 site de production de transmissions à Cormelles-le-Royal (14) avec 1.850 salariés.** PSA y a investi 34 millions d'euros en 2011 et 2012.

33 **1 site de production de pièces de freinage à Dompierre-sur-Besbre (03) avec 700 salariés.**

16 **1 site de R&D à La Garenne-Colombes (92) avec 2.600 salariés.**

36 **1 site de production de pièces de carrosserie à Saint-Ouen (93) avec 650 salariés.**

38 **1 site de soutien à la production à Meudon (92) avec 600 salariés.**

51 **1 site de mécanique à Hérimoncourt (25) avec 300 salariés.**

39 **1 site de R&D à Carrières-sous-Poissy (78) avec 600 salariés.**

8 **1 site de R&D à Vélizy (78) avec 4.700 salariés.** 10% des effectifs de R&D du groupe PSA ont été supprimés en 2012.

1 siège à Sochaux (25) et à Paris (75).

Citroën C5 - Citroën C6 - Peugeot 407 - Peugeot 508

2 | Made in 2.150 emplois | Empreinte Emplois en France 860 pour 10.000 produits vendus en France

6 **1 site de R&D et de production de 508, C5, C6, 407 coupée à Chartes-de-Bretagne (35) près de Rennes avec 5.600 salariés.**

Après des mesures de chômage partiel fin 2011, le site a supprimé près de 300 postes en 2012 (150 en production et 80 en R&D). L'usine PSA est installée depuis 1961 au sud de Rennes. Ce site est toujours le premier employeur privé de l'agglomération rennaise. La C6 est avec la Peugeot 607 et la Renault Vel-Satis, voiture officielle du gouvernement français.

Depuis 2011, PSA assemble aussi à Wuhan en Chine une partie des 508 à un rythme de 60.000/an. La C5 est aussi produite à Wuhan en Chine pour le marché asiatique. Un projet de limousine sur la base du concept car Citroën Métropolis conçu et produit en Chine est évoqué.

10 **1 site de production de 1,6 million de moteurs diesel à Tremery (57) avec 3.800 salariés.** Entrée en service en 1979, c'est la plus grosse usine au monde de fabrication de moteurs diesel qui emploie également plus de 500 intérimaires. Ces moteurs sont destinés à équiper la moitié des véhicules de PSA et sont aussi vendus à des constructeurs partenaires (Ford, Mitsubishi). Le groupe PSA y a investi plus de 200 millions d'euros en 2011 dans l'agrandissement et la modernisation de l'outil de production.

11 **1 site de production des équipements intérieurs et 1 centre logistique des pièces de rechanges à Vesoul (70) avec 3.200 salariés.** C'est le centre mondial du groupe PSA pour l'expédition des pièces de rechange. L'usine est le plus gros employeur privé de Haute-Saône.

18 **1 site de production de 2 millions de boîtes de vitesses par an à Valenciennes (59) avec 2.400 salariés.** 220 millions d'euros y sont investis de 2011 à 2014.

22 **1 site de production de pièces mécaniques à Villers-Semeuse (08) avec 2.200 salariés.**

24 **1 site de R&D à La Garenne-Colombes (92) avec 2.600 salariés.**

33 **1 site de production de transmissions à Cormelles-le-Royal (14) avec 1.850 salariés.** PSA y a investi 34 millions d'euros en 2011 et 2012.

16 **1 site de production de pièces de freinage à Dompierre-sur-Besbre (03) avec 700 salariés.**

36 **1 site de production de pièces de carrosserie à Saint-Ouen (93) avec 650 salariés.**

38 **1 site de soutien à la production à Meudon (92) avec 600 salariés.**

51 **1 site de mécanique à Hérimoncourt (25) avec 300 salariés.**

39 **1 site de R&D à Carrières-sous-Poissy (78) avec 600 salariés.**

8 **1 site de R&D à Vélizy (78) avec 4.700 salariés.** 10% des effectifs de R&D du groupe PSA ont été supprimés en 2012.

1 siège à Sochaux (25) et à Paris (75).

Renault Laguna 3

3	Made in 1.620 emplois	Empreinte Emplois en France 405 pour 10.000 produits vendus en France

19 **1 site de production de 150.000 voitures (Traffic, Espace, Laguna et Opel Vivaro) à Sandouville-Le Havre (76) avec 2.400 salariés.**

7 **Sa remplaçante devrait être assemblée à Douai (59) avec 4.800 salariés.** 420 millions d'euros y seront investis de 2012 à 2016 pour accueillir la production des remplaçantes de l'Espace, de la Laguna et du Scénic. Renault y rassemblera à l'avenir la production de 300.000 de ses voitures moyen et haut-de-gamme.

9 **1 site de production de 470.000 moteurs diesel et électriques et de 690.000 boîtes de vitesse par an à Cléon (76) avec 4.200 salariés.** 400 embauches et 300 millions d'euros y sont programmés de 2012 à 2014. La base des moteurs R9M, moteurs électriques et le nouveau moteur trois cylindres y sont réalisés, puis les blocs sont expédiés en Roumanie, à Pitesti, où ils sont usinés.

34 **1 site de production de boîtes de vitesse à Ruitz (22) avec 700 salariés.**

46 **1 site de production de pièces mécaniques à Choisy-le-Roi (94) avec 350 salariés.**

67 **1 site de R&D à Lardy (91) avec 50 salariés.**

2 **1 site de R&D à Guyancourt (78) avec environ 12.000 salariés.** Le Technocentre a récemment été rebaptisé « Le Losange ».

22 400 Laguna ont été vendues en France en 2010.

Renault Alpine

4	Made in 300 emplois	Retrouvez cette entreprise sur la carte 52

1 site de production à Dieppe (76) avec 300 salariés. Renault et Caterham ont décidé de produire de nouveau la mythique voiture sportive dans l'usine où l'Alpine était construite en 1969. L'usine devra industrialiser chaque composant de l'Alpine. Seuls les moteurs ne seront pas réalisés sur place.

Bugatti

5		Made in 70 emplois	Retrouvez cette entreprise sur la carte 65

1 siège et 1 site de d'assemblage de voitures haut de gamme à Molsheim (67) avec 70 salariés. Cette usine est le berceau de l'entreprise. Depuis son rachat par Volkswagen et son redémarrage, les capitaux et la technologie Bugatti sont désormais allemands.

Exagon

6		Made in 60 emplois	Retrouvez cette entreprise sur la carte 66

1 site de production de 150 sportives électriques par an à Magny-Cours (58) avec 60 salariés. L'entreprise, qui réalise 4 millions d'euros de chiffre d'affaires y a investi 27 millions d'euros.

Les grandes berlines *concurrentes et importées*

- **Renault Fluence**

La production pour le marché européen est basée à Bursa en Turquie depuis 2009. Elle est aussi fabriquée à Santa Isabel (Argentine), à Busan (Corée du Sud) et à Chennai (Inde) pour les versions destinées aux marchés émergents. La Renault Fluence est fabriquée par la filiale turque de Renault, Oyak-Renault et conçue en collaboration avec Renault Samsung Motors qui la commercialise aussi sous sa marque, sous le nom de Samsung SM3 II. L'objectif est d'atteindre les 100.000 Fluence produites par an. Cette berline, dotée d'un vaste coffre et qui succède à la Mégane Sedan, s'adresse au marché turc et sera exportée vers 80 pays.

- **Renault Fluence ZE**

La version électrique de la Renault Fluence est **fabriquée à Bursa en Turquie et à Busan en Corée du Sud.** En Turquie, la Renault Fluence ZE a été commercialisée fin 2011. Les premiers utilisateurs sont les collectivités publiques.

- **Citroën C-Elysée**

Ce nouveau modèle de berline dotée d'un très grand coffre sera **assemblé à Vigo (Espagne) et en Chine** à partir de 2013. Initialement, destinée au marché chinois, rien n'interdit qu'elle soit réimportée en France. L'objectif de production pour 2014 est de 110.000 voitures à travers le monde.

- **Citroën C4L**

Plus grande que la C-Elysée, elle repose sur la plate-forme de la Peugeot 408. Elle sera d'abord **assemblée en Russie puis en Chine** et réservée à la vente sur ces marchés. L'objectif de production pour 2014 est de 120.000 voitures.

- **Renault Latitude**

Assemblée à Busan en Corée du Sud. Le prochain modèle haut de gamme de Renault sera **importé de Corée** et succédera à la VelSatis fabriquée à Sandouville. Très similaire à la Samsung SM5 III, elle sera produite sur les mêmes lignes de montage. 85% des ventes devraient provenir de régions hors d'Europe, notamment de Corée sous la marque Samsung. Le groupe Renault a choisi de ne pas investir dans deux lignes de production différentes pour couvrir uniquement les 15% du marché européen.

- **Opel Insigna**

La remplaçante de l'Opel Vectra est fabriquée à **Rüsselsheim en Allemagne**, où Opel a son siège social. En outre, General Motors **emploie 1.050 salariés à Strasbourg (67).** Cette usine alimente en boîtes de vitesse les voitures du groupe.

- **Ford Kuga**

Assemblée à Sarrelouis en Allemagne. L'usine Ford de Sarrelouis emploie environ 6.000 salariés et est le plus gros employeur du Land de Sarre. **Les travailleurs français représenteraient plus de 10% du personnel (l'usine est à 10 km de la frontière)**. En outre, **800 salariés produisent les boîtes de vitesse des véhicules Ford à Blanquefort (33)** dont le candidat NPA aux présidentielles, Philippe Poutou. Celui-ci refuse toutefois de rouler en Ford, l'entreprise qui le fait pourtant vivre…

- **Ford Mondeo**

Assemblée à Genk en Belgique et **à Vsevolojsk en Russie**. Mais Ford a annoncé son intention de fermer l'usine de Genk en 2014, entraînant la suppression des 4.000 postes. Elle est **aussi produite pour l'Asie à Chongqing en Chine, à Taoyuan à Taïwan, à Rayong en Thaïlande, à Hai Duong au Vietnam.** En outre, **800 salariés produisent les boîtes de vitesse des véhicules Ford à Blanquefort (33).**

- **Toyota Avensis**

Assemblée à Burnaston en Grande-Bretagne. Les châssis et carrosseries de sa deuxième génération étaient issus du **centre de design Toyota français ED2, implanté à Sophia-Antipolis.**

Jaguar XF

Assemblée à 100.000 exemplaires **à Coventry en Grande-Bretagne.** L'indien Tata Motors est aujourd'hui le propriétaire des marques Jaguar et Land Rover. Le groupe réfléchit à une implantation industrielle en Chine, afin d'y produire certains modèles de ces deux marques. Ce serait la première fois qu'une Jaguar serait produite hors de la Grande-Bretagne.

Volkswagen Jetta

La dernière génération, la Jetta 5 est **produite à Kaluga en Russie**, à Puebla au Mexique, à Changchun en Chine, à Aurangabad en Inde et à Uitenhage en Afrique du Sud. La Jetta 2 lancée en 1991 est toujours produite en Chine.

Volkswagen Passat

Assemblée à Emden et à Zwickau, en Allemagne. Version coupée, la Passat CC est fabriquée en Allemagne comme en Chine.

Mercedes Classe C3

Assemblée en Allemagne, à Sindelfingen et Brême. La Classe C est produite depuis 1982.

Mercedes Classe E

Assemblée à Sindelfingen, **en Allemagne.**

Mercedes CLS

Assemblée à Sindelfingen, **en Allemagne,** elle est aussi produite au Mexique.

Audi A4

Assemblée à Ingolstadt en Allemagne pour le marché européen. Elle est aussi produite à Changchun en Chine, à Tokyo au Japon, à Jakarta en Indonésie. Elle a été produite à plus de 10 millions d'exemplaires depuis 1994.

Audi A7

Assemblée à Neckarslum en Allemagne.

Seat Exeo

Assemblée à Martorel en Espagne, elle est basée sur la plate-forme de l'ancienne génération d'Audi A4, dont elle reprend plus de 70% des éléments.

BMW Série 3

Assemblée à Ratisbonne en Allemagne. 14 968 modèles vendus en France en 2010. La Série 3 est produite depuis 1975.

BMW Série 5, Série 6, Série 7

Assemblée à Dingolfing en Allemagne. BMW est le plus gros employeur de la ville bavaroise avec environ 19.000 salariés. L'usine y produit chaque année environ 270.000 BMW.

Volvo V70
Assemblée à Torslanda en Suède et Gand en Belgique. Elle est aussi produite à Halifax au Canada.

Volvo S80
Assemblée à Torslanda en Suède.

Cadillac ATS
Assemblée à Lansing dans le Michigan, aux Etats-Unis.

Cadillac CTS
Assemblée à Lansing dans le Michigan, aux Etats-Unis. Elle est aussi produite à Shanghai en Chine. Il s'en vend quelques dizaines chaque année en France.

Chevrolet Cruze
Assemblée à Saint Petersbourg en Russie, en Corée, ainsi qu'à Lordstown aux Etats-Unis. En outre General Motors **emploie 1.050 salariés à Strasbourg (67).** Cette usine alimente en boîtes de vitesse les voitures du groupe.

Honda Accord
Assemblée à Sayama au Japon (pour les marchés japonais et européens), elle est assemblée à Marysville aux Etats-Unis, à Jalisco au Mexique et à Canton en Chine pour les marchés américain, australien sud-asiatique. L'Accord a été produite à plus de 12 millions d'exemplaires depuis 1976.

Hyundai i40
Assemblée à Ulsan en Corée du Sud.

Infiniti G35/G37 - M
Assemblée à Tochigi au Japon.

Mazda 6
Assemblée au Japon.

Subaru Legacy
Assemblée à Ōta au Japon et à Lafayette dans l'Indiana aux Etats-Unis.

Voitures monospaces

1. Renault Scenic 3
2. Peugeot 3008
3. Peugeot 5008

Le saviez-vous ?

Le monospace est une invention française. Pensé par Matra et vendu sous la marque Renault Esapce en 1984, le monospace connaît depuis un grand succès en Europe.

Le saviez-vous ?

Le 807 est le plus large des monospaces avec 2m17. Le C8 est le plus haut des monospaces avec 1m86, quant l'Espace ne culmine qu'à 1m73. Le Fiat Ulysse est le plus performant avec une accélération de 0 à 100 km/h en 11,2 secondes. Le Phedra est un des monospaces avec le plus faible taux de rejet de Co^2 avec 186 g/km. Tous ces véhicules sont assemblés en France.

Les voitures monospaces *Made in Emplois*

Renault Scénic

1

Made in 3.420 *emplois*

Empreinte Emplois en France
455
pour 10.000 produits vendus en France

7 **1 site de production de 180.000 voitures (Mégane CC et Scénic) à Douai (59) avec 4.800 salariés.**

420 millions d'euros y seront investis de 2012 à 2016 pour accueillir la production des remplaçantes de l'Espace, de la Laguna et du Scénic. Renault y rassemblera à l'avenir la production de 300.000 de ses voitures moyen et haut-de-gamme.

9 **1 site de production de 470.000 moteurs diesel et électriques et de 690.000 boîtes de vitesse par an à Cléon (76) avec 4.200 salariés.** 400 embauches et 300 millions d'euros y sont programmés de 2012 à 2014. La base des moteurs y sont réalisés avant d'être expédiés à Pitesti, en Roumanie, où ils sont usinés.

34 **1 site de production de boîtes de vitesse à Ruitz (22) avec 700 salariés.**

46 **1 site de production de pièces mécaniques à Choisy-le-Roi (94) avec 350 salariés.**

67 **1 site de R&D à Lardy (91) avec 50 salariés.**

2 **1 site de R&D à Guyancourt (78) avec environ 12.000 salariés.** Le Technocentre a récemment été rebaptisé « Le Losange ».

Peugeot 3008

2	Made in 2.450 emplois	Empreinte Emplois en France 490 pour 10.000 produits vendus en France

3 **1 site de R&D et 1 site de production 370.000 véhicules par an (308, 3008, 5008 et DS5) à Montbéliard (25) avec 12.000 salariés.** 350 des 1.600 postes d'intérimaires y ont été supprimés en 2012 dans ce qui constitue la plus grosse usine PSA et l'une des trois plus importantes usines de France. 100 millions d'euros y ont été investis en 2011. Mais après avoir connu des jours de chômage partiel en juin 2012, la production y baisse à 1.700 voitures produites par jour. Environ 4.000 personnes travaillent au sein du bureau d'étude du site de Sochaux. En 2011, 373.000 voitures ont été produites à Sochaux : des 308, 3008, 5008 et DS5.

En 2009 les trois équipes sochaliennes travaillaient jour et nuit. La troisième équipe, qui devait être arrêtée en mars 2012, fut prolongée pour satisfaire la demande en Peugeot 3008.

10 **1 site de production de 1,6 million de moteurs diesel à Tremery (57) avec 3.800 salariés.** Entrée en service en 1979, c'est la plus grosse usine au monde de fabrication de moteurs diesel qui emploie également plus de 500 intérimaires. Ces moteurs sont destinés à équiper la moitié des véhicules de PSA et sont aussi vendus à des constructeurs partenaires (Ford, Mitsubishi). Le groupe PSA y a investi plus de 200 millions d'euros en 2011 dans l'agrandissement et la modernisation de l'outil de production.

11 **1 site de production des équipements intérieurs et 1 centre logistique des pièces de rechanges à Vesoul (70) avec 3.200 salariés.** C'est le centre mondial du groupe PSA pour l'expédition des pièces de rechange.

18 **1 site de production de 2 millions de boîtes de vitesses par an à Valenciennes (59) avec 2.400 salariés.** 220 millions d'euros y sont investis de 2011 à 2014.

22 **1 site de production de pièces mécaniques à Villers-Semeuse (08) avec 2.200 salariés.**

16 **1 site de R&D à La Garenne-Colombes (92) avec 2.600 salariés.**

24 **1 site de production de transmissions à Cormelles-le-Royal (14) avec 1.850 salariés.** PSA y a investi 34 millions d'euros en 2011 et 2012.

33 **1 site de production de pièces de freinage à Dompierre-sur-Besbre (03) avec 700 salariés.**

36 **1 site de production de pièces de carrosserie à Saint-Ouen (93) avec 650 salariés.**

38 **1 site de soutien à la production à Meudon (92) avec 600 salariés.**

51 **1 site de mécanique à Hérimoncourt (25) avec 300 salariés.**

39 **1 site de R&D à Carrières-sous-Poissy (78) avec 600 salariés.**

8 **1 site de R&D à Vélizy (78) avec 4.700 salariés.** 10% des effectifs de R&D du groupe PSA ont été supprimés en 2012.

1 siège à Sochaux (25) et à Paris (75).

Peugeot 5008

3

Made in 1.680 *emplois*

Empreinte Emplois en France 990 pour 10.000 produits vendus en France

3 **1 site de R&D et 1 site de production 370.000 véhicules par an (308, 3008, 5008 et DS5) à Montbéliard (25) avec 12.000 salariés.** 350 des 1.600 postes d'intérimaires y ont été supprimés en 2012 dans ce qui constitue la plus grosse usine PSA et l'une des trois plus importantes usines de France. 100 millions d'euros y ont été investis en 2011. Mais après avoir connu des jours de chômage partiel en juin 2012, la production y baisse à 1.700 voitures produites par jour. Environ 4.000 personnes travaillent au sein du bureau d'étude du site de Sochaux. En 2011, 373.000 voitures ont été produites à Sochaux : des 308, 3008, 5008 et DS5.

La production de 5008 fut de 14.000 exemplaires en 2009 et de 27.000 en 2010.

10 **1 site de production de 1,6 million de moteurs diesel à Tremery (57) avec 3.800 salariés.** Entrée en service en 1979, c'est la plus grosse usine au monde de fabrication de moteurs diesel qui emploie également plus de 500 intérimaires. Ces moteurs sont destinés à équiper la moitié des véhicules de PSA et sont aussi vendus à des constructeurs partenaires (Ford, Mitsubishi). Le groupe PSA y a investi plus de 200 millions d'euros en 2011 dans l'agrandissement et la modernisation de l'outil de production.

11 **1 site de production des équipements intérieurs et 1 centre logistique des pièces de rechanges à Vesoul (70) avec 3.200 salariés.** C'est le centre mondial du groupe PSA pour l'expédition des pièces de rechange.

18 **1 site de production de 2 millions de boîtes de vitesses par an à Valenciennes (59) avec 2.400 salariés.** 220 millions d'euros y sont investis de 2011 à 2014.

22 **1 site de production de pièces mécaniques à Villers-Semeuse (08) avec 2.200 salariés.**

24 **1 site de R&D à La Garenne-Colombes (92) avec 2.600 salariés.**

16 **1 site de production de transmissions à Cormelles-le-Royal (14) avec 1.850 salariés.** PSA y a investi 34 millions d'euros en 2011 et 2012.

33 **1 site de production de pièces de freinage à Dompierre-sur-Besbre (03) avec 700 salariés.**

36 **1 site de production de pièces de carrosserie à Saint-Ouen (93) avec 650 salariés.**

38 **1 site de soutien à la production à Meudon (92) avec 600 salariés.**

51 **1 site de mécanique à Hérimoncourt (25) avec 300 salariés.**

39 **1 site de R&D à Carrières-sous-Poissy (78) avec 600 salariés.**

8 **1 site de R&D à Vélizy (78) avec 4.700 salariés.** 10% des effectifs de R&D du groupe PSA ont été supprimés en 2012.

1 siège à Sochaux (25) et à Paris (75).

Renault Espace

4	*Made in* 1.620 *emplois*	Empreinte Emplois en France **405** pour 10.000 produits vendus en France

19 **1 site de production de 150.000 voitures (Traffic, Espace, Laguna et Opel Vivaro) à Sandouville-Le Havre (76) avec 2.400 salariés.**

Sa remplaçante devrait être assemblée à Douai (59) avec 4.800 salariés. 420 millions d'euros y seront investis de 2012 à 2016 pour accueillir la production des remplaçantes de l'Espace, de la Laguna et du Scénic. Renault y rassemblera à l'avenir la production de 300.000 de ses voitures moyen et haut-de-gamme.

9 **1 site de production de 470.000 moteurs diesel et électriques et de 690.000 boîtes de vitesse par an à Cléon (76) avec 4.200 salariés.** 400 embauches et 300 millions d'euros y sont programmés de 2012 à 2014. La base des moteurs y sont réalisés avant d'être expédiés à Pitesti, en Roumanie, où ils sont usinés.

34 **1 site de production de boîtes de vitesse à Ruitz (22) avec 700 salariés.**

46 **1 site de production de pièces mécaniques à Choisy-le-Roi (94) avec 350 salariés.**

67 **1 site de R&D à Lardy (91) avec 50 salariés.**

2 **1 site de R&D à Guyancourt (78) avec environ 12.000 salariés.** Le Technocentre a récemment été rebaptisé « Le Losange ».

Peugeot 807-806 - Citroen C8-Evasion

5

Made in
995
emplois

Empreinte Emplois en France
830
pour 10.000 produits vendus en France

20 **1 site de production de 420 véhicules/jour (80% utilitaires, 20% monospaces) par Sevelnord à Lieu-Saint-Amand (59) avec 2.400 salariés.**

Les Citroën C8, Peugeot 807, Fiat Ulysse II, Lancia Phedra étaient produites sur la même base, dans l'usine Sevelnord, société conjointe PSA - Fiat Professional. Mais Fiat a mis fin à la production de ces modèles et sera prochainement remplacée par Toyota.

Ces grands monospaces Peugeot 807 et Citroën C8, assemblés chez Sevelnord depuis 1994, pourraient disparaître en 2015 sans être remplacés.

10 **1 site de production de 1,6 million de moteurs diesel à Tremery (57) avec 3.800 salariés.** Entrée en service en 1979, c'est la plus grosse usine au monde de fabrication de moteurs diesel qui emploie également plus de 500 intérimaires. Ces moteurs sont destinés à équiper la moitié des véhicules de PSA et sont aussi vendus à des constructeurs partenaires (Ford, Mitsubishi). Le groupe PSA y a investi plus de 200 millions d'euros en 2011 dans l'agrandissement et la modernisation de l'outil de production.

11 **1 site de production des équipements intérieurs et 1 centre logistique des pièces de rechanges à Vesoul (70) avec 3.200 salariés.** C'est le centre mondial du groupe PSA pour l'expédition des pièces de rechange.

18 **1 site de production de 2 millions de boîtes de vitesses par an à Valenciennes (59) avec 2.400 salariés.** 220 millions d'euros y sont investis de 2011 à 2014.

80 **1 site de production de boîtes de vitesse à Metz (57) avec 2.000 salariés.** Vieux de 40 ans, le site de Borny a perdu un important contrat avec l'Iran, qui représentait son premier débouché à l'exportation.

22 **1 site de production de pièces mécaniques à Villers-Semeuse (08) avec 2.200 salariés.**

24 **1 site de production de transmissions à Cormelles-le-Royal (14) avec 1.850 salariés.** PSA y a investi 34 millions d'euros en 2011 et 2012.

16 **1 site de R&D à La Garenne-Colombes (92) avec 2.600 salariés.**

33 **1 site de production de pièces de freinage à Dompierre-sur-Besbre (03) avec 700 salariés.**

36 **1 site de production de pièces de carrosserie à Saint-Ouen (93) avec 650 salariés.**

38 **1 site de soutien à la production à Meudon (92) avec 600 salariés.**

51 **1 site de mécanique à Hérimoncourt (25) avec 300 salariés.**

39 **1 site de R&D à Carrières-sous-Poissy (78) avec 600 salariés.**

8 **1 site de R&D à Vélizy (78) avec 4.700 salariés.** 10% des effectifs de R&D du groupe PSA ont été supprimés en 2012.

1 siège à Sochaux (25) et à Paris (75).

Les voitures monospaces *concurrentes et importées*

- **Opel Zafira**

Assemblée à Bochum en Allemagne. General Motors **emploie 1.050 salariés à Strasbourg (67).** Cette usine alimente en boîtes de vitesse les voitures du groupe.

- **Ford C-Max**

Assemblée à Sarrelouis en Allemagne. L'usine Ford de Sarrelouis emploie plus de 6.000 salariés et est le plus gros employeur du Land de Sarre. **Les travailleurs français représenteraient plus de 10% du personnel (l'usine est à 10 km de la frontière). 835 salariés produisent les boîtes de vitesse des véhicules Ford à Blanquefort (33)** dont le candidat NPA aux présidentielles, Philippe Poutou. Celui-ci refuse toutefois de rouler en Ford, l'entreprise qui le fait pourtant vivre…

- **Ford Galaxy**

Assemblée à Genk en Belgique. 835 salariés produisent les boîtes de vitesse des véhicules Ford à Blanquefort (33).

- **Ford S-Max**

Assemblée à Genk en Belgique. 835 salariés produisent les boîtes de vitesse des véhicules Ford à Blanquefort (33).

- **Volkswagen Multivan**

Assemblée à Hanovre, en Allemagne. Les pièces viennent de Poznań, en Pologne.

- **Volkswagen Sharan**

Assemblée à Palmela au Portugal.

- **Dacia Lodgy**

La Lodgy sera fabriquée dans la nouvelle usine Renault de **Tanger au Maroc.** 95% de cette production seraient destinés à l'exportation, essentiellement vers l'Europe. Elle sera deux fois moins chère que la Scenic grâce à des coûts de production encore plus bas qu'en Roumanie. L'entreprise réalise à Tanger un investissement de 800 millions à 1 milliard d'euros. Et elle compte recruter sur place 6.000 salariés.

- **Lancia Voyager**

Assemblée à Windsor dans l'Ontario au Canada.

- **Mazda 5**

Assemblée à Hiroshima au Japon.

- **Mercedes Classe B**

Assemblée à Rastatt en Allemagne ainsi qu'à Juarez au Mexique.

- **Mercedes Classe R**

Assemblée à Tuscoloosa, dans l'Alabama aux Etats-Unis et à Mexico au Mexique.

- **Toyota Verso**

Assemblée à Adapazari en Turquie.

- **Fiat Freemont**

Assemblée depuis 2011 dans l'usine Chrysler de Toluca au Mexique.

Véhicules utilitaires

1. Renault Master
2. Renault Kangoo - Kangoo ZE
3. Renault Trafic

En 2012, les ventes de véhicules utilitaires légers ont baissé de 10,5%. Cette chute est d'autant plus inquiétante qu'elle est l'indice d'un net ralentissement de l'activité des artisans et entreprises utilisatrices de ce genre de véhicules.

PSA est leader européen du marché des véhicules utilitaires légers avec une part de marché de 20,8% au premier semestre 2012.

Le saviez-vous ?

Renault a offert une papamobile électrique à Benoît XVI basé sur le grand Kangoo et spécialement adapté, il a été conçu en collaboration avec le carrossier français Grau.

Les véhicules utilitaires *Made in Emplois*

Renault Master

1 — Made in 4.020 emplois — Empreinte Emplois en France 535 pour 10.000 produits vendus en France

15 **1 site de production de 420 Master par jour à Batilly (54) avec 2.800 salariés.** Lancé en 2010 au terme d'un investissement de 180 millions d'euros, le nouveau modèle a effectué un bon démarrage avec 106.600 exemplaires vendus en 2011. La cadence de production y a depuis été nettement réduite passant de 580 à 420 véhicules par jour.

29 **1 site de R&D des véhicules utilitaires Renault à Villiers-Saint-Frédéric (78) avec environ 1.000 salariés.**

9 **1 site de production de 470.000 moteurs diesel et électriques et de 690.000 boîtes de vitesse par an à Cléon (76) avec 4.200 salariés.** 400 embauches et 300 millions d'euros y sont programmés de 2012 à 2014. La base des moteurs R9M, moteurs électriques et le nouveau moteur trois cylin-

dres y sont réalisés, puis les blocs sont expédiés en Roumanie, à Pitesti, où ils sont usinés.

34 **1 site de production de boîtes de vitesse à Ruitz (22) avec 700 salariés.**

46 **1 site de production de pièces mécaniques à Choisy-le-Roi (94) avec 350 salariés.**

67 **1 site de R&D à Lardy (91) avec 50 salariés.**

2 **1 site de R&D à Guyancourt (78) avec environ 12.000 salariés.** Le Technocentre a récemment été rebaptisé « Le Losange ».

Renault Kangoo - Kangoo ZE

2

Made in **2.720** emplois

Empreinte Emplois en France **1.430** pour 10.000 produits vendus en France

23 **1 site de production de 100.000 Kangoo et de 40.000 Mercedes Citan à Maubeuge (59) avec 2.100 salariés.** Toutes les versions de Kangoo y sont assemblées (3, Express, ZE). En 2012, 100 millions d'euros ont été investis par Renault et Daimler dans l'usine, qui est l'une des rares en France à fonctionner le samedi.

A partir de 2013, une deuxième chaîne de montage de l'usine Renault de Tanger (Maroc) fabriquera un dérivé du Kangoo. 90% des 400 000 véhicules produits chaque année (Dacia Lodgy et Logan et Renault Kangoo) seront réimportés en Europe.

19.000 Kangoo ont été vendues en France en 2010.

29 **1 site de R&D des véhicules utilitaires Renault à Villiers-Saint-Frédéric (78) avec environ 1.000 salariés.**

9 **1 site de production de 470.000 moteurs diesel et électriques et de 690.000 boîtes de vitesse par an à Cléon (76) avec 4.200 salariés.** 400 embauches et 300 millions d'euros y sont programmés de 2012 à 2014. La base des moteurs y est réalisée, puis expédiée en Roumanie, à Pitesti, où ils sont usinées.

34 **1 site de production de boîtes de vitesse à Ruitz (22) avec 700 salariés.**

46 **1 site de production de pièces mécaniques à Choisy-le-Roi (94) avec 350 salariés.**

67 **1 site de R&D à Lardy (91) avec 50 salariés.**

2 **1 site de R&D à Guyancourt (78) avec environ 12.000 salariés.** Le Technocentre a récemment été rebaptisé « Le Losange »

Renault Trafic

3

Made in 1.815 *Emplois*

Empreinte Emplois en France 405 pour 10.000 produits vendus en France

19 **1 site de production de 150.000 voitures (Traffic, Espace, Laguna et Opel Vivaro) à Sandouville-Le Havre (76) avec 2.400 salariés.**

Renault investit 230 millions d'euros sur le site de Sandouville pour rapatrier la production de l'utilitaire Trafic. Ce modèle était jusqu'à présent assemblé sur les chaînes de l'usine Nissan de Barcelone, la production de la nouvelle génération sera elle relocalisée au Havre afin de stabiliser l'emploi dans l'usine. Mise en service en 1964 pour construire la R16, l'usine Renault de Sandouville a perdu 1.300 emplois en 2008-2009, dans le cadre d'un vaste plan de départs volontaires.

29 **1 site de R&D des véhicules utilitaires Renault à Villiers-Saint-Frédéric (78) avec environ 1.000 salariés.**

9 **1 site de production de 470.000 moteurs diesel et électriques et de 690.000 boîtes de vitesse par an à Cléon (76) avec 4.200 salariés.** 400 embauches et 300 millions d'euros y sont programmés de 2012 à 2014. La base des moteurs R9M, moteurs électriques et le nouveau moteur trois cylindres y sont réalisés, puis les blocs sont expédiés en Roumanie, à Pitesti, où ils sont usinés.

34 **1 site de production de boîtes de vitesse à Ruitz (22) avec 700 salariés.**

46 **1 site de production de pièces mécaniques à Choisy-le-Roi (94) avec 350 salariés.**

67 **1 site de R&D à Lardy (91) avec 50 salariés.**

2 **1 site de R&D à Guyancourt (78) avec environ 12.000 salariés.** Le Technocentre a récemment été rebaptisé « Le Losange ».

Peugeot Expert - Citroën Jumpy

4

Made in 1.310 *emplois*

Empreinte Emplois en France 570 pour 10.000 produits vendus en France

20 **1 site de production de 420 véhicules par jour** (80% utilitaires, 20% monospaces) **par Sevelnord à Lieu-Saint-Amand (59) avec 2.400 salariés.**

Les Citroën Jumpy, Peugeot Expert et Fiat Scudo sont produits sur la même base, dans l'usine Sevelnord, société conjointe PSA - Fiat Professional.

Fiat sera prochainement remplacée par Toyota. L'usine a vu son avenir pérennisé par l'attribution d'un nouveau véhicule utilitaire, qui remplacera vers 2015 les actuels Peugeot Expert et Citroën Jumpy. PSA s'est engagé à investir 750 millions d'euros sur le site dont 400 millions d'euros en R&D pour la production de son futur utilitaire léger de gamme moyenne. Une somme partagée avec le japonais Toyota, qui prendra pour son compte une part minoritaire des volumes, remplaçant au pied levé l'italien Fiat. Toyota, qui est un acteur marginal du marché européen des utilitaires, ne va pas saturer l'usine. Mais l'usine risquait de fermer. Sevelnord était en concurrence avec l'usine espagnole de Vigo, aux coûts de production nettement plus faibles. Les syndicats ont accepté un gel des salaires sur la période 2013-2014, la baisse du nombre de jours de RTT de 11 à 7 par an, une possibilité de prêt de main d'oeuvre à des entreprises de la région en baisse d'activité contre une hausse de l'intéressement.

10 **1 site de production de 1,6 million de moteurs diesel à Tremery (57) avec 3.800 salariés.** Entrée en service en 1979, c'est la plus grosse usine au monde de fabrication de moteurs diesel qui emploie également plus de 500 intérimaires. Ces moteurs sont destinés à équiper la moitié des véhicules de PSA et sont aussi vendus à des constructeurs partenaires (Ford, Mitsubishi). Le groupe PSA y a investi plus de 200 millions d'euros en 2011 dans l'agrandissement et la modernisation de l'outil de production.

11 **1 site de production des équipements intérieurs et 1 centre logistique des pièces de rechanges à Vesoul (70) avec 3.200 salariés.** C'est le centre mondial du groupe PSA pour l'expédition des pièces de rechange. L'usine est le plus gros employeur privé de Haute-Saône.

18 **1 site de production de 2 millions de boîtes de vitesses par an à Valenciennes (59) avec 2.400 salariés.** 220 millions d'euros y sont investis de 2011 à 2014.

24 **1 site de production de transmissions à Cormelles-le-Royal (14) avec 1.850 salariés.** PSA y a investi 34 millions d'euros en 2011 et 2012.

22 **1 site de production de pièces mécaniques à Villers-Semeuse (08) avec 2.200 salariés.**

16 **1 site de R&D à La Garenne-Colombes (92) avec 2.600 salariés.**

33 **1 site de production de pièces de freinage à Dompierre-sur-Besbre (03) avec 700 salariés.**

36 **1 site de production de pièces de carrosserie à Saint-Ouen (93) avec 650 salariés.**

38 **1 site de soutien à la production à Meudon (92) avec 600 salariés.**

51 **1 site de mécanique à Hérimoncourt (25) avec 300 salariés.**

39 **1 site de R&D à Carrières-sous-Poissy (78) avec 600 salariés.**

8 **1 site de R&D à Vélizy (78) avec 4.700 salariés.** 10% des effectifs de R&D du groupe PSA ont été supprimés en 2012.

1 siège à Sochaux (25) et à Paris (75).

Mercedes Citan

5	*Made in* 600 *emplois*	Retrouvez cette entreprise sur la carte 23

1 site de production de 100.000 Kangoo et de 40.000 Mercedes Citan à Maubeuge (59) avec 2.100 salariés. Toutes les versions de Kangoo y sont assemblées (3, Express, ZE). En 2012, 100 millions d'euros ont été investis par Renault et Daimler dans l'usine, qui est l'une des rares en France à fonctionner le samedi. Suite à l'alliance conclue en 2011 avec Renault, la Mercedes Citan y est assemblée sur la base du Kangoo afin de baisser les coûts de production en mutualisant plates-formes et moteurs.

Fiat Scudo

6	*Made in* 600 *emplois*	Retrouvez cette entreprise sur la carte 20

1 site de production de 420 véhicules/jour (80% utilitaires, 20% monospaces) par Sevelnord à Lieu-Saint-Amand (59) avec 2.400 salariés.

Les Citroën Jumpy, Peugeot Expert et Fiat Scudo sont produits sur la même base, dans l'usine Sevelnord, société conjointe PSA - Fiat Professional. Fiat sera prochainement remplacée par Toyota. Fiat a annoncé qu'il se retirait du projet à partir de 2017.

Opel Vivaro

7	*Made in* 600 *emplois*	Retrouvez cette entreprise sur la carte 19

1 site de production de 150.000 voitures (Trafic, Espace, Laguna et Opel Vivaro) à Sandouville-Le Havre (76) avec 2.400 salariés.

Durisotti

8

Made in
400
emplois

Retrouvez cette entreprise sur la carte
44

1 siège et 1 site de production de fourgons, pick-up et minicars à Sallaumines (62) avec 400 salariés.

Goupil

9

Made in
100
emplois

Empreinte Emplois en France
500
pour 10.000 produits vendus en France

61 **1 siège et 1 site de production de 3.000 véhicules utilitaires électriques à Bourran (47) par 100 salariés.** Goupil a investi 1 million d'euro en 2011 et embauché une trentaine de personnes. Implantée dans le Lot-et-Garonne depuis 1996, **la société exporte vers 18 pays en Europe** et se positionne comme le leader du marché. Goupil a été racheté par l'américain Polaris, fabricant de véhicule tout terrain du Minnesota. Goupil a connu une croissance exceptionnelle (80% entre 2006 et 2007, 30% entre 2007 et 2008) et un triplement de son effectif en 5 ans. L'entreprise a réalisé un chiffre d'affaires de 21 millions d'euros en 2011, dont **35% à l'export.** Ses véhicules sont utilisés par les communes de Bordeaux, Paris, Lyon, Toulouse, mais aussi Madrid, Copenhague, Amsterdam.

SimplyCity

1 site de production d'utilitaires à Chauvigny (86). La société française Eco & Mobilité est implantée en région Poitou-Charentes depuis 2007.

Les véhicules utilitaires *concurrents et importés*

- **Peugeot Boxer - Citroën Jumper**
Depuis 1978, Citroën Jumper et Peugeot Boxer sont **fabriqués en Italie**, chez Fiat.

- **Peugeot Partner - Citroën Berlingo**
Assemblage à Vigo en Espagne, à Mangualde au Portugal et à Bursa en Turquie.

- **Citroën Nemo - Peugeot Bipper**
Assemblage à Bursa en Turquie, dans l'usine Fiat-Tofas inaugurée le 3 octobre 2007, ligne de production destinée à un nouveau type d'utilitaire d'entrée de gamme. Tofaş, le plus important constructeur automobile en Turquie, est détenu à parité par les groupes Fiat et Koç.

- **Fiat Fiorino Qubo - Fiat Doblo**
Assemblés à Bursa en Turquie et à Betim au Brésil.

- **Opel Combo Tour - Opel Vivaro**
Assemblées à Saragosse en Espagne. General Motors **emploie 1.050 salariés à Strasbourg (67).** Cette usine alimente en boîtes de vitesse les voitures du groupe.

- **Nissan Primastar**
Principalement **assemblée en Espagne et en Grande-Bretagne.**

- **Ford Transit Connect**
Assemblée à Craiova en Roumanie. 835 salariés produisent les boîtes de vitesse des véhicules Ford à Blanquefort (33).

- **Dacia Dokker**
Assemblée à Tanger au Maroc.

Volkswagen Caddy
Assemblée à Poznan en Pologne, ainsi qu'à Changchun en Chine pour le marché chinois.

- **Skoda Roomster**
Assemblée en République Tchèque.

SUV, Crossovers & 4x4

1. Peugeot 3008
2. Peugeot 508 RXH
3. Volteis X4

La part de marché des SUV augmente dans le monde entier.

Les français confirment leur goût pour les grosses cylindrées, la puissance moyenne est passée de 99 à 106 chevaux entre 2010 et 2011 (elle était en France de 93 chevaux en 2001 et de 62 chevaux en 1981). En Allemagne, la puissance moyenne est passée de 130 à 138 chevaux en deux ans.

Les SUV, crossovers et 4x4 *Made in Emplois*

Peugeot 3008

1

Made in **3.750** emplois

Empreinte Emplois en France **940** pour 10.000 produits vendus en France

3 **1 site de R&D et 1 site de production 370.000 véhicules par an (308, 3008, 5008 et DS5) à Montbéliard (25) avec 12.000 salariés.**

350 des 1.600 postes d'intérimaires y ont été supprimés en 2012 dans ce qui constitue la plus grosse usine PSA et l'une des trois plus importantes usines de France. 100 millions d'euros y ont été investis en 2011. Après avoir connu des jours de chômage partiel en juin 2012, la production y baisse à 1.700 voitures produites par jour. Environ 4.000 personnes travaillent au sein du bureau d'étude du site de Sochaux.

En mars 2011, la Peugeot 3008 a été élue « Voiture importée de l'année » en Chine.

10 **1 site de production de 1,6 million de moteurs diesel à Tremery (57) avec 3.800 salariés.** Entrée en service en 1979, c'est la plus grosse usine au monde de fabrication de moteurs diesel qui emploie également plus de 500 intérimaires. Ces moteurs sont destinés à équiper la moitié des véhicules de PSA et sont aussi vendus à des constructeurs partenaires (Ford, Mitsubishi).

Le groupe PSA y a investi plus de 200 millions d'euros en 2011 dans l'agrandissement et la modernisation de l'outil de production.

11 **1 site de production des équipements intérieurs et 1 centre logistique des pièces de rechanges à Vesoul (70) avec 3.200 salariés.** C'est le centre mondial du groupe PSA pour l'expédition des pièces de rechange. L'usine est le plus gros employeur privé de Haute-Saône.

18 **1 site de production de 2 millions de boîtes de vitesses par an à Valenciennes (59) avec 2.400 salariés.** 220 millions d'euros y sont investis de 2011 à 2014.

22 **1 site de production de pièces mécaniques à Villers-Semeuse (08) avec 2.200 salariés.**

24 **1 site de production de transmissions à Cormelles-le-Royal (14) avec 1.850 salariés.** PSA y a investi 34 millions d'euros en 2011 et 2012.

16 **1 site de production de pièces de freinage à Dompierre-sur-Besbre (03) avec 700 salariés.**

33 **1 site de R&D à La Garenne-Colombes (92) avec 2.600 salariés.**

36 **1 site de production de pièces de carrosserie à Saint-Ouen (93) avec 650 salariés.**

38 **1 site soutien à la production à Meudon (92) avec 600 salariés.**

51 **1 site de mécanique à Hérimoncourt (25) avec 300 salariés.**

39 **1 site de R&D à Carrières-sous-Poissy (78) avec 600 salariés.**

8 **1 site de R&D à Vélizy (78) avec 4.700 salariés.** 10% des effectifs de R&D du groupe PSA ont été supprimés en 2012.

1 siège à Sochaux (Doubs) et à Paris (75).

Peugeot 508 RXH

2

Made in **2.150** *emplois*

6 **1 site de R&D et de production de 508, C5, C6, 407 coupé à Chartes-de-Bretagne (35) près de Rennes avec 5.600 salariés.**

Après des mesures de chômage partiel fin 2011, le site a supprimé près de 300 postes en 2012 (150 en production et 80 en R&D). L'usine PSA est installée depuis 1961 au sud de Rennes. Ce site est toujours le premier employeur privé de l'agglomération rennaise. La C6 est avec la Peugeot 607 et la Renault Vel-Satis, voiture officielle du gouvernement français.

Depuis 2011, PSA assemble aussi à Wuhan en Chine une partie des 508 à un rythme de 60.000/an.

10 **1 site de production de 1,6 million de moteurs diesel à Tremery (57) avec 3.800 salariés.** Entrée en service en 1979, c'est la plus grosse usine au monde de fabrication de moteurs diesel qui emploie également plus de 500 intérimaires. Ces moteurs sont destinés à équiper la moitié des véhicules de PSA et sont aussi vendus à des constructeurs partenaires (Ford, Mitsubishi). Le groupe PSA y a investi plus de 200 millions d'euros en 2011 dans l'agrandissement et la modernisation de l'outil de production.

11 **1 site de production des équipements intérieurs et 1 centre logistique des pièces de rechanges à Vesoul (70) avec 3.200 salariés.** C'est le centre mondial du groupe PSA pour l'expédition des pièces de rechange. L'usine est le plus gros employeur privé de Haute-Saône.

18 **1 site de production de 2 millions de boîtes de vitesses par an à Valenciennes (59) avec 2.400 salariés.** 220 millions d'euros y sont investis de 2011 à 2014.

22 **1 site de production de pièces mécaniques à Villers-Semeuse (08) avec 2.200 salariés.**

24 **1 site de production de transmissions à Cormelles-le-Royal (14) avec 1.850 salariés.** PSA y a investi 34 millions d'euros en 2011 et 2012.

16 **1 site de production de pièces de freinage à Dompierre-sur-Besbre (03) avec 700 salariés.**

33 **1 site de R&D à La Garenne-Colombes (92) avec 2.600 salariés.**

36 **1 site de production de pièces de carrosserie à Saint-Ouen (93) avec 650 salariés.**

38 **1 site soutien à la production à Meudon (92) avec 600 salariés.**

51 **1 site de mécanique à Hérimoncourt (25) avec 300 salariés.**

39 **1 site de R&D à Carrières-sous-Poissy (78) avec 600 salariés.**

8 **1 site de R&D à Vélizy (78) avec 4.700 salariés.** 10% des effectifs de R&D du groupe PSA ont été supprimés en 2012.

1 siège à Sochaux (Doubs) et à Paris (75).

Volteis X4

1 site de production à Davezieux (69). La société Electric Car produit un **4x4 100% électrique,** qui bénéficie d'un confort fait main.

Les SUV, crossover et 4x4 *concurrents et importés*

- **Renault Koleos**

Assemblé à Busan en Corée du Sud. Sa plate-forme et sa transmission sont dérivées de celles du Nissan X-Trail. Le Koleos est produit par le constructeur sud-coréen Renault Samsung, qui fait partie du groupe Renault. Il est aussi vendu localement sous le nom de Renault Samsung QM5.

- **Peugeot 4007**

Fabriqué au Japon à Okazaki, Okayama et Kurashiki par Mitsubishi ainsi **qu'aux Pays-Bas, à Born et en Russie à Kalouga.**

- **Citroën C-Crosser**

Fabriqué au Japon à Okazaki par Mitsubishi ainsi **qu'en Russie à Kalouga.**

- **Peugeot 4008**

Assemblé à Mizushima au Japon. Il est principalement destiné aux marchés extra-européens.

- **Citroën C4 Aircross**

Assemblé à Mizushima au Japon.

- **Mitsubishi ASX**

Assemblée à Mizushima au Japon.

- **Dacia Duster**

Assemblé à Pitesti en Roumanie depuis 2010. Il est aussi produit à Moscou en Russie, à Curitiba au Brésil, à Envigado en Colombie et en Inde. Le Duster dispose d'une capacité de production de plus de 450.000 Duster dans le monde. Le Duster est devenu en 2011 le tout-terrain le plus vendu en France. Les consommateurs français en ont acheté près de 34.000 en 2012. Le Duster coûte deux fois moins cher que certains de ses concurrents, comme le Peugeot 3008 ou le Nissan Qashqai. Duster, Sandero ou Logan, permettent au groupe Renault de faire des marges supérieures à 6%.

- **Nissan Qashqai**

Assemblé à Sunderland en Grande-Bretagne et à Kyūshū au Japon. Au Japon, le Qashqai ne rencontre qu'un faible succès et n'est pas diffusé aux Etats-Unis.

- **Mitsubishi Outlander**

Fabriqué aux Pays-Bas à Born pour le marché européen, ainsi qu'**au Japon à Okazaki et Kurashiki.**

- **Nissan Rogue**

Assemblé à Busan en Corée-du-Sud.

● **Nissan Juke**
Assemblé à Sunderland en Grande-Bretagne et à Yokosuka au Japon, il a été vendu à 22.000 exemplaires en France en 2011.

● **Audi Q3**
Assemblé à Martorell en Espagne.

● **Audi Q5**
Assemblé à Ingolstadt en Allemagne. Il domine le marché des SUV compacts de luxe en France avec 40% de parts de marché.

● **Audi Q7**
Assemblé à Bratislava en Slovaquie. Les moteurs sont fabriqués à Stuttgart en Allemagne.

● **BMW X1**
Assemblé à Leipzig en Allemagne.

● **BMW X3 - X5 - X6**
Assemblés à Spartanburg aux Etats-Unis.

● **Opel Antara**
Assemblée en Corée du Sud dans les usines Daewoo mais aussi en Russie et au Mexique. General Motors **emploie 1.050 salariés à Strasbourg (67).** Cette usine alimente en boîtes de vitesse les voitures du groupe.

● **Opel Mokka**
Assemblée à Figueruelas en Espagne. General Motors **emploie 1.050 salariés à Strasbourg (67).** Cette usine alimente en boîtes de vitesse les voitures du groupe.

● **Fiat Sedici**
Dessinée en Italie, elle est **assemblée à Esztergom en Hongrie.** Le Sedici est le fruit de l'alliance Fiat-Suzuki datant de 2003.

● **Suzuki SX4**
Assemblé à Esztergom en Hongrie et à Saint Petersburg en Russie. En Inde, il est fabriqué dans l'usine Maruti de Menesa.

● **Suzuki Jimny**
Assemblé en Espagne et au Japon.

● **Mini Countryman**
Assemblé à Graz en Autiche par Magna Steyr.

● **Toyota Urban Cruiser**
Reprenant la base de la Yaris II, il est **assemblé à Takaoka au Japon.**

- **Honda CR-V**

Assemblé au Royaume-Uni et au Japon. Depuis 2007, il est aussi produit aux Etats-Unis dans l'Ohio, ainsi qu'à Jalisco au Mexique pour le marché américain.

- **Land Rover Freelander**

Assemblé à Solihull en Grande-Bretagne ainsi qu'à Rayong en Thailande.

- **Chevrolet Captiva**

Assemblée en Corée du Sud. General Motors **emploie 1.050 salariés à Strasbourg (67).** Cette usine alimente en boîtes de vitesse les voitures du groupe.

- **Jeep Compass**

Assemblée à Belvidere dans l'Illinois aux Etats-Unis.

- **Jeep**

Vers 2013, une petite Jeep, de la taille d'une citadine, devrait sortir des chaînes du site historique de Fiat, Mirafiori, **à Turin.**

- **Huyndai Tucson**

Assemblé à Ulsan en Corée-du-Sud.

- **Kia Sorento**

Assemblé à Hwaseong en Corée-du-Sud ainsi qu'à West Point aux Etats-Unis.

- **Subaru Impreza**

Assemblé à Öta au Japon.

- **Subaru Forester**

Assemblé à Öta au Japon.

Camping-cars

1 **Trigano - Chausson - Notin Challenger - Autostar**

2 **Pilote - Le Voyageur Moovéo**

3 **Rapido - Estérel line Itinéo - Fleurette**

Le saviez-vous ?

En 2008, la France disposait d'un parc de camping-car estimé à 200.000 unités, représentant un tiers du parc européen. En France, 3.200 aires de stationnement leur sont spécifiquement dédiées.

Plus de la moitié des camping-caristes utilise son véhicule une à deux fois par mois. Un camping-car est utilisé 17 fois par an en moyenne.

Le parc de camping-cars est estimé aujourd'hui à 150.000 véhicules. Bien loin des préjugés, la clientèle des camping-cars neufs est d'abord constituée de cadres et professions libérales (24%). Suivent les employés (19%), agents de maîtrise (13%), ouvriers (14%), artisans et commerçants (10%) et enseignants (10%) et les chefs d'entreprise (3%).

Le marché du camping-car est florissant. Depuis les années 90, le marché du camping-car s'envole même, connaissant par exemple en 2005, une croissance à 2 chiffres.

Le nombre d'immatriculations de camping-cars est en progression depuis 1996. Depuis 2006, on compte même plus de 80.000 nouvelles immatriculations par an. Et le secteur connaît partout en Europe une croissance moyenne de 6% par an. Le marché européen va se développer jusqu'en 2015 pour des raisons démographiques. Si la Scandinavie est traditionnellement le premier consommateur de camping-cars, la France et l'Italie ne sont plus en reste, grâce à leurs seniors soixante-huitards.

Les marques prépondérantes de ce domaine d'activité en France restent plus ou moins les mêmes d'année en année. Les français Challenger, Chausson, Pilote, Rapido, Autostar dominent le marché du neuf. Et du coup, les principaux constructeurs automobiles qui fournissent les porteurs à l'industrie des véhicules de loisirs se frottent les mains. Fiat arrive en tête avec environ 50% des parts de marché, suivis par Citroën (24%), Ford (10%), Renault (9%) et Mercedes (7%).

Le camping-car fait l'objet de beaucoup plus d'innovations que la voiture, qui est dotée de moins de fonctionnalités. Dans un camping-car, confort, organisation de l'espace, stockage ou autonomie énergétique peuvent sans cesse être améliorés

(120 litres d'eau sont nécessaires à un couple pour 36 heures). Ainsi, depuis quelques années, l'équipement en panneaux solaires progresse significativement. Les espaces intérieurs des camping-cars sont beaucoup moins uniformes que ceux des voitures et très propices à une concurrence dans l'innovation entre les constructeurs.

Les camping-cars *Made in Emplois*

Trigano - Chausson - Challenger - Autostar - Notin

1

Made in 940 emplois

Empreinte Emplois en France
1.680
pour 10.000 produits vendus en France

35 **1 site de production de 10.000 camping-cars et caravanes par an à Tournon-sur-Rhône (07) avec 700 salariés.**

56 **1 site de production de 750 campings moyen et haut de gamme à Saint-Brandan (22) avec 160 salariés.**

70 **1 filiale Notin à Panissieres (42) avec 40 salariés.**

71 **1 siège à Paris (75) avec 40 salariés.**

Le groupe Trigano fabrique les modèles de ses marques Chausson, Challenger, Autostar, CI, Arca, Benimar, Karmann-Mobil, Notin. Le groupe Trigano **emploie 3.800 personnes dans 9 pays** (France, Allemagne, Espagne, Italie, Pologne, Pays-Bas, Royaume-Uni, Norvège et Tunisie). Le camping-car représente plus de 60% de l'activité du groupe Trigano. Il **exporte 48% de sa production.** En 2012, le chiffre d'affaires du groupe a bien résisté à 740 millions d'euros lui permettant d'enregistrer un bénéfice net de 14,5 millions d'euros. En forte croissance depuis 30 ans, le groupe français spécialisé dans les camping-cars produit aussi des équipements de camping et de jardin, produit également tentes, équipements de jardins, résidences mobiles, caravanes et remorques. Il est le leader européen sur ces deux derniers marchés.

Pilote - Le Voyageur - Moovéo

2

Made in 430 emplois

Empreinte Emplois en France
1.430
pour 10.000 produits vendus en France

54 **1 siège et 1 site de production de 3.000 camping-cars par an à La Limouzinière (44) avec 250 salariés.**

85 **1 site de production de camping-car à La Manbrolle-sur-Longuenée (49).**

Le Groupe nantais Pilote **emploie 430 salariés en France**. Il possède, outre Pilote, Le Voyageur et Moovéo, les marques allemandes **Frankia et RMB**. Ses camping-cars sont fabriqués sur base Fiat et Mercedes.

Rapido - Estérel line - Itinéo - Fleurette

3

Made in 430 emplois

Retrouvez cette entreprise sur la carte
50 58 68

1 siège et 1 site de production de camping-cars à Mayenne (53) avec 310 salariés.

1 site de production de caravanes et camping-car Fleurette à Benet (85) avec 120 salariés.

1 site de fabrication de mobile-homes à Tonneins (47) avec 50 salariés. Rapido s'est installé en 2011 sur une friche industrielle laissée à l'abandon par la Seita depuis 2005.

Les camping-cars Rapido sont élaborés sur base Fiat, mais aussi Citroën et Mercedes.

Burstner

4

Made in 360 emplois

Empreinte Emplois en France
720
pour 10.000 produits vendus en France

47 **1 siège, 1 centre logistique et 1 site de production de 500 camping-cars par an, 3.500 caravanes par an et d'équipements mobiliers à Wissembourg (67) avec 350 salariés.** 1,5 million d'euros y ont été investis en 2011.

L'entreprise allemande fondée en 1924 sponsorise le coureur cycliste français Thomas Voeckler.

Les camping-cars *concurrents et importés*

Hymer
L'allemand est le grand concurrent du groupe Trigano sur le marché européen. Il affiche fièrement sur son site la mention « made in Germany ».

SEA - McLouis - Elnagh - Mobilvetta
En novembre 2012, le groupe français Trigano a racheté l'entreprise italienne, troisième acteur du marché européen. SEA est implanté près de Sienne, en Italie. Elle y emploie 365 personnes, a vendu quelque 3.200 camping-cars en 2012 pour un chiffre d'affaires de l'ordre de 130 millions d'euros. Elle détient les marques McLouis, Elnagh et Mobilvetta. Le groupe est en difficultés depuis 2006, en raison de la baisse du marché italien du camping-car, d'un niveau d'endettement très élevé et d'une instabilité du management. Cette croissance externe devrait engendrer de nombreuses synergies.

Pneus

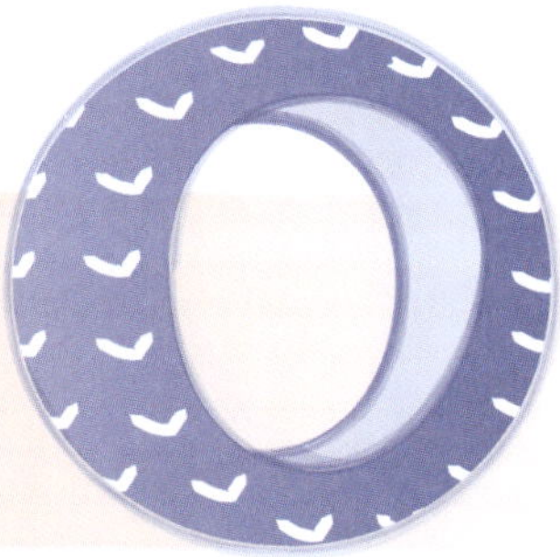

1. **Michelin - Kléber**
2. **Goodyear - Dunlop**
3. **Continental**

En 2010, le marché mondial des pneus s'est élevé à 126,5 milliards de dollars. Ce marché est largement lié à celui de l'automobile mais souffre moins des cycles que connaît ce dernier car son activité est tirée par le marché du remplacement, qui représente 70% de leurs ventes. En outre les véhicules particuliers ne représentent que 58% de la production mondiale de pneus. Après une année de transition en 2013, les marchés du pneu devraient retrouver leur croissance structurelle de 4% à 5% par an et les cours de matières premières pourraient évoluer au même rythme.

En 2008, le 1er fabricant de pneus au monde était le japonais Bridgestone avec un chiffre d'affaires de 23,4 milliards de dollars. Il devançait le français Michelin (22,8 milliards), l'américain Goodyear (18,5 milliards), l'allemand Continental (8 milliards) et l'italien Pirelli (6 milliards). Les trois leaders détiennent 46% du marché mondial du pneu et chacun règne sur sa zone géographique historique : Bridgestone est leader en Asie, Michelin en Europe et Goodyear sur le continent américain. Derrière, les manufacturiers chinois et coréens poursuivent leur croissance. La production chinoise a triplé entre 2000 et 2006. La Chine est aujourd'hui devenue le premier pays exportateur de pneumatiques, notamment grâce à son offre sur les poids lourds. Cette concurrence chinoise pousse les leaders vers le haut de gamme.

2010 fut une année record pour l'importation de pneus chinois sur le territoire européen. Tous types de pneus confondus, elle a atteint 55 millions de pneus, dont 45 millions pour voitures et utilitaires légers. La Chine est ainsi devenue la première source de pneus importés en Europe (27% des importations totales), devant la Corée (16%), le Japon et les Etats-Unis. Parallèlement, entre 2007 et 2008, les exportations de pneumatiques européens vers la Chine ont progressé de 800.000 unités, à 1,8 million.

Des organismes indépendants allemands, suisses et anglais ont conclu à la dangerosité des pneus low cost chinois. Sur sol mouillé, les résultats des pneus Linglong sont par exemple catastrophiques.

Les pneus *Made in Emplois*

Michelin - Kléber

1

Made in **18.780** emplois

Empreinte Emplois en France **6,25** pour 10.000 produits vendus en France

Michelin, fondé en1889, produit des pneus domestiques sur **17 sites industriels en France et y emploie environ 24.000 personnes.** Michelin a embauché 700 salariés en 2012 (525 sur les sites de Clermont-Ferrand et 175 sur les autres sites français) et prévoit de recruter 800 CDI et 230 jeunes en alternance en 2013. Le groupe possède des usines dans 18 pays et emploie plus de 100.000 personnes dans le monde.

La moitié de sa production française de pneus est exportée. Michelin fabrique en France quasiment toute sa gamme de pneus (véhicules de tourisme, camionnette, poids-lourd, vélo, génie-civil, avion, agricole ou métro).

1 **1 siège et 1 site de production de pneus tourisme, poids lourds et motos à Clermont-Ferrand (63) avec 12.400 salariés.**

17 **1 site de R&D à Ladoux (63) avec entre 2.500 salariés.**

30 **1 site de production de 4 millions de pneus haut de gamme pour véhicules de tourisme** (dont le Pilot Sport 3) **par an à Roanne (42) avec 1.000 salariés.** En 2011, 5 millions d'euros y ont été investis pour moderniser les lignes de production et embaucher 100 personnes.

25 **1 site de production de 6 millions de pneus tourisme, 4x4** et camionnettes **à Cholet (49) avec 1.400 salariés.** 50 millions d'euros y ont été investis en 2011 dans l'augmentation de la capacité de production.

28 **1 site de production de pneus tourisme**, poids lourds et génie civil **à Blanzy (71) avec 1.100 salariés.**

45 **1 site de production de gommes synthétiques pour pneus de tourisme à Bassens (33) avec 380 salariés.**

L'usine Kléber de Toul (Meurthe-et-Moselle) a été fermée en 2008 entraînant la suppression de 826 postes.

Les sites de **Golbey (88), Joué-lès-Tours (37), La Roche-sur-Yon (85), Saint-Doulchard (18), Blavozy (43), Boulogne-Billancourt (92), Avallon (89) produisent des pneus professionnels en tous genres avec 4.500 salariés.**

Goodyear - Dunlop

2

Made in
3.985
emplois

Retrouvez cette entreprise sur la carte
? ? ?

Le groupe américain basé à Akron dans l'Ohio emploie 75.000 personnes dans le monde pour fabriquer des pneus en tous genres (voitures, 4x4, motos, utilitaires, camionnettes, poids lourds, engins agricoles et du génie civil).

1 siège social à Rueil-Malmaison (92) avec 2.375 salariés.

1 site de production de pneus motos et camionnettes **à Montluçon (03) avec 650 salariés.**

1 site de production de 11.000 pneus Dunlop par jour pour véhicules de tourisme et camionnettes à Amiens Sud (80) avec 960 salariés.

Le groupe Goodyear Dunlop exploite à Amiens, deux usines séparées par une route (Dunlop d'un côté et Goodyear de l'autre). Après la signature d'un accord 4X8 par les syndicats de l'usine Dunlop, le groupe Goodyear Dunlop a choisi de spécialiser cette usine dans la fabrication de pneus tourisme à forte valeur ajoutée. Fin 2011, 100 créations d'emplois ont été annoncées sur le site. Les syndicats de l'autre usine d'Amiens (Nord) ont refusé l'accord 4X8, en contrepartie de 26 millions d'euros d'investissement. En 2011, l'entreprise a décidé de mettre un terme à son activité de pneumatiques « tourisme » entraînant la suppression de 800 postes. L'usine Goodyear d'Amiens Nord ne conserve que les 570 salariés affectés aux pneus agricoles. Goodyear cherchait à vendre cette activité et a annoncé en janvier 2013, son intention de fermer le site devenu lourdement déficitaire et vétuste. Plus de 1.100 salariés vont donc perdre leur emploi. En 20122, les pneus tourisme ont engendré une perte de 41 millions d'euros et les pneus agricoles une p^^erte de 20 millions d'euros.

Continental

3

Made in
1.400
emplois

Retrouvez cette entreprise sur la carte
26

Le groupe allemand basé à Hanovre, emploie environ 150.000 personnes dans le monde.

1 site de production de 37.000 pneus pour voitures particulières par jour à Sarreguemines (57) avec 1.400 salariés. 80 millions d'euros d'investissement et 100 embauches en CDI y ont été annoncés en 2011.

Continental dispose aussi en France de 4 sites de production d'équipements automobiles électroniques **à Toulouse (31), Angers (49), Boussens (31) et Foix (09). Ils emploient 1.200 salariés.**

L'usine de Clairoix (60) a, elle, fermé en 2010, licenciant au passage 1.113 salariés, les fameux « Conti ». Il avait auparavant fermé son usine de Rambouillet (78) qui employait encore 750 salariés en 2008 pour délocaliser en Tunisie. Continental a par ailleurs annoncé la fermeture de l'unité d'Asnières (92) en décembre 2009. L'établissement, qui employait 250 personnes (dont 140 CDI), fabriquait des pompes à injection essence pour Opel, Porsche et BMW.

Continental possède 7 usines en Europe : à Aix-la-Chapelle et Kobach en Allemagne, à Tikkakoski en Finlande, à Lousado au Portugal, à Timişoara en Roumanie, à Otrokovice en République tchèque, à Saint Pétersbourg en Russie, à Púchov en Slovaquie.

Bridgestone - Firestone

4

Made in 1.220 emplois

Retrouvez cette entreprise sur la carte 27

1 site de production de 25.000 pneus par jour à Béthune (59) avec 1.220 salariés.

Le fabricant japonais emploie au total 1.600 personnes en France et plus de 100.000 dans le monde.

Lanxess

5

Made in 570 emplois

Retrouvez cette entreprise sur la carte 69 53 55

1 siège à Courbevoie (92) avec 50 salariés.

1 centre de R&D et 1 site de production de caoutchouc à La Wantzenau (67), avec 300 salariés. Le site est la plus grande usine du monde de caoutchoucs NBR **et exporte vers 70 pays.**

1 site de production de 140 000 tonnes de matière à « pneus verts » par an à Lillebonne (76) avec 220 salariés. 80% de la production est exportée. De 2012 à 2016, 30 millions d'euros y seront investis.

Lanxess Elastomères est le leader mondial de la production de caoutchoucs synthétiques pour « pneus verts ».

Les pneus *concurrents et importés*

- **Pirelli**

Le groupe détient **19 usines dans le monde entier**. Mais aucune en France.

- **Hankook**

La production de pneus est répartie sur 5 sites industriels **à Geumsan et Daejeon en Corée du Sud, à Jiangsu et Jiaxing en Chine et à Dunaújváros en Hongrie**. Le groupe coréen emploie 5.500 en Corée, 14.000 dans le monde.

- **Kumho**

Production dans **3 usines en Corée du Sud et 3 autres en Chine**. Le centre de R&D européen est basé à Birmingham au Royaume-Uni et travaille sur le marché pneumatique européen.

- **Nokian Renkaat**

Fabricant finlandais employant plus de 3.000 personnes et très présent en Scandinavie et en Russie. Ses usines se situent **à Nokia en Finlande et à Vsevolozhski en Russie**. Il fabrique aussi en Indonésie, en Chine, en Slovaquie, en Espagne, en Inde et aux Etats-Unis.

Sièges-bébé

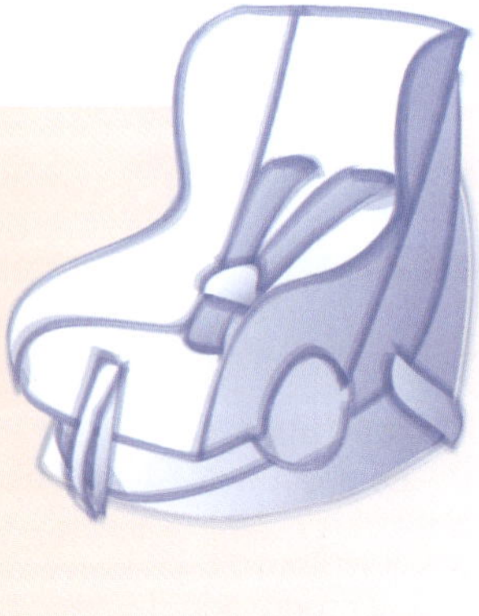

1. **Team Tex - Safety Baby - Nania Tex Baby - Babybus - Osann Formula Baby - Moovy**
2. **Renolux - Boulgom - Trottine**
3. **Maxi Cosi - Bébé Confort Babidéal - Safety First - Babidéal Mon Bébé - Baby Relax**

Le saviez-vous ?

Pour les enfants de moins de 10 ans, l'utilisation d'un système de retenue spécifique est obligatoire depuis 1992. Avant, ne pas respecter la prudence élémentaire d'un bon père de famille, faisait peser sur lui le risque de s'en vouloir à mort toute la vie. Mais ça c'était avant. Avant l'Etat-maman. Désormais le conducteur ne respectant pas cette obligation risque une contravention de 135 euros…

Les sièges bébé *Made in Emplois*

Nania - Team Tex - Safety Baby - Tex Baby Babybus - Osann - Formula Baby - Moovy

1

Made in 350 *emplois*

Empreinte Emplois en France
2
pour 10.000 produits vendus en France

48 **1 site de production de 20.000 sièges autos par jour à Charvieu-Chavagneux (38) avec 350 salariés.**

Le Groupe Team Tex est le leader européen du siège auto pour enfant (70% de parts de marché en France et 40% en Europe). En 2007, le groupe réalise un chiffre d'affaires de 71 millions d'euros, dont **56% à l'export** vers les 56 pays.

Renolux - Boulgom - Trottine

2

Made in 110 emplois

Retrouvez cette entreprise sur la carte 60

1 site de R&D, 1 site de logistique et 1 site de production de sièges bébé à Charvieu-Chavagneux (38) avec 110 salariés.

La société voisine de Team tex est assez innovante. Renolux a breveté des sièges auto télécommandés ou pivotants. En 2009, Renolux réalisait 20 millions d'euros de chiffre d'affaires et 700.000 euros de bénéfices.

Maxi Cosi - Bébé Confort - Safety First Babidéal - Mon Bébé - Baby Relax

3

Made in 30 emplois

Retrouvez cette entreprise sur la carte 75 72

1 siège français à La Seguinière (49) avec 20 salariés.

1 site de R&D et 1 site de production de sièges bébé et de poussettes à Cholet (49) avec 40 salariés.

Le groupe canadien basé à Montréal **produit à Cornwall au Canada et importe certains produits d'Asie**. Le groupe emploie environ 4.700 personnes et est vendu dans 70 pays.

Les siéges bébé *concurrents et importés*

- **IWH**
Cette marque française importerait ses sièges de Chine.

- **Britax Römer**
Cette entreprise basée **à Ulm en Allemagne** dispose de 9 filiales dans le monde, dont une en France. Ce fabricant (anglais pour Britax et allemand pour Römer) capte 10% du marché français.

- **Cybex**
Cette marque allemande fait **fabriquer ses sièges en Corée-du-Sud.**

Voitures sans permis

1. Ligier - Microcar - Dué
2. Aixam

Le saviez-vous ?

34 000 voitures sans permis ont été vendues en 2007 en Europe. Le secteur connaît une croissance faible de 2% par an. La France est le premier marché européen et compte les 2 leaders européens dans ses rangs.

A croire que le spoliateur système de permis à points a été mis en place pour soutenir les intérêts du secteur.

Les voitures sans permis *Made in Emplois*

Ligier - Microcar - Dué

1 — *Made in* 220 *emplois* — Empreinte Emplois en France 220 pour 10.000 produits vendus en France

59 **1 site de production de 8.000 petites voitures par an (sans permis, électriques, utilitaires ou quads) à Abrest (03) avec 120 salariés.** 15 millions d'euros y ont été investis entre 2003 et 2007.

62 **1 site de production de 7.000 petites voitures sans permis par an à Nantes (44) avec 100 salariés.**

En 2008, le groupe Drive Planet est né de la fusion de Ligier avec son principal concurrent Microcar. Ensemble ils forment le groupe leader du marché européen de la voiture sans permis, avec 40% de part de marché. **Drive Planet emploie 220 salariés en France et produit environ 15.000 voitures par an**. L'entreprise réalisait 120 millions d'euros de chiffre d'affaires en 2008 et **exporte** ses voiturettes vers 13 pays d'Europe.

Ligier, fondée dans les années 60 par l'ancien pilote et champion de Formule 1 Guy Ligier, est surtout connu pour sa participation au championnat du monde de Formule 1 entre 1976 et 1996.

Aixam

2

Made in **150** emplois

Empreinte Emplois en France **250** pour 10.000 produits vendus en France

90 **1 siège social et 1 site de production de à Aix-les-Bains (38).**

1 site de production à Chanas (38). La production totale du groupe est de 12.000.

Fondé en 1975, Aixam est l'autre poids lourd français du marché européen de voitures sans permis. Avec plus de 40% des parts de marché, l'entreprise revendique elle aussi le titre de leader européen. En 2010, Aixam employait 150 salariés en France, réalisait 95 millions d'euros de chiffre d'affaires en 201 et exporte la moitié de sa production.

Aixam fabrique aussi l'e-City une petite citadine électrique.

Mais aussi…

Le groupe Fast **produit en Vendée** des véhicules sans permis de marque **Bellier.**

Les voitures **Chatenet** sont **produites en Haute-Vienne.**

Les véhicules **JDM** sans permis sont **produits dans la région d'Angers.**

Les voitures sans permis **Acrea et Zest** sont fabriquées **en France.**

Little Cars fabrique **en France** de petits véhicules «sixties» sans permis, électriques ou à essence.

Mobylettes & scooters

1. **Peugeot Citystar - Satelis - Vivacity e-Vivacity - Elystar - Vogue**
2. **MBK Waap - Skycruiser Skyliner - Flame X**
3. **Black n'Roll**

112.500 mobylettes et scooters neufs ont été vendus en 2010 en France (en recul de 7,7% en 2009). Le marché européen des scooters est retombé à seulement 800.000 unités en 2011 contre 1,25 million en 2007 et 1,7 million en 2000.

A titre de comparaison, le marché indien des deux-roues, le second dans le monde, a enregistré entre 2004 et 2009 une croissance moyenne annuelle de 7% et a représenté 8,4 millions d'unités vendues en 2009. Le segment scooter représente 15% de ce marché avec des ventes de 1,3 million par an en 2009 et une croissance estimée à plus de 13% par an.

Le saviez-vous ?

Le mot scooter vient du verbe anglais « to scoot » signifiant « patiner ». Et Vespa signifie « guêpe » en italien. Et « Bonjour, ça va ? Je bosse chez Peugeot, tu roules en quoi ? » ça se dit encore un peu en France.

Le saviez-vous ?

Le premier véhicule s'apparentant à un scooter aurait été fabriqué en 1902 à Blois par la marque française Auto-Fauteuil.

Le saviez-vous ?

Si 10% des conducteurs automobiles se mettaient au deux-roues, la fluidité du trafic automobile s'améliorerait de 40%.

Le saviez-vous ?

Le terme Mobylette qui est désormais un nom commun désignant l'ensemble des cyclomoteurs, est d'abord une marque déposée par l'entreprise Motobécane. Mais le succès de l'AV88, « la bleue », cette mythique « mobylette universelle » conçue à Pantin en 1959 va dépasser l'entreprise pour imprégner toute une époque de notre pays. Simple, pratique, robuste et plus accessible qu'une voiture, elle a fait partie de la famille de beaucoup d'adolescents, d'ouvriers et d'employés. La production de la mobylette bleue de Motobécane a été arrêtée dans l'usine de Saint-Quentin (Aisne) en 2002. Les ateliers ont été transformés depuis en musée. 14 millions de mobylettes ont été vendues à travers le monde par Motobécane. Elle se vend encore à 10 000 exemplaires par an, principalement sur le continent africain, dont plus de 90% au Maroc. L'entreprise, devenue MBK en 1983, est aujourd'hui une filiale de Yamaha.

Les mobylettes & scooters *Made in Emplois*

Peugeot Citystar - Satelis - Vivacity - e-Vivacity Elystar - Vogue - Hymotion

1

Made in 600 emplois

Retrouvez cette entreprise sur la carte 40

1 site d'assemblage de scooters de 50 à 500 cm cube à Valentigney (25) avec 600 salariés.

Le Peugeot Vogue, successeur du célèbre 103, est le seul survivant des cyclos à pédales. Il marche très fort en Bretagne et dans le Nord où Peugeot réalise 70% de ses ventes. 4.000 Vogue sont vendues par an en France.

Peugeot Motocycles **fabrique en France la moitié haut de gamme de ses nouveaux scooters Citystar** dont il avait conditionné la production dans l'Hexagone à l'allongement du temps de travail, **réservant l'assemblage des modèles équipés de moteurs de petite cylindrée à la Chine.** Mandeure recueillerait toutefois la majorité des nouveaux volumes de production tandis que la fabrication en Chine serait destinée au marché local. Cette politique vise à réduire les pertes du dernier constructeur français de deux-roues qui ont amené PSA à lui injecter 180 millions d'euros de fonds propres entre 2000 et 2009. Confronté à l'érosion du marché européen des scooters, Peugeot restructure sa production en France et a décidé de fermer son usine de Dannemarie (68), spécialisée dans la fabrication de moteurs de petites cylindrées (50 et 125 cm cube). 250.000 moteurs par an y étaient également produits. **Le site qui employait encore 140 salariés en 2011 a fermé en décembre 2012.** Ils sont reclassés sur les différents sites du groupe Peugeot. **En 2007, Peugeot Scooters a délocalisé une partie de sa production en Chine. La filiale de PSA a signé une coentreprise avec la société Qingqi pour assembler sur place les machines de 50 cm cube.**

La fermeture de Dannemarie pose la question de savoir **où seront fabriqués les moteurs de 50 et 125. Les grosses cylindrées (250 et 500) sont déjà sous-traitées à Piaggio.** La direction cherche des solutions de sous-traitance. Celles-ci pourraient concerner aussi bien les moteurs que la peinture des pièces plastiques ou encore les chassis. Peugeot ne capte qu'environ 9% du marché des scooters, loin derrière le leader européen, Piaggio. Peugeot a raté le virage du scooter à 3 roues, sur lequel son concurrent Piaggio connaît un franc succès depuis 5 ans.

MBK Waap - Skycruiser - Skyliner
Yamaha X-City - Flame X

2

Made in **600** emplois

Empreinte Emplois en France **64** pour 10.000 produits vendus en France

1 siège à Pantin (93).

41 **1 site de production de 40.000 scooters 50cc, 6.800 scooters 250cc et 125cc (waap, skycruiser),** 17.000 motos Yamaha et 34.000 moteurs hors bord **à Rouvroy (02) avec 600 salariés**. 6 millions d'euros ont été investis dans l'usine en 2011 pour la moderniser.

MBK Industrie (précédemment Motobécane-Motoconfort) est un constructeur français de deux-roues fondé en 1924, aujourd'hui filiale de Yamaha.

Il ne faut pas confondre MBK avec Motobécane USA qui importe des deux-roues de Taïwan et de Chine. Les deux entreprises ne sont pas liées, hormis la marque qu'elles exploitent toutes les deux.

Black'N Roll

3

Made in **15** emplois

Empreinte Emplois en France **20** pour 10.000 produits vendus en France

73 **1 site de production 15.000 véhicules par an (vélos et Back'N Roll électriques) à Courrières (62) avec environ 30 salariés.**

La société Mopex a misé sur la version originale de VeloSolex. Rebaptisé Black'N Roll et vendu aux alentours de 900 euros. <u>Le moteur, le cadre, la selle et le guidon du Black'N Roll sont produits en Chine</u>. **Mais 40% de sa valeur ajoutée provient de France : l'assemblage, les pneus, les poignées et le catalyseur sont réalisés dans l'Hexagone**. Pour compenser ce taux élevé, Mopex, prévoyait en 2006 de réduire ses coûts salariaux de 15%, en installant sa nouvelle usine en zone franche. Mopex comptait 9 salariés en 2006 et prévoyait de réaliser une trentaine d'embauches avant 2009.

Matra - e-MO

4

Made in
15
emplois

Retrouvez cette entreprise sur la carte
63

1 siège à Paris (75116).

1 site d'assemblage de 20.000 vélos électriques et de quads, mobylettes et voitures électriques à Romorantin (41) avec 90 salariés.

e-Solex, Velosolex Solexity

Solex a annoncé fin 2011, le rapatriement de sa production en France pour fin 2012.

Les mobylettes & scooters *concurrents et importés*

- **Peugeot Sump up**

Produit en Chine pour le compte de Peugeot, le Sump Up est un scooter «low-cost». Il est vendu 1.900 euros.

- **Yamaha BW's - Vity - Majesty - X-Max - T-Max - EC-03 - Cygnus-X**

Seul le X-CIty est fabriqué en France sur le site MBK de Saint-Quentin. Yamaha est leader du marché des scooters vendus en France. En 2010, il y vendait 35. 800 modèles et trustait 18% de parts de marché. Ses scooters X-Max et T-Max lui assurent le succès depuis plusieurs années. Le conglomérat japonais, qui a racheté le français MBK en 2004, emploie 25.000 personnes à travers le monde. Son siège social est basé à Hamamatsu **au Japon**, comme Suzuki.

- **Honda PCX - S-Wing - Pantheon**

En 2010, Honda a vendu 25.700 ventes en France, ce qui fait du constructeur japonais le numéro 2 du marché avec 13% de parts de marché. Le siège social est situé à Tokyo au Japon. Le conglomérat emploie environ 160.000 personnes dans le monde.

- **Vespa LXV - S - LX - GTS - PX**

Ce symbole de l'Italie est **fabriqué à Pontedera, près de Pise, en Italie.** Dans les années 50, la Vespa était aussi construite en Allemagne, au Royaume-Uni, en France, en Espagne. Au total, la Vespa fut construite dans 13 pays et commercialisée dans 140. **En 2012, une usine Vespa a ouvert à Bombay en Inde**. A terme, cette usine aura une capacité de production de 150.000 unités par an. C'est une extension de l'usine de Baramati dans l'Etat du Maharastra, près de Bombay, où Piaggio produit des triporteurs. Piaggio produira dans cette usine une version de sa Vespa LX 125 adaptée au marché indien. Le groupe investira 30 millions d'euros pour ce projet. Il mise sur un chiffre d'affaires de 70 millions d'euros en 2015 grâce à la vente de 110.000 scooters. L'Asie est un marché stratégique pour le groupe italien qui a inauguré en juin 2009 sa première usine de Vespa au Vietnam. Le groupe a d'ailleurs indiqué vendredi que son chiffre d'affaires avait progressé de 5,8% à 654 millions d'euros sur les cinq premiers mois de l'année grâce à un bond de ses ventes de 74,2% à 200 millions en Asie.

• Piaggio Typhoon - X-Evo - X10 - X9 - X8 - X7 - Fly - MP3 Yurban & Gilera Nexus - Runner ST

Le groupe Piaggio a vendu 22.300 scooters en France en 2010, ce qui fait de lui le 3ème constructeur du marché français. Il emploie plus de 7.000 personnes dans le monde et possède **9 sites de production** :

- **Pontedera** (près de Pise, en Italie), où sont implantées le siège social et 3 usines pour la fabrication de deux-roues de marque **Piaggio, Vespa** et **Gilera**, de véhicules pour les transports légers (fourgons), destinés au marché européen, et les moteurs pour scooters et motocyclettes.
- **Scorzè** (près de Venise, en Italie), pour la production des deux-roues sous les marques **Aprilia** et **Scarabeo,**
- **Mandello del Lario** (près de Lecco, en Italie), pour la production de véhicules et de moteurs **Moto Guzz**i,
- **Barcelone** (Espagne) pour les productions de la marque **Derbi**,
- **Baramat**i (Inde), spécialisé dans la production de véhicules pour les transports légers (scooters et fourgonnettes) 139.000 exemplaires destinés au marché indien,
- **Foshan** (Chine), spécialisé dans la production de véhicules pour les transports légers (scooters et fourgonnettes) 200.000 exemplaires destinés au marché chinois.

Le groupe italien a inauguré en juin 2009 sa première usine de Vespa **au Vietnam**.

Le groupe possède les marques Piaggio, Gilera, Aprilia, Moto Guzzi et Derbi.

• Aprilia SR max - Mojiti - Atlantic

Assemblés à Scorzè, près de Venise en Italie. Le constructeur italien a son siège social à Noale, près de Venise en Italie. Il fait partie du groupe Piaggio depuis 2004.

• Malaguti - Madison 3 - R - Drakon

Le siège est à San Lazzaro di Savena et l'usine de montage à Castel San Pietro Terme, deux localités **dans la province de Bologne, en Italie.** Les scooters sont équipés de moteurs Minarelli fabriqués près de Bologne.

- **Daelim Delfino - Besbi - B-bone - S1 - S2 - S3 - S4**

Son usine de Changwon en Corée du Sud dispose d'une capacité de production de 300 000 deux-roues par an. Elle exporte pour plus de 100 millions de dollars depuis 2000.

- **SYM Joyride - Orbit - Symphony - Tonic - VS - Allo Fiddle - GTS - Symmetry e-Virid**

Appartenant au même groupe que le constructeur automobile Hyundai.

- **Kymco Movie - Zing - Dink - Dink Street - Grand Dink Like - Agility - Super 8 - Xciting**

Depuis 2011, les facteurs de La Poste sont équipés de scooters Kymco et non plus Peugeot. Je me demande comment sont accueillis les facteurs à Dannemarie ? **Assemblés à Kaoshung sur l'île de Taïwan mais aussi en Chine, en Indonésie et au Vietnam. Kymco compte 11 usines, dont 4 en Chine populaire** sur 2 sites. La production totale s'est élevée à plus de 700.000 véhicules par an, mais avec une prépondérance désormais pour l'export. Kymco exporte dans 88 pays de par le monde. Kymco emploie 2.500 personnes et son chiffre d'affaires pour 2008 était de 765 millions de dollars dont 6,3% sont investis en R&D. La gamme scooter de Kymco possède actuellement 17 modèles allant du 50 cm³ au 500 cm³. Son marché intérieur absorbe 720.000 scooters par an.

- **Hyosung MS3 - SF50R - Sense**

Mobylette coréenne **produite à Changwon en Corée-du-Sud**. Le centre de recherche et développement est basé à Hamamatsu au Japon.

- **Suzuki Burgman**

Le conglomérat japonais emploie 14.000 personnes à travers le monde. Son siège social est basé à Hamamatsu au Japon. Il dispose de **plusieurs usines au Japon : à Toyama, Iwata, Osuka et Kosai**.

- **PGO Ligero**

PGO est une marque coréenne.

- **Sachs Bee - MadAss**

Le siège social de Sachs est basé **à Nuremberg en Allemagne**. Le moteur de la Bee est produit en Chine.

Motos & side-cars

1 Yamaha

2 Voxan Roadster - Cafe Racer Scrambler - Street Scrambler Black Magic - VB1- Charade 1200 GTV - Black Magic...

Avec un total de 84.500 modèles neufs vendus en 2010 en France, les ventes de motos ont reculé de 8% par rapport à 2009.

Les motos & side-cars *Made in Emplois*

Yamaha

1 | Made in 120 emplois | Empreinte Emplois en France 70 pour 10.000 produits vendus en France

1 siège à Pantin (93).

41 **1 site de production MBK de 17.000 motos Yamaha,** 47.000 scooters et 34.000 moteurs hors bord **à Rouvroy (02) avec 600 salariés**. 6 millions d'euros ont été investis dans l'usine en 2011 pour la moderniser.

Voxan Roadster - Cafe Racer - Scrambler - Street Scrambler - Black Magic - VB1 - Charade - 1200 GTV Black Magic - VX10 - Starck SuperNaked

2 | Made in 20 emplois | Retrouvez cette entreprise sur la carte 76 74

1 siège et 1 site de production de 100 motos/an à Issoire (63) avec 10 salariés.

1 site MVE d'assemblage de 5.000 véhicules électriques par an à Sablé-sur-Sarthe (72) avec 30 salariés.

1 site Venturi de R&D et design à Monaco.

Voxan, entreprise auvergnate née en 1995, n'emploie plus que 10 salariés (contre 125 en 2001). Le **dernier fabricant français de motos** haut de gamme a été repris en 2010, après un redressement judiciaire, par **Venturi**, constructeur franco-monégasque de voitures électriques. L'objectif est de créer des synergies entre ces marques complémentaires et de les réorienter vers la mobilité électrique. Les premiers modèles de motos Voxan tout-électriques ne seront pas présentés avant 2013.

Voxan a sous-traité à une entreprise toulousaine la conception du Scrambler et la production de la VB1.

Avinton

1 siège et 1 site de production de 50 motos haut de gamme par an à Sommières (30). Toutes les étapes de sa fabrication (la conception à la commercialisation) sont réalisées dans l'atelier gardois. Avinton est la renaissance de la marque Wakan sous un nouveau nom.

HKER First

Une moto électrique de loisir et d'initiation pour circuit. Ce projet monté par 2 entrepreneurs a nécessité un investissement de 300.000 euros et sera en vente à moins de 20 000 euros à partir de 2013.

Side-Bike

1 atelier de production près de Grenoble (38). L'entreprise produit en France des véhicules des side-cars (le Zeus) et des tricycles (le Celtik).

Les motos & side-cars *concurrents et importés*

Les motos concurrentes importées se nomment Honda, Suzuki, Kawasaki, Triumph, Ducati, BMW, Harley, ZP, etc.

Notre consommation et nos régions

Alsace

- **Agroalimentaire** Chewing-gums **Freedent**
  Production de Freedent, Aiwaves, 5, Hubba Bubba - 690 salariés à Biesheim (68)
- **Agroalimentaire** Chocolats **Mars**
  Siège et production - 800 salariés à Haguenau (67)
- **Agroalimentaire** Chocolats **Mars**
  Production de crèmes et barres glacées - 260 salariés à Steinbourg (67)
- **Agroalimentaire** Chocolats **Kraft**
  Production de Milka, Côte d'Or, Suchard - 220 salariés à Strasbourg (67)
- **Agroalimentaire** Sodas **Limonade Lorina**
  Siège et production - 80 salariés à Munster (68)
- **Hygiène & Beauté** Hygiène **Lotus**
  Centre européen de R&D - *Situé* à Kunheim (68)
- **Cuisine** Mobilier **Schmidt**
  Sites de production de meubles - 650 salariés à Selestat (67)
- **Cuisine** Mobilier **Schmidt**
  Siège et production de meubles - 550 salariés à Liepvre (68)
- **Cuisine** Vaisselle **Lalique**
  Logistique et production de pièces de cristal - 230 salariés à Wiggen-sur-Moder (67)
- **Cuisine** Vaisselle **Elchinger**
  Production - 12 salariés à Soufflenheim (67)
- **Electroménager** Fers à repasser **Domena**
  Siège et production de fers à repasser - 100 salariés à Altkirch (68)
- **Electroménager** Fours **Gaggenau**
  Siège et production de fours vapeurs, fours micros-ondes, tables gaz, tables électriques
  260 salariés à Lipsheim (67)
- **Maison** Bricolage **Gunther Tools**
  Bureau d'étude et production de forets - 320 salariés à Soultz-Sous-Forêts (67)
- **Maison** Canapés, chaises **Home spirit**
  Production de coussins et plaids - Situé à Saint-Amarin (68)
- **Maison** Jardin **Outils Wolf**
  Siège, R&D et production de tondeuses à gazon - 230 salariés à Wissembourg (67)
- **Maison** Jardin **Etesia**
  Siège et production de tondeuses à gazon - 130 salariés à Wissembourg (67)
- **Maison** Literie **Wifor**
  Siège et production de matelas et sommiers - 120 salariés à Roppentzwiller (68)
- **Maison** Literie **Treca**
  Production de matelas et sommiers - 100 salariés à Reichshoffen (67)
- **Maison** Literie **Alsace Meubles**
  Siège et production de lits et de sommiers à lattes - 60 salariés à Masevaux (68)
- **Maison** Mobilier **Alsapan**
  Logistique et production de meubles en kit de salon - 300 salariés à Erstein (67)
- **Maison** Mobilier **Alsapan**
  Siège - Situé à Dinsheim-sur-Bruche (67)

- **Maison** Mobilier **Alsapan**
  Production de plans de travail de cuisine - *Situé* à Wasselonne (67)
- **Textile** Chaussettes **Labonal**
  Siège et production de chaussettes - 110 salariés à Dambach-la-ville (67)
- **Textile** Lingerie **Sloggi - Triumph**
  Siège, logistique européenne et production de lingerie - 430 salariés à Obernai (67)
- **Textile** Lingerie **Sans complexe**
  Siège et production de lingerie - 100 salariés à Wantzenau (67)
- **Textile** Lingerie **Barbara - Ravage**
  Atelier de lingerie - 70 salariés à Saverne (67)
- **Textile** Sneakers **Le Coq sportif**
  Siège - Situé à Entzheim (67)
- **Cuisine** Mobilier **Schmidt**
  Sites de production de meubles - 650 salariés à Selestat (67)
- **Cuisine** Mobilier **Schmidt**
  Siège et production de meubles - 550 salariés à Liepvre (68)
- **Cuisine** Vaisselle **Lalique**
  Logistique et production de pièces de cristal - 230 salariés à Wiggen-sur-Moder (67)
- **Cuisine** Vaisselle **Elchinger**
  Production - 12 salariés à Soufflenheim (67)
- **High-tech** Accessoires **Modelabs**
  Site de production de téléphones portables Christian Dior - Situé à Ribeauville (68)
- **High-tech** Décodeurs **Aston**
  Production de décodeurs - 130 salariés à Duttlenheim (67)
- **High-tech** Décodeurs **CGV**
  Production de décodeurs - 45 salariés à Ostwald (67)
- **High-tech** Téléviseurs **Sony**
  Siège + centre logistique + SAV + réparation de TV & hifi
  550 salariés à Ribeauvillé (68)
- **Automobile & Moto** Pneus **Lanxess**
  R&D et production de caoutchouc - 300 salariés à La Wantzenau (67)

Aquitaine

- **Agroalimentaire** Biscuits **LU**
  Production de biscuits secs - 500 salariés à Cestas (33)
- **Agroalimentaire** Biscuits **Le Petit Basque**
  Production - 50 salariés à Saint-Médard d'Eyrans (33)
- **Agroalimentaire** Chocolats **Lindt**
  Production de tablettes de chocolat et de pralinés
  830 salariés à Oloron-Sainte-Marie (64)
- **Agroalimentaire** Conserves **Géant Vert**
  Production de maïs en conserves - Situé à Labatut (40)

- **Agroalimentaire** Foie gras **Labeyrie**
  Siège et production de foie gras et de saumon fumé
  1570 salariés à Saint-Géours-de-Marenne (40)
- **Agroalimentaire** Foie gras **Delpeyrat**
  Siège et production de foie gras - 500 salariés à Saint-Pierre-du-Mont (40)
- **Agroalimentaire** Foie gras **Delpeyrat**
  Abattage et découpe de canard - 100 salariés à Gibret (40)
- **Agroalimentaire** Fromages **Bongrain**
  Production de Chaumes - 370 salariés à Jurançon (64)
- **Agroalimentaire** Fromages **Bongrain**
  Production de fromage - 320 salariés à Marsac-sur-l'Isle (24)
- **Agroalimentaire** Fromages **Bongrain**
  Production de Chaumes - 170 salariés à Saint-Antoine-de-Breuilh (24)
- **Agroalimentaire** Fromages **Lactalis**
  Site - 90 salariés à Larceveau-Arros-Cibits (64)
- **Agroalimentaire** Fromages **Bongrain**
  Production de Chavrou, Brebiou, Etorki - 80 salariés à Mauléon-Viodos (64)
- **Agroalimentaire** Jambon **Aoste**
  Production de jambon de Bayonne - 20 salariés à Monein (64)
- **Agroalimentaire** Plats préparés **Delpeyrat**
  Production de plats préparés - 370 salariés à Estillac (47)
- **Agroalimentaire** Poulets **Loué**
  Abattage et découpe de volailles - 190 salariés à Bazas (33)
- **Agroalimentaire** Poulets **Ronsard**
  Abattage de volailles - *Situé* à Losse (40)
- **Agroalimentaire** Viande rouge **Bigard**
  Abattage et découpe de viande - 90 salariés à Bon-Encontre (47)
- **Hygiène & Beauté** Hygiène **Pierre Fabre**
  Production de médicaments - 170 salariés à Idron (64)
- **Hygiène & Beauté** Hygiène **L'Oréal**
  Production de chimie fine - 140 salariés à Mourenx (64)
- **Electroménager** Barbecues **Le Marquier**
  Production de barbecues - 50 salariés à Saint-Martin de Seignanx (40)
- **Maison** Bricolage **Bois Tourné Aquitain**
  Production de manches d'outils et de balais en bois - *Situé* à Casteljaloux (47)
- **Maison** Literie **Marboré**
  Siège et atelier de confection de couvertures et plaids - *Situé* à Jurançon (64)
- **Maison** Literie **Marboré**
  Atelier de tricotage de couvertures et plaids - Situé à Morlaas (64)
- **Maison** Literie **Castex**
  Production de couettes, édredons, oreillers - Situé à Dax (40)
- **Maison** Mobilier **Optimum**
  Siège et production de placards - 170 salariés à Le Passage (47)
- **Textile** Chaussons **Tooti**
  Production de pantoufles - 80 salariés à Saint-Michel de Rivière (24)
- **Textile** Chaussures femmes **Repetto**
  Production de chaussures - 170 salariés à Saint-Médard-d'Excideuil (24)

- **Textile** Chaussures femmes **Mod'8**
  Production de chaussures pour enfants - 100 salariés à Blanquefort (33)
- **Textile** Chaussures femmes **Arcus**
  Production de chaussures - 60 salariés à Pontacq (64)
- **Textile** Chaussures femmes **Hirica**
  Production de chaussures - *Situé* à Saint-Vincent-de-Tyrosse (40)
- **Textile** Maroquinerie **Hermès**
  Production de sacs et de petite maroquinerie - 180 salariés à Nontron (24)
- **Textile** Parapluie **Ayrens**
  Production de parapluies - 15 salariés à Saint-Pardoux-le-rivière (24)
- **Textile** Prêt-à-porter **Moura**
  Production de polaires - 15 salariés à Monassut (64)
- **Textile** Prêt-à-porter **Blancq-Olibet**
  Production de vêtements - Situé à Baudreix (64)
- **Textile** Slips **Moulin Neuf**
  Atelier de tricotage et de confection - 15 salariés à Saint-Antoine-Cumond (24)
- **Textile** Sneakers **Souts**
  Production d'espadrilles et sneakers - 20 salariés à Tocane-Saint-Apre (24)
- **High-tech** Décodeurs **Sagemcom**
  Production de pièces de décodeurs - 270 salariés à Mouguerre (64)
- **High-tech** Ordinateurs **Meta FT**
  Production ordinateurs - *Situé* à Bordeaux (33)
- **High-tech** Ordinateurs **Meta FT**
  Production ordinateurs - *Situé* à Talence (33)
- **Automobile & Moto** Camping-cars **Rapido**
  Fabrication de mobile-hommes - 50 salariés à Tonneins (47)
- **Automobile & Moto** Pneus **Michelin**
  Production de gommes synthétiques pour pneus - 380 salariés à Bassens (33)
- **Automobile & Moto** Utilitaires **Goupil**
  Siège et production de véhicules utilitaires électriques - 100 salariés à Bourran (47)

Auvergne

- **Agroalimentaire** Fromages **Bongrain**
  Production de Boursault - 260 salariés à Beauzac (43)
- **Agroalimentaire** Poulets **Loué**
  Abattage et découpe de volailles - 230 salariés à Saint-Germain des Fossès (03)
- **Hygiène & Beauté** Hygiène **L'Oréal**
  Production de shampoings, laits, lotions, crèmes et maquillage
  450 salariés à Creuzier-le-Vieux (03)
- **Cuisine** Couteaux **Couzon**
  Production, logistique, design, marketing - 75 salariés à Courpière (63)
- **Cuisine** Couteaux **TB Groupe**
  Production de couteaux et ustensiles de cuisine - 50 salariés à Celles-sur-Durolle (63)

- **Cuisine** Couteaux **Arbalète**
  Production - 30 salariés à Saint-Remy-sur-Durolle (63)
- **Cuisine** Couteaux **Fontenille Pataud**
  Production - Situé à Thiers (63)
- **Cuisine** Mobilier **Menuiseries du Centre**
  Siège et production de meubles - 320 salariés à Ydes (15)
- **Cuisine** Mobilier **Pyram**
  Siège, R&D et production de cuisines - 170 salariés à Vic-sur-Cère (15)
- **Cuisine** Sacs poubelle **Barbier**
  Production de sacs à déchets - 530 salariés à Sainte-Sigolène (43)
- **Cuisine** Sacs poubelle **Barbier**
  Production de sacs à déchets - 360 salariés à Monistrol-sur-Loire (43)
- **Maison** Canapés, chaises **Combelle**
  Production de chaises, tables à langer, lits et de petit mobilier
  50 salariés à Marmanhac (15)
- **Maison** Literie **Bultex**
  Production de matelas et sommiers - 100 salariés à Langeac (43)
- **Textile** Lingerie **Luxam**
  Siège et production de lingerie - 40 salariés à Montfaucon-en-Velay (43)
- **Textile** Maroquinerie **Louis Vuitton**
  Production de maroquinerie - 630 salariés à Saint-Pourçain-sur-Sioule (03)
- **Textile** Parapluies **Piganiol**
  Siège et production de parapluies - 35 salariés à Aurillac (15)
- **Textile** Parapluies **Sofrap**
  Production de parapluies et de transats - 25 salariés à Aurillac (15)
- **Automobile & Moto** Citadines **PSA**
  Production de pièces de freinage - 700 salariés à Dompierre-sur-Besbre (03)
- **Automobile & Moto** Motos **Voxan**
  Siège et production - 10 salariés à Issoire (63)
- **Automobile & Moto** Pneus **Michelin**
  Siège etproduction de pneus - 12400 salariés à Clermont-Ferrand (63)
- **Automobile & Moto** Pneus **Michelin**
  R&D - 2500 salariés à Ladoux (63)
- **Automobile & Moto** Pneus **Dunlop**
  Production de pneus motos et camionnettes - 650 salariés à Montluçon (03)
- **Automobile & Moto** Voitures sans permis **Ligier**
  Production de petites voitures - 120 salariés à Abrest (03)

Bourgogne

- **Agroalimentaire** Biscuits **Biscuits Grobost**
  Production - 10 salariés à Sainte-Péreuse (58)
- **Agroalimentaire** Bonbons **Les anis de Flavigny**
  Siège et production - 30 salariés à Flavigny-sur-Ozeran (21)

- **Agroalimentaire** Poulets **Loué**
  Abattage et découpe de volailles - 800 salariés à Louhans (71)
- **Agroalimentaire** Poulets **Duc**
  Siège et abattage et découpe de volailles - 360 salariés à Chailley (89)
- **Agroalimentaire** Poulets **Loué**
  Abattage et découpe de volailles - 110 salariés à Cuisery (71)
- **Agroalimentaire** Poulets **Duc**
  Couve de poussins - Situé à Charolles (71)
- **Agroalimentaire** Viande rouge **Bigard**
  Abattage et découpe de boeuf - 380 salariés à Cuiseaux (71)
- **Hygiène & Beauté** Lunettes **Essilor**
  Production de verres - 320 salariés à Dijon (21)
- **Hygiène & Beauté** Lunettes **Atol**
  R&D, logistique et montage - 140 salariés à Beaune (21)
- **Cuisine** Casseroles **Tefal**
  Production d'articles culinaires - 150 salariés à Tournus (71)
- **Cuisine** Cocottes **Seb**
  R&D et production de cocottes-minutes - 400 salariés à Selongey (21)
- **Cuisine** Cocottes **Emile Henry**
  Siège et production de cocottes - 200 salariés à Marcigny (71)
- **Electroménager** Friteuses **Seb**
  R&D et production d'Actifry, friteuses, cuiseurs et autocuiseurs
  300 salariés à Is-sur-Tille (21)
- **Electroménager** Grille-pain **Magimix**
  Production de grille-pain - 500 salariés à Montceau-les-Mines (71)
- **Textile** Chaussettes **Perrin**
  Siège et production de chaussettes - 110 salariés à Montceau-les-Mines (71)
- **Textile** Chaussettes **Monnet Sport**
  Production de chaussettes - Situé à Montceau-les-Mines (71)
- **Textile** Lingerie **DFM**
  Logistique et production de collants et bas - 990 salariés à Autun (71)
- **Textile** Prêt-à-porter **Le laboureur**
  Production de vêtements homme - 25 salariés à Digoin (71)
- **Sport & Loisirs** Accessoires Vélos **Look**
  Siège, R&D et production de pédales - 150 salariés à Nevers (58)
- **Sport & Loisirs** Accessoires Vélos **Time**
  Production de pédales - 80 salariés à Varennes Vauzelles (58)
- **Sport & Loisirs** Vélos **Lapierre**
  R&D et production de vélos - 70 salariés à Dijon (21)
- **High-tech** Hifi **Focal JMLab**
  Production d'enceintes **- Situé** à Bourbon-Lancy (71)
- **High-tech** Tablettes **Qooq**
  Production tablettes - 140 salariés à Monceaux-les-Mines (71)
- **High-tech** Tablettes **Bic Tab**
  Production tablettes **- Situé** à Dijon (21)
- **Automobile & Moto** Grandes berlines **Exagon**
  Production de sportives électriques - 60 salariés à Magny-Cours (58)

- **Automobile & Moto** Pneus **Michelin**
  Production de pneus - 1100 salariés à Blanzy (71)

Bretagne

- **Agroalimentaire** Biscuits **La Trinitaine**
  Siège et production de biscuits - 150 salariés à Saint-Philibert (56)
- **Agroalimentaire** Biscuits **La maison du beurre**
  Production - 30 salariés à Saint-Malo (35)
- **Agroalimentaire** Conserves **Bonduelle**
  Production de salades prêtes à consommer - 290 salariés à Rosporden (29)
- **Agroalimentaire** Jambon **Tradilège**
  Production de charcuterie et de jambons - 1750 salariés à Collinée (22)
- **Agroalimentaire** Jambon **Louis Gad**
  Abattage et découpe de porc - 980 salariés à Lampaul-Guimillau (29)
- **Agroalimentaire** Jambon **Jean Floch**
  Production de jambons et de charcuterie - 850 salariés à Moréac (56)
- **Agroalimentaire** Jambon **Louis Gad**
  Abattage de porcs - 660 salariés à Josselin (56)
- **Agroalimentaire** Jambon **Jean Caby**
  Siège et production de jambon et lardons - 490 salariés à Lampaul-Guimillau (29)
- **Agroalimentaire** Jambon **Jean Caby**
  Production de jambons et charcuterie - 220 salariés à Ergué-Gaberic (29)
- **Agroalimentaire** Jambon **Jean Floch**
  Salaison de porc - 180 salariés à Liffré (35)
- **Agroalimentaire** Jambon **Jean Floch**
  Production de jambons et de rillettes et pâté - 160 salariés à Baud (56)
- **Agroalimentaire** Jambon **Jean Floch**
  Production de viande de porc - 130 salariés à Loudéac (22)
- **Agroalimentaire** Jambon **Jean Floch**
  Production de jambons et de charcuterie - 90 salariés à Bannalec (29)
- **Agroalimentaire** Jambon **Jean Floch**
  Siège - 80 salariés à Guenin (56)
- **Agroalimentaire** Jambon **Fleury Michon**
  Production de jambons et patés - 80 salariés à Plélan-le-Grand (35)
- **Agroalimentaire** Jambon **Tradilège**
  Abattage et découpe de viande - Situé à Saint-Jacut-du-Mené (22)
- **Agroalimentaire** Jambon **Tradilège**
  Production de lardons - *Situé* à Vildé-Guingalan (22)
- **Agroalimentaire** Jambon **Tradilège**
  Production de brochettes et steacks hachés - *Situé* à Saint-Léry (56)
- **Agroalimentaire** Jambon **Tradilège**
  Production de plats préparés - Situé à Trévilan (22)

- **Agroalimentaire** Jambon **Tradilège**
  Logistique - Situé à Saint-Onen-la-Chapelle (35)
- **Agroalimentaire** Jambon **Louis Gad**
  Siège - Situé à Morlaix (29)
- **Agroalimentaire** Plats préparés **Houdebine**
  Siège et production de plats préparés - 360 salariés à Noyal-Pontivy (56)
- **Agroalimentaire** Plats préparés **Père Dodu**
  Siège et production - 250 salariés à Quimper (29)
- **Agroalimentaire** Plats préparés **Marie**
  Production de plats cuisinés surgelés, nems, accras, samosas et plats exotiques...
  100 salariés à Briec (29)
- **Agroalimentaire** Poulets **Ronsard**
  Siège et abattage et découpe de volailles - 800 salariés à Bignan (56)
- **Agroalimentaire** Poulets **Reghalal**
  Siège et abattage et découpe de dindes et de volailles halal
  550 salariés à Saint-Jean-de-Brevelay (56)
- **Agroalimentaire** Poulets **Doux**
  Siège et production de poulets - 500 salariés à Châteaulin (29)
- **Agroalimentaire** Poulets **Gastronome**
  Production - 390 salariés à Languidic (56)
- **Agroalimentaire** Poulets **Duc**
  Abattage et découpe de dindes halal - 240 salariés à Riec sur Belon (29)
- **Agroalimentaire** Poulets **Loué**
  Abattage et découpe de volailles - 145 salariés à Lanfains (22)
- **Agroalimentaire** Poulets **Loué**
  Transformation de volailles - 60 salariés à Sérent (56)
- **Agroalimentaire** Poulets **P'tit Duc**
  Siège et production de coquelets, pintades et poulets jaunes
  50 salariés à Lannilis (29)
- **Agroalimentaire** Poulets **P'tit Duc**
  Production de coquelets et poulets jaunes - 40 salariés à Carhaix-Plouguer (29)
- **Agroalimentaire** Poulets **Ronsard**
  Abattage de dindes - *Situé* à Faoeüt (56)
- **Agroalimentaire** Sodas **Breizh Cola**
  Production de bouteilles - *Situé* à Plonéour-Lanvern (29)
- **Agroalimentaire** Sodas **Breizh Cola**
  Siège - Situé à Roc-Saint-André (56)
- **Agroalimentaire** Sodas **Breizh Cola**
  Production - Situé à Domagné (35)
- **Agroalimentaire** Viande rouge **Jean Rozé**
  Siège, abattage et découpe de boeuf et de porc - 1300 salariés à Vitré (35)
- **Agroalimentaire** Viande rouge **Bigard**
  Siège, abattage et découpe de boeuf et de porc - 1200 salariés à Quimperlé (29)
- **Agroalimentaire** Viande rouge **Tendriade**
  Siège, abattage et découpe de viande de veau - 700 salariés à Chateaubourg (35)
- **Agroalimentaire** Viande rouge **Jean Rozé**
  Siège, abattage et découpe de boeuf et de porc - 520 salariés à Trémorel (22)

- **Agroalimentaire** Viande rouge **Jean Rozé**
  Siège, abattage et découpe de boeuf et de porc - 220 salariés à Liffré (35)
- **Hygiène & Beauté** Hygiène **Yves Rocher**
  Siège, logistique et production de produits de beauté - 760 salariés à La Gacilly (56)
- **Hygiène & Beauté** Hygiène **Yves Rocher**
  Production de soins du visage et de maquillage - 370 salariés à Rieux (56)
- **Hygiène & Beauté** Hygiène **Yves Rocher**
  Production de produits cosmétiques - 200 salariés à Ploërmel (56)
- **Hygiène & Beauté** Hygiène **Mcbride**
  Production de déodorants, laques, mousse à raser - 130 salariés à Rosporden (29)
- **Cuisine** Cocottes **Appolia**
  Siège et production de cocottes - 60 salariés à Languidic (56)
- **Cuisine** Ménage **Jacques Briochin**
  Production de produits d'entretien - 30 salariés à Hillion (22)
- **Cuisine** Mobilier **Morel**
  Production - 60 salariés à Saint-Etienne-en-Coglès (35)
- **Cuisine** Mobilier **Malegol**
  Production de cuisines - 20 salariés à Ploulec'h (22)
- **Cuisine** Vaisselle **HB Henriot**
  Siège et production - 50 salariés à Quimper (29)
- **Electroménager** Barbecue **Krampouz**
  Siège et production de planchas, crêpières et gaufrières - 45 salariés à Pluguffan (29)
- **Maison** Literie **Hill-Rom**
  Siège et production de lits d'hôpitaux - 450 salariés à Pluvigner (56)
- **Maison** Literie **Simmons**
  Production de matelas et sommiers - 120 salariés à Fougères (35)
- **Sport & Loisirs** Accessoires Vélos **Noret**
  Fabrication de vêtements cyclistes - 45 salariés à Saint-Dénoual (22)
- **Sport & Loisirs** Accessoires Vélos **FMB**
  Production de boyaux - 4 salariés à Plurien (22)
- **Textile** Chaussures femmes **Charles Jourdan**
  Siège et logistique - 230 salariés à Fougères (35)
- **Textile** Lingerie **Chantal Thomass**
  Production de lingerie - 140 salariés à Lanester (56)
- **Textile** Lingerie **Empreinte**
  Siège et production de lingerie - 120 salariés à Brest (29)
- **Textile** Maroquinerie **Texier**
  Production de maroquinerie - 230 salariés à Vitré (35)
- **Textile** Maroquinerie **La cabane bleue**
  Production de sacs à main - 6 salariés à Clahars Carnoet (29)
- **Textile** Prêt-à-porter **Armor-Lux**
  Logistique et production de prêt-à-porter - 300 salariés à Quimper (29)
- **Textile** Prêt-à-porter **Guy Cotten**
  Siège et production de vêtements de mer - 150 salariés à Trégunc (29)
- **Textile** Prêt-à-porter **La Fileuse d'Arvor**
  Production de prêt-à-porter féminin - 60 salariés à Quimper (29)

- **Textile** Prêt-à-porter **Dolmen**
  Production de vêtements - 50 salariés à Pabu (22)
- **Textile** Prêt-à-porter **Dalmard Marine**
  Production de vêtements - Situé à Paimpol (22)
- **High-tech** Décodeurs **Technicolor**
  R&D + prod décodeurs et modem - 500 salariés à Cesson-Sévigné (35)
- **High-tech** Décodeurs **Sagemcom**
  Réparation + prod de décodeurs - 290 salariés à Dinan (22)
- **High-tech** Hifi **Cabasse**
  Production d'enceintes - 650 salariés à Liffré (35)
- **High-tech** Hifi **Cabasse**
  Siège + R&D - 35 salariés à Plouzané (29)
- **High-tech** Jeux vidéo **Hercules Thrustmaster**
  Siège + centre logistique européen - 40 salariés à Carentoir (56)
- **Automobile & Moto** Camping-cars **Trigano**
  Production de camping-cars - 160 salariés à Saint-Brandan (22)
- **Automobile & Moto** Grandes berlines **PSA**
  R&D et production de 508, C5, C6 - 5600 salariés à Chartes-de-Bretagne (35)

Centre

- **Agroalimentaire** Fromages **Bel**
  R&D et production de Kiri, Boursin et Babybel - 140 salariés à Vendome (41)
- **Agroalimentaire** Chocolats **Kraft**
  Production de chocolat Poulain - 170 salariés à Villebarou (41)
- **Agroalimentaire** Sodas **Look Cola**
  Production de soda - 240 salariés à Saint-Martin-d'Abbat (45)
- **Agroalimentaire** Poulets **Loué**
  Abattage et découpe de volailles - 130 salariés à Droue (41)
- **Agroalimentaire** Jambon **Madrange**
  Production de jambon tranché de marques de distributeur - 130 salariés à Blois (41)
- **Agroalimentaire** Biscuits **Papy Brossard**
  Production de gâteaux - 220 salariés à Pithiviers (45)
- **Agroalimentaire** Plats préparés **Reitzel**
  Production de bocaux - 50 salariés à Bourré (41)
- **Agroalimentaire** Biscuits **Saint-Michel**
  Production de biscuits et de pâtisseries - 370 salariés à Contres (41)
- **Hygiène & Beauté** Hygiène **L'Oréal**
  Logistique et production de maquillage - 320 salariés à Ormes (45)
- **Hygiène & Beauté** Hygiène **Lotus**
  Production de papier toilette, mouchoirs, essuie-tout et cotons démaquillants
  450 salariés à Gien (45)
- **Hygiène & Beauté** Hygiène **Pierre Fabre**
  Production de médicaments - 450 salariés à Gien (45)

- **Hygiène & Beauté** Hygiène **Pierre Fabre**
  Production de dentifrice et de sirops - 90 salariés à Château-Renard (45)
- **Hygiène & Beauté** Hygiène **Procter & Gamble**
  Production de shampoings et d'après-shampoings - 440 salariés à Blois (41)
- **Hygiène & Beauté** Hygiène **Reckitt Benckiser**
  Production de produits dermo-cosmétiques, d'entretiens et désodorisants
  320 salariés à Chartres (28)
- **Cuisine** Vaisselle **Deshoulières**
  Production de porcelaine - 100 salariés à Foëcy (18)
- **Cuisine** Vaisselle **Duralex**
  Siège et production de verres et vaisselle - 210 salariés à Chapelle-Saint-Mesmin (45)
- **Cuisine** Ustensiles **Gobel**
  Production d'ustensiles de cuisine - 40 salariés à Joué-lès-Tours (37)
- **Cuisine** Vaisselle **Luminarc**
  Production de vaisselle - 400 salariés à Châteauroux (36)
- **Cuisine** Vaisselle **Pillivuyt**
  Siège et production de porcelaine - 220 salariés à Mehun-sur-Yèvre (18)
- **Cuisine** Vaisselle **Poterie Renault**
  Production - 20 salariés à Argent-sur-Sauldre (18)
- **Cuisine** Ménage **Reckitt Benckiser**
  Production de produits d'entretiens et désodorisants - 320 salariés à Chartres (28)
- **Cuisine** Casseroles **Sitram**
  Siège et production d'articles culinaires - 110 salariés à Saint-Benoît du Sault (36)
- **Cuisine** Ustensiles **Tupperware**
  Production d'articles de conservation - 350 salariés à Joué les Tours (37)
- **Electroménager** Fours **Brandt**
  Production de fours, cuisinières et tables à induction
  620 salariés à Saint-Jean de Ruelle (45)
- **Electroménager** Fours **Brandt**
  Production de tables de cuisson, hottes et fours vapeur
  260 salariés à Saint-Ouen (41)
- **Electroménager** Lave-linge **Brandt**
  Plate-forme logistique - Situé à Meung-sur-loire (45)
- **Electroménager** Friteuse **Roller Grill**
  Production de petit électroménager - 135 salariés à Bonneval (28)
- **Electroménager** Fours **Rosières**
  Siège et production de fours, cuisinières, plaques de cuisson et appareils de chauffage
  190 salariés à Lunery (18)
- **Electroménager** Robot culinaire **Vorwerk**
  Production de robots Thermomix - 185 salariés à Cloyes-sur-le-Loir (28)
- **Maison** Jardin **La Citerne verte**
  Production de récupérateurs d'eau de pluie - Situé à Saint-Martin-le-beau (37)
- **Maison** Literie **Lestra**
  Production de couettes, oreillers, matelas sacs de couchage
  Situé à Nazelles-Négron (37)
- **Maison** Literie **Treca**
  Production de matelas, sommiers - 160 salariés à Mer (41)

- **Textile** Chaussures femmes **Arche**
  Siège et production de chaussures - 160 salariés à Château-Renault (37)
- **Textile** Chemises **Bruce Field**
  Siège et production de chemises - 30 salariés à Villedieu-sur-Indre (36)
- **Textile** Chaussons **La pantoufle du Berry**
  Production de pantoufles - 3 salariés à Vatan (36)
- **Textile** Bottes **Le Chameau**
  Siège et logistique - 25 salariés à Dun-sur-Auron (18)
- **Textile** Chemises **Lordson**
  Siège et production de chemises - 50 salariés à Ecueillé (36)
- **Textile** Maroquinerie **Louis Vuitton**
  Production de maroquinerie - 530 salariés à Issoudun (36)
- **Textile** Maroquinerie **Savebag**
  Siège et production de sacs de voyages, cartables, sacs à main
  150 salariés à Perrusson (37)
- **Textile** Lingerie **Simone Perèle**
  Production - 450 salariés à Orléans (45)
- **Sport & Loisirs** Accessoires Vélos **Cyfac**
  Siège et fabrication de cadres - 15 salariés à La Fuye (37)
- **Sport & Loisirs** Vélos **Mobiky**
  Assemblage - 90 salariés à Romorantin (41)
- **Sport & Loisirs** Accessoires Vélos **Zefal**
  Siège, R&D et production de pompes à vélo, bidons - 110 salariés à Jargeau (45)
- **Automobile & Moto** Citadines **Matra**
  Assemblage de voitures électriques - 90 salariés à Romorantin (41)

Champagne - Ardenne

- **Agroalimentaire** Biscuits **LU**
  Production de Barquettes, Mini Ourson, Coqueline, Belvita, Petit Moelleux
  150 salariés à Charleville-Mézières (08)
- **Agroalimentaire** Biscuits **Biscuits Fossier**
  Production de biscuits, pain d'épices, madeleines, cakes - 100 salariés à Reims (51)
- **Agroalimentaire** Conserves **Bonduelle**
  Production de salades prêtes à consommer - 160 salariés à Aix-en-Othe (10)
- **Agroalimentaire** Fromages **Bongrain**
  Production de Caprice des Dieux - 360 salariés à Illoud (52)
- **Agroalimentaire** Glaces **Miko**
  Production de glaces Miko, Carte d'or, Calippo - 230 salariés à Saint-Dizier (52)
- **Agroalimentaire** Poulets **Gastronome**
  Abattage et découpe de volailles - 160 salariés à Witry-lès-Riems (51)
- **Agroalimentaire** Viande rouge **Bigard**
  Abattage et découpe de boeuf - 130 salariés à Vitry-le-François (51)

- **Hygiène & Beauté** Hygiène **Johnson & Johnson**
  Production - 220 salariés à Sézanne (51)
- **Hygiène & Beauté** Lunettes **BBGR**
  Production de verres - 320 salariés à Sézanne (51)
- **Electroménager** Barbecue **Fnvicta**
  R&D et production - 240 salariés à Vivier-au-Court (08)
- **Electroménager** Barbecue **Fnvicta**
  Siège et logistique - 40 salariés à Donchery (08)
- **Electroménager** Lave-linge **Electrolux**
  Bureau d'étude et production de lave-linge - 470 salariés à Revin (08)
- **Electroménager** Séche-linge **Amphora**
  Siège - 15 salariés à Reims (51)
- **Maison** Bricolage **Virax**
  Siège, R&D et production d'outils - 180 salariés à Epernay (51)
- **Maison** Bricolage **EL France**
  Production de manches d'outils en bois - Situé à Maranville (52)
- **Maison** Canapés, chaises **Valco**
  Production de banquettes, sièges, fauteuils - 550 salariés à Bar-sur-Aube (10)
- **Maison** Jardin **Dess**
  Production de parasols - 6 salariés à Piney (10)
- **Maison** Literie **Simmons**
  Production de matelas et sommiers - 130 salariés à Bar-sur-Aube (10)
- **Maison** Mobilier **SCFAE**
  Siège et production de meubles - 200 salariés à Dienville (10)
- **Textile** Chaussettes **Bleu Forêt**
  Logistique - 120 salariés à Romilly-sur-Seine (10)
- **Textile** Lingerie **Petit Bateau**
  Siège, R&D et production de sous-vêtements et prêt-à-porter
  1000 salariés à Troyes (10)
- **Textile** Lingerie **Petit Bateau**
  Logistique - 250 salariés à Pont-Sainte-Marie (10)
- **Textile** Lingerie **Chantal Thomass**
  Bureau d'étude et production de lingerie - 170 salariés à Epernay (51)
- **Textile** Lingerie **Petit Bateau**
  Logistique - 80 salariés à La Chapelle-Saint-Luc (10)
- **Textile** Maroquinerie **Hermès**
  Production de petite maroquienerie et de sacs à main
  230 salariés à Bogny-sur-Meuse (08)
- **Textile** Prêt-à-porter **Chanteclair**
  Production de vêtements - 50 salariés à Saint-Pouange (10)
- **Textile** Prêt-à-porter **Armor-Lux**
  Production de prêt-à-porter - *Situé* à Troyes (10)
- **Textile** Sneakers **Le Coq sportif**
  R&D et production de petites séries - 35 salariés à Romilly-sur-Seine (10)
- **Textile** Tee-shirts & polos **Lacoste**
  Production de polos - 1230 salariés à Troyes (10)

- **Textile** Tee-shirts & polos **Lacoste**
  Logistique - 130 salariés à Troyes (10)
- **Sport & Loisirs** Vélos **Gitane**
  Assemblage et peinture de vélos - 250 salariés à Romilly-sur-Seine (10)
- **High-tech** Hifi **Davis Acoustics**
  Production d'enceintes - 11 salariés à Troyes (10)
- **High-tech** Jeux vidéo **Gameloft**
  Site de développement - 10 salariés à Troyes (10)
- **Automobile & Moto** Citadines **PSA**
  Production de pièces mécaniques - 2200 salariés à Villers-Semeuse (08)

Franche-Comté

- **Agroalimentaire** Biscuits **LU**
  Production de pains d'épices, de Captain'Choc, Oursons, Miniroulés et Belvita
  140 salariés à Besançon (25)
- **Agroalimentaire** Fromages **Bel**
  Production d'apéricubes et de fromage fondu - 450 salariés à Dole (39)
- **Agroalimentaire** Fromages **Bel**
  R&D et production d'apéricubes - 300 salariés à Lons-le-Saunier (39)
- **Agroalimentaire** Fromages **Ermitage**
  Production - 190 salariés à Santiche (25)
- **Agroalimentaire** Fromages **Ermitage**
  Production de comté - 90 salariés à Lavernay (25)
- **Agroalimentaire** Sodas **Limonade Elixia**
  Production de limonde - 6 salariés à Campagnol (39)
- **Hygiène & Beauté** Lunettes **Julbo**
  Production - 80 salariés à Longchaumois (39)
- **Hygiène & Beauté** Montres **Michel Herbelin**
  Siège et assemblage de montres - 80 salariés à Charquemont (25)
- **Hygiène & Beauté** Montres **Festina**
  SAV, commercial et logistique - 60 salariés à Besançon (25)
- **Hygiène & Beauté** Montres **Pequignet**
  Production de montres automatiques - 50 salariés à Morteau (25)
- **Hygiène & Beauté** Montres **Breitling**
  Réparation de montres - 50 salariés à Besançon (25)
- **Hygiène & Beauté** Montres **Yonger & Bresson**
  Production de montres - 25 salariés à Morteau (25)
- **Hygiène & Beauté** Montres **M. Benjamin**
  Production de montres - 20 salariés à Besançon (25)
- **Hygiène & Beauté** Montres **L.Leroy**
  Siège - Situé à Besançon (25)
- **Hygiène & Beauté** Montres **Wysiwatch**
  Conception et production de montres personnalisables - Situé à Besançon (25)

- **Cuisine** Casseroles **Cristel**
  Siège et production de casseroles et poêles - 100 salariés à Fesches-le-Châtel (25)
- **Cuisine** Ménage **Spontex**
  Production d'éponges - 75 salariés à Saint-Hippolyte (25)
- **Cuisine** Ustensiles **PSP Peugeot**
  Production de moulins - 160 salariés à Quingey (25)
- **Cuisine** Ustensiles **Platex**
  Production de plateaux - 40 salariés à Pontarlier (25)
- **Cuisine** Vaisselle **La Rochère**
  Production - 190 salariés à Passavant La Rochère (70)
- **High-tech** Hifi **Athom**
  Production d'enceintes - Situé à Besançon (25)
- **Maison** Bricolage **Bost**
  Siège etproduction de tournevis, clés mâles et pinces-étaux
  220 salariés à Arbois (39)
- **Maison** Bricolage **Diager**
  Production de forets et d'outils de bricolage - 200 salariés à Poligny (39)
- **Maison** Bricolage **Black&Decker**
  Siège, logistique et production d'outils de bricolage - 150 salariés à Besançon (25)
- **Maison** Bricolage **Bost**
  Production de pinces - 140 salariés à Laissey (25)
- **Maison** Literie **Merinos**
  Production de matelas et sommiers - 120 salariés à Vesoul (70)
- **Maison** Mobilier **Parisot Meubles**
  Siège et production - 720 salariés à Saint-Loup-sur-Semouse (70)
- **Maison** Mobilier **Parisot Meubles**
  Production de panneaux - Situé à Corbenay (70)
- **Textile** Maroquinerie **Hermès**
  Production de maroquinerie - 215 salariés à Seloncourt (25)
- **Sport & Loisirs** Accessoires Vélos **Aerozenith**
  Siège, R&D et production de roues - 60 salariés à Saint-Claude (39)
- **High-tech** Hifi **Athom**
  Production d'enceintes - Situé à Besançon (25)
- **Automobile & Moto** Berlines compactes **PSA**
  R&D et production de véhicules - 12000 salariés à Montbéliard (25)
- **Automobile & Moto** Citadines **PSA**
  Production des équipements intérieurs - 3200 salariés à Vesoul (70)
- **Automobile & Moto** Citadines **PSA**
  Mécanique - 300 salariés à Hérimoncourt (25)
- **Automobile & Moto** Mobylettes **Peugeot**
  Assemblage de scooters - 600 salariés à Valentigney (25)

Ile-de-France

- **Agroalimentaire** Biscuits **LU**
  Centre européen de R&D de la branche Biscuits de Kraft - 120 salariés à Saclay (91)
- **Agroalimentaire** Fromages **Bel**
  Siège - 800 salariés à Paris (75)
- **Agroalimentaire** Fromages **Bongrain**
  Production de Rambol - 100 salariés à Saint-Arnoult-en-Yvelines (78)
- **Agroalimentaire** Glaces **Nestlé**
  Siège NGF - 800 salariés à Noisel (77)
- **Agroalimentaire** Jambon **Madrange**
  Production de jambon cuit et de lardon - 190 salariés à Ablis (78)
- **Agroalimentaire** Jambon **Madrange**
  Production de jambons et de patés - 140 salariés à Goussainville (95)
- **Agroalimentaire** Plats préparés **William Saurin**
  Production de plats préparés - 450 salariés à Saint-Thibault-des-Vignes (77)
- **Agroalimentaire** Plats préparés **Duc**
  Production de volailles panées, cordons bleus et nuggets - 50 salariés à Gouaix (77)
- **Agroalimentaire** Sodas **Coca-cola**
  Production de sodas - 230 salariés à Grigny (91)
- **Agroalimentaire** Sodas **Coca-cola**
  Production de soda - 200 salariés à Clamart (92)
- **Hygiène & Beauté** Hygiène **Procter & Gamble**
  Siège - 700 salariés à Asnières sur Seine (92)
- **Hygiène & Beauté** Hygiène **L'Oréal**
  R&D dédié aux cheveux - 600 salariés à Saint-Ouen (93)
- **Hygiène & Beauté** Hygiène **Johnson & Johnson**
  Siège - 500 salariés à Issy-les-Moulineaux (92)
- **Hygiène & Beauté** Hygiène **Clarins**
  Production de produits cosmétiques - 480 salariés à Pontoise (95)
- **Hygiène & Beauté** Hygiène **L'Oréal**
  Production de soins du visage, du corps et des cheveux
  300 salariés à Aulnay-Sous-Bois (93)
- **Hygiène & Beauté** Hygiène **Reckitt Benckiser**
  Siège - 300 salariés à Massy (91)
- **Hygiène & Beauté** Hygiène **L'Oréal**
  Siège Gemey Maybelline - 280 salariés à Paris (75)
- **Hygiène & Beauté** Hygiène **Clean'skin**
  Siège et production de lingettes - 270 salariés à Croissy-Beaubourg (77)
- **Hygiène & Beauté** Hygiène **L'Oréal**
  Production de shampoings et gels douche - 230 salariés à Rambouillet (78)
- **Hygiène & Beauté** Hygiène **L'Oréal**
  Siège L'oréal - Situé à Paris (75)
- **Hygiène & Beauté** Hygiène **Pierre Fabre**
  Siège - *Situé* à Paris (75)

- **Hygiène & Beauté** Hygiène **Pierre Fabre**
  Siège - Situé à Boulogne-Billancourt (92)
- **Hygiène & Beauté** Hygiène **Lotus**
  Siège - Situé à Bois-Colombes (92)
- **Hygiène & Beauté** Hygiène **Clarins**
  Siège - Situé à Neuilly-sur-Seine (92)
- **Hygiène & Beauté** Hygiène **Unilever**
  Siège - Situé à Rueil-Malmaison (92)
- **Hygiène & Beauté** Lunettes **BBGR**
  Production de verres - 600 salariés à Provins (77)
- **Hygiène & Beauté** Lunettes **Essilor**
  Distribution - 450 salariés à Créteil (94)
- **Hygiène & Beauté** Lunettes **Essilor**
  R&D - 400 salariés à Saint-Maur-des-Fossés (94)
- **Hygiène & Beauté** Lunettes **Krys**
  Logistique et production de verres - 380 salariés à Bazainville (78)
- **Hygiène & Beauté** Lunettes **Essilor**
  Siège - Situé à Charenton-le-Pont (94)
- **Hygiène & Beauté** Lunettes **Krys**
  Siège - Situé à Nanterre (92)
- **Hygiène & Beauté** Lunettes **Atol**
  Siège - Situé à Antony (92)
- **Hygiène & Beauté** Lunettes **Optique 2000**
  Siège - Situé à Clamart (92)
- **Hygiène & Beauté** Lunettes **Vuarnet**
  Production de verres - Situé à Meaux (77)
- **Hygiène & Beauté** Montres **B.R.M**
  Production de montres de sport - 10 salariés à Magny en Vexin (95)
- **Cuisine** Casseroles **Mastrad**
  Siège et R&D - 30 salariés à Paris (75)
- **Cuisine** Casseroles **Mafter**
  Siège - Situé à Les Lilas (93)
- **Cuisine** Casseroles **Mafter**
  Logistique - Situé à Sevran (93)
- **Cuisine** Linge de maison **Garnier Thiébaut**
  Production de linge de maison - Situé à Boulogne-Billancourt (92)
- **Cuisine** Ménage **Scoth-Brite**
  Siège - 1500 salariés à Cergy (95)
- **Cuisine** Ménage **Procter & Gamble**
  Siège - 700 salariés à Asnières sur Seine (92)
- **Cuisine** Ménage **Henkel**
  Siège - 700 salariés à Boulogne-Billancourt (92)
- **Cuisine** Ménage **Scoth-Brite**
  Production et R&D - 480 salariés à Beauchamp (95)
- **Cuisine** Ménage **Reckitt Benckiser**
  Siège - 300 salariés à Massy (91)

- **Cuisine** Ménage **Eléphant**
  Production de balais, pelles, balayettes, brosses, seaux - 200 salariés à Villepinte (93)
- **Cuisine** Ménage **Scoth-Brite**
  Logistique - 170 salariés à Saint-Ouen-l'Aumône (95)
- **Cuisine** Ménage **Henkel**
  Production de lessives, adoucissants, liquide vaisselle et produits d'entretiens
  130 salariés à Saint-Pierre-lès-Nemours (77)
- **Cuisine** Ménage **Eléphant**
  Siège - *Situé* à Roissy-en-France (95)
- **Cuisine** Ustensiles **Marlux**
  Production d'ustensiles de cuisine - 12 salariés à Montreuil (93)
- **Cuisine** Ustensiles **Stilic Force**
  Siège et boutique - Situé à Montrouge (92)
- **Cuisine** Ustensiles **Tellier**
  Production d'ustensiles de cuisine - *Situé* à Argenteuil (95)
- **Cuisine** Vaisselle **Christofle**
  Siège et production de couverts en argent - 240 salariés à Paris (75)
- **Cuisine** Vaisselle **Baccarat**
  Siège - 150 salariés à Paris (75)
- **Electroménager** Lave-linge **Brandt**
  Siège - *Situé* à Rueil-Malmaison (92)
- **Electroménager** Séche-linge **Whirlpool**
  Siège - 230 salariés à Suresnes (92)
- **Maison** Canapés, chaises **Steiner**
  Production de sièges d'ameublement intérieur - 310 salariés à Lognes (77)
- **Maison** Literie **Simmons**
  Production de matelas et de literie - 460 salariés à Lognes (77)
- **Maison** Literie **Dunlopillo**
  Production de matelas, literie et sommiers - 400 salariés à Limay (78)
- **Maison** Literie **Dunlopillo**
  Logistique et production de matelas et sommiers - 400 salariés à Mantes-la-Jolie (78)
- **Maison** Literie **Treca**
  Production de matelas et sommiers - 200 salariés à Lognes (77)
- **Maison** Mobilier **Majencia**
  Siège - 400 salariés à Saint-Cloud (92)
- **Maison** Mobilier **L'édito**
  Production de meubles - Situé à Evry (91)
- **Maison** Mobilier **Meljac**
  Bureau d'étude et production de lampes - *Situé* à Villeneuve-Le-Roi (94)
- **Textile** Lingerie **Chantal Thomass**
  Siège - 900 salariés à Cachan (94)
- **Textile** Lingerie **DFM**
  Siège - 770 salariés à Rueil-Malmaison (92)
- **Textile** Lingerie **Barbara - Ravage**
  Siège - 50 salariés à Arcueil (94)
- **Textile** Lingerie **Simone Perèle**
  Siège - *Situé* à Clichy (92)

- **Textile** Maroquinerie **Hermès**
  Siège, logistique mondiale et production de petite maroquinerie
  400 salariés à Pantin (93)
- **Textile** Maroquinerie **Louis Vuitton**
  Production de bagages et de maroquinerie - 220 salariés à Asnières-sur-Seine (92)
- **Textile** Maroquinerie **Cabedine**
  Production de sacs et cabas - Situé à Saint-Cyr-l'Ecole (78)
- **Textile** Prêt-à-porter **Tara Jarmon**
  Siège et fabrication de vêtements femmes haut de gamme - 40 salariés à Paris (75)
- **Textile** Sneakers **Le Coq sportif**
  Centre de design - Situé à Paris (75)
- **High-tech** Casques audio **Aëdle**
  Siège + site de R&D - *Situé* à Paris (75)
- **High-tech** Casques audio **Modelabs**
  Siège - *Situé* à Paris (75)
- **High-tech** Décodeurs **Technicolor**
  Siège mondial + centre de R&D - 1000 salariés à Issy-les-Moulineaux (92)
- **High-tech** Décodeurs **Sagemcom**
  Siège - 700 salariés à Rueil-Malmaison (92)
- **High-tech** Décodeurs **Technicolor**
  Production d'émetteurs télé - 250 salariés à Conflans-Sainte-Honorine (78)
- **High-tech** Décodeurs **Aston**
  Siège - 30 salariés à Bagnolet (93)
- **High-tech** Décodeurs **Antengrin**
  Siège - 3 salariés à Vitry-sur-Seine (94)
- **High-tech** Décodeurs **Sagemcom**
  Siège - Situé à Osny (95)
- **High-tech** Hifi **Parrot**
  Siège + R&D - 400 salariés à Paris (75)
- **High-tech** Hifi **Devialet**
  Siège + R&D - 35 salariés à Paris (75)
- **High-tech** Jeux vidéo **Ubisoft**
  Siège - 500 salariés à Montreuil (93)
- **High-tech** Jeux vidéo **Activision Blizzard**
  Siège et centre technique et de service client européen
  200 salariés à Levallois-Perret (92)
- **High-tech** Jeux vidéo **Gameloft**
  Siège - 50 salariés à Paris (75)
- **High-tech** Jeux vidéo **Egg Ball**
  Siège + site de développement - 20 salariés à Paris (75)
- **High-tech** Jeux vidéo **Pinpin Team**
  Siège + site de développement - Situé à Paris (75)
- **High-tech** Jeux vidéo **We want to know**
  Siège + site de développement - Situé à Paris (75)
- **High-tech** Mp3 & disques durs **LaCie**
  Siège - 170 salariés à Paris (75)

- **High-tech** Mp3 & disques durs **LaCie**
  Production - Situé à Massy (91)
- **High-tech** Mp3 & disques durs **Dane-Elec**
  Siège + centrale d'achat - Situé à Bagnolet (93)
- **High-tech** Mp3 & disques durs **Green Cube**
  Siège - *Situé* à Paris (75)
- **High-tech** Ordinateurs **Hewlett-Packard**
  Siège - Situé aux Ulis (91)
- **High-tech** Ordinateurs **Cottin**
  Siège + R&D + production - Situé à Paris (75)
- **High-tech** Tablettes **Archos**
  Siège + R&D - 100 salariés à Igny (91)
- **High-tech** Tablettes **Qooq**
  Siège + R&D - 20 salariés à Paris (75)
- **High-tech** Tablettes **Bookeen**
  Siège + R&D - 15 salariés à Paris (75)
- **High-tech** Tablettes **Memup**
  Siège + R&D - Situé à Bonneuil-sur-Marne (94)
- **Automobile & Moto** Camping-cars **Trigano**
  Siège - 40 salariés à Paris (75)
- **Automobile & Moto** Citadines **Renault**
  R&D - 12000 salariés à Guyancourt (78)
- **Automobile & Moto** Citadines **PSA**
  Production de véhicules - 5600 salariés à Poissy (78)
- **Automobile & Moto** Citadines **PSA**
  R&D - 4700 salariés à Vélizy (78)
- **Automobile & Moto** Citadines **Renault**
  Production de Zoé et Clio IV - 2.900 salariés à Aubergenville (78)
- **Automobile & Moto** Citadines **PSA**
  Production de véhicules - 2800 salariés à Aulnay-sous-bois (93)
- **Automobile & Moto** Citadines **PSA**
  R&D - 2600 salariés à La Garenne-Colombes (92)
- **Automobile & Moto** Citadines **PSA**
  Production de pièces de carrosserie - 650 salariés à Saint-Ouen (93)
- **Automobile & Moto** Citadines **PSA**
  Soutien à la production - 600 salariés à Meudon (92)
- **Automobile & Moto** Citadines **PSA**
  R&D - 600 salariés à Carrières-sous-Poissy (78)
- **Automobile & Moto** Citadines **Renault**
  Production de pièces mécaniques - 350 salariés à Choisy-le-Roi (94)
- **Automobile & Moto** Citadine **Renault**
  R&D - 50 salariés à Lardy (91)
- **Automobile & Moto** Mobylettes **MBK**
  Siège - Situé à Pantin (93)
- **Automobile & Moto** Motos **Yamaha**
  Siège - Situé à Pantin (93)

- **Automobile & Moto** Pneus **Dunlop**
  Siège - 2375 salariés à Rueil-Malmaison (92)
- **Automobile & Moto** Pneus **Lanxess**
  Siège - 50 salariés à Courbevoie (92)
- **Automobile & Moto** Utilitaires **Renault**
  R&D des véhicules utilitaires Renault - 1.000 salariés à Villiers-Saint-Frédéric (78)

Languedoc - Roussillon

- **Agroalimentaire** Bonbons **Fraises Tagada**
  Production de fraises Tagada - 340 salariés à Uzès (30)
- **Agroalimentaire** Café **Kraft**
  Production de café moulu - 130 salariés à Lavérune (34)
- **Agroalimentaire** Jus de fruit **Fruité**
  Production de jus de fruit - 60 salariés à Nissan-Lez-Ensérune (34)
- **Agroalimentaire** Plats préparés **William Saurin**
  Production de plats préparés - 130 salariés à Castelnaudary (11)
- **Agroalimentaire** Poulets **Duc**
  Abattage et découpe de poulets - 180 salariés à Saint-Bauzely (30)
- **Hygiène & Beauté** Hygiène **Pierre Fabre**
  Production de sprays - 225 salariés à Avène (34)
- **Hygiène & Beauté** Hygiène **Tena**
  Siège - 40 salariés à Saint-Aunès (34)
- **Maison** Literie **Easy Housse**
  Siège et conception - Situé à Marguerittes (30)
- **Maison** Literie **Terre de Femmes**
  Production de draps, housses couettes et taies d'oreillers
  Situé à Saint-Christol les Alés (30)
- **Textile** Bottes **La botte gardiane**
  Production de bottes - 17 salariés à Villetelle (34)
- **Textile** Lingerie **Athena - Eminence**
  Siège et production de sous-vêtements femme et homme
  460 salariés à Aimargues (30)
- **Textile** Lingerie **Elastivoile - Well**
  Production de lingerie - 215 salariés à Le Vigan (30)
- **Textile** Lingerie **Athena**
  Production de sous-vêtements et bas - 110 salariés à Sauve (30)
- **Textile** Prêt-à-porter **Tuff's**
  Production de jean's - 3 salariés à Florac (48)
- **High-tech** Casques audio **Earsonics**
  Siège + prod d'écouteurs - 12 salariés à Clapiers (34)
- **High-tech** Jeux vidéo **Ubisoft**
  Site de développement - 200 salariés à Montpellier (34)

- **High-tech** Ordinateurs **Orée**
  Siège + R&D + prod - 3 salariés à Castelnaudary (11)
- **High-tech** Ordinateurs **XBook**
  Production ordinateurs - *Situé* à Montpellier (34)
- **Automobile & Moto** Berlines compactes **PGO**
  Production de véhicules - 90 salariés à Saint-Christole-les-Alès (30)
- **Automobile & Moto** Motos **Avinton**
  Siège et production de motos - Situé à Sommières (30)

Limousin

- **Agroalimentaire** Bonbons **Pierrot Gourmand**
  Production - 190 salariés à Altillac (19)
- **Agroalimentaire** Fromages **Bongrain**
  Conditionnement de fromage - 110 salariés à Ahun (23)
- **Agroalimentaire** Viande rouge **Bigard**
  Abattage et découpe de viande - 260 salariés à Egletons (19)
- **Cuisine** Vaisselle **Doralaine**
  Production de porcelaine - 55 salariés à Dorat (87)
- **Cuisine** Vaisselle **Royal Limoges**
  Production - 50 salariés à Dorat (87)
- **Cuisine** Vaisselle **Médard de Noblat**
  Production - 40 salariés à Sauviat-sur-Vige (87)
- **Cuisine** Vaisselle **Artoria**
  Siège et production - 40 salariés à Limoges (87)
- **Cuisine** Vaisselle **Ercuis**
  Décoration de porcelaine - 30 salariés à Saint-Léonard-de-Noblat (87)
- **Cuisine** Vaisselle **Deshoulières**
  Production d'assiettes et plats - *Situé* à Dorat (87)
- **Cuisine** Vaisselle **Bernardaud**
  Siège et production - Situé à Limoges (87)
- **Cuisine** Vaisselle **Bernardaud**
  Production - Situé à Oradour-sur-Glane (87)
- **Cuisine** Vaisselle **Bernardaud**
  Production - Situé à Aixe-sur-Vienne (87)
- **Cuisine** Vaisselle **Ercuis**
  Production de porcelaine blanche - Situé à Saint-Brice-sur-Vienne (87)
- **Maison** Literie **Epeda**
  Production de matelas et sommiers - 190 salariés à Limoges (87)
- **Maison** Mobilier **Sauthon**
  Siège et production de meubles pour bébés - 170 salariés à Guéret (23)
- **Maison** Mobilier **Alsapan**
  Production de meubles de bureau - 140 salariés à La Courtine (23)

- **Textile** Chaussettes **Archiduchesse**
  Production de chaussettes - Situé à Les Cars (87)
- **Textile** Costumes **Smuggler**
  Siège et production de vestes et pantalons - 120 salariés à Limoges (87)
- **Textile** Lingerie **Barbara - Ravage**
  Atelier de lingerie - 40 salariés à Dun-le-Palestel (23)
- **Textile** Maroquinerie **Le Tanneur**
  Production de maroquinerie - 300 salariés à Bort-les-Orgues (19)
- **Textile** Maroquinerie **Agnelle**
  Siège et production de gants - 40 salariés à Saint-Junien (87)

Lorraine

- **Agroalimentaire** Biscuits **Saint-Michel**
  Production de madeleines - 80 salariés à Commercy (55)
- **Agroalimentaire** Conserves **Bonduelle**
  Production de salades prêtes à consommer - 210 salariés à Maizey (55)
- **Agroalimentaire** Fromages **Ermitage**
  Siège et production - 790 salariés à Bulgnéville (88)
- **Agroalimentaire** Fromages **Bongrain**
  Production de Géramont et Le Montagnard - 350 salariés à Le Tholy (88)
- **Agroalimentaire** Fromages **Bel**
  Production de fromage - 280 salariés à Dun-sur-Meuse (55)
- **Agroalimentaire** Fromages **Ermitage**
  Production - 90 salariés à Saulxures-lès-Bulgnéville (88)
- **Agroalimentaire** Viande rouge **Bigard**
  Abattage et découpe de viande - 260 salariés à Metz (57)
- **Hygiène & Beauté** Hygiène **Smile**
  Production de papier toilette, serviettes et mouchoirs
  240 salariés à Laval-sur-Vologne (88)
- **Hygiène & Beauté** Hygiène **Kleenex**
  Production de mouchoirs, papier toilette, essuie-tout
  230 salariés à Villey-Saint-Etienne (54)
- **Hygiène & Beauté** Lunettes **Essilor**
  Production de verres et d'appareils d'optique - 420 salariés à Ligny-en-Barrois (55)
- **Cuisine** Casseroles **De Buyer**
  Siège et production de casseroles, poêles - 110 salariés à Val d'Ajol (88)
- **Cuisine** Linge de maison **Garnier Thiébaut**
  Siège - Situé à Gérardmer (88)
- **Cuisine** Linge de maison **Garnier Thiébaut**
  Production de linge de maison - Situé à Grange-sur-Vologne (88)
- **Cuisine** Vaisselle **Baccarat**
  Production de vaisselle - 700 salariés à Baccarat (54)

- **Cuisine** Vaisselle **Cristal Saint-Louis**
  Siège et production d'art de la table en cristal
  290 salariés à Saint-Louis-lès-Bitche (57)
- **Maison** Bricolage **Aerfast**
  Siège et production d'outils de clouage, d'agrafage et de vissage
  120 salariés à Saint-Amé (88)
- **Maison** Mobilier **Parisot Meubles**
  Production de meubles de cuisine et de salle de bain - 250 salariés à Mattaincourt (88)
- **Maison** Mobilier **Alsapan**
  Production de meubles de chambre - 140 salariés à Boulay (57)
- **Textile** Chaussettes **Bleu Forêt**
  Siège et production de chaussettes, bas, collants et leggings
  230 salariés à Vagney (88)
- **Textile** Chaussures femmes **André - Minelli**
  Siège et production de chaussures - 180 salariés à Champigneulles (54)
- **Textile** Prêt-à-porter **Bergère de France**
  Siège et production de pulls - 350 salariés à Bar-le-Duc (55)
- **High-tech** CD & DVD **Arvato**
  Production de CD-Rom et CD - 160 salariés à Forbach (57)
- **High-tech** Téléviseurs **Novel Vision**
  Siège + centre de R&D + site d'assemblage de téléviseurs
  30 salariés à Creutzwald (57)
- **Automobile & Moto** Citadines **PSA**
  Production de moteurs diesel - 3800 salariés à Tremery (57)
- **Automobile & Moto** Citadines **Smart**
  Production de véhicules - 800 salariés à Hambach (57)
- **Automobile & Moto** Citadines **Smart**
  Production des composants climatiseurs de la Smart - 530 salariés à Hambach (57)
- **Automobile & Moto** Citadines **Smart**
  Assemblage des cockpits Smart - 120 salariés à Hambach (57)
- **Automobile & Moto** Pneus **Continental**
  Production de pneus - 1400 salariés à Sarreguemines (57)
- **Automobile & Moto** Utilitaires **Renault**
  Production de véhicules - 2800 salariés à Batilly (54)

Midi-Pyrénées

- **Agroalimentaire** Biscuits **LU**
  Production de barres céréalières Grany, Heudebert et Pelletier
  120 salariés à Toulouse (31)
- **Agroalimentaire** Biscuits **Biscuits Védère**
  Production - 30 salariés à Montgaillard (65)
- **Agroalimentaire** Bonbons **Pierrot Gourmand**
  Siège - *Situé* à Biars-sur-Cère (46)

- **Agroalimentaire** Café **Espresso**
  Production de dosettes - 40 salariés à Tarbes (65)
- **Agroalimentaire** Foie gras **Delpeyrat**
  Siège Comtesse du Barry et production de foie gras et plats cuisinés
  180 salariés à Gimont (32)
- **Agroalimentaire** Foie gras **Labeyrie**
  Production d'épicerie surgelée - 180 salariés à Castelsarrasin (82)
- **Agroalimentaire** Fromages **Lactalis**
  Production de roquefort - 1250 salariés à Roquefort-sur-Soulzon (12)
- **Agroalimentaire** Fromages **Lactalis**
  Production de rondelé de Bleu des Causses - 280 salariés à Onet-le-Château (12)
- **Agroalimentaire** Fromages **Lactalis**
  Site - 130 salariés à Saint-Georges-de-Luzençon (12)
- **Agroalimentaire** Jambon **Madrange**
  Production de jambons - 130 salariés à Albi (81)
- **Agroalimentaire** Jambon **Aoste**
  Production de saucisson sec - 100 salariés à Lescure d'Albigeois (81)
- **Agroalimentaire** Jambon **Salaisons Pyrénéennes**
  Production de jambons et saucissons secs - 75 salariés à Bordères-sur-l'Echez (65)
- **Agroalimentaire** Sodas **Coca-cola**
  Production de soda - *Situé* à Castanet-Tolosan (31)
- **Agroalimentaire** Viande rouge **Bigard**
  Abattage et découpe - 300 salariés à Castres (81)
- **Agroalimentaire** Viande rouge **Bigard**
  Abattage et découpe de boeuf - 70 salariés à Caussade (82)
- **Hygiène & Beauté** Hygiène **Pierre Fabre**
  Logistique de produits cosmétique - 180 salariés à Muret (31)
- **Hygiène & Beauté** Hygiène **Pierre Fabre**
  Production de produits dermo-cosmétique - 60 salariés à Cambounet-sur-le-Sor (81)
- **Hygiène & Beauté** Hygiène **Pierre Fabre**
  R&D dermo-cosmétique - Situé à Vigoulet-Auzil (31)
- **Hygiène & Beauté** Hygiène **Pierre Fabre**
  R&D et de production de médicament - Situé à Toulouse (31)
- **Hygiène & Beauté** Hygiène **Pierre Fabre**
  Recherche médicale - Situé à Castres (81)
- **Hygiène & Beauté** Montres **Lip**
  Production de montres - 45 salariés à Lectoure (32)
- **Cuisine** Couteaux **La Forge Laguiole**
  Production de couteaux - 90 salariés à Laguiole (12)
- **Cuisine** Couteaux **Laguiole-en-Aubrac**
  Siège et production de couteaux - 35 salariés à Montézic (12)
- **Cuisine** Mobilier **Cuisines Teisseire**
  Siège et fabrication de cuisines - 130 salariés à Bozouls (12)
- **Cuisine** Mobilier **Cuisines Teisseire**
  Fabrication de cuisines - 40 salariés à Entraygues-sur-Truyère (12)
- **Cuisine** Ustensiles **Reine Mère**
  Siège - *Situé* à Toulouse (31)

- **Cuisine** Vaisselle **Virebent**
  Production - 9 salariés à Puy-l'Evêque (46)
- **Electroménager** Gaufriers **Tefal**
  Production de petit électroménager - 190 salariés à Lourdes (65)
- **Electroménager** Refrigérateurs **Freecold**
  Siège et production de réfrigérateurs - 4 salariés à Toulouse (31)
- **Maison** Canapés, chaises **Steiner**
  Production de sièges, canapés et meubles - 290 salariés à Séverac-le-Château (12)
- **Textile** Maroquinerie **Chanel - Causse**
  Production de gants - 40 salariés à Millau (12)
- **Sport & Loisirs** Vélos **Sunn**
  Assemblage - 100 salariés à Saint-Gaudens (31)
- **Sport & Loisirs** Vélos **Sunn**
  Siège - Situé à Toulouse (31)
- **High-tech** Ordinateurs **Ashelvea**
  Siège - 2 salariés à Graulhet (81)
- **High-tech** Ordinateurs **Ashelvea**
  Production ordinateurs - *Situé* à Rodez (12)

Nord - Pas-de-Calais

- **Agroalimentaire** Biscuits **BN**
  Production de Delacre et biscuits haut de gamme - 330 salariés à Nieppe (59)
- **Agroalimentaire** Bonbons **Carambar**
  Production de Carambar, Michoko, Pimousse et Gom's
  Situé à Marcq-en-Baroeul (59)
- **Agroalimentaire** Chocolats **Cémoi**
  Siège et production de boîtes de chocolats Cémoi et de MDD
  260 salariés à Villeneuve d'Ascq (59)
- **Agroalimentaire** Conserves **Bonduelle**
  R&D et production de conserves et de légumes surgelés
  480 salariés à Renescure (59)
- **Agroalimentaire** Conserves **Bonduelle**
  Siège - 160 salariés à Renescure (59)
- **Agroalimentaire** Conserves **Bonduelle**
  Production de conserves - 100 salariés à Vaulx-Vraucourt (62)
- **Agroalimentaire** Glaces **Häagen Dazs**
  Production de glaces « premium » - 250 salariés à Tilloy-lès-Mofflaines (62)
- **Agroalimentaire** Jambon **Herta**
  Production de jambons, saucisses et bacon
  880 salariés à Saint-Pol-sur-Ternoise (62)
- **Agroalimentaire** Jambon **Jean Caby**
  Production de jambons, saucissons et saucisses
  400 salariés à Saint-André-lèz-Lille (59)

- **Agroalimentaire** Sodas **Coca-cola**
  Production de soda - 350 salariés à Socx (59)
- **Automobile & Moto** Berlines compactes **Renault**
  Production de voitures - 4800 salariés à Douai (59)
- **Automobile & Moto** Citadines **Toyota**
  Production de Yaris - 3000 salariés à Onnaing (59)
- **Automobile & Moto** Citadines **PSA**
  Production de boites de vitesses - 2400 salariés à Valenciennes (59)
- **Automobile & Moto** Citadines **Renault**
  Production de boites de vitesse - 700 salariés à Ruitz (62)
- **Automobile & Moto** Mobylettes **Black'N Roll**
  Production scooters électriques - 30 salariés à Courrières (62)
- **Automobile & Moto** Monospaces **PSA**
  Production de véhicules par Sevelnord - 2400 salariés à Lieu-Saint-Amand (59)
- **Automobile & Moto** Pneus **Bridgestone**
  Production de pneus - 1220 salariés à Béthune (62)
- **Automobile & Moto** Utilitaires **Renault**
  Production de véhicules - 2100 salariés à Maubeuge (59)
- **Automobile & Moto** Utilitaires **Durisotti**
  Siège et production de fourgons, pick-up et minicars - 400 salariés à Sallaumines (62)
- **Hygiène & Beauté** Hygiène **L'Oréal**
  R&D et production de produits de soins de maquillage - 450 salariés à Caudry (59)
- **Hygiène & Beauté** Hygiène **Lille Healthcare**
  Siège et production de serviettes hygiéniques - 300 salariés à Wasquehal (59)
- **Hygiène & Beauté** Hygiène **Tena**
  Production de serviettes et couches - 120 salariés à Monchy-le-Preux (62)
- **Cuisine** Cocottes **Staub**
  Siège et production de cocottes - 280 salariés à Merville (59)
- **Cuisine** Linge de maison **Charvet**
  Production de linge de maison - 70 salariés à Armentières (59)
- **Cuisine** Ménage **Scoth-Brite**
  Production - 220 salariés à Tilloy-lez-Cambrai (59)
- **Cuisine** Ménage **Spontex**
  Production de gants - *Situé* à Roubaix (59)
- **Cuisine** Poubelles **Sundis**
  Production d'articles de rangement en plastique - 70 salariés à Sars-et-Rosières (59)
- **Cuisine** Sacs poubelle **Jet'Sac**
  Production de sacs à déchets, sacs congélation, rouleaus d'aluminium
  130 salariés à Auchel (62)
- **Cuisine** Vaisselle **Luminarc**
  Production de vaisselle et de verres - 5700 salariés à Arques (62)
- **Cuisine** Vaisselle **Luminarc**
  Production d'emballage - 100 salariés à Arques (62)
- **Maison** Canapés, chaises **Home spirit**
  Siège, bureau d'étude et production de canapés et fauteuils
  50 salariés à Neuville-en-Ferrain (59)

- **Maison** Canapés, chaises **Home spirit**
  Production de matelas et sommiers - Situé à Loison-sous-Lens (62)
- **Maison** Jardin **Serres Tonneau**
  Production de serres et tunnels de jardin - Situé à Linselles (59)
- **Maison** Literie **Simmons**
  Production de matelas et sommiers - 190 salariés à Saint-Amand-Les-Eaux (59)
- **Maison** Literie **Yves Delorme**
  Siège, logistique et production de draps, taies et housses de couette
  150 salariés à Haubourdin (59)
- **Maison** Literie **Tradilinge**
  Siège et production de linge de lit et de puériculture - 140 salariés à Cambrai (59)
- **Maison** Literie **Lestra**
  Production de couettes, oreillers, matelas sacs de couchage
  Situé à Beauvois-en-Cambrésis (59)
- **Maison** Mobilier **Demeyre**
  Siège et production - 810 salariés à Pérenchies (59)
- **Textile** Chaussettes **Augustin**
  Production de chaussettes - 2 salariés à Roubaix (59)
- **Textile** Lingerie **Lemahieu**
  Siège et production de sous-vêtements et tee-shirts
  110 salariés à Saint-André Lez Lille (59)
- **Textile** Prêt-à-porter **Lener**
  Production de manteaux - 170 salariés à Hazebrouck (59)
- **Textile** Prêt-à-porter **Damart**
  Bureau de style - 5 salariés à Roubaix (59)
- **Sport & Loisirs** Vélos **Décathlon**
  Production de vélos - 100 salariés à Lille (59)
- **Sport & Loisirs** Vélos **Décathlon**
  Siège - Situé à Villeneuve d'Ascq (59)
- **High-tech** Décodeurs **Sagemcom**
  Réparation + production de décodeurs - 85 salariés à Tourcoing (59)
- **High-tech** Jeux vidéo **Bigben Fnteractive**
  Siège - 110 salariés à Lesquin (59)
- **High-tech** Jeux vidéo **Addictiz**
  Siège + site de développement - 20 salariés à Lille (59)
- **Automobile & Moto** Berlines compactes **Renault**
  Production de voitures - 4800 salariés à Douai (59)
- **Automobile & Moto** Citadines **Toyota**
  Production de Yaris - 3000 salariés à Onnaing (59)
- **Automobile & Moto** Citadines **PSA**
  Production de boites de vitesses - 2400 salariés à Valenciennes (59)
- **Automobile & Moto** Citadines **Renault**
  Production de boites de vitesse - 700 salariés à Ruitz (62)
- **Automobile & Moto** Mobylettes **Black'N Roll**
  Production scooters électriques - 30 salariés à Courrières (62)
- **Automobile & Moto** Monospaces **PSA**
  Production de véhicules par Sevelnord - 2400 salariés à Lieu-Saint-Amand (59)

- **Automobile & Moto** Pneus **Bridgestone**
  Production de pneus - 1220 salariés à Béthune (62)
- **Automobile & Moto** Utilitaires **Renault**
  Production de véhicules - 2100 salariés à Maubeuge (59)
- **Automobile & Moto** Utilitaires **Durisotti**
  Siège et production de fourgons, pick-up et minicars - 400 salariés à Sallaumines (62)

Haute-Normandie

- **Agroalimentaire** Biscuits **LU**
  Production de biscottes et de pain de mie - 180 salariés à Granville (50)
- **Agroalimentaire** Biscuits **Saint-Michel**
  Production de biscuits - 180 salariés à Saint-Senier-sous-Avranches (50)
- **Agroalimentaire** Fromages **Bongrain**
  Production de fromage et lait Elle&Vire - 570 salariés à Condé-sur-Vire (50)
- **Agroalimentaire** Fromages **Lactalis**
  Production de camemberts Président - 340 salariés à Domfort (61)
- **Agroalimentaire** Fromages **Lactalis**
  Production de camembert et emmental - 220 salariés à Saint-Cécile (50)
- **Agroalimentaire** Poulets **Loué**
  Abattage et découpe de volailles - 800 salariés à La Chapelle d'Andaine (61)
- **Agroalimentaire** Sodas **Leader Price**
  Production - 300 salariés à La Ferrière-Bochand (61)
- **Agroalimentaire** Sodas **Champomy**
  Production de Champomy - 60 salariés à Le Theil-sur-Huisne (61)
- **Agroalimentaire** Viande rouge **Bigard**
  Production de viande - 460 salariés à Flers (61)
- **Cuisine** Casseroles **Mafter**
  Logistique et production de plats de cuisson - 135 salariés à Longny-au-perche (61)
- **Cuisine** Casseroles **Mauviel**
  Siège, logistique et production de poêles et cocottes
  90 salariés à Villedieu-les-Poêles (50)
- **Cuisine** Ménage **Mcbride**
  Production de lessive et produits de lave-vaisselle - 90 salariés à Moyaux (14)
- **Cuisine** Vaisselle **Guy Degrenne**
  Siège, logistique et production de couverts et couteaux - 230 salariés à Vire (14)
- **Electroménager** Fers à repasser **Calor**
  Production de cartes électroniques - 90 salariés à Saint-Lô (50)
- **Maison** Bricolage **Bigeon**
  Production de manches d'outils en bois - 15 salariés à La Ferrière-aux-Etangs (61)
- **Maison** Mobilier **Gontier**
  Production de meubles - *Situé* à Juilley (50)
- **Textile** Bottes **Le Chameau**
  Production de bottes et chaussures - Situé à Pont-d'Ouilly (14)

- **Textile** Maroquinerie **Louis Vuitton**
  Production de maroquinerie - 470 salariés à Juilley (50)
- **Textile** Prêt-à-porter **Saint-James**
  Siège et production de pulls, vestes, tee-shirts - 300 salariés à Saint-James (50)
- **Textile** Slips **Bernard Solfin**
  Production de prêt-à-porter - 20 salariés à Villers-Bocage (14)
- **Sport & Loisirs** Vélos **Mobiky**
  Siège-atelier de production - 15 salariés à Saint-Lô (50)
- **Automobile & Moto** Citadine **PSA**
  Production de transmissions - 1850 salariés à Cormelles-le-Royal (14)

Basse-Normandie

- **Agroalimentaire** Café **Nescafé**
  Production de cafés solubles - 350 salariés à Rouxmesnil-Bouteilles (76)
- **Agroalimentaire** Chocolats **Kinder**
  Siège - 700 salariés à Mont-Saint-Aignan (76)
- **Agroalimentaire** Chocolats **Nutella**
  Production de pots de Nutella et de Kinder Bueno - 400 salariés à Villers-Ecalles (76)
- **Agroalimentaire** Foie gras **Labeyrie**
  Production d'épicerie surgelée - 170 salariés à Le Neubourg (27)
- **Agroalimentaire** Fromages **Bel**
  Production de Boursin - 140 salariés à Croisy-sur-Eure (27)
- **Agroalimentaire** Poulets **Ronsard**
  Abattage de volailles Situé à Jouy (27)
- **Agroalimentaire** Viande rouge **Bigard**
  Abattage et découpe de boeuf - 80 salariés à Forges-les-Eaux (76)
- **Hygiène & Beauté** Hygiène **Johnson & Johnson**
  R&D et production de produits cosmétique et pharmaceutiques
  550 salariés à Val-de-Reuil (27)
- **Hygiène & Beauté** Hygiène **Lotus**
  Production de papier toilette, mouchoirs, essuie-tout et coton démaquillants
  370 salariés à Saint-Etienne-du-Rouvray (76)
- **Hygiène & Beauté** Hygiène **Lotus**
  R&D dédié au coton - Situé à Hondouville (27)
- **Hygiène & Beauté** Lunettes **Karavan**
  Production - 60 salariés à Evreux (27)
- **Cuisine** Vaisselle **Christofle**
  Production de couverts en argent - 200 salariés à Yainville (76)
- **Electroménager** Aspirateur **Rowenta**
  Production d'aspirateurs - 200 salariés à Vernon (27)
- **Maison** Literie **Epeda**
  Production - 160 salariés à Perriers-sur-Andelle (27)

- **Textile** Chaussures femmes **Marco**
  Siège et production de chaussures - 60 salariés à Pont-de-l'Arche (27)
- **Automobile & Moto** Citadines **Renault**
  Production de moteurs et de boites de vitesse - 4200 salariés à Cléon (76)
- **Automobile & Moto** Grandes berlines **Renault Alpine**
  Production - 300 salariés à Dieppe (76)
- **Automobile & Moto** Monospaces **Renault**
  Production de voitures - 2400 salariés à Sandouville-Le Havre (76)
- **Automobile & Moto** Pneus **Lanxess**
  Production de matière à «pneus verts » - 220 salariés à Lillebonne (76)

PACA

- **Agroalimentaire** Bonbons **Fraises Tagada**
  Siège et 1 site de production de Dragibus et bonbons - 360 salariés à Marseille (13)
- **Agroalimentaire** Plats préparés **Traditions d'Asie**
  Siège, R&D et production de plats cuisinés - 180 salariés à Avignon (84)
- **Agroalimentaire** Sodas **Coca-cola**
  Production de soda - 200 salariés à Pennes-Mirabeau (13)
- **Agroalimentaire** Sodas **Sprite**
  Production de soda - 200 salariés à Signes (83)
- **Agroalimentaire** Sodas **Corsica Cola**
  Production - 35 salariés à Furiani (2B)
- **Agroalimentaire** Viande rouge **Bigard**
  Production de viande Charal et MDD - 150 salariés à Rognonas (13)
- **Hygiène & Beauté** Hygiène **L'Occitane**
  Siège, R&D et production de produits cosmétiques et parfums
  600 salariés à Manosque (04)
- **Hygiène & Beauté** Hygiène **L'Occitane**
  R&D et logistique - 100 salariés à Manosque (04)
- **Hygiène & Beauté** Hygiène **CDSM**
  Siège et production de savons et lessives - 40 salariés à Marseille (13)
- **Cuisine** Couteaux **Ceccaldi**
  Production - Situé à Porticcio (20)
- **Cuisine** Ménage **L'arbre Vert**
  Siège - 30 salariés à Cavaillon (84)
- **Cuisine** Vaisselle **La Verrerie de Biot**
  Production - 13 salariés à Biot (06)
- **Electroménager** Cafetières **Malongo**
  Siège et production de machines Ek'ho - Situé à Carros (06)
- **Maison** Literie **Brun de Vian-Tiran**
  Siège et production de couvertures, couettes, plaids
  50 salariés à L'Isle-sur-la-Sorgue (84)

- **Maison** Literie **Terre de Femmes**
  Siège - Situé à Barbentane (13)
- **Textile** Prêt-à-porter **Mistral**
  Production de prêt-à-porter - 6 salariés à Avignon (84)
- **Textile** Slips **Hom - Sloggi**
  Production de sous-vêtements masculins - 135 salariés à Marseille (13)
- **High-tech** Hifi **Waterfall Audio**
  Siège + R&D + production - 5 salariés à Carcès (83)
- **High-tech** Ordinateurs **Hewlett-Packard**
  Centre européen de services + logistique - 120 salariés à Sophia-Antipolis (06)

Pays-de-la-Loire

- **Agroalimentaire** Biscuits **LU**
  Production de biscuits secs - 435 salariés à La Haye-Fouassière (44)
- **Agroalimentaire** Biscuits **BN**
  Production - 400 salariés à Vertou (44)
- **Agroalimentaire** Conserves **Bonduelle**
  Production de conserves de champignons de Paris
  250 salariés à Longué-Jumelles (49)
- **Agroalimentaire** Conserves **Bonduelle**
  Production de conserves de champignons de Paris
  190 salariés à Beaufort-en-Vallée (49)
- **Agroalimentaire** Conserves **Bonduelle**
  Production de conserves de champignons de Paris
  180 salariés à Douai-la-Fontaine (49)
- **Agroalimentaire** Conserves **Bonduelle**
  Production de conserves de champignons de Paris - 80 salariés à Chacé (49)
- **Agroalimentaire** Conserves **Bonduelle**
  Siège de l'activité champignons - *Situé* à Saumur (49)
- **Agroalimentaire** Fromages **Bel**
  Production de Babybel - 680 salariés à Evron (53)
- **Agroalimentaire** Fromages **Bel**
  Production de Kiri, Babybel, Cousteron et Cantadou
  680 salariés à Sable-sur-Sarthe (72)
- **Agroalimentaire** Fromages **Lactalis**
  Production d'emmental, mimolette - 470 salariés à Bouvron (44)
- **Agroalimentaire** Fromages **Bongrain**
  Production de Fol Epi et Chamois d'or - 370 salariés à Azé (53)
- **Agroalimentaire** Fromages **Lactalis**
  Production d'emmental - 340 salariés à Charchigné (53)
- **Agroalimentaire** Fromages **Bongrain**
  Production de Vieux pané et Boursault - 150 salariés à Meslay-du-Maine (53)

- **Agroalimentaire** Jambon **Louis Gad**
  Production de saucisses et de charcuterie - Situé à Saint-Nazaire (44)
- **Agroalimentaire** Jus de fruit **Fruité**
  Conditionnement de jus de fruit - 80 salariés à Château-Thébaud (44)
- **Agroalimentaire** Plats préparés **Sodebo**
  Siège, logistique et production de sandwichs, pâtes, quiches, croque-monsieur et pizzas
  2000 salariés à Saint-Georges-de-Montaigu (85)
- **Agroalimentaire** Plats préparés **Fleury Michon**
  Production de plats cuisinés - 560 salariés à Mouilleron-en-Pareds (85)
- **Agroalimentaire** Plats préparés **La Toque Angevine**
  Siège et production de sandwichs, pizzas et quiches - 480 salariés à Segré (49)
- **Agroalimentaire** Plats préparés **Fleury Michon**
  Production de surimi - 350 salariés à Chantonnay (85)
- **Agroalimentaire** Plats préparés **Fleury Michon**
  Siège et production de plats cuisinés - 170 salariés à Pouzauges (85)
- **Agroalimentaire** Plats préparés **Marie**
  Production de plats cuisinés frais - 130 salariés à Sablé-sur-Sarthe (72)
- **Agroalimentaire** Plats préparés **Reitzel**
  Production de cornichons, de pickles, de câpres et de plats préparés
  130 salariés à Connerré (72)
- **Agroalimentaire** Poulets **Loué**
  Siège, abattage, découpe, transformation de volailles
  2600 salariés à Sablé-sur-Sarthe (72)
- **Agroalimentaire** Poulets **Loué**
  Abattage et découpe de volailles - 670 salariés à Saint-Fulgent (85)
- **Agroalimentaire** Poulets **Gastronome**
  Siège, distribution et site d'abattage et de découpe de volailles
  600 salariés à Ancenis (44)
- **Agroalimentaire** Poulets **Loué**
  Abattage et découpe de volailles - 430 salariés à Les Essarts (85)
- **Agroalimentaire** Poulets **Loué**
  Abattage et découpe de volailles - 360 salariés à Daumeray (49)
- **Agroalimentaire** Poulets **Loué**
  Transformation de volailles - 300 salariés à Laval (53)
- **Agroalimentaire** Poulets **Loué**
  Abattage et découpe de volailles - 270 salariés à Château-Gontier (53)
- **Agroalimentaire** Poulets **Loué**
  Abattage et découpe de volailles - 230 salariés à Chavagnes-en-Paillers (85)
- **Agroalimentaire** Poulets **Loué**
  Abattage et découpe de volailles - 200 salariés à Saint-Hermine (85)
- **Agroalimentaire** Poulets **Gastronome**
  Production - 200 salariés à Luché-Pringé (72)
- **Agroalimentaire** Poulets **Gastronome**
  Production - 190 salariés à Le Bignon (44)
- **Agroalimentaire** Poulets **Doux**
  Abattage et découpe de volailles - 150 salariés à Chantonnay (85)

- **Agroalimentaire** Poulets **Loué**
  Transformation de cailles et de gibiers - 140 salariés à Mache (85)
- **Agroalimentaire** Poulets **Loué**
  Transformation de dindes - 140 salariés à Mouilleron-en-Pareds (85)
- **Agroalimentaire** Poulets **P'tit Duc**
  Production de pintades - 110 salariés à La Seguinière (49)
- **Agroalimentaire** Poulets **Loué**
  Abattage et découpe de volailles - 90 salariés à Maulevrier (49)
- **Agroalimentaire** Poulets **Gastronome**
  Abattage et découpe de volailles - 70 salariés à Falleron (85)
- **Agroalimentaire** Sodas **Jean's Cola**
  Production de boissons gazeuses et de sirops - 130 salariés à Cholet (49)
- **Agroalimentaire** Viande rouge **Bigard**
  Abattage et découpe de viande - 1400 salariés à La-Ferté-Bernard (72)
- **Agroalimentaire** Viande rouge **Bigard**
  Abattage et découpe de boeuf - 940 salariés à Cholet (49)
- **Agroalimentaire** Viande rouge **Bigard**
  Abattage et découpe de boeuf et de porc - 600 salariés à Sablé-sur-Sarthe (72)
- **Hygiène & Beauté** Hygiène **La Cigale**
  Siège et production de savon - 42 salariés à Rèze (44)
- **Hygiène & Beauté** Lunettes **Essilor**
  Production de verres - Situé à Allonnes (72)
- **Cuisine** Mobilier **Artur Bonnet**
  Siège et production de meubles - 250 salariés à Saint-Philbert-de-Bouaine (85)
- **Cuisine** Mobilier **You**
  Production de cuisines - 130 salariés à Les Herbiers (85)
- **Cuisine** Mobilier **Moderna**
  Production de cuisinettes et d'éviers - 35 salariés à Chasnais (85)
- **Cuisine** Poubelles **Rossignol**
  Production de poubelles - 120 salariés à Montsûrs (53)
- **Cuisine** Ustensiles **Guillouard**
  Production d'ustensiles de cuisine - 55 salariés à Nantes (44)
- **Cuisine** Vaisselle **Bourg-Joly**
  Siège et production - 7 salariés à Malicorne-sur-Sarthe (72)
- **Electroménager** Bouilloire **Seb**
  Production de bouilloires Quick and hot, de robots multifonctions et de mixeurs
  400 salariés à Mayenne (53)
- **Electroménager** Fours **Brandt**
  Production de micro-ondes - 100 salariés à Aizenay (85)
- **Electroménager** Lave-linge **Brandt**
  Bureau d'étude et production de lave-linge, sèche-linge et lave-vaisselle
  370 salariés à La Roche-sur-Yon (85)
- **Maison** Bricolage **Chicago Pneumatic**
  Siège, R&D et production de prototypes de visseuses, perçeuses, scies, marteaux
  200 salariés à Saint-Herblain (44)
- **Maison** Canapés, chaises **Leleu**
  Siège et production de canapés et fauteuils - 120 salariés à Candé (49)

- **Maison** Jardin **Devillé**
  Siège et production de sécateurs, de cisailles à haies - 450 salariés à Bauge (49)
- **Maison** Jardin **FDFers**
  Production poulaillers, chaises et meubles d'extérieur en métal
  45 salariés à Gesté (49)
- **Maison** Jardin **Route D'Or**
  Production de ruches et équipements d'apiculture en bois - 10 salariés à Clefs (49)
- **Maison** Literie **Drouault**
  Siège et production de couettes et oreillers - 150 salariés à Le Mans (72)
- **Maison** Literie **André Renault**
  Siège et production de matelas et de sommiers
  150 salariés à Saint-Gildas-des-Bois (44)
- **Maison** Literie **Dodo**
  Production d'oreillers et couettes - 130 salariés à Le Mans (72)
- **Maison** Literie **Dodo**
  Siège et production de couettes et oreillers - Situé à Saint-Avold (57)
- **Maison** Literie **Bultex**
  Production de matelas et sommiers - *Situé* à Noyen-sur-Sarthe (72)
- **Maison** Mobilier **Gautier**
  Siège et production de mobilier - 780 salariés à Le Boupère (85)
- **Maison** Mobilier **Forège**
  Siège et production de meubles et placards - 170 salariés à Treize-Septiers (85)
- **Maison** Mobilier **Forège**
  Site - 30 salariés à L'Herbergement (85)
- **Maison** Mobilier **Gontier**
  Siège et production de meubles - Situé à Landivy (53)
- **Textile** Bottes **Umo**
  Siège - Situé à Beaupreau (49)
- **Textile** Bottes **Umo**
  Production de bottes et chaussures - Situé à Gesté (49)
- **Textile** Chaussons **La Vague**
  Production de pantoufles - 30 salariés à Champagne (72)
- **Textile** Chaussures femmes **Samson**
  Siège et production de chaussures - 180 salariés à Saint-Léger-Sous-Cholet (49)
- **Textile** Chaussures femmes **Eram**
  Production de chaussures - 140 salariés à Montjean-sur-Loire (49)
- **Textile** Chaussures femmes **Charles Jourdan**
  Production de chaussures - 100 salariés à Cholet (49)
- **Textile** Chaussures femmes **Eram**
  Production de chaussures - 100 salariés à Valanjou (49)
- **Textile** Chaussures femmes **Parade**
  Production des chaussures de sécurité - 100 salariés à Jarzé (49)
- **Textile** Chaussures femmes **Pindière**
  Siège, logistique et production de chaussures
  100 salariés à Saint-Macaire-en-Mauge (49)
- **Textile** Chaussures femmes **Eram**
  Siège et logistique - 90 salariés à Saint-Pierre-Montlimart (49)

- **Textile** Chaussures femmes **France mode**
  Siège et production de chaussures - 80 salariés à Les Epesses (85)
- **Textile** Chaussures femmes **Stéphane Gontard**
  Production de chaussures - 40 salariés à Gorron (53)
- **Textile** Chemises **AD Confection**
  Production de chemises et de prêt-à-porter - 10 salariés à Nuaillé (49)
- **Textile** Lingerie **Régence**
  Siège et production de lingerie - 90 salariés à Clisson (44)
- **Textile** Maroquinerie **Louis Vuitton**
  Production de maroquinerie - 660 salariés à Saint-Florence (85)
- **Textile** Prêt-à-porter **Royal Mer Bretagne**
  Siège et production de vêtements - 100 salariés à La Regrippière (44)
- **Textile** Prêt-à-porter **Escarmouche**
  Production de jean's - Situé à Beauvoir sur mer (85)
- **Textile** Sneakers **Jean-Baptiste Rautureau**
  Production de chaussures - 150 salariés à La Gaubretière (85)
- **Sport & Loisirs** Vélos **Arcade**
  Assemblage de vélos - 50 salariés à La-Roche-sur-Yon (85)
- **Sport & Loisirs** Vélos **Gitane**
  Assemblage et de peinture de vélos - Situé à Machecoul (44)
- **High-tech** CD & DVD **MPO + TX**
  Production de DVD, CD, Blu-Ray, clés USB - 510 salariés à Averton (53)
- **High-tech** CD & DVD **MPO + TX**
  Conditionnement - Situé à Villaines-la-Juhel (53)
- **High-tech** Hifi **Harman Becker**
  Production enceinte - 200 salariés à Château du Loir (72)
- **High-tech** Hifi **StormAudio**
  Siège + R&D + prod - 5 salariés à Laval (53)
- **High-tech** Ordinateurs **Acer + Packard-Bell + Gateway**
  SAV + réparation + marketing + RH + comptabilité - 100 salariés à Angers (49)
- **High-tech** Tablettes **Tooti Family**
  Siège + R&D - 2 salariés à Nantes (44)
- **Automobile & Moto** Camping-cars **Rapido**
  Siège et production de camping-cars - 310 salariés à Mayenne (53)
- **Automobile & Moto** Camping-cars **Pilote**
  Siège et production de camping-cars - 250 salariés à La Limouzinière (44)
- **Automobile & Moto** Camping-cars **Rapido**
  Production de caravanes et camping-cars - 120 salariés à Benet (85)
- **Automobile & Moto** Camping-cars **Pilote**
  Production de camping-car - Situé à La Manbrolle-sur-Longuenée (49)
- **Automobile & Moto** Motos **Voxan**
  Assemblage de véhicules électriques - 30 salariés à Sablé-sur-Sarthe (72)
- **Automobile & Moto** Pneus **Michelin**
  Production de pneus tourisme - 1400 salariés à Cholet (49)
- **Automobile & Moto** Sièges bébé **Maxi Cosi**
  R&D et production de sièges bébé et de poussettes - 40 salariés à Cholet (49)

- **Automobile & Moto**
  Sièges bébé **Maxi Cosi**
  Siège - 20 salariés à La Seguinière (49)
- **Automobile & Moto** Voitures sans permis **Ligier**
  Production de petites voitures sans permis - 100 salariés à Nantes (44)

Picardie

- **Agroalimentaire** Biscuits **LU**
  Production de biscottes, cracottes et pains grillés, pains suédois
  180 salariés à Vervins (02)
- **Agroalimentaire** Biscuits **LU**
  Production de biscuits sucrés, chocolatés, bio, céréaliers
  170 salariés à Château-Thierry (02)
- **Agroalimentaire** Biscuits **LU**
  Production de gâteaux Napolitain, Vandame et Pepito - 130 salariés à Jussy (02)
- **Agroalimentaire** Conserves **Bonduelle**
  Logistique et production de conserves et de surgelés
  400 salariés à Estrées-Mons (80)
- **Agroalimentaire** Conserves **Bonduelle**
  Production de conserves - 70 salariés à Russy-Bémont (60)
- **Agroalimentaire** Fromages **Bongrain**
  Production de fromage - 220 salariés à Le Nouvion-en-Thiérache (02)
- **Agroalimentaire** Glaces **Nestlé**
  R&D et 1 site de production de glaces et plats cuisinés surgelés
  470 salariés à Beauvais (60)
- **Agroalimentaire** Jus de fruit **Tropicana**
  Production de jus - 130 salariés à Hermès (60)
- **Agroalimentaire** Plats préparés **Maggi**
  Production de glaces et de plats cuisinés surgelés - 470 salariés à Beauvais (60)
- **Agroalimentaire** Plats préparés **William Saurin**
  Production de conserves - 280 salariés à Pouilly-sur-Serre (02)
- **Agroalimentaire** Viande rouge **Bigard**
  Abattage et découpe - 230 salariés à Flixecourt (80)
- **Agroalimentaire** Viande rouge **Bigard**
  Abattage et découpe - 210 salariés à Ailly-sur-Somme (80)
- **Agroalimentaire** Viande rouge **Bigard**
  Abattage et découpe de boeuf - 110 salariés à Formerie (60)
- **Hygiène & Beauté** Hygiène **L'Oréal**
  R&D dédié aux parfums et maquillage - 670 salariés à Lassigny (60)
- **Hygiène & Beauté** Hygiène **Unilever**
  Production de tubes de dentifrices et de shampoing - 400 salariés à Le Meux (60)
- **Hygiène & Beauté** Hygiène **L'Oréal**
  Production de produits coiffants - 270 salariés à Gauchy (02)

- **Hygiène & Beauté** Hygiène **Bourjois**
  R&D et production de gels douches, parfums et maquillage
  200 salariés à Le Meux (60)
- **Hygiène & Beauté** Hygiène **Bic**
  Siège et production de rasoirs - 170 salariés à Longueil-Sainte-Marie (60)
- **Hygiène & Beauté** Hygiène **L'Oréal**
  Logistique - 150 salariés à Roye (80)
- **Hygiène & Beauté** Hygiène **Bioseptyl**
  Siège et production de brosses à dents, brosses à cheveux et pinceaux de maquillage
  26 salariés à Beauvais (60)
- **Hygiène & Beauté** Lunettes **Essilor**
  Production de verres - 390 salariés à Château-Thierry (02)
- **Cuisine** Cocottes **Le Creuset**
  Siège et production de cocottes - 700 salariés à Fresnoy-le-Grand (02)
- **Cuisine** Cocottes **Godin**
  Siège et production de cocotes - 320 salariés à Guise (02)
- **Cuisine** Ménage **Procter & Gamble**
  Logistique et production de lessives, de nettoyants ménagers et lave-vaisselle
  930 salariés à Amiens (80)
- **Cuisine** Ménage **Spontex**
  Production d'éponges - 250 salariés à Beauvais (60)
- **Cuisine** Ménage **Eléphant**
  Logistique et production de brosses de toilettes - 130 salariés à Hermès (60)
- **Cuisine** Ménage **Eléphant**
  Logistique et production de brosses de toilettes
  50 salariés à Longueil-Saint-Marie (60)
- **Cuisine** Ménage **Eléphant**
  Production de balais, pelles, balayettes, brosse, seaux
  40 salariés à Béthisy-Saint-Pierre (60)
- **Cuisine** Sacs poubelle **Handy Bag**
  Siège, logistique et production de filtres à café, sachets aluminium, sacs poubelle
  100 salariés à Chézy-sur-Marne (02)
- **Cuisine** Vaisselle **Ercuis**
  Production - 100 salariés à Ercuis (60)
- **Electroménager** Lave-linge **Electrolux**
  Siège - 100 salariés à Senlis (60)
- **Electroménager** Séche-linge **Whirlpool**
  Production de sèche-linge - 340 salariés à Amiens (80)
- **Textile** Chaussettes **Kindy**
  Siège et production de chaussettes - 180 salariés à Moliens (60)
- **Textile** Lingerie **Le Bourget**
  Siège et production de lingerie, collant, bas - 220 salariés à Fresnoy le Grand (02)
- **Sport & Loisirs** Accessoires Vélos **Spécialités TA**
  Production de plateaux, pédaliers, potences et bidons - 30 salariés à Sissonne (02)
- **High-tech** Hifi **Triangle**
  Production d'enceintes - 40 salariés à Villeneuve-Saint-Germain (02)

- **Automobile & Moto** Mobylettes **MBK**
  Production de scooters, motos - 600 salariés à Rouvroy (02)
- **Automobile & Moto** Pneus **Dunlop**
  Production de pneus - 960 salariés à Amiens Sud (80)

Poitou - Charentes

- **Agroalimentaire** Chewing-gums **Hollywood**
  Production de Hollywood, Malabar et Kréma
  200 salariés à Saint-Genest d'Ambière (86)
- **Agroalimentaire** Jambon **Fleury Michon**
  Siège et production de jambons de porc et de volailles - 620 salariés à Pouzauges (85)
- **Agroalimentaire** Jambon **Madrange**
  Production de jambons - Situé à Feytiat (87)
- **Agroalimentaire** Jambon **Madrange**
  Production de jambons - Situé à La Valoine (87)
- **Agroalimentaire** Poulets **Gastronome**
  Production - 600 salariés à Nueil-les-Aubiers (79)
- **Agroalimentaire** Poulets **Gastronome**
  Production - 280 salariés à Moncoutant (79)
- **Hygiène & Beauté** Hygiène **Léa Nature**
  Siège et production de produits cosmétiques et alimentaires bio
  700 salariés à Périgny (17)
- **Hygiène & Beauté** Hygiène **L'Oréal**
  Production de soins du visage, du corps et des cheveux
  100 salariés à La Roche-Posay (86)
- **Cuisine** Linge de maison **Gagnant**
  Production de linge de table - 15 salariés à La-Salle-et-Chapelle-Aubry (49)
- **Cuisine** Ménage **L'arbre Vert**
  R&D et production de lessives, liquides vaisselles, produits d'entretien
  70 salariés à Saint-Benoit (86)
- **Cuisine** Mobilier **Teissa**
  Production - 90 salariés à Surgères (17)
- **Cuisine** Mobilier **Villéger**
  Production de cuisine - 60 salariés à Villeneuve-la-comtesse (17)
- **Cuisine** Vaisselle **Deshoulières**
  Siège et production de vaisselles - 90 salariés à Chauvigny (86)
- **Cuisine** Vaisselle **Geneviève Lethu**
  Siège - 50 salariés à Périgny (17)
- **Electroménager** Barbecue **ENO**
  Siège et production de planchas et appareils de cuisson - 90 salariés à Niort (79)
- **Maison** Mobilier **Meubles Célio**
  Siège et production d'armoires et meubles de chambre
  220 salariés à La-Chapelle-Saint-Laurent (79)

- **Maison** Mobilier **Demeyre**
  Production de petits meubles de rangement - 90 salariés à Nersac (16)
- **Maison** Mobilier **Majencia**
  Production de meubles en bois et plans de bureau - 70 salariés à Bressuire (79)
- **Textile** Bottes **Aigle**
  Siège et production de bottes - 580 salariés à Ingrandes-sur-Vienne (86)
- **Textile** Chaussons **Rondinaud**
  Production de pantoufles - 130 salariés à Rivières (16)
- **Textile** Chaussons **Rondinaud**
  Production de semelles - 5 salariés à Chasseneuil (16)
- **Textile** Chaussons **Rondinaud**
  Siège - Situé à La Rochefoucauld (16)
- **Textile** Chaussures femmes **Ferrand**
  Production de ballerines, chaussons et claquettes
  35 salariés à Villebois-Lavalette (16)
- **Textile** Chemises **Belloni - C2S**
  Siège et production de chemises sur mesure - 85 salariés à Courlay (79)
- **Textile** Lingerie **Aubade**
  Logistique - 20 salariés à Saint-Savin (86)
- **Textile** Maroquinerie **Hermès**
  Production de grosse maroquinerie - Situé à Montbron (16)
- **Textile** Prêt-à-porter **Diviline**
  Production de vêtements - 100 salariés à Moncoutant (79)
- **Textile** Slips **Bernard Solfin**
  Siège et production de sous-vêtements et de prêt-à-porter
  30 salariés à La Verrie (85)
- **Sport & Loisirs** Vélos **Planet'Fun**
  Production de vélos - 100 salariés à La Rochelle (17)
- **Automobile & Moto** Citadines **Heuliez**
  Siège et production de la Mia - 340 salariés à Cerizay (79)
- **Automobile & Moto** Citadines **SimplyCity**
  Production - Situé à Chauvigny (86)

Rhône-Alpes

- **Agroalimentaire** Café **Espresso**
  Conditionnement de dosettes - 360 salariés à Annemasse (74)
- **Agroalimentaire** Café **Maison du Café**
  Production de café moulu et de dosettes - 210 salariés à Andrézieux-Bouthéon (42)
- **Agroalimentaire** Conserves **Bonduelle**
  Production de conserves de champignons de Paris - 180 salariés à Thouars (69)
- **Agroalimentaire** Conserves **Bonduelle**
  Production de salades prêtes à consommer - 180 salariés à Genas (69)

- **Agroalimentaire** Fromages **Bongrain**
  Production de Bresse Bleu et Caprices des Dieux
  210 salariés à Grièges (01)
- **Agroalimentaire** Fromages **Bongrain**
  Production de Bresse Bleu - 150 salariés à Servas (01)
- **Agroalimentaire** Jambon **Aoste**
  Production de jambon sec et de saucisson sec - 800 salariés à Aoste (38)
- **Agroalimentaire** Jambon **Aoste**
  Production de saucisson sec - 280 salariés à Maclas (42)
- **Agroalimentaire** Jambon **Aoste**
  Siège - 190 salariés à Saint-Priest (69)
- **Agroalimentaire** Jambon **Aoste**
  Production de saucisson sec - 170 salariés à Saint-Symphorien sur Coise (69)
- **Agroalimentaire** Jambon **Aoste**
  Production de saucisson sec - 100 salariés à Vernoux (07)
- **Agroalimentaire** Jambon **Aoste**
  Production de jambons et saucissons - 65 salariés à Offres (07)
- **Agroalimentaire** Jus de fruit **Teisseire**
  Siège et production de sirops, jus de fruits et jus de fruits concentrés
  270 salariés à Crolles (38)
- **Agroalimentaire** Jus de fruit **Fruité**
  Siège et production de jus de fruit - 130 salariés à La Roche sur Foron (74)
- **Agroalimentaire** Jus de fruit **Andros**
  Production salariés à Portes-lès-Valence (26)
- **Agroalimentaire** Plats préparés **Marie**
  Production de quiches et tartes - 180 salariés à Viriat (01)
- **Agroalimentaire** Plats préparés **Kambio**
  Siège et production de salades traiteurs, carottes râpées, taboulés, quiche salée
  20 salariés à Saint-Chamond (42)
- **Agroalimentaire** Poulets **Corico**
  Siège et abattage et découpe de dindes - 180 salariés à Montsols (69)
- **Agroalimentaire** Poulets **Gastronome**
  Abattage et découpe de volailles - 140 salariés à Grane (26)
- **Agroalimentaire** Poulets **Loué**
  Abattage et découpe de volailles - 100 salariés à Félines (07)
- **Agroalimentaire** Poulets **Gastronome**
  Abattage et découpe de dindes - 80 salariés à Chatuzangue-le-Goubet (26)
- **Agroalimentaire** Poulets **Ronsard**
  Abattage de volailles - *Situé* à Saint-Jean sur Reyssouze (01)
- **Agroalimentaire** Poulets **Ronsard**
  Abattage de volailles - *Situé* à Salavre (01)
- **Agroalimentaire** Poulets **Duc**
  Couve de poussins - Situé à Crest (26)
- **Agroalimentaire** Sodas **Pepsi**
  Production Refresco - 200 salariés à Saint-Alban-les-Eaux (42)

- **Hygiène & Beauté** Hygiène **L'Occitane**
  Production de produits de soins et de savons - 360 salariés à Lagorce (07)
- **Hygiène & Beauté** Hygiène **L'Oréal**
  R&D - 60 salariés à Lyon (69)
- **Hygiène & Beauté** Hygiène **Pierre Fabre**
  Recherche médicale - Situé à Saint-Julien-en-Genevois (74)
- **Hygiène & Beauté** Lunettes **Essilor**
  R&D et production de verres - 120 salariés à Vaulx-en-Velin (69)
- **Hygiène & Beauté** Lunettes **See Up**
  Production des montures en plastique et assemblage de lunettes
  25 salariés à Oyonnax (01)
- **Hygiène & Beauté** Lunettes **Parasite**
  Siège - 20 salariés à Saint-Vulbas (01)
- **Hygiène & Beauté** Lunettes **Roussilhe**
  Production de montures de lunettes - *Situé* à Oyonnax (01)
- **Cuisine** Casseroles **Tefal**
  R&D et production de poêles et casseroles - 1850 salariés à Rumilly (74)
- **Cuisine** Casseroles **Mafter**
  Logistique et production de casseroles - 230 salariés à Les Abrets (38)
- **Cuisine** Cocottes **Seb**
  Siège - 900 salariés à Ecully (69)
- **Cuisine** Cocottes **Revol**
  Siège et production d'articles de cuisine - 170 salariés à Saint-Uze (26)
- **Cuisine** Couteaux **Opinel**
  Siège - Situé à Chambéry (73)
- **Cuisine** Couteaux **Opinel**
  Production de couteaux - Situé à Cognin (73)
- **Cuisine** Mobilier **Mobalpa**
  Siège et production de meubles - 980 salariés à Thônes (74)
- **Cuisine** Mobilier **Morel**
  Production - Situé à Allinges (74)
- **Cuisine** Ustensiles **Bron-Coucke**
  Siège et production d'ustensiles de cuisine - 25 salariés à Orcier (74)
- **Electroménager** Barbecues **Verycook**
  Siège - 2 salariés à Ecully (69)
- **Electroménager** Fers à repasser **Calor**
  Production de fers à repasser - 720 salariés à Pont-Evèque (38)
- **Electroménager** Fers à repasser **Calor**
  Production de pièces plastiques - 220 salariés à Saint-Jean de Bournay (38)
- **Electroménager** Fours **Bourgeois**
  Siège et production de fours - 70 salariés à Faverges (74)
- **Electroménager** Friteuse **Lagrange**
  Production de petit électroménager - 50 salariés à Vourles (69)
- **Electroménager** Lave-linge **Brandt**
  Plate-forme logistique - Situé à St-Quentin-Fallavier (38)

- **Maison** Bricolage **SPFT**
  Siège et production de clous, chevilles et outils cloueurs
  570 salariés à Bourg-lès-Valence (26)
- **Maison** Bricolage **Sam**
  Siège et production de pinces, tenailles, tournevis
  150 salariés à Saint-Etienne (42)
- **Maison** Bricolage **Mob**
  Siège, logistique et production de marteaux, pinces, clés
  140 salariés à Le Chambon Feugerolles (42)
- **Maison** Bricolage **Ultra**
  Siège, logistique et production de scies à main - 100 salariés à Roanne (42)
- **Maison** Bricolage **Leborgne**
  Siège et production de marteaux et d'outils à main - *Situé* à Arvillard (73)
- **Maison** Bricolage **Leborgne**
  Logistique et production de marteaux - Situé à La Rochette (73)
- **Maison** Bricolage **Brosses Chion**
  Production de brosses, pinceaux et rouleaux - *Situé* à Grenoble (38)
- **Maison** Canapés, chaises **Fermob**
  Siège et production de chaises - 200 salariés à Thoissey (01)
- **Maison** Canapés, chaises **Diva**
  Siège et production de chaises, sièges, fauteuils - 190 salariés à Le Coteau (42)
- **Maison** Canapés, chaises **Home spirit**
  Production de canapés - Situé à Saint-Etienne (42)
- **Maison** Jardin **JD Transbio**
  Production de pots d'horticulture biodégradables - Situé à Genas (69)
- **Maison** Literie **Treca**
  Production de matelas et sommiers - 70 salariés à Bourg-de-Thizy (69)
- **Maison** Literie **Yves Delorme**
  Production - Situé à Roanne (42)
- **Maison** Mobilier **Grange**
  Siège et production de meubles
  200 salariés à Saint-Symphorien-sur-Coise (69)
- **Textile** Chaussettes **Archiduchesse**
  Siège-boutique - 4 salariés à Saint-Etienne (42)
- **Textile** Chaussures femmes **Robert Clergerie**
  Siège et production de chaussures - 170 salariés à Romans-sur-Isère (26)
- **Textile** Chaussures femmes **Charles Jourdan**
  Prototypage et production de chaussures - 20 salariés à Bourg-de-Péage (26)
- **Textile** Chaussures femmes **Laure Bassal**
  Production de chaussures - 20 salariés à Romans-sur-Isère (26)
- **Textile** Lingerie **Maison Lejaby**
  Siège et production de lingerie - 210 salariés à Rilleux-la-pape (69)
- **Textile** Lingerie **Lise Charmelle**
  Atelier de création et de modélisme - 50 salariés à Lyon (69)
- **Textile** Lingerie **Les Atelières**
  Atelier de production de soutien-gorge - 22 salariés à Villeurbanne (69)

- **Textile** Lingerie **Monette Paris**
  Production de lingerie - 14 salariés à Bourg-en-Bresse (01)
- **Textile** Maroquinerie **Louis Vuitton**
  Production de maroquinerie - 530 salariés à Sarras (07)
- **Textile** Maroquinerie **Hermès**
  Production de petite maroquinerie - 230 salariés à Aix-les-Bains (73)
- **Textile** Prêt-à-porter **Devernois**
  Production (tricotage, prototypage, confection) - 120 salariés à Le Coteau (42)
- **Textile** Prêt-à-porter **Eider**
  Production de vêtements - 100 salariés à Chavanod (74)
- **Textile** Prêt-à-porter **Devernois**
  Siège - Situé à Roanne (42)
- **Sport & Loisirs** Accessoires Vélos **Time**
  Siège, R&D et production de cadres, fourches, potences
  60 salariés à Vaulx milieu (38)
- **Sport & Loisirs** Accessoires Vélos **Mach1**
  Fabrication de rayons, d'écrous et de jantes - 50 salariés à Marclopt (42)
- **Sport & Loisirs** Accessoires Vélos **Look**
  Production de tubes et de cadres - 30 salariés à Saint-Chamond (42)
- **Sport & Loisirs** Accessoires Vélos **Corima**
  R&D et production de cadres et roues - 20 salariés à Loriol (26)
- **Sport & Loisirs** Accessoires Vélos **CMT**
  Fabrication de cadres sur mesure - 7 salariés à Aix-les-Bains (73)
- **Sport & Loisirs** Accessoires Vélos **Mavic**
  Production de jantes - Situé à Saint-Trivier-sur-Moignans (01)
- **Sport & Loisirs** Accessoires Vélos **Mavic**
  Production des roues - Situé à Annecy-le-Vieux (74)
- **Sport & Loisirs** Accessoires Vélos **Mavic**
  R&D et design - Situé à Metz-Tessy (74)
- **Sport & Loisirs** Skis **Salomon**
  Siège et R&D - 800 salariés à Annecy (74)
- **Sport & Loisirs** Skis **Rossignol**
  Siège et production de skis et chaussures
  420 salariés à Saint-Jean-de-Moirans (38)
- **Sport & Loisirs** Skis **Rossignol**
  Production de skis - 230 salariés à Sallanches (74)
- **Sport & Loisirs** Skis **TSL Outdoor**
  Production de raquettes à neige - 50 salariés à Annecy-le-vieux (74)
- **Sport & Loisirs** Skis **Simond**
  Production de matériel d'escalade - 35 salariés à Les Houches (74)
- **Sport & Loisirs** Skis **Bohême**
  Production de skis et snowboards - 5 salariés à Lumbin (38)
- **Sport & Loisirs** Skis **Aluflex**
  Production de skis, de snowbards et monoskis - 4 salariés à Marignier (74)
- **Sport & Loisirs** Skis **Eloura-Blacksmith**
  Production de snowboards personnalisables - 4 salariés à Voiron (38)

- **Sport & Loisirs** Vélos **Lapierre**
  Assemblage de vélos - 30 salariés à Saint-Cyprien (42)
- **Sport & Loisirs** Vélos **Cattin**
  Boutique-atelier de fabrication de vélos - 2 salariés à Crolles (38)
- **Sport & Loisirs** Vélos **Olympique**
  Production de cadres et de roues et assemblage de vélos
  10 salariés à Saint-Romain le Puy (42)
- **Sport & Loisirs** Skis **Bumtribe**
  Fabrication de skis - 2 salariés à Habère-Poche (74)
- **High-tech** Accessoires **Modelabs**
  Site de production de housses et coques pour smartphones
  Situé à Chambéry (73)
- **High-tech** Accessoires **Biolap**
  Siège - Situé à Ecully (69)
- **High-tech** Hifi **Focal JMLab**
  Production enceinte - 160 salariés à La Talaudière (42)
- **High-tech** Jeux vidéo **Atari + Fnfogrammes**
  Site de développement - 90 salariés à Lyon (69)
- **High-tech** Jeux vidéo **Ubisoft**
  Site développement - Situé à Annecy (74)
- **High-tech** Jeux vidéo **Arkane**
  Site de développement - Situé à Lyon (69)
- **High-tech** Ordinateurs **Hewlett-Packard**
  Centre européen de marketing - 1830 salariés à Eybens (38)
- **High-tech** Ordinateurs **Hewlett-Packard**
  Formation + logistique - 330 salariés à Villefontaine (38)
- **High-tech** Téléviseurs **Agath**
  Siège - 10 salariés à Rillieux la Pape (69)
- **Automobile & Moto** 4x4 **Volteis**
  Production - Situé à Davezieux (69)
- **Automobile & Moto** Camping-cars **Trigano**
  Production de camping-cars et caravanes
  700 salariés à Tournon-sur-Rhône (07)
- **Automobile & Moto** Camping-cars **Trigano**
  Filiale - 40 salariés à Panissieres (42)
- **Automobile & Moto** Citadines **Courb**
  Production de voitures électriques - Situé à Sant-Priest (69)
- **Automobile & Moto** Citadines **Aixam**
  Siège et production - Situé à Aix-les-Bains (38)
- **Automobile & Moto** Citadines **Aixam**
  Production - Situé à Chanas (38)
- **Automobile & Moto** Pneus **Michelin**
  Production de pneus - 1000 salariés à Roanne (42)
- **Automobile & Moto** Sièges bébé **Team Tex**
  Production de sièges autos - 350 salariés à Charvieu-Chavagneux (38)

- **Automobile & Moto** Sièges bébé **Renolux**
  R&D, logistique et production de sièges bébé
  110 salariés à Charvieu-Chavagneux (38)
- **Automobile & Moto** Utilitaires **Citelec**
  Production de véhicules électriques - 440 salariés à Lyon (69)
- **Automobile & Moto** Voitures sans permis **Aixam**
  Siège et production de petites voitures sans permis - *Situé* à Aix-les-Bains (38)

Conclusion

Si je me suis engagé dans cette longue aventure en solitaire, c'est en raison de la situation d'urgence dans laquelle se retrouve mon pays après quarante ans d'une lente mais constante glissade.

L'unanimité dirigiste de tous les candidats à l'élection présidentielle de 2012 n'a fait qu'augmenter ma certitude que la solution ne viendra pas d'en haut mais bien d'en bas, de chez nous, du niveau 1 de toute société : les individus qui la compose.

En guise de tour d'horizon de la situation dans laquelle est la France, voici quelques données qu'il me semble important de garder à l'esprit.

Création de richesse & poids de l'Etat

L'année 2012 s'est achevée sur un recul du PIB de 0,2% au dernier trimestre. L'Insee prévoit un recul du PIB de 0,1% au premier et au deuxième trimestre en 2013. L'intégralité des pays de la zone euro devrait connaître un premier semestre 2013 en récession.

Le gouvernement espère, lui, 0,8% de croissance du PIB sur l'année. C'est sur cette prévision pour le moins optimiste qu'a été construit le budget de l'Etat et qu'a été voté le Projet de Loi de Finances pour 2013. Ces prévisions de croissance déterminent le volume de recettes fiscales espérées (20 milliards d'euros d'impôts supplémentaires votés pour 2013).

NB : le PIB ne reflète qu'imparfaitement la création de richesse dans la mesure où n'importe quelle dépense publique génère mécaniquement de la « croissance » statistique. Il est permis de douter qu'elle crée systématiquement de la richesse.

Pour la 39ème année de suite, le budget de l'Etat français a été voté en déséquilibre par nos admirables parlementaires, de tous bords, droite comme gauche, incapables de nous épargner les dépenses publiques que la nation ne peut pourtant pas financer.

Les dépenses publiques totales sont principalement composées de trois pôles : l'Etat, la Sécurité Sociale et les collectivités locales. Au niveau de l'Etat seul, les dépenses votées pour 2013 passent de 369,8 à 370,9 milliards d'euros, soit une augmentation de 0,3%. Cette année encore, les dépenses de l'État excèderont les recettes fiscales espérées de 58,3 milliards d'euros, soit un déséquilibre de 19% ! Difficile de voir une quelconque « rigueur » lorsque l'Etat continue de dépenser près de 20% de plus que ce qu'il ponctionne. En y ajoutant la Sécurité Sociale et les collectivités locales, les dépenses publiques totales s'élèveront en 2013 à 56,3% du PIB. Les dépenses publiques totales augmenteront de 30 milliards d'euros par rapport à 2012. Le déficit public global était prévu à 86.2 milliards d'euros, et sera finalement de 87.2 milliards. Ce que le ministre du Budget qualifie de dépenses « strictement maîtrisées »...

Il est donc absolument faux de parler de « rigueur » en France. En revanche les citoyens et les entreprises « made in France » subiront bien un choc fiscal. Celui-ci ne devrait en rien permettre aux produits « made in emplois » d'être moins chers, au contraire. Celui-ci ne devrait en rien permettre aux consommateurs d'avoir les moyens de les acheter, au contraire. Les fameux « efforts partagés » que nous vend le gouvernement avec son Budget 2013 sont exclusivement portés par la société civile. Ils ne touchent pas l'Etat dont les dépenses augmenteront cette année encore.

Pendant ce temps-là, à peine 2% du budget de l'Etat (moins de 7,5 milliards d'euros) est consacré à la Justice, première des fonctions régaliennes, seule mission sur laquelle l'Etat semble inconcurrençable par la société civile et le marché, seule mission sur laquelle l'Etat est désespérément attendu par les Français. A s'occuper de tout et n'importe quoi, l'Etat ne s'occupe plus de l'essentiel. *Chaque jour en France, 200 viols, 2.000 agressions et 13.000 vols seraient commis selon Laurent Obertone, auteur de la France orange mécanique.*

Chômage

Dans cette France où la dépense publique n'a cessé de croître depuis 30 ans, le chômage n'est jamais descendu sous la barre des 7% depuis 30 ans.

En étudiant les conséquences de l'emploi public sur les performances du marché du travail dans 17 pays de l'OCDE sur la période 1960-2000, les chercheurs Pierre Cahuc, Yann Algan et André Zylberberg sont arrivés à la conclusion qu'en moyenne, « *la création d'un emploi public détruit environ 1,5 emplois privés* ». « *La hausse de l'emploi public est une des causes de l'accroissement du chômage* ».

En métropole, le taux de chômage atteint plus de 10% de la population active. En décembre 2012, la France venait de connaître son 20ème mois consécutif de hausse du chômage. Au 1er janvier 2013, la France comptait 3,1 millions de sans-emploi en métropole (+ 11% en un an). Ce chiffre monte à 4,6 millions quand on inclut les personnes ayant partiellement travaillé.

Selon l'Insee, le taux de chômage devrait se situer entre 10,5% et 11% en juin 2013. L'Insee prévoit 40.000 destructions d'emplois par mois sur les six premiers mois de l'année 2013. Le taux de chômage pourrait dépasser les 12% à la fin de l'année 2013. Le chômage explose chez les moins de 25 ans pour atteindre plus de 24% fin 2012. Sur l'année 2012, le nombre d'inscrits de plus de 50 ans au Pôle Emploi a lui augmenté de 17,5%.

Selon le Bureau International du Travail, 26 millions de personnes avaient un emploi en France au 3ème trimestre 2012. Parmi elles, on compte environ 5 millions de fonctionnaires (hors personnels des hôpitaux).

Marché du travail

Le marché du travail français fonctionne mal. Le contrat à durée indéterminée, jugé trop rigide par les entreprises, est contourné. Parallèlement, pendant que le pays compte un nombre croissant de chômeurs, certaines entreprises, certains secteurs, certains métiers ne réussissent pas à recruter.

86,5% des salariés de France sont en CDI mais 78% des contrats de travail signés en 2011 étaient des CDD. Ce chiffre montait à 90% en 2012. Le nombre d'embauches en CDI ont chuté de 10,5% en 2012. Fin 2012, on comptait 550.000 intérimaires en France. Ce marché du travail à deux vitesses entre vieux « insiders » et jeunes précaires est largement dû à la rigidité et à la centralisation des régimes de contrat de travail. Une plus grande décentralisation et une plus grande liberté contractuelle semblent urgentes.

Le Code du Travail français comptait 800 pages en 1965. En 2012, pour sa 74ème édition, il en compte 3.400, soit une augmentation du volume de règles sociales de 325% en moins de 50 ans. Le salarié français se sent-il en conséquence moins en insécurité et plus prospère qu'il y a 50 ans? Il est permis d'en douter. Le Code du travail suisse ne représente que 75 pages dans le Code civil. L'essentiel de leur droit social se règle par accord de branche ou d'entreprise. En France, un plan social peut être annulé jusqu'à 5 ans après son intervention, contre 3 semaines en Allemagne. L'insécurité juridique comme l'instabilité et l'inflation législative sont des freins importants à l'embauche. L'énergie de la solidarité nationale ne devrait-elle pas se concentrer sur la formation et la réorientation des chômeurs plutôt que sur l'allongement judiciaire de la durée de l'agonie du licenciement ?

Salaires & revenus

Le salaire minimum français s'établit à 9,43 euros bruts au 1er janvier 2013. Pour un temps complet, le Smic atteint 1.430 euros bruts mensuel. Notre salaire minimum français est le 5ème le plus élevé de l'Union Européenne. La France est le pays de l'OCDE où le salaire est le plus élevé en pourcentage du salaire moyen (54%). Fin 2011, 2,58 millions de personnes (près de 11% des salariés) étaient au Smic.

En Allemagne, Italie, Suisse, Suède, Danemark ou Finlande, il n'existe pas de salaire minimum fixé par la loi. Dans ces pays les salaires minimum sont négociés par les partenaires sociaux branche par branche avec une souplesse qui s'oppose au caractère universel du Smic français. L'INSEE estime qu'une augmentation de 10% du Smic détruirait 290.000 emplois peu qualifiés.

De 2000 à 2010, les coûts salariaux unitaires (salaires + charges sociales / productivité) ont progressé en France de 27% contre 3% en Allemagne.

Le salaire médian français était de 1.650 euros en 2011. Cela signifie que la moitié des Français gagnent moins et que l'autre moitié gagne plus.

Selon l'Insee, la pauvreté aurait atteint 14,1% de la population en 2010, soit 8,9 millions de personnes contre 13,4% en 2007.

Temps de travail

En 2011, un salarié français à temps complet travaillait en moyenne 41,1 heures par semaine. En 10 ans, la durée annuelle de travail a diminué de 130 heures, soit l'équivalent de 3 semaines de travail par an en moins. Près de 20% des salariés travaillent à temps partiel pour une durée hebdomadaire de 22,8 heures.

Si on a pris l'habitude de se rassurer en indiquant à juste titre que la productivité horaire du travail en France est encore l'une des plus fortes d'Europe, les gains de productivité du travail par tête ralentissent continuellement en France depuis 30 ans, passant de +1,5% de 1979 à 1989 à +1,1% de 1990 à 1999 et à +0,8% de 2000 à 2008.

La France a un des taux d'emploi les plus faibles d'Europe. Les actifs ne représentent que 51% de la population totale contre 56% en moyenne chez nos voisins européens. En France, les jeunes entrent plus tard qu'ailleurs sur le marché du travail et les vieux en sortent plus tôt, en moyenne à 58,5 ans. C'est moins d'intelligence et de travail mis au service de la création de richesse dans le pays pour plus de retraites, d'éducation et autres charges à financer pour les actifs.

Expatriation

Les Français sont de plus en plus nombreux à s'expatrier. Le phénomène est inédit en France et tout indique que ces Français partis tenter leur chance à l'étranger s'installent de plus en plus durablement dans leur pays d'accueil. Contrairement à l'Italie, le Portugal, l'Espagne ou l'Irlande, la France n'a jamais été une terre d'exil. Le phénomène d'émigration récent est une première dans notre Histoire.

Dans les années 90, 300.000 français quittaient chaque année le pays (soit 0,5% de la population). En 2006, le nombre d'expatriés était en augmentation de 8,3% par rapport à 2005 et de 52% par rapport à 1994. Depuis, le nombre de Français inscrits sur les listes consulaires augmente de 3% par an en moyenne. En novembre 2012, 30.000 Français se sont portés candidats aux quelques milliers de visas Vacances-Travail mis à disposition par l'ambassade du Canada à Paris.

Certains préfèrent se rassurer en relevant que seuls 120 Français ont demandé la nationalité belge en 2012, alors qu'en moyenne 10 fois plus de Belges demandaient à devenir Français chaque année. L'IREF prévoit elle l'expatriation de 5.000 entrepreneurs en 2013, soit 5 fois plus qu'en 2012. Pour la seule année 2010, ce sont 3,6 milliards d'euros de patrimoine qui ont quitté le territoire avec nos expatriés.

On compterait aujourd'hui hors de France entre 2 et 3 millions de Français. Londres compte désormais plus de Français que Nantes…

Demande intérieure & consommation

En 2012, la France comptait 65,8 millions d'habitants (63,7 en métropole et 1,9 million dans les départements d'outre-mer), soit 13% de la population de l'Union Européenne. De 1990 à 2008, notre espérance de vie est passée pour les femmes de 81 à 85 ans et pour les hommes de 72 à 78 ans. En 2008, plus de 25% des mariages se terminaient en divorce au bout de moins de 5 ans.

Les ménages français devraient perdre 1 point de pouvoir d'achat en 2013, entraînant un recul de la consommation de 1% en 2013. Si les salaires réels ne baissent pas comme en Espagne ou en Italie, ils ne progressent plus non plus et le taux de chômage ne cesse d'augmenter.

Entre 1990 et 2007, la part de notre consommation consacrée à l'alimentation et la boisson est passée de 26% à 14% et celle de l'habillement de 12% à 5%. Pendant ce temps, les dépenses de logement et de chauffage sont passées de 11% à 25% de notre consommation et le transport de 10% à 15%.

Entreprises & offre

Les 200 plus grosses entreprises françaises emploient 28% des salariés du secteur privé. 40% sont salariés dans des entreprises de moins de 50 salariés. C'est entre les deux que la France a un problème : on ne compte dans notre industrie que 1.300 entreprises de taille intermédiaire (ETI). L'Allemagne en compte 3 fois plus.

Stimulées par l'auto-entrepreneuriat, les créations d'entreprises continuent de progresser. En 2012, l'Insee a recensé près de 550.000 créations, dont plus de 270.000 auto-entreprises. Un chiffre stable sur un an mais en très net recul en novembre et décembre 2012. 60% des créations d'entreprises sont le fait de chômeurs.

Depuis 2008, chaque semaine, 13 entreprises étrangères s'installent ou renforcent leur activité en France. La France est le deuxième pays au monde derrière le Royaume-Uni pour le volume d'investissements étrangers. Les Etats-Unis sont nos plus importants investisseurs.

Le gouvernement s'est fixé comme objectif pour 2013 une hausse de 40% des investissements étrangers en France. En plus d'être encore une fois très optimiste, cet objectif semble en nette contradiction avec les signaux toujours plus négatifs envoyés aux investisseurs du monde entier. La taxation confiscatoire à 75% des individus qui réussissent fait écho à la remise en cause du droit fondamental à la propriété privée que constitue le recours envisagé aux réquisitions ou nationalisations. En outre les investissements étrangers ne sont pas tous aussi productifs que ceux de Toyota à Valenciennes ou de Daimler en Lorraine. Nombreux aussi sont les investissements purement patrimoniaux, les achats de technologie ou les placements à court terme.

Entre 2000 et 2011, **les marges des entreprises françaises ont reculé**, passant de 30% à 21%. Dans le même temps, elles progressaient de 7 points en Allemagne. Le taux de marge des entreprises françaises a atteint son plus bas niveau depuis 25 ans. Il est désormais le plus faible d'Europe selon l'Insee. A titre de comparaison, le taux de marge était de 34,4% en Allemagne et de 38,3% en moyenne dans la zone euro. Les profits des entreprises françaises sont à un niveau historiquement bas à 6% du PIB, contre 11% en Allemagne ou en Grande-Bretagne. Le taux d'autofinancement des entreprises françaises est passé de 85% en 2000 à 64% en 2012. Cette baisse des marges engendre donc d'importants problèmes pour financer investissement, innovation et expansion internationale. Cette faiblesse des marges est l'une des explications principales à la difficulté des entreprises françaises à monter en gamme. Limitées en fonds propres, les entreprises françaises se retrouvent coincées dans le cercle vicieux du moyen de gamme prises en étau entre des produits haut de gamme allemands et bientôt coréens et les produits low cost des pays émergents ou d'Europe de l'Est et du Sud.

Il existe aux Etats-Unis environ 400.000 business angels, 40.000 en Grande-Bretagne et seulement 4.000 en France. Les PME françaises se financent donc principalement par crédit bancaire. Or un financement par la dette rend plus dépendant de la réussite du projet, donc plus frileux.

En outre l'essentiel de l'abondante épargne des Français (parmi les plus élevées du monde) n'est pas mis au service de l'économie productive « made in France » mais est mobilisé par l'Etat vers le financement du logement social (Livret A) et des déficits publics (la plupart des assurances-vie sont placées en bons du trésor). Si le consommateur responsable peut acheter des produits « made in emplois », l'épargnant patriote peut aussi fermer ces placements improductifs pour investir dans les projets d'entreprises de ses voisins, amis ou collègues.

Les industriels anticipent une baisse de 2% de leurs investissements en 2013 (contre une hausse de 1% en 2012).

Industrie & production

L'industrie est le principal contributeur aux gains de productivité.
L'industrie emploie les salariés les plus qualifiés.
L'industrie distribue les salaires les plus élevés.
L'industrie est le principal contributeur aux exportations.
L'industrie dissémine de l'emploi sur tout le territoire.
L'industrie permet le développement des services aux entreprises.
L'industrie est la dernière gardienne de nombreux savoir-faire rares et précieux.

La part de l'industrie dans le PIB français est passée de 18% en 2000 à 12,5% en 2011. La France est à ce titre désormais classée 15ème pays sur les 17 de la zone euro, très loin des 18,6% de l'Italie, des 21,2% de la Suède et des 26,2% de l'Allemagne.

La France a perdu plus de 2 millions d'emplois industriels en 30 ans. Avec 5,1 millions de salariés dans l'industrie, l'emploi industriel représentait plus de 26% de l'emploi salarié en 1980. Avec 3,1 millions de salariés en 2011, il ne pèse plus aujourd'hui que 12,6%.

La production industrielle dans la zone euro a reculé de 0,3% en novembre 2012, subissant sa troisième baisse mensuelle d'affilée. Sur 12 mois, la production industrielle européenne a chuté de 3,7%.

La mondialisation est loin d'être la principale responsable de la désindustrialisation. D'abord, ce sont les gains de productivité de l'industrie qui ont réduit les besoins en main d'œuvre. Ensuite, l'industrie au sens statistique a reculé du fait de l'externalisation à des entreprises sous-traitantes d'activités de services autrefois incluses dans l'industrie (nettoyage, restauration, sécurité, informatique, comptabilité, communication, etc). Les emplois correspondants ont basculé statistiquement dans le secteur des services sans véritable changement sur le terrain. En outre l'intérim peut faire évoluer de 5% à 10% le volume de l'emploi industriel alors qu'il relève aussi du secteur des services selon l'Insee.

La robotisation n'est pas plus responsable de la désindustrialisation. Une simple comparaison avec nos voisins comptant bien plus d'emplois industriels suffit à s'en convaincre. La France ne compte que 34.500 robots industriels contre 62.300 en Italie et 157.200 en Allemagne et les nôtres sont souvent vieux. Les usines françaises compteraient 122 robots pour 10.000 salariés, tandis qu'il y en aurait 135 aux Etats-Unis, 261 en Allemagne, 339 au Japon et 347 en Corée-du-Sud. Les robots sont un facteur important de compétitivité prix et hors prix, et de ce fait la robotisation est favorable à l'emploi.

En France, le problème est que les robots sont surtout concentrés dans la construction automobile (61% du parc en France) et les chefs d'entreprises n'investissent dans leur outil de fabrication que lorsqu'ils sont en phase de croissance. Le faible nombre de robots récents traduirait surtout le faible investissement des constructeurs d'automobiles dans leur outil de production français.

Il y a 10 ans, les robots pouvaient faire concurrence au travail d'un homme si ce dernier avait un coût du travail de 50 dollars de l'heure. Aujourd'hui, ce niveau est tombé à 2 dollars, ce qui est inférieur au coût du travail en Chine. Aucun travailleur ne pouvant plus concurrencer ces machines sur les coûts, il va devenir désormais plus rentable pour les usines robotisées installées en Chine d'être rapatriées au plus près des centres de consommation finaux et de compétences robotiques. Et pourquoi pas en France, si bien sûr nous les accueillons avec autre chose que des taxes et de la défiance ? Une croissance de l'équipement français en robots permettrait de faire baisser sensiblement la part de la main d'œuvre dans le prix de revient des industries qui s'équiperaient. La qualité de la recherche française privée et sa position dans la robotique en seraient améliorées.

Les délocalisations ne sont responsables que de 0,3% à 15% des emplois industriels détruits. Les secteurs les plus concernés par les délocalisations vers les pays à bas salaires sont les plus intensifs en main d'œuvre comme l'habillement, les équipements de la maison et les produits électroniques. Les délocalisations sont surtout le fait des entreprises de plus de 500 salariés. Ces entreprises, qui emploient la moitié des salariés du secteur marchands, regrouperaient les deux tiers des emplois délocalisés.

Il est crucial de conserver la recherche et l'assemblage final sur le territoire quitte à délocaliser d'autres taches à valeur ajoutée. Il est critique de garder ainsi la maîtrise sur les étapes clés de création de valeur pour ne pas voir disparaître des pans entiers de savoir-faire ou des filières entières. Cela permet en outre de conserver une identité française au produit sur laquelle capitaliser à l'export. En France, les délocalisations ont trop souvent portées sur l'ensemble du processus industriel. Ce ne fut pas le cas au Japon, en Suède ou en Allemagne qui ont conservé sur leur territoire des chaînons sensibles de la production.

La principale motivation des entreprises françaises pour s'implanter à l'étranger reste l'accès et la conquête de nouveaux marchés en forte croissance (87% des implantations) quand fabriquer à moindres coûts pour réimporter en France n'est l'objectif que de 10% des implantations à l'étranger. L'implantation d'entreprises françaises à l'étranger crée la plupart du temps de la valeur en France. On constate que les entreprises internationalisées sont plus productives et versent des salaires plus élevés en France. En permettant une meilleure pénétration des marchés extérieurs, l'implantation à l'étranger a un effet d'entraînement sur l'activité de la maison-mère en France. La proportion de cadres et d'ingénieur s'accroît nettement avec le degré d'insertion des entreprises françaises sur les marchés extérieurs.

Toutefois la mondialisation touche de plein fouet les salariés peu qualifiés de certains secteurs d'activité, de certaines régions et de certains métiers. C'est avec ces Français que j'ai envie d'être solidaire lors de mes courses. La région Lorraine a par exemple perdu plus de 42.000 emplois industriels entre 2000 et 2010. Il me semble que moralement, l'on ne peut pas à la fois feindre de se désoler lors des dîners en ville de voir ces drames humains, ces savoir-faire gaspillés, ces villes industrielles transformées en friches et participer parallèlement à alimenter ce phénomène lors de ses courses du week-end.

Dans l'industrie, les emplois sont plus qualifiés et mieux payés que dans les services. La tertiarisation de l'économie a créé en France beaucoup plus d'aides à domicile et d'employés de l'hôtellerie que d'informaticiens et de consultants. Aux Etats-Unis, berceau mondial des nouvelles technologies le secteur ne représente que 4% des emplois et ne peut absorber tous les emplois détruits dans l'industrie manufacturière. Le modèle post-industriel, « sans usines » est, comme toute « vision » constructiviste inspiré du haut vers le bas, une dangereuse chimère, qui nous appauvrit tous. L'industrie semble bien être ce chêne sans lequel le lierre des services publics et privés ne peut survivre. **1 emploi industriel génèrerait entre 3 et 4 emplois hors industrie**.

En 2010, les dépenses en recherche et développement (R&D) des entreprises françaises n'ont représentées que 1,4% du PIB, contre 1,9% en Allemagne, 2,3% en Suède ou 2,7% en Finlande. Les 200 plus grosses entreprises françaises réalisent 62% de la totalité de notre recherche industrielle. La recherche française est concentrée sur un petit nombre de filières (automobile, aéronautique, pharmacie) quand la recherche allemande se déploie sur tous les secteurs. Les industries dites de « basses » technologies (textile, agroalimentaire) représentent un tiers de la valeur ajoutée de l'industrie française contre seulement 19% en Allemagne. En 2010, les Français déposaient 40 brevets mondiaux par million d'habitant, les Allemands en déposaient 73 et les japonais 111. En France les dépenses par étudiant du supérieur s'élèvent à 14.000 dollars par an contre 29.000 aux Etats-Unis.

Exportations & échanges

Avec un marché domestique français insuffisant à absorber les productions industrielles françaises, il est remarquable que les entreprises recensées dans ce Guide des produits made in emplois exportent toutes.

L'affaiblissement de l'industrie française se traduit par de **considérables pertes de parts de marché à l'exportation**. A moins que ce ne soit l'inverse. Les deux sont liés. La part de marché de la France dans le commerce international est passée de 6,2% en 1990 à 3,6% en 2012. En Europe, premier débouché commercial de la France (58,4% des exportations en 2011), la part de marché des exportations françaises est passée de 12,7% en 2000 à 9,3% en 2011. Sur la même période, la part de marché de l'Allemagne en Europe est passée de 21,4% à 22,4%. Le niveau de l'euro ne peut donc être accusé. Mais il est vrai qu'une zone monétaire et commerciale commune a tendance à faire converger l'implantation industrielle en son centre logistique et donc géographique, ce qui peut aussi expliquer en partie la santé industrielle de l'Allemagne ou de l'Alsace.

Alors que notre balance commerciale était encore excédentaire de 3,5 milliards d'euros en 2002, elle est, en 2012, déficitaire de 67 milliards d'euros. En 2012,les exportations françaises ont augmenté de 3,2% et les importations de 1,3%. L'aéronautique français est excédentaire de 20 milliards d'euros, et l'agroalimentaire de 11,5 milliards. Si le renchérissement du prix de l'énergie explique la moitié du déficit, le problème fondamental vient bien des produits manufacturés.

Beaucoup trop de nos entreprises ont fait le choix, autant qu'elles y ont été contraintes par l'environnement fiscal et réglementaire, d'un positionnement de moyenne gamme. Le problème se situe moins au niveau des volumes que de la valeur de nos exportations. Entre 2002 et 2012, la valeur des exportations françaises a augmenté de 40%, celle des Italiens de 60%, celle des Allemands de 100%.

70% des exportations françaises sont réalisées par 1% des entreprises. Les 200 premières entreprises représentent 50% de nos exportations. Entre 2002 et 2012, le nombre de PME exportatrices a baissé de plus de 20%. En 2011, la France compterait environ 100.000 entreprises exportatrices contre environ 250.000 en Allemagne. Entre 2005 et 2010, le nombre d'entreprises françaises exportatrices a reculé de 10% pendant que ce nombre augmentait de 10% en Allemagne.

L'enquête COE-Rexecode 2012 sur la compétitivité hors-prix indique que les produits français sont perçus à l'étranger comme supérieurs à la moyenne du marché en termes de qualité, de contenu en innovation, d'ergonomie-design, de notoriété, de services associés aux produits. Ils sont en revanche moins bien classés en termes de prix, de rapport qualité-prix, de variété des fournisseurs et de délais de livraison.

En France, 1 milliard d'euros d'exportations supplémentaires génèrerait la création de 10.000 emplois supplémentaires.

En 2013, le commerce mondial ne devrait progresser que de 2,5%. Les exportations françaises au mieux de 1,5%.

Point de vue

Pour une consommation libre et responsable plutôt que des taxes protectionnistes

Le ministre de l'Industrie en France s'appelle Arnaud Montebourg. Pour mémoire le grandiloquent ministre parlait si bien et si fort de la VIème République, qu'il réussit il y a quelques années à séduire un jeune étudiant libéral. Et puis je m'aperçus que le politicien, qui prônait la stricte interdiction du cumul des mandats, cumulait allègrement pendant ce temps-là ses mandats de Président du Conseil Général de Saône-et-Loire et de député de la République. Arnaud Montebourg a depuis commis pour la campagne des primaires socialistes un livret de campagne de 90 pages « Votez pour la démondialisation ». Avec ce premier guide des produits made in emplois, je souhaite aussi lui répondre.

Tu veux « démondialiser » Arnaud ? Fais-le toi-même cette fois !

Tu veux « démondialiser » Arnaud ? Libre à toi. Nous avons tous noté que tu te mets enfin à consommer « made in France ». Tu as préféré reprendre à ton compte des discours made in Bayrou, Rochefort, Jégo, Sarkozy, Le Pen ou Marchais, pour masquer tes envies protectionnistes. Libre à toi. Tu as fait beaucoup de com', tu as posé en Une. Tu as usé de ta notoriété, comme le ferait n'importe quelle starlette, à défaut d'user du mandat, que tu es le seul à exercer, pour alléger et simplifier les réglementations, pour réduire les dépenses publiques, pour réduire les taxes qui pèsent sur les industriels, les entrepreneurs, les salariés et les consommateurs. Nous en sommes plus pauvres et moins libres.

Tu veux « démondialiser » Arnaud ? Vas-y maintenant. Ce qu'il te faut avant tout c'est l'information. Avec ce Guide des produits made in emplois, tu l'as enfin, complète, chiffrée et rassemblée, prête à être embarquée, dans ton sac, à côté de ta CB. Le made in France semble t'importer. Voici le guide qui t'aidera à passer des paroles aux actes, des effets de manche à l'action concrète. Mais par pitié, Arnaud, fais le toi-même. Consomme contre le chômage, avec tes goûts, tes choix et ton argent. Ne nous l'impose pas. Ne nous l'inflige pas. La prospérité et l'emploi sont urgents. L'individu et la liberté sont tout.

Tu veux « démondialiser » Arnaud ? Libre à toi. Juste à toi.

Au lieu de promettre mesures protectionnistes, nationalisations et autres violations du droit de propriété, lâche-nous et laisse leur chance aux Français. Monseigneur, laissez-les passer et laissez-nous faire.

Plutôt que de maintenir sous respiration artificielle au frais de tous les contribuables, quelques entreprises, acheter au passage quelques fidélités électorales, avant que la plupart ne ferment, tôt ou tard, vos « commissaires » devraient se concentrer à fournir un environnement propice aux révolutions industrielles en cours et à se retirer pour laisser enfin apparaître un environnement « entrepreneur-friendly », propice à l'expression de l'infinie énergie créatrice des Français. La France et l'Europe sont riches de leur capital, humain d'abord et avant tout, financier, encore un peu. Laissez s'exprimer ces avantages, réels, plutôt que de mener des combats perdus d'avance qui n'avantageront que votre image politicienne ainsi que quelques entreprises amies du pouvoir, au détriment de tous.

Une taxe douanière est une taxe et non une aide. Le renchérissement d'un produit importé concurrent ne rend pas le produit made in emplois moins cher et meilleur marché. Une taxe douanière ne ferait qu'appauvrir les pauvres au profit de l'Etat en réduisant leurs choix et en absorbant les réductions de prix que permettent de nombreux produits importés.

Une taxe douanière renchérirait aussi le prix des produits made in emplois et réduirait leur compétitivité. En effet la totalité des produits manufacturés français utilisent des matières premières, composants et produits finis importés. Si ceux-ci sont taxés, les produits made in emplois seront aussi taxés. L'importation de biens intermédiaires ou finis nous permet de bénéficier des innovations nées ailleurs. L'importation nous permet de bénéficier d'importants transferts de technologie, en particulier lorsqu'ils proviennent de pays développés. En améliorant la productivité, ces importations intermédiaires permettent des meilleures performances à l'exportation. Dissuader les entreprises de recourir à la production étrangère aurait des effets contre-productifs sur leur compétitivité, sur celle de nos produits à l'étranger, et donc sur l'emploi industriel et notre confort à tous. L'industrie automobile allemande nous offre une bonne illustration de l'emploi que génère une internationalisation réussie de la production.

Une taxe douanière fait un gagnant et deux perdants. C'est un clientélisme électoral qui appauvrit la nation. Il avantage certes quelques industriels en place ayant l'oreille du pouvoir, en rendant plus chers leurs concurrents mais en plus d'appauvrir le peuple des consommateurs, il appauvrit les boulangers, poissonniers, bouchers, cordonniers, fleuristes, femmes de ménage et tous les commerçants de proximité ou producteurs made in emplois qui auraient pu bénéficier de l'économie réalisée par le consommateur avec un produit bon marché importé. Si comme Arnaud Montebourg le souhaite mon smartphone ne me coûte plus 400 mais 1.000 euros, les commerçants de ma rue ne perdront pas loin de 600 euros. N'hésitez pas à lire ou relire un des plus grands économistes français, Frédéric Bastiat. Ce brillant landais, encore aujourd'hui réputé à travers le monde entier et oublié en France, s'opposait à toute faveur étatiste ou protectionniste qu'elle émane de la gauche ou de la droite.

Une taxe douanière ne peut être qu'un frein aux exportations. Si la réciprocité dans les régimes économiques, fiscaux ou de droit de vote doivent toujours pouvoir se négocier, toute mesure protectionniste porte en elle un grave signal de défiance, une hostilité d'Etat à laquelle je préfère l'échange entre individus et nations.

Une taxe douanière serait un coup porté aux pauvres de France et du monde. Je lui préfère la paix et la prospérité qu'ont apportées dans le monde libre-échange et marché libre. C'est grâce à eux que l'on travaille de moins en moins d'heure pour s'acheter un téléviseur ou un ordinateur. C'est grâce à eux que la moitié de l'humanité (en Inde, en Chine, en Amérique du Sud et demain en Afrique) est sortie de la misère. Selon la Banque mondiale, le nombre de personnes vivant dans l'extrême pauvreté (soit avec moins de 1,25 dollar par jour) a été divisé par deux entre 1990 et 2010. Entre 1981 et 2008, le nombre d'individus vivant avec moins de 1,25 dollar par jour a diminué de 650 millions.

Une taxe douanière obligerait au made in France. C'est l'exact opposé de ma démarche, basée sur l'information, la liberté et la responsabilité individuelle.

Notre libre-arbitre, dûment informé et éclairé, laisse à chacun la responsabilité de faire ses arbitrages et de réfléchir sa consommation. Mon régime économique personnel aime autant « des pensées plus » que « dépenser moins ». La sobriété et la préférence made in emplois en France ne sont que mes choix personnels. Le vôtre doit rester libre. Les choix, les arbitrages, les préférences sont toujours subjectifs et doivent rester consentis et non forcés. Les préférences locales, nationales, européennes, bio, équitables, bon marché, cool, belles ou de qualité sont des choix individuels que personne n'est légitime à forcer. Chacun sait mieux que quiconque ce qui est bon pour lui-même. Chacun a des goûts, des contraintes, des rêves, des capacités, des moyens et des projets différents. Chacun sait s'informer de ce qui lui importe. Personne n'est fondé à faire plus qu'informer, promouvoir, convaincre, influencer son entourage sur ce qu'il devrait changer. Pas plus un des 600.000 élus de la République qu'un de ses simples sujets.

J'espère de mon côté que ce guide inspirera quelques consommateurs, entrepreneurs, distributeurs, producteurs, responsables « achats », directeurs « export », ingénieurs, commerciaux, étudiants, retraités, salariés, expatriés, fonctionnaires, manifestants, mamans et chômeurs.

J'espère juste que ce guide n'inspirera rien au législateur. Il a même été fait pour participer concrètement à dissuader l'Etat et les politiciens de nous infliger à tous taxes douanières, stratégies centrales dirigistes et autres calamités du siècle passé.

J'espère, tout en sachant qu'ils ne m'ont pas attendu ni moi, ni Montebourg, ni Gallois, que ce guide invitera quelques patrons petits ou grands à persévérer ou développer les quelques bonnes pratiques qui s'en dégagent : monter en gamme dans tous les domaines, investir dans la recherche et l'innovation, viser la qualité, la fonctionnalité, l'originalité, la beauté, exporter, plus, même petit, même en meute, collaborer avec sa filière, s'allier, impliquer les salariés, essayer, oser, rompre, prendre des risques… Ces pistes sont bien connues déjà. Elles sont surtout toujours plus faciles à asséner qu'à pratiquer soi-même. C'est aussi pour cela que les producteurs doivent surtout être le plus libre possible de leurs mouvements et de leurs offres. Ils savent mieux que quiconque ce qu'ils ont à faire. Notre demande made in emplois les aiguillera. Le meilleur pour tous en ressortira.

J'espère que ce guide participera à réhabiliter dans l'opinion les marges et les profits, indispensables aux investissements, eux-mêmes indispensables à l'innovation et à l'amélioration des produits, tous vitaux pour les actuels salariés et les futurs ex-chômeurs.

Informer, convaincre, motiver, supporter ou montrer l'exemple sont les seuls agents de transformation légitimes et efficaces que je connaisse dans un monde ouvert, où les hommes naissent et demeurent libres, égaux en Droit et responsables.

L'avenir est plus que jamais à la liberté et à la responsabilité individuelle. La liberté du consommateur et la responsabilité du producteur grandiront comme jamais de la transparence de l'information. L'information ne sera accessible à tous que si elle est simple, pratique et compréhensible.

« *Le savoir est une arme, maintenant tu sais* » (Ministère A.M.E.R).

Pourquoi ce guide ? Quelles sont mes motivations ?

Ce guide m'a été inspiré à la table familiale, calé entre un père, passionné de politique, amoureux de la liberté et du débat et une mère, passionnée de bonheur, amoureuse de son foyer et d'action concrète.

Ce guide aimerait les réconcilier. Leurs intentions ne sont pas en cause. J'aimerais juste leur montrer que nos actions quotidiennes ne sont pas moins nobles et efficaces que les grands discours. Agir individuellement est un préalable à tout discours politique. Agir individuellement est assurément moins vain, inefficace, illégitime et irrespectueux qu'une promesse de loi, de taxe ou de subvention.

Ce guide est né lors d'un voyage en Afrique de l'Ouest, où en guise de courtoisie et de politesse élémentaire envers mes hôtes, je souhaitais acheter des produits locaux et ne suis tombé que sur des produits manufacturés « made in China ».

Ce guide se veut **ma contribution libérale**, aux débats sur le made in France, sur la lutte contre le chômage et la pauvreté dans notre pays. Je pense que ces débats ne peuvent s'épargner d'interroger la place que l'Etat occupe dans nos vies et la liberté des Français à vivre ensemble.

Libéral, car ceci n'est pas une taxe ou une subvention publique. Ceci est un livre, produit marchand dont vous êtes libre de ne pas acheter.

Libéral, car ceci n'est pas une réglementation obligatoire. Ceci est un guide pratique, rempli d'informations que vous êtes libre de ne pas suivre.

Libéral, car ceci est ma manière d'alerter les Français patriotes des graves conséquences qu'aurait toute taxe douanière protectionniste. Ceci est un appel à la liberté et à la responsabilité individuelle : ne votez pas pour la « démondialisation ». Mais agissez, échangez, créez, librement et quotidiennement. Une pliure en quatre derrière un rideau dans une école primaire une fois tous les cinq ans devrait être un geste bien moins important que la somme des actes et décisions que vous prenez ne serait-ce que chaque semaine. Les artisans et entrepreneurs font plus chaque mois contre le chômage qu'Arnaud Montebourg dans toute sa carrière.

Libéral, car ceci n'est pas un énième appel vain et illégitime aux « pouvoirs publics ». Ceci est un appel à la libre action humaine qui, seule, permet, partout et toujours, une création infinie. Contre le chômage, ils ont tout essayé ? Et si nous essayons la liberté ?

Libéral, car dans notre devise républicaine, liberté est en premier et ce n'est pas l'ordre alphabétique. Oui le libéralisme est une philosophie made in France. Contrairement aux clichés médiatiques, la pensée libérale est très largement née en France. Mais c'est vrai que contrairement aux autres prétendus « modèles » français qui n'inspirent personne d'autres au monde que des politiciens made in rance, le libéralisme c'est une certaine idée de la France qui, elle, marche fort à l'export. Mon modèle français est l'oeuvre de libéraux. Ce sont les libéraux qui ont rédigés la Déclaration de Droits de l'Homme et du Citoyen. Ce sont les libéraux qui ont rédigé les premiers grands droits syndicaux. Ce sont les libéraux qui ont été les pionniers des assurances sociales. Ce sont les libéraux qui ont révélé l'état de droit, l'économie de l'offre, le rôle de la création et de l'entrepreneur. Frédéric Bastiat, Jean-Baptiste Say, Alexis de Tocqueville, Benjamin Constant, Turgot étaient français et inspirent encore aujourd'hui à travers le monde.

Enfin, je suis atteint d'un mal étrange et incurable. J'aime la France et les gens. J'aime mon pays et mes compatriotes et j'en suis fier. C'est n'est pas simple à assumer quand on a grandi à une époque de valorisation de la dérision cynique, de la moquerie condescendante, des anathèmes et indignations pavloviennes d'une élite résignée ou dédaigneuse, qui s'imagine « déterritorialisée ». Mais, au supermarché comme au stade, je suis patriote et supporter des équipes de France !

Il y aura d'autant moins de honte à se proclamer patriote, d'autant moins de crainte à avoir de la fierté que ces sentiments nobles resteront dans la société civile. C'est quand ils sont politisés, quand on en fait des lois, des dépenses, des subventions, des taxes ou qu'on érige des barrières en leur nom que ces sentiments patriotiques deviennent nuisibles, excluant et dangereux. Dans la société civile, ils ne sont qu'une fierté individuelle parmi d'autres, qu'un attribut identitaire parmi d'autres. Etre fier de soi n'est pas un frein à l'échange, au voyage, à la découverte ou à la reconnaissance des qualités de l'autre, du voisin, de l'étranger. Au contraire, être fier de soi me semble même être un préalable à un accueil de bonne qualité.

Je suis libéral, patriote et militant. Mon patriotisme est une solidarité avec mes concitoyens et non une soumission à mon percepteur. La véritable solidarité n'existe que dans le consentement et la liberté individuelle. Tirer collectivement par la force obligatoire majoritaire les riches vers le bas ou agir individuellement et librement pour tirer les pauvres vers le haut, c'est toute la différence entre les étatistes et les libéraux. Taxer le made in ailleurs ou acheter le made in emplois, c'est toute la différence entre les protectionnistes et moi.

Ce guide répond enfin à un besoin personnel : comment moi jeune francilien puis-je être, concrètement et légitimement solidaire avec les Français des plans sociaux, des zones périphériques, ces gens invisibles aux yeux des centres-villes intégrés et décisionnaires. Comment puis-je être efficacement et légitimement solidaires avec ces Français blancs, noirs, arabes, ou même roux, peu importe, mais trop éloignés des grandes métropoles pour ne faire parler d'eux que lors d'une fermeture d'usine. Comment puis-je être solidaire avec la France populaire et sédentaire des Ardennes, de la Somme, du Morbihan, de la Nièvre, de l'Ardèche, du Calvados, de la Loire, de Seine-et-Marne, du Pas-de-Calais, du Vaucluse, de Moselle, de Dordogne, d'Isère, des Deux-Sèvres, des Landes et de tous les autres coins de France que la routine de nos vies, de nos métros, de nos ordis, nous fait oublier, trop souvent.

IMPRESSION, BROCHAGE

CHIRAT
Imprimeur - Relieur

42540 ST-JUST-LA-PENDUE
AVRIL 2014
DÉPÔT LÉGAL 2014
N° 201403.0345

IMPRIM'VERT

IMPRIMÉ EN FRANCE

Pour être informé de nos publications

*Si vous avez acheté votre ouvrage en librairie, voici un **Bon à nous retourner***
pour recevoir notre catalogue complet et être informé de nos futures publications.
***Si une mise à jour éventuelle** complète l'ouvrage indiqué ci-dessous, elle sera jointe à l'envoi gratuitement.*

NOM : .... Prénom : ....

Organisme : ....

Adresse : ....

Code postal : .... Ville : ....

Votre e-mail : ....

☛ Titre de l'ouvrage : **Le Guide des produits Made in emplois**

☛ Date d'achat : ....

☛ Nom du libraire : ....

Vous pouvez également nous joindre ces renseignements
par fax : 01 64 23 69 42 ou e-mail : puitsfleuri@wanadoo.fr